Robert Hartzema

Der Weg zur inneren Freiheit

Robert Hartzema

Der Weg zur inneren Freiheit

Ängste erkennen
Blockaden auflösen
Sicherheit finden

Verlag Urachhaus

Der Autor
Robert Hartzema ist Therapeut und Dozent an einer psychosozialen Ausbildungsstätte und Leiter eines Verlags in den Niederlanden. Lange Jahre war er Direktor eines tibetischen buddhistischen Studienzentrums. Bisher erschienen im Verlag Urachhaus seine beiden Titel *Innere Kraftquellen. Wege zum Ursprung* (2003) und *Das Sein erfahren. Strategien innerer Befreiung* (2004).

Übersetzung aus dem Niederländischen:
IMF Text-Dienste, Lohr a. M.

Die niederländische Originalausgabe erschien unter dem Titel
De Psychologie van Vrijheid bei Uitgevereij Karnak, Amsterdam

ISBN 978-3-8251-7483-5
2. Auflage 2007
Erschienen im Verlag Urachhaus
www.urachhaus.com

Umschlaggestaltung: U. Weismann
Umschlagmotiv: Uta Albeck
Druck: Clausen & Bosse, Leck

Inhalt

Vorwort

Wie viele Menschen kennen Sie, die wirklich glücklich sind?

Trotz allen Wohlstands, allem Wissen und unserer umfassenden Freiheit der Möglichkeiten fühlen wir uns oft frustriert, unglücklich, einsam, irritiert, unbefriedigt, unselbstständig oder ungeliebt. Wenn Sie sich in einem Bus oder auf einem Bahnsteig umschauen, ja sogar auf einem netten Fest, können Sie sehen, dass die meisten Menschen tief in ihren Herzen unglücklich sind. Und wenn Sie sich wirklich trauen, in Ihr eigenes Herz zu blicken, begegnen Sie dort oft Schmerz, Verzweiflung, Wut, Kummer oder Einsamkeit. Es ist ein tiefes Gefühl des Unbefriedigtseins darüber:

- dass Sie nicht wirklich das Leben leben, das Sie eigentlich leben möchten;
- dass Sie keinen Gebrauch machen von der Kraft und der Kreativität, die tief in Ihnen verborgen liegen;
- dass Sie nicht in der Lage sind, Ihre Gefühle zu spüren und sie zu äußern und
- dass Sie den Kontakt mit dem ungezähmten, sorglosen Kind in Ihnen offenbar völlig verloren haben.

Die meisten Menschen haben jedoch gelernt, solche Gefühle der Frustration zu leugnen, sie zu unterdrücken oder zu übertönen. Anstatt ehrliche Versuche zu unternehmen, innerlich glücklich zu werden, suchen sie Befriedigung in ihrer Arbeit, ihrem Hobby, wechselnden Beziehungen, in Tagträumereien oder etwa im Internet. Sie setzen eine Maske auf, deren Grinsen eingefroren ist und hinter der sie sich verstecken können. Sie klammern sich an materiellen Wohlstand, Ansehen, Status, Job, Beziehungen, Kinder oder was auch immer. Aber oft bleiben die Gefühle der Frustration, der Angst oder der Einsamkeit schwelend vorhanden, bis ein eingreifendes Ereignis – ein Unglück, eine Krankheit, ein Todesfall, eine *Burnout*-Erkrankung oder Beziehungskrise – den tief verborgen liegenden Schmerz an die Oberfläche bringt. Dann machen sie sich auf und gehen auf die Suche – auf die Suche nach dem, was die wirkliche Ursache ihres Schmerzes ist.

Wonach suchen Sie?

Jeder Mensch sucht auf seine Weise nach Glück und versucht, Schmerz zu vermeiden. Meistens beginnt diese Suche außerhalb Ihrer selbst: Sie versuchen etwas oder jemanden zu finden, der Sie glücklich machen kann. Sie denken, dass das Glück irgendwo herumvagabundiert und dass es doch möglich sein müsste, es hereinzuholen: es zu kaufen, zu verführen, zu manipulieren, zu erobern, zu besitzen und festzubinden. Doch nach und nach wird Ihnen deutlich, dass ein Haus, ein Partner oder eine fesselnde Arbeit nicht verhindern können, dass Sie weiterhin gegen immer dieselben Einschränkungen anrennen oder dass Ängste, Zweifel und Depressionen Sie weiterhin verfolgen. Und erst wenn Sie mit der nackten Realität konfrontiert werden, die Ihnen zeigt, dass das Glück nicht außerhalb Ihrer selbst darauf wartet, von Ihnen gefunden zu werden, verschiebt sich die Suche mehr ins Innere. Aber trotz dieser wesentlichen Verschiebung hoffen Sie in erster Linie weiter, dass jemand oder etwas Sie glücklich machen kann, so wie Ihnen eine Aspirin-Tablette das Kopfweh vertreiben kann. Auch diese Suche muss oft ins Leere laufen, bevor Sie wirklich bereit sind, eine noch tiefere Schicht anzuschauen und die Frage zu stellen:

Auf welche Weise liegt die Ursache des Schmerzes tief in mir selbst verborgen, in meinen eigenen Gefühlen, meinen eigenen Denkmustern, meinen eigenen Beschränkungen und meiner persönlichen Vergangenheit?

So entsteht die innere Suche nach der Ursache. Die Ursache Ihrer Hindernisse, Ängste, Kummer und Blockaden. Manche Menschen suchen die Richtung der Religion und der Spiritualität als eine Stütze, die ihnen helfen kann, ihre Erkenntnis und Klarheit zu stärken. Andere tauchen in die Katakomben ihrer Vergangenheit ab, etwa auf der Suche nach dramatischen Ereignissen in der Kindheit, die als Ursachen der Ängste und psychologischen Verstrickungen herangezogen werden, die uns offensichtlich noch immer im Griff haben. Beide Suchrichtungen können Ihnen helfen, das Leben auf eine andere, leichtere, lockere, sensible oder kreative Art zu bewältigen. Manchmal sind beide notwendig, manchmal ist entweder Spiritualität oder Therapie ausreichend, um Ihrem Leben eine andere Richtung zu geben und dazu zu führen, dass Sie sich freier und glücklicher fühlen.

Meine eigene Suche führte mich vor beinahe fünfundzwanzig Jahren zur Arbeit mit Menschen, sowohl in Gruppen wie auch individuell, die ersten fünfzehn Jahre hauptsächlich über Meditation und Yoga, als Lehrer in einem tibetischen buddhistischen Zentrum. Nach etwa zehn Jahren bemerkte ich zwar, dass ich immer besser zu meditieren lernte und auch anderen sehr gut dabei helfen konnte, ihre Muster zu durchbrechen, dass meine eigenen Ängste und Blockaden jedoch unverändert blieben. Ich unterzog mich selbst einer Therapie, durchlief eine Reihe von Ausbildungen in Körpertherapie, und in den letzten zehn Jahren habe ich als individueller Therapeut und Trainer / Supervisor in einer psychologischen Ausbildung gearbeitet, dem Europäischen Institut für Bildung. In meinem Fall ergänzten sich beide Wege – Meditation und Therapie – auf dem Weg zur Befreiung, was mich dazu führte, unter anderem die beiden Bücher *Innere Kraftquellen – Wege zum Ursprung* (Urachhaus 2002) und *Das Sein erfahren – Strategien innerer Befreiung* (Urachhaus 2004) zu schreiben. In vielen der Gruppen, die ich begleite, wende ich seither erfolgreich beide als Wege zur Bewusstwerdung an.

Noch immer folge ich selbst beiden Spuren. Manchmal gibt es Ereignisse, die einen Kurzschluss mit Situationen aus meiner Vergangenheit hervorrufen, und die alte Panik, der alte Schmerz kommen wie eine Welle über mich, als würde eine alte Wunde aufgerissen. Das hört nicht auf. Manchmal kann ich plötzlich sehr eifersüchtig sein oder ich versuche, anderen meinen Willen aufzuzwängen. Oder ich fühle mich zu Unrecht abgelehnt und verletzt oder extrem unsicher. Meine eigene Vergangenheit meldet sich wieder einen Moment lang. Offenbar waren die alten Wunden noch nicht ganz verheilt und zeigen sich noch einmal kurz. Aber wenn ich solche Wellen einfach über mich kommen lassen kann, sie ganz und gar durchlebe und spüre, wie sie in meiner persönlichen Geschichte entstanden sind, so ebben sie auch recht schnell wieder ab. Und manchmal entsteht nun sogar mitten während einer solchen emotionalen Gänsehaut ein Gefühl der Ruhe und Stille, eine tiefe Verbindung mit dem Raum, in welchem alles entsteht und wieder vergeht.

Was sind Ihre Lebensthemen?

In dem Bewusstwerdungsprozess, den ich selbst durchlaufen habe, und durch meine Arbeit mit Menschen in den letzten fünfundzwanzig Jahren wurde mir allmählich deutlich, dass es eine Reihe von Themen gibt, mit denen jeder von uns ringt:

1. **Sicherheit** – die Basis des Vertrauens und Selbstvertrauens;
2. **Intimität** – lernen Sie, sich wirklich mit einem anderen und mit sich selbst zu verbinden;
3. **Autonomie** – wagen Sie es, ganz und gar Sie selbst sein zu können;
4. **Identität** – gehen Sie Ihren eigenen Weg in der Beziehung zu anderen, Ihrer Arbeit und der Welt;
5. **Sexualität** – das Erfahren sexueller Energie und das Eingehen einer sexuellen Beziehung;
6. **Freiheit** – sich von hindernden Mustern, Ängsten und Überzeugungen aus der Vergangenheit losmachen können.

Diese sechs Themen manifestieren sich in Ihrer Entwicklungsgeschichte von der Empfängnis bis zur Gegenwart, und sie spielen

Ihr ganzes Leben lang eine entscheidende Rolle. Sie liegen der Basis Ihrer Existenz zugrunde, als Grundbedingung, das Leben leben zu können, und doch sind sie oft beschädigt oder haben sich teilweise fast nicht entwickeln können. Und durch diese Verwundung oder die Entbehrung sind bestimmte schmerzhafte Stellen bzw. Überlebensstrategien entstanden, die Ihnen Ihr ganzes Leben lang Streiche spielen können. In der Arbeit mit Klienten und Studenten im Rahmen der psychosozialen Ausbildung zeigte es sich, dass die Arbeit mit diesen sechs Themen sehr viel Klärung in Bezug auf das Durchschauen der Vergangenheit bringt. Studenten berichteten, dass sie erst jetzt zum ersten Mal bestimmte Muster in sich selbst verstehen und dadurch verändern konnten. Diese sechs Themen geben nicht nur einen einfachen Rahmen vor, in dem ich als Therapeut mit Menschen arbeiten kann, sie machen vor allem Ihr eigenes Leben durchsichtiger und vermitteln Ihnen eine praktische psychologische Erkenntnis Ihrer selbst. Und das wirkliche Durchschauen Ihrer Unfreiheiten schafft von selbst eine größere Freiheit im Leben und Lieben.

Der Weg zur inneren Freiheit ist ein Buch, das jeder lesen kann, um eine tiefere Erkenntnis seiner Biografie zu erlangen, insbesondere in Bezug darauf, wie wir schon als Kinder versucht haben, unsere Essenz, Energie und Individualität aufrechtzuerhalten und abzusichern, selbst wenn wir uns, um dies zu erreichen, Gewalt antun mussten. Die Erkenntnis in Bezug auf diese grundlegendsten Überlebensstrategien führen zu einer überaus großen Klarheit hinsichtlich der Art, wie Probleme in der Gegenwart entstehen. Sie hilft Ihnen, die hindernden Muster transparent zu machen und das Leben wieder neu zu genießen, intime Verbindungen einzugehen, Grenzen zu setzen und sich wirklich glücklich und frei zu fühlen.

Daneben ist es indirekt ein Buch für (zukünftige) Eltern. Indem Sie ein besseres Verständnis der Beziehung zu Ihren eigenen Eltern und der Art und Weise, wie deren Verhalten bei Ihnen Verwundung und Schmerz zurückgelassen hat, entwickeln, werden Sie sich auch stärker der Art und Weise bewusst, wie Sie mit Ihren eigenen Kindern umgehen. Vielleicht sind Sie dann besser in der Lage, Ihren Schmerz nicht an Ihre Kinder weitergeben zu müssen und negative

Äußerungen und verunsichernde Reaktionen für sich behalten zu können, indem Sie sich stärker mit Ihrem eigenen Schmerz verbinden und ihn dadurch nicht mehr mit Ihren Kindern oder Ihrem Partner ausleben müssen.

Drittens ist dieses Buch ein ausgezeichnetes, erfahrungsorientiertes Studienbuch für Studenten, die die Arbeit mit Menschen zu ihrem Beruf machen wollen, obwohl es kein ›wissenschaftliches‹ Buch ist. Ich habe jegliche Fußnoten und Querverweise auf Literatur bewusst beiseite gelassen. Der Inhalt basiert auf der Praxis der Arbeit mit Menschen, sowohl meinen eigenen Erfahrungen als auch denen anderer Therapeuten. Es wird dargelegt, wie Umstände aus der Vergangenheit oft Anlass zur Bildung von Mustern in unserem Wahrnehmen, Fühlen, Denken und im körperlichen Erfahren gaben – Muster, die uns jetzt, in der Gegenwart, im Wege stehen können. Diese Zusammenhänge sind zwar niemals unumstößlich beweisbar. Aber sie sind durchaus sichtbar und erkennbar, und solche Erkenntnisse können uns helfen, uns von jenen hindernden Wirkungen zu befreien.

Mit der ›Allgemeingültigkeit‹ ist es überhaupt so eine Sache. Diejenigen, die ein Buch wie dieses lesen und wirklich auf der Suche nach Selbsterkenntnis sind, sind an sich schon gar nicht so ›allgemein‹. Sie machen nur einen kleinen Prozentsatz der Bevölkerung aus, doch für sie ist dieses Buch geschrieben. Ein weiterer Gesichtspunkt ist der: Die Vergangenheit steht niemals unverrückbar fest und wird von jedem anders erlebt. Natürlich schafft sich jeder auch seine eigene Vergangenheit – die Vergangenheit ist so, wie Sie sie erlebt haben. Und auch wenn Ihr Bruder oder Ihre Schwester eine andere Erinnerung an Kindheitserlebnisse hat, bedeutet dies *nicht*, dass Ihr Erleben nicht stimmt. Außerdem sind Ihre Erinnerungen direkt mit dem Schmerz von heute verbunden. Und das Wichtigste ist, dass Sie, aus Ihrem jetzigen Leben heraus, zu einer besseren Erkenntnis der Sie hindernden Muster gelangen, indem Sie Ihre negative Dynamik erforschen und betrachten, auf welche Weise sie wirksam sind.

Dieses Buch vermittelt keine Rezepte, um aus irgendetwas *herauszukommen*, sondern es unterstützt Sie dabei, gerade tiefer *in* Ihre

Blockaden bzw. Behinderungen einzutauchen und zu erforschen, *wie* sie entstanden sind und *warum* Sie sie stets aufs Neue wiederholen. Dabei handelt es sich hauptsächlich um *Erkenntnis*, um eine wirklich lebensgemäße Erkenntnis, was an sich schon befreiend wirkt. Veränderung beginnt mit Erkenntnis. Wenn die Geschichte Ihres Lebens klarer und deutlicher wird, werden die jetzigen Ängste, Emotionen und Verteidigungsstrategien ebenfalls so durchsichtig, dass Sie sie nur noch loslassen können. Und das ist der Weg zur Freiheit. Es ist, als würden Sie in einem schmutzigen, dunklen Keller plötzlich das Licht anknipsen. Erst dann können Sie mit dem Besen durchputzen, und der Weg zu Ihrer Freiheit wird deutlich.

Einleitung

Wer bin ich?

Sie atmen, bewegen sich, arbeiten, essen, stehen auf und gehen zu Bett, denken, fühlen, streiten sich, küssen, lieben, genießen, weinen, leiden Schmerz, schauen Fernsehen, lesen ... All diese Aktivitäten, die Sie verrichten und erleben, geben Ihnen das Gefühl, dass Sie leben, dass Sie sind, dass Sie existieren. Wenn Sie jedoch genauer hinschauen, werden Sie bemerken, dass Sie nur über ganz kurze Momente hinweg wirklich etwas erfahren. Die meiste Zeit sind Sie nämlich nicht mit den Dingen selbst beschäftigt, sondern Sie machen sich Gedanken *über* sie. Sie erfahren nicht Ihren Partner, sondern Sie denken *über* Ihren Partner nach und haben dann Gefühle *über* ihn oder sie. Sie erfahren nicht das Hier und Jetzt, sondern Sie denken nach *über* die Vergangenheit oder *über* die Zukunft. Die Erfahrung Ihrer selbst und der Wirklichkeit, die Sie umgibt, hat also zwei Dimensionen:

1. eine Dimension der *direkten Erfahrung im Hier und Jetzt*, also die Wirklichkeit, die im jetzigen Moment vorhanden ist;
2. eine Dimension des *Über-etwas-Nachdenkens* oder *Sich-mit-etwas-Beschäftigens*, die eine eigene ›Wirklichkeit‹ schafft, die Sie jedoch nicht wirklich greifen können und die sich zumeist auch gar nicht im Hier und Jetzt abspielt.

Und aus beiden Wirklichkeiten beziehen wir das Gefühl, ein Ich oder Selbst zu sein. Doch im täglichen Leben vermischen sich diese Wirklichkeiten ständig, so wie man einen Vogel sehen und hören kann (was wir im Jetzt erfahren) und gleichzeitig wissen können, dass es sich um eine Amsel handelt (weil Sie *über* den Vogel nachdenken). Aber das bedeutet, dass auch die Gegenwart, die sich in jedem Moment neu darbietet, meistens aus einer gedanklichen Perspektive erfahren wird, die ihre Wurzel in der Vergangenheit hat. Außerdem schließt sich diese Gegenwart dann rasend schnell mit Bildern und Erinnerungen kurz, die in unserem Gedächtnis gespeichert sind, und sie wird mit den Erwartungen und Sehnsüchten, die wir in Richtung der Zukunft hegen, verglichen.

Nun konfrontiert uns das Jetzt – das heißt: das Leben selbst – mit unseren eigenen Problemen. Wir können erkranken, Streit mit unserem Partner bekommen, Auseinandersetzungen am Arbeitsplatz, Schwierigkeiten mit unseren Eltern oder einen Unfall erleiden. Daran lässt sich wenig ändern. Das Leben ist so, wie es eben ist, und wir können nichts anderes tun, als uns aktiv zu ihm zu stellen. Und je vollständiger wir dies tun, umso mehr Möglichkeiten haben wir, unser Leben in die eigenen Hände zu nehmen. Doch auf das, *was* das Leben uns bringt, haben wir im Prinzip keinen Einfluss und keine Kontrolle. Das Leben – und damit das Leiden, die Vergänglichkeit und der Tod – ist immer stärker als wir. Die Zeit hält ihre eigenen Überraschungen bereit, und diese sind nicht immer willkommen.

Die Möglichkeiten, die Wirklichkeit zu verändern, sind also nur gering. Wir können hier und da versuchen, die richtigen Entscheidungen zu treffen, sodass wir uns nicht für eine Stelle bewerben, die wir eigentlich nicht bewältigen können, nicht einen Partner wählen, der unser Leben nur schwieriger macht, oder ein Haus kaufen, das wir nicht bezahlen können. Derartige Entscheidungen sind natürlich sehr prägend. Doch selbst, wenn wir solche Entscheidungen aus unseren besten Intuitionen heraus zu treffen versuchen, wird unsere Erfahrung großenteils durch die Erfahrungen, Denkmuster, Gefühle, Ängste, Sorgen und Sehnsüchte gesteuert und bestimmt, die in der Vergangenheit entstanden sind.

Wir erfahren, fühlen, sehen, urteilen und entscheiden aus einer ganz bestimmten und eingeschränkten Perspektive, derer wir uns im Allgemeinen nicht bewusst sind. Wir gehen zwar auf die Suche nach dem richtigen Partner, doch wir erkennen nur denjenigen, der entsprechend unserem Vater oder unserer Mutter ähnelt, und landen so wiederum im selben Kampf bzw. in derselben Ohnmacht wie in unserer Jugend. Wir denken, dass wir uns selbst für ein Studium entschieden haben, aber unbewusst erfüllen wir vielleicht nur die Wunschvorstellungen unserer Eltern. Oder wir tun genau das Entgegengesetzte und setzen uns mit aller Macht ab gegen die Signale von ›früher‹.

Wie frei bin ich wirklich? Entscheide ich wirklich selbst? Weiß ich eigentlich, wer ich selbst bin, unabhängig von allen ›Programmierungen‹ aus meiner Kinder- und Jugendzeit?

Wo fahren Sie sich fest?

Auch wenn Sie versuchen, völlig Ihr eigenes Leben zu führen, bemerken Sie doch oft, dass Sie sich in etwas festfahren. Das Leben ist dann plötzlich nicht mehr länger ein freies Spiel, in welchem Sie mitwirken, dann und wann triumphieren und manchmal auch den Ball verfehlen. Sie spüren, dass Sie erstarren, dass Sie nicht mehr wissen, was Sie tun sollen, ängstlich oder unsicher werden, sich machtlos oder immer weniger im Gleichgewicht fühlen, verärgerter, trauriger oder aufgekratzter. Oder Sie verlieren völlig die Lust zu leben, alles wächst Ihnen über den Kopf und Sie versinken in Passivität.

Der Anlass kann etwas ganz Kleines sein, doch Sie spüren, dass das Sich-Festfahren nicht unbedingt direkt mit dem vermeintlichen Anlass zusammenhängt. Tief in Ihnen selbst liegen bestimmte Gefühle, Spannungen und negative Gedankenströme, die durch ein Ereignis gewissermaßen an die Oberfläche geholt werden, als verursachte die Gegenwart einen Kurzschluss mit etwas Altem, einem alten Schmerz, der an einer ungreifbaren Stelle in Ihrem Wesen sitzt.

Wie kann etwas so Kleines, Unbedeutendes zum auslösenden Faktor für so viel Schmerz oder Wut werden? Wie kann etwas

Kleines Sie dermaßen erstarren lassen? Woher kommt diese wahnsinnige Angst und Machtlosigkeit?

Und selbst wenn der Anlass viel massiver ist – eine Scheidung oder der Tod eines geliebten Menschen –, so scheint die Reaktion, die in Ihnen ausgelöst wird, nicht an das *anzuschließen*, was geschieht. Die Wut oder die Panik ist viel zu extrem, oder Ihr innerer Rückzug und Ihre Selbstbeherrschung haben vordergründig mit nichts Erkennbarem zu tun, oder die rationale Erstarrung fühlt sich an wie das Erstarren kochender Lava innerer Verzweiflung.

Wenn Sie auf Momente oder Perioden in Ihrem Leben zurückblicken, in welchen Sie sich festgefahren haben, können Sie sehen, dass Sie Blockaden auf verschiedenen Ebenen aufgebaut haben. Am deutlichsten ist dies, wenn Sie ausgebrannt sind. Meistens verbinden wir dies mit zu viel Stress am Arbeitsplatz, doch in Ihnen geschieht dies auch, wenn Ihre Familie zu viel von Ihnen fordert, oder bei einem plötzlichen Verlust, einem Unglück, einer Entlassung, einer Scheidung oder was auch immer. Die Spannungen, die Sie in der Gegenwart erleben, sind dann einfach zu groß. Sie halten sie einfach nicht aus. An sich ist dies etwas, was sich nach einer Ruhezeit von selbst wieder auflöst. Aber meistens verursachen diese Spannungen einen Kurzschluss mit der Vergangenheit, und wenn sich in der Vergangenheit einmal sehr gravierende Situationen ereignet haben, brennen jetzt die Sicherungen durch. Das energetische System, welches Sie darstellen, hatte bereits bestimmte Schwachstellen oder Löcher, die Sie überempfindlich machen, oder Sie schneller an die Grenze Ihrer Kräfte stoßen lassen. Daran erkennen Sie, dass ein *Burnout* oft alte und unverarbeitete Traumata hervorholt. Diese Traumata waren natürlich schon da, aber sie wurden durch extreme Aktivität so zugedeckt, dass Sie sie nicht ständig zu spüren brauchten.

Weil Sie aus Körper, Gefühlen und Gedanken bestehen, erleben Sie ein solches Durchbrennen der Sicherungen auf allen drei Ebenen. Die Reaktion ist ähnlich wie ein normaler Kurzschluss im Stromnetz. Der Kurzschluss ist so heftig, dass das ganze System entweder völlig lahmgelegt wird, oder Sie drehen völlig durch und finden überhaupt keinen Weg mehr, zur Ruhe zu kommen. Konkret gesprochen bedeutet das im schlimmsten Fall, dass Ihr Körper blockiert. Überall entstehen Spannungen, Sie werden krank, Sie atmen beinahe nicht mehr, Gefühle verflachen stark, oder es treten lähmende Ängste auf, Sie verlieren den Kontakt zur Wirklichkeit, als würde eine Glasplatte zwischen Sie und die Welt geschoben, Ihr Denken blockiert, Sie wissen nicht mehr weiter, werden passiv, depressiv, schließen sich ab, Gefühle wenden sich gegen Sie selbst und führen zu Selbsthass bis hin zur Autoaggression und Sie sehen keinen Ausweg mehr.

Im zweiten Fall kann Ihr Körper sich nicht mehr entspannen, doch er will weiterhin aktiv bleiben. Ihre Beine bewegen sich weiter, Sie können nicht mehr schlafen, Gefühle und Emotionen wirbeln durch Sie hindurch, wechseln sich fortwährend ab, Sie fühlen sich gehetzt, irritiert, wütend, schlagen um sich, alles ist Ihnen zu viel, Sie gehen heftige Beziehungen ein und stoßen sie wieder ab, stürzen sich in Drogen oder andere Abhängigkeiten, Sie wollen nicht mehr essen oder zu viel essen, Ihre Gedanken drehen sich fortwährend im Kreis, zwanghafte Gedanken melden sich mit einer Neigung zur Paranoia. Und manchmal wechseln beide Reaktionsarten miteinander ab.

An sich sind dies alles ›normale‹ Strategien, die jeder von uns entwickelt hat als Reaktion auf Spannungen von außen und von innen. Aber weil Ihr Körper, Ihre Gefühle und Ihr Geist diese Erfahrungen irgendwo speichern, *ohne dass Sie sich an die betreffende Situation in der Vergangenheit auch später noch erinnern,* können derartige Kurzschlüsse Sie Ihr ganzes Leben lang immer wieder überfallen. Und das macht Ihre eigenen Reaktionen oft so unbegreiflich und dadurch Furcht erregend. Warum verlieren Sie völlig die Nerven und wollen vom Dach springen, wenn Ihr Partner, mit dem Sie ohnehin schon schlecht zurechtkamen, Sie plötzlich im Stich lässt? Man würde doch denken, dass Sie sich gerade erleichtert fühlen müssten, dass Sie diesen Schuft (oder diese Nervensäge) endlich los sind! Doch die Tatsache, dass Sie im Stich gelassen wurden, bewirkt einen Kurzschluss mit der totalen Panik, die Sie zum Beispiel spürten, als Ihre Eltern auseinandergingen, als Ihre Mutter im jungen Alter plötzlich verstarb, oder als Sie einst in einem Kohlenkeller eingeschlossen worden sind und dachten, Sie würden dort sterben. Ihr Gedächtnis hat all diese alten Ereignisse als solche verschwimmen lassen, sie relativiert, weggelacht oder ganz einfach vergessen, doch die Angst, die Panik, Verzweiflung und Einsamkeit wurden in Ihrer energetischen Struktur (Ihrem Körper, Ihrem Atem, Ihren Emotionen, Ihrem Geist) gespeichert, und dies ist das Loch, die Schwachstelle, die den Kurzschluss auslöst. Darum kann etwas Kleines Sie so völlig durcheinanderbringen, blockieren, depressiv werden lassen oder an den Rand des Abgrunds führen.

Weil unser Gedächtnis aus Gründen des Selbstschutzes die Vergangenheit relativiert oder gar ausradiert, haben wir oft keine richtige Erkenntnis und auch kein gefühlsmäßiges Verständnis der Traumata, die uns widerfahren sind. Wir denken: »Ach, ein anderer hat viel schlimmere Dinge mitgemacht.« Das ist natürlich wahr, aber es ist gleichzeitig auch eine Art, unseren eigenen Schmerz zu leugnen. *Wir wollen möglichst nicht auf den Schmerz zugehen.* Aber gerade das Leugnen macht uns anfälliger für den Kurzschluss – indem wir uns nicht unseres Schmerzes bewusst werden *wollen*, sucht der Körper ständig nach einer Möglichkeit, ihn mit aller Kraft in den Vordergrund zu rücken. Die Wunde eines alten Traumas (posttraumatisches Stresssyndrom) sucht nach einem schwachen Moment (wie z.B. ein Burnout), um sich dann doch noch zu Wort zu melden. Die Verwundung und der Schmerz wollen gefühlt werden, weil dies der einzige Weg ist, auf dem sie geheilt werden können.

Es ist vergleichbar mit einem verletzten Körperteil, zu dem Sie automatisch Ihre Hand bewegen, um darüberzustreichen. Jedes *Gefühl* will *gefühlt* werden, und so will auch der Schmerz gefühlt werden, selbst wenn dies nur dadurch möglich ist, dass er Sie krank oder überspannt macht.

Darüber hinaus ist es so, dass Sie die meisten Verwundungen in Ihrer Kindheit zugefügt bekommen haben, vor allem in Ihrer frühen Kindheit. Studien erweisen immer deutlicher, dass die ersten drei Lebensjahre bestimmend sind für die Stärke Ihres Ich-Gefühls, Ihre Gesundheit, Ihre Stressbeständigkeit, Ihre Lebensfreude, Ihre geistige Wachheit. Nicht dass es keine angeborenen Qualitäten oder Schwächen gäbe, auch auf seelischem Niveau, doch in den ersten drei Jahren entwickeln sich die grundlegendsten Gefühle in Bezug auf Sie selbst und den anderen, und es entstehen auch die grundlegendsten Überlebensstrategien.*

In den ersten drei Lebensjahren sind Sie sehr verwundbar. Betrachten Sie einmal ein kleines Kind: So klein und zart und verletzlich waren Sie selbst auch einmal! Und in den Momenten, in welchen Ihnen in dieser Verfassung ein Schmerz zugefügt wurde, entstand eine Verwundung, so etwas wie ein Loch in einem Sie schützenden Mantel, und diese Löcher können immer größer werden. Zugleich entwickeln Sie Überlebensstrategien, Verhaltensweisen, die es Ihnen ermöglichen, mit diesem Schmerz umzugehen. Die mächtigsten dieser Strategien sind das Leugnen und das Abspalten. Wie unangenehm Ihre Umgebung auch ist, Sie sind doch von ihr abhängig. Wie unangenehm Ihre Eltern auch sind, Sie sehnen sich immerzu nach einem liebevollen Vater oder einer liebevollen Mutter. Daher besteht für ein Kind die einzige Art, mit einem aggressiven Elternteil umzugehen, darin, dass es leugnet, dass dieser Elternteil nicht lieb ist. Darum wird ein Kind geneigt sein, sich selbst für schuldig zu erklären, um so den betreffenden Elternteil freizusprechen. Die Vorstellung: »Es ist meine Schuld, dass mein Vater weggegangen ist«, ist einfacher zu ertragen als der Gedanke, dass Ihr Vater Sie nicht liebt.

Eine andere Art, Schmerz zu leugnen, ist das Vergessen. Sie vergessen, wie oft und wie heftig sie geschlagen worden sind. Sie vergessen, wie einsam und verlassen es bei Ihnen zu Hause war und welche Angst Sie oft gehabt haben. Sie vergessen, wie negativ Ihre Eltern über Sie sprachen und wie sie tagaus, tagein Ihr Selbstbe-

* Natürlich gibt es allerlei genetische Faktoren, durch die Sie bestimmte Fähigkeiten oder Schwächen von Ihren Eltern erben. Diese können als solche durchaus sehr bestimmend sein. In diesem Buch betrachte ich sie jedoch als eine Tatsache, genauso wie schlechte Augen oder eine erbliche Krankheit. Sie können nicht zu viel daran ändern. Ich konzentriere mich vor allem auf den Einfluss der Umstände, insbesondere der Eltern und der Familiensituation, weil deren negativer Einfluss die größte Fläche für mögliche Heilungen anbietet.

wusstsein untergraben haben. Doch sobald jetzt etwas geschieht, das an den damaligen Schmerz erinnert, kommt er wie ein Fieberanfall über Sie und kann Sie im Bruchteil einer Sekunde ängstlich, unsicher oder destruktiv machen. Auch die Angst ist immer latent anwesend, doch Sie verstehen nicht, woher sie kommt.

Außerdem erfuhren Sie als Kind die Situation, in der Sie aufwuchsen, als eine Tatsache. Sie kennen es nicht anders. Wenn Ihr Vater immer betrunken war und Sie schlug, dann war das nun einmal die Situation, in der Sie lebten. Wenn Ihre Mutter gefühlskalt war oder Sie zu stark von ihren Emotionen abhängig machte und Ihre Grenzen nicht respektierte, dann war es eben so. Darum blickt jeder Erwachsene auf seine Jugend als eine gegebene, normale Tatsache zurück, selbst wenn sie sehr traumatisch war.

Zudem konnten und wollten Sie sich als Kind nicht von Ihrer Familie absetzen. Dieses Gefühl liegt tief in unserem Wesen verankert, wahrscheinlich war es schon vor Millionen Jahren die einzige Art, das Überleben zu sichern: Die Gemeinschaft bzw. die Familie steht unter allen Umständen an erster Stelle, vor dem Individuum. Wenn Ihr Vater oder Ihre Mutter sich von Ihnen abwenden oder Sie zurückweisen, so fühlt sich das für ein Kind an wie ein Verbrechen, das es nicht überlebt. Als kleines Kind sind Sie noch völlig von Ihren Eltern abhängig, doch auch in der Pubertät fühlt es sich immer noch wie eine Todsünde an, Ihren Vater oder Ihre Mutter anzuklagen oder gar zu beschuldigen. Und sogar als Erwachsener spüren Sie in Ihrem tiefsten Inneren, dass es nicht in Ordnung ist, den eigenen Vater oder die Mutter zu beschuldigen, auch wenn Sie mit Ihrer Anklage völlig im Recht sind. Außerdem haben Sie sich aus Ihrer Sicht vielleicht bemüht, nach bestem Wissen und Gewissen zu handeln.

Dies hat zur Folge, dass Sie sich zumeist nicht wirklich der Ursachen und der Entstehung Ihrer extremen Empfindlichkeit, Wut, Isolation, Angst oder Bodenlosigkeit bewusst sind. Sie denken, dass es Ihre Schuld sei (das dachten Sie als Kind auch schon), und dadurch wird alles noch schwerer, bitterer und dunkler. Darum ist es so wichtig, zunächst einmal mehr Verständnis für diese Zusammenhänge zu erlangen; dabei kann es hilfreich sein, zuerst einmal die Ursache (und vielleicht sogar die Schuld) Ihrer Überlebensstrategien und Blockaden gänzlich bei Ihrer Umgebung anzusiedeln.

Viele Probleme, die uns heute zu schaffen machen, werden uns von der Gegenwart aufgetischt. Aber die Art, *wie* wir sie erfahren, mit ihnen umgehen, von ihnen bestimmt werden, uns in ihnen festfahren, gegen sie kämpfen, uns selbst unterminieren oder verhärten – sie hat ihren Ursprung in unserer Vergangenheit. Darum ist es wichtig, unsere Vergangenheit zu erforschen und herauszufinden, wie der Schmerz und die Verwundungen entstanden sind, sodass wir uns selbst und unsere heutigen Emotionen, Blockaden und Denkmuster etwas besser verstehen können.

Was sind ›Löcher‹?

Wir sind geneigt, uns selbst als einen Körper, der funktioniert, und einen Geist, der den Körper steuert, zu betrachten, während unsere Emotionen bestimmend sind für unser Glücks- und Befriedigungsgefühl. Aber wenn wir wahrnehmen, wie wir uns selbst erfahren, ist das alles plötzlich viel weniger deutlich. In der Erfahrungsweise des täglichen Lebens vermischen sich Gedanken, Gefühle, Sinneswahrnehmungen, Bilder aus der Vergangenheit und Zukunftserwartungen ständig miteinander. Außerdem herrscht ständig eine Wechselwirkung zwischen Innen und Außen, wir fühlen uns in bestimmten Momenten offen, dann wieder verschlossen, manchmal ist unsere Aufmerksamkeit im Kopf konzentriert, ein anderes Mal identifizieren wir uns total mit etwas, das wir sehen.

Wenn wir dies alles erfahren, während es sich in Bewegung ereignet, liegt überhaupt nichts fest. Sogar die Erfahrung unseres Körpers ändert sich ständig, manchmal ist sie genussvoll, dann wieder schmerzhaft. Die Erfahrung selbst ist also niemals unveränderlich und unverrückbar. Sogar die meisten ›festen Dinge‹ – Ihr Auto, Ihr Haus, Ihren Körper, den Körper Ihres Partners – erfahren Sie immer wieder neu. Das ist auch der Grund, warum wir so wenig ›Griff‹ auf unsere Stimmungen oder unser Leben als solches haben. Es gibt einfach nichts, das wir ›vollständig im Griff‹ haben könnten.

Unser Leben existiert – so wie es sich im Allgemeinen abspielt – aus einer Schichtung von Erfahrungen. Man könnte auch sagen, einer Schichtung von Energien. Gedanken, Gefühle, Eindrücke oder Erinnerungen sind letztlich sämtlich Energieströme verschiedener Frequenz- und Dichtegrade, die einander ständig gegenseitig beeinflussen. Dieses Bild ist sehr wichtig, wenn wir verstehen wollen, was geschieht, wenn wir das Leben als bedrohlich erfahren oder wenn schlimme, eingreifende Ereignisse stattfinden und diese uns den Rest unseres Lebens beeinflussen.

Stellen Sie sich sich selbst einmal als ein eiförmiges Energiefeld vor. Dieses Energiefeld fällt zwar mit Ihrem Körper zusammen, doch es ist nicht an ihn gebunden. Es durchdringt ihn und reicht über ihn hinaus. Dieses Energie-Ei hat drei Bereiche, das Gebiet des Beckens und des Bauches, das Gebiet des Herzens und das des Kopfes. Ihr Becken/Bauch ist der Bereich der physischen Energie und ist wiederum in drei Bereiche zu unterscheiden: das Gebiet des Beckenbodens, der mit dem Gefühl der *Sicherheit* verbunden ist, Ihre Geschlechtsorgane, die die Quelle Ihrer Lebensenergie und der *Sexualität* sind, und schließlich Ihr Bauch, in welchem die Emotionen wurzeln und wo Sie Ihre Kraft fühlen, das Gefühl der *Autonomie.* Ihr Herz ist das Zentrum Ihrer Gefühle, der Liebe und *Intimität,* und es ist direkt mit Ihrer Atmung verbunden. Ihr Kehlkopfbereich bildet die Verbindung zwischen Ihrem Bauch, Ihrem Herzen und Ihrem Kopf. Dort findet der Ausdruck dessen statt, was in Ihrem Bauch, in Ihrem Herzen und in Ihrem Kopf lebt, und als Energiebereich ist die Kehlkopfregion mit dem Gefühl der *Identität* verbunden. Ihr Kopf ist das Zentrum Ihrer Sinne, Ihres Geistes und Ihrer Gedanken, und er ist verbunden mit dem Gefühl der *Freiheit*; die Stirn mehr mit der ›psychologischen Freiheit‹, Ihre Scheitelregion stärker mit der Verbindung mit dem Höheren, mit dem Weiteren, dem Absoluten. So ist jedes Energiezentrum mit einem unserer in diesem Buch behandelten sechs Basisthemen verknüpft.

Das Zusammenspiel dieser Energien in Ihnen selbst und in Beziehung zur Welt, die Sie umgibt, vermittelt Gefühle des Wohlbehagens und Glücks oder solche der Angst und Isolation. Und obwohl dies primär *Gefühle* sind, sind sie direkt mit Ihren Gedanken und der Art, wie Sie Ihren Körper erleben, verbunden. Es ist, als ob alle unsichtbaren ›elektrischen Drähte‹ im Energie-Ei miteinander verbunden wären und sich gegenseitig beeinflussten.

In den ersten Lebensjahren ist diese Struktur noch vollständig, jedoch auch noch sehr offen und verwundbar. Das bedeutet, dass, wenn Ihnen aggressiv begegnet wird oder wenn Ihren primären Bedürfnissen nach Sicherheit, Nahrung, Berührung oder Kontakt nicht entgegengekommen wird, Schwachstellen in diesen Energiefeldern entstehen. Wenn Sie als Kind sehr wenig Liebe zugewendet bekommen haben, erhält der Energiebereich Liebe nicht die Chance, sich auf eine natürliche Weise zu entwickeln. Liebe wird also eine Schwachstelle oder vielleicht sogar ein Loch. Das bedeutet zumeist, dass Sie zunächst einmal auf diesem Gebiet sehr verletzlich bleiben. Auf der Grundlage dieses Gefühls der Verletzlichkeit haben Sie als Kind jedoch bestimmte Strategien entwickelt, damit umzugehen; Strategien, die Ihnen das bestmögliche Überleben sichert. Diese Strategien können sehr unterschiedlich sein. Sie können zum Beispiel beschlossen haben, alle Liebesgefühle sozusagen in die Kühltruhe zu verbannen. Also verschließen Sie sich auch als Erwachsener vor Liebe, Sie können nicht damit umgehen, Sie stoßen andere Menschen einfach von sich, wenn sie Ihnen zu nahe kommen. Oder Sie haben verzweifelt Liebe entbehrt, Sie träumten davon, Sie suchten sie überall, und im Erwachsenenalter ist immer noch ein so großer Mangel vorhanden, dass es niemanden gibt, der ihn jemals ganz kompensieren könnte. Oder Sie haben beschlossen, dass Sie es offenbar nicht wert sind, von jemandem geliebt zu werden, und als Erwachsener sorgen Sie immer noch dafür, dass jede Beziehung kaputt geht, der andere Sie verlässt und Ihnen dann bestätigt, dass Sie wertlos sind. So kann Ihr Erwachsenenleben im Schatten der Löcher aus Ihrer Kinder- und Jugendzeit bestehen. Und wenn Sie hinsichtlich dessen kein Bewusstsein entwickeln, werden Sie Ihre Überlebensstrategien nur noch weiter vervollkommnen und verstärken, ohne jemals die dahinter liegende Verwundung und den dazugehörigen Schmerz zu heilen.

Was ist traumatisch?

In den Kinderjahren haben sich viele Dinge ereignet, die Sie erschreckt, ja Ihnen einen Schock zugefügt haben. Dies muss nicht zwangsläufig zu Problemen führen. Auf der einen Seite ist Ihr Organismus in der Lage, vieles abzufangen, und außerdem können spätere positive Ereignisse alte Verwundungen heilen. Vielleicht liebte Ihre Mutter Sie nicht so sehr, wie Sie es gebraucht hätten, doch Ihre Großmutter tat es. Vielleicht bekamen Sie keine Unterstützung vom Vater, stattdessen aber von einem Lehrer in der Schule. So können sich viele Wunden im Lauf des Lebens schließen und heilen. Sie können das mit dem Vorgang vergleichen, wenn Sie sich einmal an einem Feuer verbrennen. Sie erschrecken, schreien vor Schmerz, doch Sie werden getröstet, Sie halten die Hand unter kaltes fließendes Wasser, und nach einer Woche ist die Brandwunde geheilt – und Sie haben gelernt, dem Feuer nicht zu nahe zu kommen. Aber nicht alles heilt auf solch einfache Weise.

Manche Ereignisse sind dermaßen intensiv, dass Sie den Schock nicht verarbeiten können. Die Angst, Panik, die Bedrohung, Verzweiflung, Gewalt oder der Wahnsinn sind so groß, dass Sie ein tiefes Loch in Ihren Energiekörper brennen. Sie haben das Gefühl, dass Sie es nicht überleben, dass Sie sterben werden, und diese bodenlose Todesangst verursacht einen solchen Kurzschluss, dass etwas in Ihnen ›durchbrennt‹, kaputt geht oder verloren geht. Später, als Erwachsener, empfinden Sie das auch wie ein Loch, wie eine immerwährende Schwachstelle. Sie haben zwar gelernt, trotz aller widrigen Ereignisse zu überleben, und Sie haben vielleicht gerade *wegen* des Elends in Ihrer Jugend bestimmte Fähigkeiten entwickelt, doch irgendwo bleibt eine gewisse Unruhe bestehen. Sie können alles Mögliche unternehmen, um dieses Loch nicht zu spüren, doch tief in Ihrem Innern wissen Sie, dass es da ist. Und in unerwarteten Augenblicken kann die Panik wieder aufsteigen.

Auch wenn Ihr Leben später eine ganz positive Wendung nimmt und Sie sich vielleicht schon jahrelang einer Therapie unterzogen haben, kann sich dieses Loch plötzlich wieder zu Wort melden. Dies kommt daher, dass ein derartiges Trauma sich tief in Ihrer physischen Struktur verankert hat. Es ist wirklich ein Loch, und manche Löcher können Sie nur versuchen zu akzeptieren und ihre Auswirkungen zu mildern.

Die zweite Ursache eines Traumas ist die endlose Wiederholung einer bestimmten Bedrohung oder einer bestimmten Wahnvorstellung. Sie wurden beispielsweise immer schlecht gemacht oder es hing die Drohung in der Luft, dass Ihr Vater Sie schlagen würde, oder es gab niemals jemanden, der Sie wirklich liebte. Diese endlose Wiederholung greift allmählich unser Gefühl des Ganz-Seins an, wie bei einer Pflanze, die immer zu wenig Wasser oder Sonnenlicht erhält. Irgendwo geht dann etwas kaputt, geben wir auf oder sind so erschöpft, dass wir einen Zusammenbruch erleiden. Die Löcher, die hierdurch entstehen, werden oft viel weniger bemerkt. Wenn Ihr Vater Sie heftig verprügelt hat, ist dies ein deutliches Ereignis, wenn aber Ihre Mutter in ihrer Opferrolle fortwährend die ganze Familie mit ihren Depressionen terrorisierte, so ist dies vielleicht noch viel traumatischer, doch viel weniger deutlich, viel subtiler, da sie doch so bemitleidenswert war …

Die dritte Ursache ist, dass Sie sich niemals auf etwas fest verlassen können. Ihr Vater oder Ihre Mutter waren manchmal nett, dann wieder aggressiv, unterstützten Sie manchmal, doch in anderen Momenten untergruben sie Ihr Selbstvertrauen. Oder Sie wissen eigentlich niemals, woran Sie waren, weil Ihre Eltern niemals einen echten Kontakt mit Ihnen herstellen konnten, nicht, wenn Sie traurig waren, nicht, wenn Sie wütend waren, ja nicht einmal, wenn Sie lieb waren. Sie fanden niemals echten Halt bei allem, was geschah. Durch diese Willkür wussten Sie nie, wann Sie etwas ›richtig machten‹, und dadurch wurden Sie allmählich unsicherer und ängstlicher.

Die vierte Ursache eines Traumas ist noch weniger sichtbar. Sie entsteht, wenn beispielsweise Ihr Vater durch den Krieg schwer traumatisiert war und dies die Atmosphäre zu Hause deutlich bestimmte. Aber Sie wussten selbst nicht, worauf diese Stimmung zurückzuführen war, denn es wurde niemals darüber gesprochen. Als Kind sind Sie sehr sensibel für Stimmungen. Ihr Organismus weiß, dass etwas nicht stimmt, aber er weiß nicht, *was* nicht stimmt. Sie stellen sich auf das Trauma des anderen ein, Sie verhalten sich dementsprechend, aber Sie haben überhaupt keine Ahnung von der Ursache, wodurch alles ungreifbarer und dadurch traumatischer wird.

Nun müssen Verwundungen nicht immer so tief traumatisch sein und das eine Kind ist sensibler für Verletzungen als das andere. Doch es gibt nur wenig Menschen, die eine völlig harmonische Jugend gehabt haben. Fast immer hat es Ereignisse gegeben, die unser Selbstbewusstsein untergraben haben, oder es gab einen bestimmten Druck, auf den wir durch ein bestimmtes Verhalten reagierten. Das hat uns geformt und stark gemacht, doch es hat uns auch zu Mustern geführt, die uns später im Weg stehen. Wir fühlen zum Beispiel immer wieder, dass wir für irgendetwas nicht gut genug sind, oder wir fühlen uns schuldig, ängstlich oder unbefriedigt. Und wenn wir älter werden, wird es deutlich, dass solche Muster nicht einfach verschwinden und dass vieles von dem, was wir unternehmen, um uns frei und glücklich zu fühlen, nicht wirklich funktioniert. Unser neues Auto, der attraktive Partner, die gut bezahlte Stelle, das größere Haus, die fantastischen Ferien – all das sind ausgezeichnete Pflaster für unsere Wunden, doch die Verwundungen selber heilen oftmals trotzdem nicht. Dafür bedarf es offenbar noch einer anderen Aktivität.

Zunächst einmal ist es notwendig, dass Sie Ihre Muster – Ihre Verhärtungen, Ängste, Momente der Machtlosigkeit, Selbsthass, Doppelbotschaften – besser kennen lernen und akzeptieren, dass sie zu Ihnen gehören. Das bedeutet nicht, dass alles *Ihre Schuld* ist. Es bedeutet auch nicht, dass die Umstände nicht die Ursache dieser Muster wären. Doch es sind jetzt *Ihre* Muster geworden. Und erst wenn Sie den Mut haben, sie anzuschauen und sie sich im wahrsten Sinne *an-eignen*, erst dann können Sie sie wirklich kennen lernen.

Ich empfehle Ihnen daher, bevor Sie weiterlesen, eine Liste von allem aufzustellen, was Sie daran hindert, frei und glücklich zu sein. Überblicken Sie die zurückliegenden Jahre. Versuchen Sie die Liste so vollständig wie möglich aufzustellen und erforschen Sie dann einmal, Punkt für Punkt, wann in Ihrer persönlichen Lebensgeschichte diese Muster, Gefühle oder inneren Botschaften entstanden sind.

Zehn Gebote der inneren Ruhe

- Du sollst dich nicht zu Entscheidungen zwingen
- Strebe nicht nach Wachstum
- Erlege dir selbst und anderen keine Verbote auf
- Setze dir nur Ziele, die heute noch zu erreichen sind
- Nimm dir zweimal so viel Zeit, wie du zu benötigen glaubst
- Genieße, was du besitzt
- Tue ›eintönige‹ Dinge, um deinen Tag zu verlängern
- Dreh die Dinge um
- Packe die echten (kleinen) Probleme an
- Lasse los!

Wie sind Sie entstanden?

Sie wissen, dass Sie jetzt existieren, atmen, sich bewegen, leben. Doch woher kommt dieses Leben? Wo hat es seinen Ursprung?

Eine der wichtigsten Fragen im Buddhismus und im Advaita-Vedanta lautet: »Wo waren Sie drei Monate vor der Empfängnis?« Das ist eine Frage, auf die unser Verstand keine Antwort weiß, die unser Denken zunächst blockiert und uns zwingt, tiefer zu blicken, tief in die Erfahrung unserer eigenen Existenz. Woher kommt diese Existenz? Wie ist es möglich, dass Sie zuerst nicht da sind und dann plötzlich doch? Was bedeutet es eigentlich, zu existieren?

Aber auch ohne tiefer auf diese Frage einzugehen, wird durch sie deutlich, dass Ihr Leben immer vor einem absolut offenen Hintergrund erscheint, einem offenen Raum, in dem Sie im Moment der Empfängnis, wenn Samenzelle und Eizelle verschmelzen, zu wachsen beginnen. Am Anfang ist diese Existenz noch völlig offen und verwundbar, doch allmählich nehmen Sie immer deutlicher Form an. Ihr Körper wird konkreter und verbindet sich mit Empfindungen, Gefühlen, Reaktionen und allmählich auch mit Gedanken. So entstehen Sie aus dem ›Nichts‹, aus dem Offenen, aus einem Zusammenspiel zwischen Ihrem Heranwachsen und dem empfindlichen und flexiblen Reagieren auf Ihre Umgebung.

In dieser ersten Wachstumsphase auf dem Weg, der dazu führt, dass Sie Sie selbst sind, treten einige wichtige Themen hervor. Es sind Aspekte des Lebens, die für Ihre Entwicklung wichtig sind und die in Ihrem ganzen Leben immer weiter eine Rolle spielen. Doch das bedeutet auch, dass jede Verwundung, die Sie auf diesem Weg erleiden, Ihnen in einer bestimmten Weise einen Stempel aufdrückt. Nicht dass Sie sich davon nicht befreien könnten, doch weil diese Verwundungen auch sehr bestimmend sind für die Entscheidungen, die Sie später treffen, können bestimmte Muster (wie z.B. ein geringes Selbstwertgefühl) sich verstärken. Gerade darum ist es so wichtig, selbst der Frage nachzugehen, wie Sie so geworden sind, wie Sie jetzt sind.

Die sechs Grundthemen

1. Sicherheit und Vertrauen

Das grundlegendste Thema ist die SICHERHEIT, denn wenn die Umgebung, in der Sie leben, Ihnen keinerlei Sicherheit bietet, können Sie nicht überleben. Diese Erkenntnis ist tief in Ihnen verankert, in Ihrem Körper, Ihren Emotionen, Ihrem Geist. Es ist eine instinktive Triebfeder zum Selbsterhalt; das bedeutet, dass Sie in der Praxis bereit sind, sehr viel zu investieren, um nur nicht zu sterben. Das kann sogar so weit gehen, dass Sie sich selbst völlig verleugnen, körperliche Gewalt tolerieren oder sich selbst verletzen, aus Angst, sonst nicht zu überleben. Sogar der Drang, dem Leben ein Ende zu machen, kann auf der Tatsache beruhen, dass ein Weiterleben eigentlich noch schlimmer wäre, weil das Leben Sie zu vernichten droht. Dann scheint es (aus Gründen des Selbsterhalts!) unter Umständen doch sicherer, sein Ende in die eigene Hand zu nehmen.

Wenn andererseits die Umgebung genügend Sicherheit bietet, entsteht nach und nach das Gefühl des VERTRAUENS, dass man überleben wird. Dieses Vertrauen ist sehr wichtig, weil es den Boden für das Gefühl des Selbstvertrauens legt. Das Gefühl, dass Sie da sein dürfen, führt zu dem Gefühl, dass Sie sind. Dieses *Ich-bin-Gefühl* ist die Basis, der Boden Ihres Eigenseins, und wenn es dort bestimmte Schwachstellen, Löcher gibt, so können diese sich Ihr ganzes Leben lang bemerkbar machen.

Das Gefühl der Sicherheit ist körperlich mit Ihrem Gesäß, dem Anus und dem Beckenboden verbunden. Wenn Sie als Baby getragen werden, hält Ihr Vater oder Ihre Mutter eine Hand unter Ihren Po. An dieser Stelle spüren Sie, dass sie Sie nicht fallen lassen werden. Und wenn sich die Umgebung unsicher anfühlt, werden Sie sofort Ihren Anus zusammenziehen, Ihre Gesäßmuskeln anspannen und den Beckenboden verhärten. Auf diese Art können Sie Ihre Energie so weit wie möglich bei sich behalten.

2. Intimität und Bindung

Wenn Sie als Baby, ja sogar schon als Fötus, das Gefühl haben, dass die Umgebung (die Mutter) Sicherheit bietet, werden Sie es wagen, sich mit ihr zu verbinden. Sie verbinden sich nicht mit etwas, das Ihr eigenes Leben in Gefahr bringt. Wenn also Ihre Mutter zu viel Alkohol trinkt oder sehr ängstlich ist, wird auch der Fötus sich unbewusst nicht so sicher (d.h. frei von Angstreaktionen) mit der Gebärmutter verbinden, wie es in einer gesunden Situation der Fall ist. Auch als Baby werden Sie es nicht wagen, sich völlig einer Mutter hinzugeben, die sehr distanziert oder sogar aggressiv ist, Sie werden eine starke Sensibilität und Wachheit für Signale der Unsicherheit entwickeln. Dann kann keine bedingungslose und von SICHERHEIT getragene BINDUNG zwischen Mutter und Kind entstehen.

Im Säuglingsalter hat Intimität noch keine feste Form. In der Beziehung zu Ihrer Mutter können Sie das konkrete Gefühl des intimen Beieinanders, des Sich-Verbindens, des Wagens, sich an einen anderen zu ›hängen‹, ja, sich ihm sogar völlig hinzugeben, üben und erfahren. Das ist von entscheidender Wichtigkeit in Bezug darauf, wie Sie sich später mit anderen – Freunden, Freundinnen, Partnern – verbinden werden. Doch die Intimität in dieser frühen Periode ist auch von großer Wichtigkeit für die Verbindung, die Sie mit sich selbst haben, mit Ihrem eigenen Körper, Ihrem Atem, Ihren Gefühlen und Ihren Sinnesorganen, und dass Sie es genießen können, Sie selbst zu sein. Wenn Sie sich nicht mit Ihrer Mutter zu verbinden wagen, werden Sie es auch nicht wagen, sich mit allem zu verbinden, was sich in Ihnen selbst abspielt, mit dem, der Sie sind – das heißt: mit dem Leben selbst. Erst wenn ein ausreichendes Gefühl der Sicherheit und Intimität vorhanden ist, können Sie aus dem Gefühl des Ich-bin heraus Ja zum Leben sagen lernen.

Die Hinwendung, Hingabe an Ihre Mutter oder Ihren Vater vollziehen Sie aus Ihrem Herzen heraus. Es ist das Herz, das sich für andere öffnen kann, das lieben kann, worin Sie spüren, dass jemand Sie liebt. Ihr Herz ist das Zentrum der intimen und zarten Gefühle, aus welchen Sie eine von Wärme getragene Beziehung mit anderen und mit sich selbst aufzubauen imstande sind.

3. Autonomie und Willenskraft

Sobald Sie als Kind gelernt haben, sich mit etwas zu verbinden, und spüren, dass Sie darauf bauen können, gehen Sie vorsichtig auf

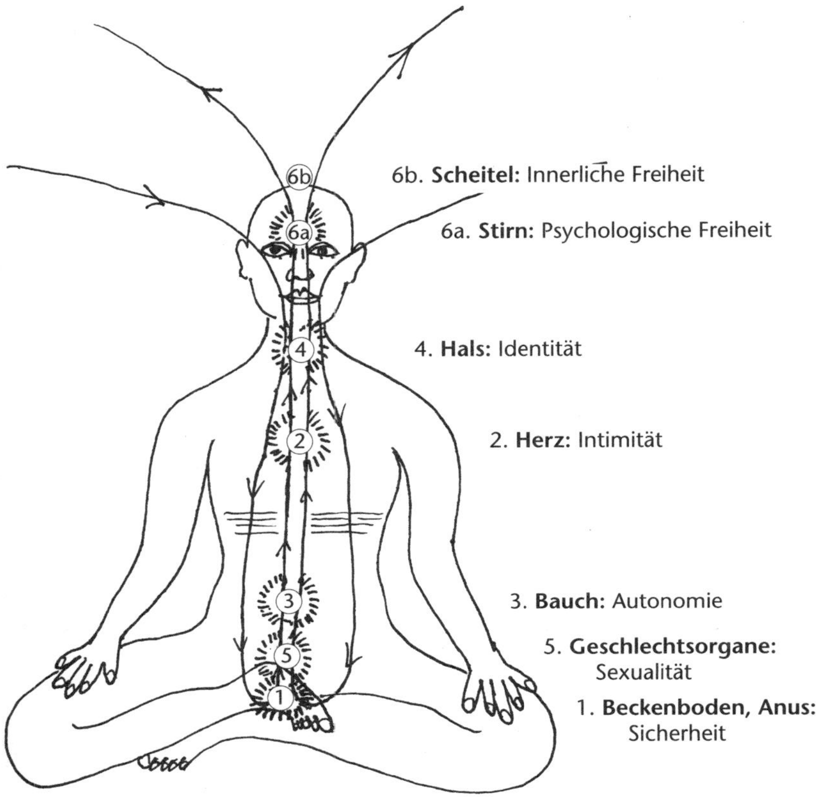

Die sechs Basisthemen

Erkundungsreise. Doch als Kind wollen Sie sicher wissen, dass Sie wieder zurückkehren können in die sichere Verbundenheit mit der Mutter und dass Sie dann nicht abgewiesen werden. So wird ein kleines Kind, wenn es etwa neun Monate alt ist, eine lange Periode durchlaufen, in welcher es sich aus der Umarmung der Eltern losmacht, wegkrabbelt und wieder zurückkommt, Kontakt sucht, die körperliche Intimität spüren will, bevor es dann aufs Neue wegkrabbelt. Auf diese Art gehen Sie als Kind auf die Suche nach sich selbst, nach Ihrer Selbstständigkeit, Ihrer AUTONOMIE. Darum ist das erste Wort, das das Kind bewusst zu verwenden lernt – und dessen Bedeutung und Macht es unmittelbar erkennt –, das Wort Nein. Mit Nein schafft das Kind den notwendigen Abstand zur Welt, die es umgibt, es setzt seine Grenzen und erforscht seine WILLENSKRAFT wie auch die Möglichkeiten, sich die Erwachsenen gefügig zu machen. Eine zu aggressive oder verkrampfte Unterdrückung der Möglichkeit, aus vollem Herzen Nein sagen zu können, ist gewissermaßen der Nackenschlag für die Selbstständigkeit des späteren Erwachsenen.

Wenn Sie als Kind und später in der Pubertät nicht die Möglichkeit erhalten, Ihre Autonomie zu verwirklichen, wird es später schwierig, zu wissen, wer Sie sind und was Sie wollen. Doch wenn Sie diese Periode der Loslösung von Ihrer Mutter und Ihrem Vater nicht wirklich durchmachen, kann Ihnen dies für den Rest Ihres Lebens in der Beziehung zu Ihrem Partner im Wege stehen. Mit ihm oder ihr werden Sie dann immer noch den Kampf um jenen Teil Ihrer Seele austragen, der in Ihrer Jugend nicht auskristallisieren konnte – und meistens ist dieser Versuch die beste Methode, eine Partnerschaft zum Misslingen zu bringen.

Ihre Willenskraft entfaltet sich – gemeinsam mit den elementaren Emotionen wie Wut und Trauer – aus Ihrem Bauchbereich heraus. Darum haben Kinder, wenn irgendetwas nicht stimmt, auch häufig Bauchweh; auch beim Erwachsenen beginnt oft der Bauch zu grummeln, wenn er sich in großer Spannung bzw. Entspannung befindet. Dort wurzelt Ihre Kraft. Doch wenn diese Kraft, die sich äußern will, zurückgestaut wird, wird sie zu einer Emotion: Sie werden wütend, und wenn auch das keine Wirkung zeigt, traurig. Doch ihrem eigentlichen Wesen nach sind diese Emotionen Erscheinungsformen der Lebenskraft, die ausströmen will.

Mit diesen drei Themen ist die Basis unseres Daseins umschrieben. Die Erfahrung des Vertrauens, der Intimität und der Autonomie, die Sie hauptsächlich in der Beziehung mit Ihren Eltern und Ihrer Herkunftsfamilie gemacht haben, bestimmen zu einem großen Teil, wer Sie sind. Die Löcher, Schwachstellen oder Verwundungen, die in dieser Periode entstanden sind, sind die primären Verwundungen, die Sie empfangen haben und sie werden sich unausweichlich in einer späteren Entwicklungsphase wieder melden.

Bei den nächsten drei Grundthemen kehrt sich die Reihenfolge um. Das Dreieck wird gewissermaßen auf den Kopf gestellt. Während Sie in Ihrer frühen Jugend mit dem Thema SICHERHEIT begannen, danach INTIMITÄT und schließlich Ihre AUTONOMIE entwickelt haben, ist es jetzt wichtig, dass Sie, wenn Sie in die Welt hineingehen, dies aus Ihrer Autonomie heraus tun. Ganz konkret gesagt, müssen Sie erst gegenüber anderen (Klassenkameraden, Kollegen) oder zur Welt Nein zu sagen wagen, bevor Sie aus vollem Herzen Ja sagen können. Ist dies nicht der Fall, dann ist Ihr Ja kein Ja, sondern nur die Unfähigkeit, Nein zu sagen. Und erst, wenn Sie aus vollem Herzen (d.h. erwachsen) Nein oder Ja sagen können gegenüber anderen, gegenüber der Welt, dem Leben, erst dann leben Sie wirklich. Dann haben Sie die innere und äußere Freiheit zur Verfügung, Ihre Möglichkeiten in vollem Umfang zu entwickeln.

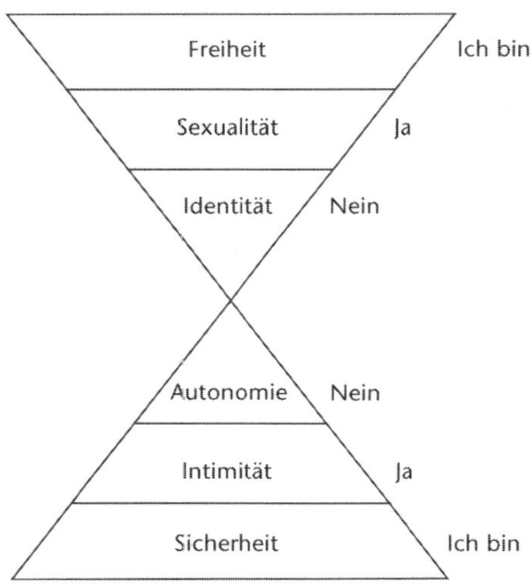

Das Seinsdreieck

4. Identität

Während Sie als Kind die meiste Zeit noch sehr stark damit beschäftigt sind, Ihren Ort in der Familie zu finden, tritt allmählich eine Verschiebung in Richtung derjenigen ein, die nicht zu Ihrer Familie gehören. Ihre Freunde oder Freundinnen in der Schule, die Lehrerin oder der Lehrer, die Nachbarsfrau, die Kinder in derselben Straße – alle machen sie einen Bestandteil Ihres Lebens aus und werden in einem bestimmten Moment mindestens so wichtig wie Ihr Vater oder Ihre Mutter. Meistens beginnt dies in der Grundschule. Werden Sie akzeptiert vom Rest der Klasse? Sind Sie gern der Anführer oder werden Sie beim Aufstellen einer Fußballmannschaft immer als Letzter gewählt? Oder fallen Sie völlig aus der Gemeinschaft heraus und werden gehänselt, belästigt oder gar geschlagen? Aufs Neue geht es darum, wie sicher wir uns fühlen. Wie sicher fühlen Sie sich bei einem anderen oder in einer Gruppe?

Manche Erwachsenen tragen immer noch schwer an der Last der entsetzlichen Erniedrigungen, die sie in der Schulzeit zu erleiden hatten. Oft trauten Sie sich nicht, zu Hause darüber zu berichten, oder Ihre Eltern wussten nicht, wie sie damit umgehen sollten. »Hau diesem Burschen doch eine aufs Maul!«, rief ihr Vater vielleicht hinter seiner Zeitung hervor, was dazu führte, dass Sie sich noch mehr im Stich gelassen fühlten. Auf diese Weise können Sie eine enorme Unsicherheit oder Angst in Bezug auf andere, vor allem aber auf Gruppen, entwickeln. Und wenn Sie sich einmal eine beliebige Gruppe genauer anschauen, werden Sie dort nur wenige Menschen entdecken, die sich wirklich entspannt und wohl fühlen.

Die Tatsache, dass die Herkunftsfamilie etwas weniger wichtig wird, hat jedoch auch eine positive Seite. Vor allem, wenn die Familiensituation unangenehm ist, kann dies mit Erleichterung einhergehen. Überdies können Sie, weil Sie sich stärker aus ihr herausziehen, die Situation besser relativieren. Die Nachbarfamilie fühlt sich dann beispielsweise um einiges wärmer oder sicherer an, wodurch Sie manchmal etwas kritischer auf Ihre eigenen Eltern blicken, was wiederum mehr Distanz schafft und Ihre Autonomie fördert. In Beziehung zu anderen (und zur Welt) erhält Ihre Autonomie eine völlig eigene, individuelle Gestalt.

Der Ausdruck Ihrer IDENTITÄT findet im Kehlkopfbereich statt. Sie können Ihren Gefühlen Worte verleihen, sowohl den Gefühlen der Liebe und der Sehnsucht wie auch solchen der Wut und des Ärgers. So können die Energie und der Druck, die aus der Becken-, Bauch- und Herzregion kommen, durch Ihren Kehlkopf ausströmen. Nicht nur auf dem Weg über Ihre Stimme, sondern auch durch Augen, Mund und Hände. Dies schafft starke Erleichterung. *Ex-pression* bedeutet: Druck wird abgelassen!

5. Sexualität

Wenn die Beziehung mit einem anderen Menschen intimer wird, kann dies in eine sexuelle Beziehung münden. In der Sexualität treten die drei ersten Grundthemen in extremem Ausmaß in den Vordergrund. Obwohl SEXUALITÄT mit dem Sich-Öffnen und Verschmelzen zu tun hat, werden Sie sich erst dann völlig einem anderen Menschen hingeben können, wenn Sie sich wirklich sicher fühlen. Und ein wichtiger Aspekt dieses Sich-sicher-Fühlens liegt in der Tatsache begründet, dass Sie bei Ihrer Autonomie bleiben können, d.h. dass Sie sich in jedem Moment frei fühlen, Nein zu sagen. Sobald Sie in einer sexuellen Beziehung gezwungen oder manipuliert werden, sobald Sie nicht klar Nein sagen können, ohne sich abgewiesen zu fühlen, können Sie auch nicht wirklich Ja sagen. Dann kann vielleicht Geschlechtsverkehr stattfinden, doch Sie erleben die Sexualität nicht in ihrer ganzen Fülle aus der intimen Verbindung mit dem Wesen des anderen heraus.

Auch wenn keine sexuelle Beziehung im Spiel ist, ist die Sexualität an sich die intimste Art der Verbindung mit Ihrem Mann- oder Frau-Sein und damit mit Ihrer eigenen sexuellen Energie. Das Erleben Ihrer sexuellen Energie ist direkt mit der Erfahrung Ihrer Lebensenergie, Vitalität und Spielfähigkeit verbunden, die die Qualität Ihres Lebens bestimmen. Wenn Sie bedingungslos das Wagnis eingehen, sich selbst als Mann oder Frau zu erleben, schafft dies Vertrauen in sich selbst, es ist die Basis Ihres Sie-selbst-Seins und schafft ein Gefühl der Intimität, durch welches wiederum die Grundlage für wahre Freiheit gelegt wird.

Die sexuelle Energie entsteht im Gebiet der Geschlechtsorgane.

Getragen von der Sicherheit des Beckenbodens kann diese Energie wie ein inneres Feuer nach oben strömen und Ihren gesamten Körper lebendig und impulsiv machen.

6. Freiheit

Mit der *An-eignung* Ihrer Sexualität werden Sie erwachsen. Sie vollenden den Zyklus des Sich-Verkörperns in einem Leib, indem Sie die Möglichkeit zur Verfügung haben, selbst ein Kind aus Sicherheit, Eigensein und Liebe heraus in die Welt zu setzen. Meistens fällt dies zusammen mit dem Moment, da Sie das elterliche Haus verlassen und somit eine neue Stufe der FREIHEIT erreichen. Im Grunde lassen Sie damit Ihre Eltern und alles, was Sie gelernt haben, hinter sich, Sie gehen selbstständig ins Leben hinein. Doch stoßen Sie die Tür zum Elternhaus wirklich ganz zu? Meistens nehmen Sie auch eine Reihe von Verwundungen mit, eingerostete, übernommene Muster, Überlebensstrategien, Ängste und Werturteile, die nicht die Ihren sind. Ihr Körper, Ihre Gefühle und vor allem Ihre Gedanken sind angefüllt mit den unausgesprochenen und ausgesprochenen Botschaften Ihrer Eltern oder Erzieher. Und obwohl Sie das Elternhaus verlassen, nehmen Sie doch Ihre Eltern mit, als verinnerlichte Eltern, die Sie bis zum Tod mit ihren negativen Bemerkungen, latenten Ängsten und Sorgen verfolgen können.

Das letzte Stadium besteht in der Befreiung vom Druck aller negativen, hindernden Aspekte der Vergangenheit.

Wer bin ich selbst? Was fühle ich selbst? Was will ich selbst? Was denke ich selbst? Was ist für mich wichtig? Was ist meine eigene Basis? Was ist mein Ziel in diesem Leben? Wer bin ich? Wie gehe ich eine Beziehung ein? Wie verbinde ich mich mit mir selbst, einem anderen, der Welt?

Die Suche nach sich selbst ist ein unendlicher Prozess, der niemals wirklich an ein Ende kommt. Wenn Sie ihn wirklich ernst nehmen, werden Sie entdecken, dass es wie eine langsame Häutung ist. Ganz allmählich werden Sie sich der Botschaften Ihrer Eltern entledigen, werden Sie lernen, selbst alte Wunden zu heilen, die Schwachstellen bzw. Löcher in Ihrer Seele akzeptieren lernen, sich selbst kennen lernen und letztendlich freier werden. Meistens ist dies ein freudiger, aber auch sehr schmerzhafter Prozess. Er ist schmerzhaft, weil das immer erneute Ablegen alter, hindernder Schalen auch den alten Schmerz, die alte Trauer und vor allem die alte Angst immer wieder berührt. Und manchmal ist diese Angst sehr groß. Das ist der Grund dafür, dass nur wenige diesen Weg bis zum Ende gehen möchten. Doch fast jeder tut doch zumindest einige Schritte in Richtung seiner eigenen Freiheit.

Freiheit ist mit dem Kopfbereich verbunden. Ihr Kopf wird immer freier von der Vergangenheit mit ihren alten Prägungen, und Sie lernen auf neue Art, sich selbst und andere anzuschauen. Das ist die ›psychologische Freiheit‹, die mit Ihrem Stirnbereich verbunden ist. Eine weitergehende Dimension der Freiheit bringt Sie in Verbindung mit dem, was umfassender ist als Sie selbst, dem Raum, der Sie umgibt, dem Kosmos und schließlich dem Absoluten bzw. Gott. Diese Freiheit ist mehr mit Ihrem Scheitelbereich, der Fontanelle, an welcher im Säuglingsalter Ihre Schädelknochen zu allerletzt zusammengewachsen sind, verbunden, dort können Sie die Verbindung mit einer umfassenderen, transpersonalen Wirklichkeit empfinden.

Psychologie und Spiritualität

Die Verarbeitung von Wunden aus der Vergangenheit ist ein psychologischer Prozess, bei dem man sich selbst bewusst entscheiden muss, ihn einzugehen. Die Tatsache, dass Sie zu einer echten Erkenntnis Ihrer Vergangenheit sowie der Art und Weise gelangen, auf die Blockaden und Barrieren entstanden sind, kann Ihnen helfen, sie loszulassen. Doch manchmal schafft man das nicht allein. Eine Therapie ist eine Möglichkeit, dies konkreter, zusammen mit einem anderen, anzugehen.

Die Suche und das Finden eines guten Therapeuten ist keine einfache Sache. Es ist wichtig, sich zu überlegen, ob man nur Gespräche führen möchte oder ob es notwendig ist, Ihre Emotionen auch im körperlichen Bereich besser äußern zu lernen, wie dies in der Körperpsychotherapie geschieht. Außerdem ist es wichtig, jemanden zu finden, dem Sie wirklich vertrauen und bei dem Sie sich sicher fühlen – jemand, zu dem Sie ein tatsächliches inneres Band wahrnehmen können, dem Sie den Mut haben, Ihre intimsten Probleme anzuvertrauen und bei dem Sie sich ganz als sich selbst empfinden können. Erst wenn eine Grundlage aus Sicherheit, Intimität und Autonomie geschaffen worden ist, werden Sie einen tiefer gehenden therapeutischen Prozess angehen können.

In einem bestimmten Augenblick werden Sie zu der Entdeckung kommen, dass Sie Ihre Vergangenheit jetzt eigentlich ausreichend verarbeitet haben. Das bedeutet dann nicht, dass alle Wunden geheilt sind, doch dass Sie in einer solchen Art mit ihnen umgehen können, dass sie Ihnen in Ihrer Entwicklung eher hilfreich sind als dass sie Ihnen im Wege stehen müssten. Ihr inneres Wachstum verschiebt sich sozusagen. Sie kommen zu der Entdeckung, dass, ganz unabhängig von der Vergangenheit, auch die Gegenwart ihre eigenen Probleme aufwirft. Zum Teil sind dies Probleme, die von außen auf Sie zukommen, doch größtenteils stehen auch Sie selbst Ihrer eigenen Freiheit im Weg. Auch im Jetzt schaffen Sie sich Ihre Gedankenmuster selbst, Ihre Spannungen, Erwartungen, Sorgen und Ängste. Auch im Jetzt strukturieren Sie die unendliche Wirklichkeit so, dass Sie sie zu einem handhabbarem Gebiet herunterverkleinern, in dem Sie versuchen, Herr und Meister zu sein. Auch im Jetzt panzern Sie sich ein gegen das, was Sie nicht wollen, oder Sie werden völlig von dem in Beschlag genommen, was Sie gerne möchten, Ihren Hoffnungen, Erwartungen, Idealen ... So bringen Sie sich – ganz unabhängig von Ihrer Vergangenheit – ständig selbst in die Zwickmühle, und Sie machen aus dieser unendlichen Wirklichkeit ein kleines Zimmerchen, in dem Sie sich aufs Neue eingesperrt erleben.

Diese neue Suche nach einer Verbindung mit der umfassenden Wirklichkeit, der vollen Intensität des Lebens, dem kreativen Erleben des Lebens selbst, fällt unter das, was wir als SPIRITUALITÄT oder Religion bezeichnen. Es ist das Streben nach totaler Befreiung, die im Buddhismus als die Erleuchtung bezeichnet wird, in anderen Religionen als das Eins-Werden mit Gott oder dem Absoluten. Und obwohl diese Suche niemals ganz von Ihrer persönlichen Biografie und Geschichte losgelöst ist, ist es eine wesenhaft andere Route, mit einem anderen Sprachgebrauch und anderen Arbeitsformen.

Wenn Sie Ihr Leben als eine Linie anschauen, die bei der Konzeption beginnt und beim Tod endet, so ist diese Lebenslinie das Arbeitsgebiet der PSYCHOLOGIE. Doch wo auch immer auf dieser Lebenslinie Sie sich gerade befinden – Sie befinden sich immer nur an einem einzigen Punkt: hier und jetzt. Und in diesem Moment, hier und jetzt, können Sie sich für eine andere, größere, umfassendere Wirklichkeit öffnen. Das können Sie jederzeit tun, in jedem Augenblick, wie immer die Umstände auch aussehen mögen. Dies ist der Weg der Spiritualität, der Religion und Meditation, ein Weg, der gewissermaßen vertikal auf Ihrer Lebenslinie steht, eine Öffnung, die jederzeit vorhanden ist und bleibt.

Diesen Weg zum wirklichen Freisein können Sie nur selbst gehen. Worte sind Hinweise, wie ein Verkehrsschild, doch die Reise müssen sie selbst unternehmen. Lassen Sie sich nicht von Worten verführen. Das gilt selbstverständlich auch für dieses Buch. Nehmen Sie den Inhalt in sich auf, machen Sie ihn sich zu Eigen und gehen Sie dann Ihren eigenen Weg. Nur Sie selbst können Ihrer Freiheit entgegengehen. Ich hoffe, dass dieses Buch ein brauchbarer Reiseführer sein kann, der Sie – in einer offenen und liebevollen Weise – bei Ihrer eigenen Reise unterstützt.

Erstes Kapitel

Sicherheit und Vertrauen

Der Beginn des Lebens ist eines der größten Mysterien. Der Moment Ihrer Entstehung ist so magisch, dass Sie ihn unbewusst leugnen, darum feiern Sie Ihren Geburtstag als Beginn Ihres Lebens. Doch wenn Sie geboren werden, sind Sie bereits neun Monate alt, denn entstanden sind Sie im Moment der Konzeption, in dem die Samenzelle Ihres Vaters in die Eizelle Ihrer Mutter eindrang und ein magischer Prozess von Verschmelzung und Teilung einsetzte.

Nun kann man die Konzeption als ein rein biologisches Geschehen abtun, doch das schmälert nicht die Bedeutung des Mysteriums. Denn was geschieht dabei? Millionen von Samenzellen schwimmen ins Innere, angezogen durch eine Eizelle, die den Eierstock verlassen hat. Die meisten sterben unterwegs, doch diejenigen, die ihr Ziel erreichen, gruppieren sich um die Eizelle herum. Dann folgt eine Periode der Abstimmung. Es sieht so aus, als ›spüre‹ die Eizelle, ob sie eine Samenzelle einlassen kann und welche es werden wird. Dies kann eine Viertelstunde bis zu einer Dreiviertelstunde dauern. Was geschieht dabei? In Bezug worauf stimmen sich Eizelle und Samenzelle ab? Was sorgt dafür, dass eine Befruchtung stattfindet oder nicht stattfindet? Was bewirkt, ob die Befruchtung wirklich zu einem lebenstauglichen Ergebnis führt? Was bewirkt, dass im Moment der Befruchtung allerlei biologische und psychologische ›Programme‹ miteinander verschmelzen und in welchem Maße Aspekte des Vaters und der Mutter sich in Ihnen entwickeln werden? Woher kommen in diesem Moment die Qualitäten, die so einzigartig für Sie sind? Wartet Ihre Seele irgendwo im All, um geboren werden zu können? Haben Ihre Eltern nur deswegen Geschlechtsverkehr, damit Sie irgendwann geboren werden können? Wir wissen es nicht.

Noch mysteriöser wird es, wenn Sie versuchen, sich in die Periode hineinzufühlen, die all dem vorausgeht. Wo waren Sie drei Monate vor der Konzeption? Existierten Sie damals bereits? Und wenn Sie dann bereits existierten – hatten Sie bereits eine bestimmte Form oder Struktur? Gibt es eine Vergangenheit und eine Zukunft? Oder sind ›Sie‹ völlig eins mit dem Sein? Und was ist dieses Sein eigentlich?

Dies sind weitreichende Fragen, auf welche keine konkrete Antwort gegeben werden kann. Die Qualität des Seins, drei Monate vor der Konzeption, kann vielleicht erfahren werden, doch sie lässt sich nicht in Worten ausdrücken. Und dennoch sind diese Fragen von entscheidender Bedeutung für diejenige Persönlichkeit, die Sie jetzt sind, weil Sie deutlich machen, dass Sie eigentlich ›jemand‹ sind, der vor dem Hintergrund eines enormen kosmischen Raumes erscheint. Sie existieren, doch eigentlich liegt das, was Sie sind, niemals fest, es ist niemals unveränderlich, nie dasselbe. Im einen Moment fühlen Sie sich strahlend oder glücklich, im nächsten ängstlich oder verkrampft. Und weil Sie als Mensch im Grunde sehr zerbrechlich und verletzbar sind, können tief gehende Verwundungen aus Ihrer Jugend noch viele Jahre danach schmerzen.

Perfekt verschmelzen

Im Moment der Verschmelzung von Eizelle und Samenzelle entstehen ›Sie‹. Diese Verschmelzung ist die einzige wirkliche Verschmelzung, die Sie in Ihrem Leben erleben werden. Eine absolut einzigartige, unendliche und zeitlose Erfahrung, die tief in Ihrer Seele verankert liegt als eine wortlose Sehnsucht. Ihr ganzes Leben lang werden Sie auf der Suche nach dieser Verschmelzung bleiben, Verschmelzung mit Ihrer Mutter, Ihrer oder Ihrem Geliebten, mit Gott oder mit dem Leben selbst. Denn was ist Glück anderes als das Verschmelzen des Ich-Gefühls mit dem, was erfahren wird? Gleichzeitig werden derartige Momente meistens nur sehr kurz andauern und unsere Suche gestaltet sich zu einer endlosen Reise, bis sich das Leben selbst aufhebt. Leben beginnt mit einer perfekten Verschmelzung und es endet mit einem perfekten Auseinanderfallen.

Ab dem allerersten Augenblick, in dem Sie sind, entbrennt ein Kampf um Leben und Tod. Diese eine verschmolzene Zelle ›weiß‹, dass ihre Existenz in jedem Moment beendet werden könnte. Jede Zelle, jeder Organismus strebt nach Leben und Über-Leben. Jeder Organismus wird sich gegen eine Bedrohung seines Fortbestehens wappnen und darauf reagieren. Dieser Kleinorganismus, den Sie damals darstellten, weiß, wann die Umgebung sicher ist, er weiß, was er für sein Fortbestehen braucht, und er verkrampft sich in dem Moment, in dem diese Sicherheit in Gefahr gerät. Diese Reaktion, diese Panik in Bezug auf das Fortbestehen nennen Sie später Angst. Die Angst, dass Sie nicht überleben. Diese Angst, die ihre Wurzeln in einer unbewusst fortwährend empfundenen Todesangst hat, ist das allergrundlegendste Gefühl, und es wird für Ihr ganzes Leben bestimmend bleiben.

Wir wissen nicht genau, wie eingreifend die Periode der neun Monate in der Gebärmutter wirklich ist. Aber es ist deutlich, dass, wenn zum Beispiel Ihre Mutter sehr ängstlich war, Sie als Fötus diese Angst Ihrer Mutter ungefiltert teilten bzw. ihren Kummer oder ihre Wut. Ab dem Moment der Empfängnis sind Sie also sofort mit der Situation konfrontiert, in welcher Sie entstanden sind. Ihr Vater, Ihre Mutter, deren Eltern, deren Familie, Situationen, die damals eine Rolle spielten, Ereignisse, die Ihr Leben beeinflussten. Darum ist es wichtig, diese Zeit zu betrachten.

Wie war die Beziehung zwischen Ihren Eltern im Jahr vor Ihrer Geburt? Gab es in dieser Zeit eingreifende Ereignisse? Was für Vorgänge im Lebens- und seelischen Bereich spielten sich ab? Welche Ängste, schmerzhaften Erlebnisse, Kummer und so weiter lebten damals in ihnen?

Zeichnen Sie einen Stammbaum Ihrer Familie, sowohl von der väterlichen als auch der mütterlichen Seite. Betrachten Sie einmal, wer wann geboren wurde und starb. Gab es spezifische

Traumata: Eltern, die sehr jung gestorben sind, frühere Ehen, erzwungene Eheschließungen, Krankheiten, Sterbefälle, Selbstmorde? Hatte Ihre Mutter jemals eine Abtreibung? Erkennen Sie, dass bestimmte Ereignisse immer wieder auftraten – Scheidungen, Selbsttötung, Krankheit, vorzeitiger Tod, Einweisung in eine psychiatrische Abteilung, um nur einige gravierende Beispiele zu nennen?
Versuchen Sie sich vorzustellen, unter welchem Druck Ihre Eltern damals standen. Wie waren die Umstände beschaffen? Wie wohnten sie? Wie war ihre finanzielle Situation? Wie war die seelische Verfassung Ihrer Mutter in der Zeit von der Empfängnis bis zu Ihrer Geburt? Hatte Ihre Mutter genügend Zeit, Ihre Schwangerschaft unbesorgt zu genießen? Wie war die Stimmung Ihres Vaters? War er oft präsent? Konnte er Ihre Mutter unterstützen?

In der Gebärmutter

Es ist deutlich, dass das kleine Wesen in der Gebärmutter noch sehr offen und empfindlich ist für allerlei Stimmungen, vor allem aber für die Art und Weise, wie die Mutter einen Kontakt mit dem noch ungeborenen Kind herzustellen vermag.

Wenn die Schwangerschaft der Grund ist, warum Ihre Mutter Ihren Vater heiraten musste, während sie ihn eigentlich nicht liebte, wird sie eher Abneigung oder Hass gegenüber dem kleinen Wesen in ihrem Bauch empfunden haben als Liebe. Statt dass Sie willkommen waren, herrschte eine kühle distanzierte Atmosphäre. Und in der Gebärmutter haben Sie vielleicht bereits gespürt, dass Sie eigentlich nicht da sein durften, dass es um Sie herum wie kahl war, als müssten Sie, bildlich gesprochen, auf einer eisigen Hochfläche überleben. Diese einsame, verlassene Kälte und das Gefühl, nicht da sein zu dürfen – können Sie das immer noch in sich erkennen?

Wenn während oder kurz vor der Schwangerschaft ein Elternteil Ihrer Mutter verstarb, kann es sein, dass sie monatelang sehr traurig gewesen ist. Oder vielleicht hatte sie bei der vorherigen Schwangerschaft eine spontane Fehlgeburt und befand sich eigentlich noch in einer Trauerphase, die von der Angst geprägt war, dass auch Sie zu früh sterben könnten. Diese Trauer und die Angst mögen dann ihre Freude über die Schwangerschaft überschattet haben. Nur wenig Menschen begreifen, dass eine Abtreibung, sei sie spontan oder willentlich herbeigeführt, tatsächlich einen Sterbefall bedeutet. Meistens ist es ein Geheimnis, das mit niemandem geteilt wird und so schnell wie möglich vergessen werden muss. Diese nie geäußerte Trauer haben Sie neun Monate lang gespürt, ja sie kann vielleicht immer noch als Grundton Ihres Lebens vorhanden sein.

Wenn während der Schwangerschaft die Beziehung zwischen Ihren Eltern sehr schlecht war, wenn Sie eigentlich unerwünscht oder einfach nur ein Kind zu viel waren und Ihre Mutter das Leben nicht bewältigen konnte, dann wird sie über das kleine Wesen in ihrem Schoß nicht glücklich gewesen sein. Erkennen Sie dieses Gefühl, dass es Sie Mühe kostet, einfach froh zu sein, etwas zu genießen, sorglos zu sein?

Ein anderes Beispiel: Vielleicht war Ihre Mutter ängstlich, etwa davor, schwanger zu werden, sie hatte Angst vor dem Leben, vor der Welt, vielleicht vor Ihrem Vater, Angst vor ihren eigenen Eltern. Dann lebte sie ständig in Angst, in einem krampfhaften Zusammenziehen. In einer Angst, die Sie, als Erwachsener, inzwischen selbst kennen, die Sie jedoch auf nichts zurückführen können. Es gibt überhaupt keinen Anlass dafür, und dennoch spüren Sie immer diese unterschwellige Angst.

Ihre Mutter kann aber auch krank gewesen sein. Vielleicht litt sie an Asthma und war dadurch ständig kurzatmig, wodurch sie (und auch Sie) Beklemmungen empfand. Vielleicht nahm sie (und somit auch Sie) bestimmte Medikamente. Zum Teil hat ein Fötus einen gewissen Schutz dagegen, doch auch dieser Schutz bzw. die Verteidigung dagegen fordern ihren Tribut.

Im schlimmsten Falle war Ihre Mutter abhängig, sei es, dass sie rauchte, trank oder Betäubungsmittel nahm. Als Fötus teilen Sie ihre Abhängigkeit, ihre Sucht. Auch dann ist Ihr Organismus ständig in Panik begriffen. Überleben Sie die nächste Dosis Alkohol oder nicht? Überleben Sie den nächsten Schuss?*

Manchmal bemerken Sie, dass Ihr Leben von Gefühlen bestimmt wird, die Sie mit nichts in Zusammenhang bringen können. Erst dadurch, dass Sie diese früheste Periode Ihres Lebens betrachten, beginnen Sie plötzlich, etwas zu erkennen. Dann entdecken Sie möglicherweise, dass es nicht Ihre Gefühle sind, sondern die Gefühle Ihrer Mutter, Ihres Vaters oder der ganzen Familie. Wenn Sie dieses Gefühl haben, ist es wichtig, es Ihrem Vater oder Ihrer Mutter ›zurückzugeben‹. Sie können sich zum Beispiel vor ein Foto Ihrer Mutter setzen und zu ihr sagen: »Mama, die Angst, die ich spüre, ist nicht meine Angst, sondern deine Angst. Ich finde es ganz schrecklich für dich, dass du solche Angst hattest, doch es nicht mein Schicksal, deine Angst weiterzutragen. Ich gebe dir hiermit diese Angst zurück. Es ist deine Angst. Diese Angst ist ein Teil deines Lebens. Ich habe genug eigene Ängsten. Hiermit gebe ich dir deine Angst zurück.«

Das folgende Experiment vermittelt Ihnen die Möglichkeit, in Ihrer Erfahrung in eine frühere Lebensperiode zurückzugehen. Wenn Sie ein gutes Gefühl dabei haben, können Sie es wie eine Übung durchführen. Sie können es auch gemeinsam mit einem vertrauten Menschen durchführen, sodass Sie Ihre Erfahrungen mit jemandem teilen können und einen Beistand haben, wenn das, was dabei an die Oberfläche kommt, zu unerwartet und zu heftig sein sollte.

* Hier handelt es sich nicht um unumstößlich beweisbare kausale Zusammenhänge. Die Schilderungen basieren auf den Erfahrungen zahlreicher Therapeuten mit ihren Klienten. Wenn Sie sich mit dem Klienten, in einer leichten Form der Hypnose, zurückbegeben in die Periode innerhalb der Gebärmutter und dann diese Erfahrung beschreiben lassen, zeigt es sich, dass diese Erfahrung völlig übereinstimmt mit den Umständen, die damals herrschten. Überdies wird eine ängstliche, distanzierte Mutter auch noch nach der Geburt oft ängstlich und distanziert bleiben, sodass sich die vorgeburtliche Situation weiter fortsetzt.

Setzen Sie sich ruhig hin, entspannen Sie sich und schließen Sie die Augen. Entspannen Sie Ihre Füße, Ihre Beine, Ihr Gesäß, Ihren Bauch, Ihr Herz, Ihre Schultern, Ihre Arme, Ihre Hände, Ihren Hals, Ihr Gesicht, Ihre Augen, Ihre Stirn und Ihren Scheitel. Spüren Sie den ganzen entspannten Körper und geben Sie sich dann dem ruhigen Ein- und Ausströmen Ihres Atems hin.
Stellen Sie sich dann vor, dass Sie Ihren Körper und das Hier und Jetzt in aller Ruhe loslassen, aus einem tiefen Wissen heraus, dass Sie immer wieder dahin zurückkehren können, als lösten Sie sich allmählich auf, während Sie sich dennoch aller Eindrücke und Gefühle bewusst bleiben.
Lassen Sie nun das Jetzt los und reisen Sie zurück, versetzen Sie sich zurück in das Jahr vor Ihrer Geburt.
Wo sind Sie jetzt? Wie erfahren Sie Ihr eigenes Sein? Schweben Sie irgendwo herum? Wie erfahren Sie sich als Bewusstsein, drei Monate vor der Empfängnis?
Stellen Sie sich dann vor, Sie schwebten über dem Haus, in dem Ihre Eltern damals wohnten. Sie blicken herab und sehen das Haus und die Straßen um es herum. In diesem Moment öffnet sich die Haustür und Sie sehen Ihren Vater und Ihre Mutter herauskommen. Sie halten sich bei den Händen und laufen die Straße hinunter. Was erfahren Sie? Was für Gefühle spüren Sie in Bezug auf diese beiden Menschen? Fühlen sie sich angezogen oder nicht? Wie sind sie miteinander verbunden? Selbst wenn Sie aus späteren Zeiten vielleicht nur Streit und Gewalt erinnern – irgendwann war doch etwas da, was sie zueinander gebracht hat. Was verband sie? Aus was für einer menschlichen Verbindung sind Sie hervorgegangen?
Versetzen Sie sich dann zeitlich in den Moment der Empfängnis. Stellen Sie sich vor, dass Ihre Eltern miteinander schlafen, ihre Verliebtheit, ihre Intimität, ihre Leidenschaft, ihre Ungeschicklichkeit, ihre Unsicherheit, ihre Angst oder ihre Wut. Was fühlen Sie im Moment der Konzeption? Was geschieht da? Wie geschieht dieses ›Herabsenken‹ Ihres Bewusstseins? Wie geht es vor sich, dass Ihr Bewusstsein in der Körperlichkeit ›gefangen‹ wird? Was geschieht im Moment der Verschmelzung?

Versetzen Sie sich dann drei Monate weiter in die Zukunft. Sie sind ein ganz kleines Wesen, schwebend in einem Ozean der Geborgenheit und Wärme. Doch wie fühlt es sich dort an? Ist es tatsächlich warm und geborgen? Ist es kalt und einsam? Fühlen Sie sich machtlos? Oder fühlt es sich unsicher an und Sie sind jetzt schon ständig auf der Hut?
Stellen Sie sich dann vor, Sie seien ein Fötus von fast neun Monaten. Sie sind beinahe ausgewachsen. Es wird etwas eng, doch Sie können immer noch die Wärme, die Intimität, den nährenden Strom, die Sicherheit genießen. Doch fühlt sich das wirklich so an? Wie fühlt sich der Kontakt mit Ihrer Mutter genau an? Ist sie wirklich für Sie da, singt sie für Sie, ist sie froh, dass es Sie gibt, oder ist sie unsicher, traurig oder gar in Panik?
Versuchen Sie, das Wohltuende an diesen Erfahrungen zu spüren, und verbergen Sie dies tief irgendwo in sich. Erhalten Sie sich dieses Gefühl, während Sie sich immer stärker im Hier und Jetzt fühlen, und dann streichen Sie – mit geschlossenen Augen – ganz ruhig mit Ihren Händen über Ihr Gesicht, Ihre Haare, Ihren Hals, Ihre Brust, Ihren Bauch, Ihr Becken und Ihr Gesäß, Ihre Beine und Füße. Berühren Sie Ihren Körper und kehren Sie dann allmählich mit Ihrer Aufmerksamkeit in die Gegenwart zurück.

Sicherheit als Basis

Auch wenn Sie keine deutlichen oder überhaupt keine Erinnerungen an die Zeit in der Gebärmutter haben, sie bleibt eine Erfahrung, die tief in Ihrem Körper eingelagert ist, aufgrund der einfachen Tatsache, dass sich Ihr Körper in dieser Zeit darin ausgebildet hat. Wenn alles mehr oder weniger gut verläuft, ist das eine lange Periode des Wohlbefindens. Es gibt noch keine Vergangenheit, keine Zukunft. Es gibt keine Gedanken, nur primäre Wahrnehmungen und Empfindungen. Und wenn sich die Umgebung ausreichend sicher anfühlt, können Sie sich in ihr entspannen. Es wird nichts von

Ihnen gefordert, Sie *sind* lediglich, und sogar dieses *Ich-bin* hat keine Grenzen, keinen Anfang und kein Ende. Es ist zeitlos, raumlos, ohne ein ›Ich‹, das sich eines ›Etwas‹ bewusst ist und darüber urteilt. So wie die Verschmelzung zwischen Samen- und Eizelle die einzig echte Verschmelzung ist, die Sie je erleben, ist diese Periode die einzige in Ihrem Leben, in der es keinen Abstand gibt, der überbrückt werden muss. Das Bewusstsein ist auf Einheit gegründet. Wärme, Intimität, Sicherheit und Ernährung sind immerzu vorhanden, kontinuierlich, vierundzwanzig Stunden am Tag, ohne auch nur eine Sekunde lang unterbrochen zu werden. Dadurch gibt es auch noch keine Verlustempfindung. Das, was ist, ist immerzu anwesend. Und dies wird ab dem Moment, in dem die Wehen einsetzen, niemals, wirklich niemals mehr der Fall sein.

Diese Erfahrung ist sehr wichtig, weil sie die Null-Linie ist, der Boden Ihrer Existenz, der Hintergrund, vor dem alle anderen Erfahrungen Bedeutung erhalten und beurteilt werden. Es ist die totale Hingabe an die Erfahrung der Sicherheit. Und das ist die grundlegende Erfahrung, der Boden, aus welchem Sie sich dann vom Baby über das Kind zum Erwachsenen entwickeln können.

Wenn diese Grunderfahrung in der Gebärmutter von genügend Sicherheit geprägt war, liegt sie tief in Ihrem Körper verankert. Es ist eine primäre Erfahrung, welche – neben der Erfahrung des Verschmelzens – die treibende Kraft hinter unserem Streben nach Glück, nach einem Partner, nach einer sicheren Umgebung, nach Frieden in uns selbst darstellt. Und als Erwachsene können wir uns aufs Neue – jetzt aber bewusst – auf die Suche nach dieser Einheit begeben, nach Gott, nach der Befreiung, nach dem Absoluten. Und sogar dann, wenn dieses Gefühl von Anfang an nicht vollständig war, weil Ihre Mutter vielleicht immer ängstlich war, will es scheinen, dass die Lichtstrahlen dieser Einheitserfahrung der totalen Entspannung und Sicherheit dennoch tief in Ihnen als Sehnsucht vorhanden bleiben.

Weil diese Erfahrung so wichtig ist, hat eine Störung auch tief greifenden Einfluss auf Ihr Leben. Wenn Sie sich als Fötus in der Gebärmutter nicht sicher fühlten, geriet Ihr Organismus fortwährend in Panik. Und weil es in dieser Zeit noch keinen Unterschied gibt zwischen Körper, Emotionen und Geist, ist diese Panik eine absolute. Im Moment, da Ihr Fortbestehen in Gefahr ist, ziehen Sie sich zusammen und verteidigen Sie sich gegen die Gefahr von außen.

Schon nach den ersten Lebenswochen ist der Embryo aus drei verschiedenen Gewebeschichten aufgebaut. Das innerste Gewebe, das Entoderm, ist am verletzlichsten. Später wird es sich zur weichen ›Innenseite‹ des Körpers, den Lungen, Darm und Verdauungsorganen entwickeln. Darum wird es von der darüber liegenden Schicht, dem Mesoderm, geschützt, die sich dermaßen stark verhärten kann (z.B. wenn die Mutter ängstlich ist oder viel trinkt), dass der weiche Kern intakt bleibt. Später entwickelt sich diese Schicht zum Herzen und zum Muskelgewebe, die sich verhärten können, um Sie zu beschützen. Die äußerste Schicht, das Ektoderm, bestimmt den Kontakt zwischen Innenwelt und Außenwelt. Später entwickelt es sich zur Haut, den Sinnesorganen und dem Gehirn. Diese Schicht ist vom Ursprung her sehr durchlässig und sensibel für die Umgebung, doch in Zeiten der Gefahr kann sie die Reize von außen auch maximal abwehren. Auf diese Art beschützen die beiden äußeren Schichten, wenn dies notwendig ist, vom allerersten Beginn an Ihre verwundbare Innenseite – Ihr Wesen, Ihre Essenz, Ihre Seele –, indem sie sich verhärten und möglichst wenig Reize an sich heranlassen. Und diese Verteidigungsstrategien, die in Ihrem Organismus vorgeprägt sind, bleiben das ganze weitere Leben über intakt.

Der Fötus bleibt jedoch, indem er sich von innen nach außen verteidigt, im Inneren soweit wie möglich intakt. Die drei Energiegebiete – Kopf, Herz und Bauch / Becken –, die sich allmählich ausbilden, bleiben miteinander in Verbindung, und dadurch kann die Energie in optimaler Weise hin- und herströmen. Obwohl Sie sich in der Gebärmutter vielleicht manchmal gegen die Spannungen, die Sie spürten, verhärten mussten, konnte die Energie weiterhin ungehindert strömen, aus dem Becken zum Herzen, zum Kopf. Die pulsierende Bewegung Ihrer Lebensenergie wurde noch nicht durch eine innere Abtrennung blockiert, obwohl diese Zentren in Zeiten der Gefahr, als Reaktion auf die Adrenalinmenge im Blut der

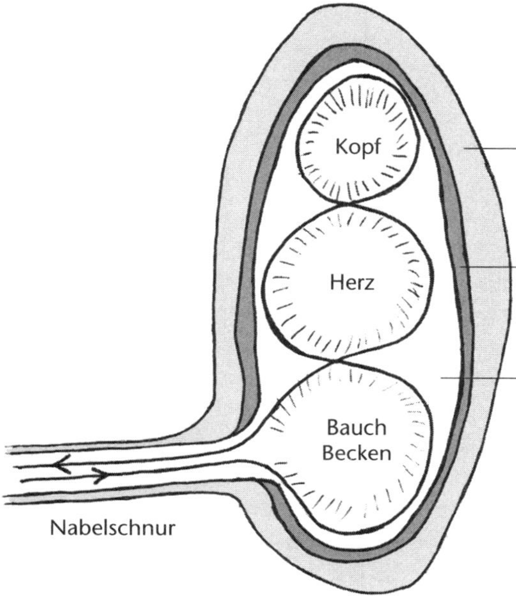

Die drei Gewebeschichten und die drei Energiebereiche

Mutter, zunehmend selbstständig zu funktionieren begannen. Dennoch ist Ihr Bewusstsein noch völlig eins mit Ihrem Körper und mit allem, was Sie erfahren, ohne dass sich ein Bereich abgetrennt hat. Dies ist eine primäre Form des Einheitsbewusstseins, die Sie, wenn Sie erwachsen sind, manchmal noch in kurzen Augenblicken erfahren können, nämlich dann, wenn Sie völlig in etwas aufgehen, was Sie erfahren, und alle Grenzen plötzlich wegfallen; wenn es keinen Abstand gibt, keine Vergangenheit, keine Zukunft, kein Ich und keinen anderen. Alles ist eins, in einem sorgenfreien Erleben der Klarheit und Freiheit, doch jetzt als eine bewusste Erfahrung des Erwachsenen.

Die Geburt

Nach neun Monaten sind Sie normalerweise ausgewachsen und die Gebärmutter wird Ihnen zu eng. Die Geburt ist eine natürliche Folge dessen: Das Ungeborene spürt, dass alles zu eng und zu beengend wird und beginnt sich zu bewegen und zu treten. Sie treten sich buchstäblich aus der Gebärmutter hinaus, und diese reagiert darauf, indem sie sich zusammenzieht. Diese beiden Impulse verstärken sich wechselseitig. Ihre Mutter presst Sie schließlich aus sich heraus, Sie treten Ihrerseits Ihre Mutter weg, und durch diese ›Zusammenarbeit‹ werden Sie geboren. Sie kämpfen darum, ins Freie zu kommen, Sie kämpfen um Ihre Freiheit, darum, selbst zu atmen, sich selbst zu bewegen.

Während der Geburt lösen Sie sich von der natürlichen, ernährenden, symbiotischen Verbindung mit der Mutter. Im Grunde ist, sobald Sie geboren worden sind, bereits ein erster Zyklus von Sicherheit / Intimität / Autonomie vollendet.

Die Empfängnis selbst und die ersten Wochen danach stehen im Zeichen der Sicherheit; danach ist die intime Verbindung zwischen Fötus und Mutter das Wichtigste, und ab dem ersten Impuls, geboren werden zu wollen, schält sich das Thema Ihrer eigenen Autonomie heraus. Nach der Geburt sind Sie plötzlich jemand! Sie können nicht mehr zurückgeschickt werden! Und: Sie haben den ersten Zyklus überlebt.

Nun wird nicht jeder zur guten Zeit geboren, und die Geburt vollzieht sich nicht immer auf eine natürliche Weise. Wenn Sie zu früh geboren werden, haben Sie Ihren ersten Zyklus nicht völlig vollenden können. Dann besteht die Möglichkeit, dass Sie sich verzweifelt zurücksehnen nach einigen Tagen, Wochen oder sogar Monaten ›in der Gebärmutter‹, das heißt nach einer vollkommenen und bedingungslosen Intimität und Sicherheit. Es kann sein, dass Sie diese später bei Ihrem Partner oder Ihrer Partnerin suchen werden, in der Hoffnung, dass diese den Mangel ausgleichen und Sie damit ›ganz‹ machen können. Doch weil ein Partner sich dem anderen niemals bedingungslos zuwenden kann, wird wahrscheinlich immer ein Gefühl der Frustration und des Mangels übrig bleiben.

Oder aber Sie bleiben fortwährend auf der Suche nach dem idealen Partner, den Sie natürlich niemals finden werden.*

Wenn Sie zu früh geboren werden und in den Brutkasten müssen, fehlen Ihnen die Geborgenheit, die Wärme und der Körperkontakt mit der Mutter. Das macht es sowohl für das Kind wie auch für die Mutter schwierig, jenes tief wurzelnde körperliche Band miteinander aufzubauen. Es kann sein, dass sich dies später ausgleicht, doch die Panik des Getrenntwerdens von der eigenen Mutter und der allererste Schmerz des Verlustes können dennoch immer schlummernd im Untergrund vorhanden bleiben.

Es ist auch möglich, dass Sie zu spät geboren werden. Ein äußerst zurückhaltender und wortkarger Klient, der sich sehr schnell machtlos fühlte und Probleme mit dem eigenen Wollen, Fühlen und Wünschen hatte, berichtete mir in der Therapie, dass seine Mutter geradezu Todesangst vor der Geburt hatte. Sie hatte solche Angst vor den Schmerzen, die sie erwarteten, dass sie sich völlig zusammenzog und verkrampfte, sodass das Kind erst zehn Tage später – mithilfe von Wehen auslösenden Injektionen – geboren werden konnte. Das Kind hatte also die ganze Zeit über darum gekämpft, herauszukommen, und fühlte, wie es daran gehindert wurde. Es muss sich in einem bestimmten Moment völlig machtlos erlebt haben. Und offenbar bestimmte diese Machtlosigkeit noch immer das Leben dieses Klienten.

Eine andere Möglichkeit ist, dass man viel zu schnell geboren wird. Das heißt: Sie bekamen als Baby nicht die Gelegenheit, sich ›herauszukämpfen‹. Doch dieser Kampf um die Freiheit ist

* Diese Beispiele sind kein unumstößlicher Beweis eines kausalen Zusammenhangs, sondern sie basieren auf der Beziehung zwischen Gegenwart und Vergangenheit, wie sie sich in der Arbeit mit Klienten gezeigt hat. Dies gilt für alle Zusammenhänge zwischen Gegenwart und Vergangenheit, die in diesem Buch angeführt werden. Ein unumstößlicher kausaler Zusammenhang zwischen Gegenwart und Vergangenheit ist in einem Menschenleben niemals nachzuweisen und auch gar nicht von Bedeutung. Es geht vielmehr um das, was Sie in Ihrem Leben erkennen und wie Ihnen dieses Erkennen dabei helfen kann, sich von Ihren Einschränkungen zu befreien.

notwendig, um sich wirklich zu verkörpern, wirklich in den Leib hineinzukommen. Wenn Sie mit jemandem kämpfen, spüren Sie Ihren Körper erst wirklich. Und es kann sein, dass Sie deswegen das Gefühl haben, niemals richtig verkörpert zu sein, das heißt: mit Ihrem Körper, mit der Realität, mit einem anderen Menschen wirklich Kontakt herzustellen.

Oder Sie sind nicht auf eine natürliche Weise geboren, sondern durch einen Kaiserschnitt geholt worden. Dann haben sie überhaupt nicht um Ihre Existenz kämpfen können. Vielleicht hätten Sie, hätte die Entbindung auf normale Weise stattgefunden, sie überhaupt nicht überlebt. Sie leben unter Umständen also ein Leben, das Sie, wenn Sie ›normal‹ geboren worden wären, überhaupt nicht hätten antreten können.

Aus solchen Perspektiven ist das Geborenwerden die Überwindung des Todes. Vor ein paar hundert Jahren starben noch viele Kinder während der Geburt, oder die Mutter starb oder beide. Und obwohl das heute nicht mehr häufig vorkommt, stecken diese Angst und der Überlebenskampf so tief in unseren Knochen, dass der Geburtsprozess ein Kampf ist, den wir gewonnen haben. Das ist es auch, was wir als Eltern fühlen, wenn wir die Geburt unseres eigenen Kindes miterleben. In dem Moment, wenn das Kind geboren ist, atmet, schreit, die Augen aufschlägt, lebt, geht ein Seufzer der Erleichterung durch uns hindurch. Die Besorgtheit verschwindet, das Kind ist gesund, es atmet, es lebt. Und das fühlt sich wie eine Erleichterung an, wie ein Kampf, den Sie gewonnen haben.

Aber es bedeutet auch, dass Sie, etwa wenn die Geburt sehr dramatisch, traumatisch verlief, Todesängste ausstanden, zu ersticken und zu sterben drohten, und dass all diese Ängste tief in Ihrem Körper verankert sind. Es kann eine bodenlose Angst sein, eine Beklemmung, das Unvermögen zu schreien, etwas zu tun. Sie konnten doch damals auch nichts tun! Diese Angst kann später, beim Erwachsenen, die Ursache dafür sein, dass Sie nur mit großer Überwindung für sich selber einstehen und sich äußern können. Sie haben das Gefühl, als bekämen Sie keine Luft, als könnten oder dürften Sie keinen Raum einnehmen – und tun das dann tatsächlich auch nicht. Sie fühlen sich in sich selbst eingeschlossen.

Wenn Sie in den Brutkasten mussten, Ihre Mutter im Krankenhaus bleiben musste oder sogar bei der Geburt starb, kann der Übergang von der Geborgenheit der Gebärmutter zur Kälte und Kahlheit der äußeren Welt für Sie ein Schock gewesen sein. Wenn Sie sich in jenen ersten Stunden, Tagen oder Wochen allein und verlassen gefühlt haben, kann es sein, dass Sie auch als Erwachsener diese Kahlheit um sich herum erfahren oder sogar aktiv selbst schaffen. Und es kann passieren, dass Sie es schwierig finden, Intimität zu praktizieren. Obwohl die Sehnsucht nach Schutz und Wärme stark ist, sind auch das Gefühl des Verlustes und die Angst, diesen Verlust wieder in vollem Umfang erfahren zu müssen, ebenfalls sehr groß. Also beschließt Ihr Organismus, eine solche Bindung am besten überhaupt nicht mehr einzugehen.

Weil Sie an ein derartiges Geburtstrauma meistens gar keine Erinnerungen mehr haben, ist es schwierig zu erkennen, welchen Einfluss es auf Ihr heutiges Leben hat. Wenn Sie die Gelegenheit haben, fragen Sie einmal Ihre Mutter oder Ihren Vater, wie diese erste Lebensperiode verlaufen ist, die Zeit von etwa einem Jahr vor der Geburt bis zum ersten Jahr nach der Geburt, vor allem aber, wie die Geburt selbst verlief. Vielleicht gibt Ihnen das ein wenig Klarheit in Bezug auf die Ängste in Ihnen, für die Sie keine echte Ursache finden können. Sie können auch folgende Übung durchführen:

Legen Sie sich ruhig in ein Bett in einer Fötus-Haltung, mit den Füßen zur Wand. Sammeln Sie Kissen und Decken um sich und über sich, bis Sie sich warm und behaglich fühlen. Schließen Sie die Augen, entspannen Sie sich und gehen Sie zurück in die Zeit, als Sie noch in der Gebärmutter waren. Lassen Sie alle Gedanken los und genießen Sie die Geborgenheit, den Schutz, die Wärme, die Intimität. Genießen Sie es und entspannen Sie sich so weitgehend wie möglich in diesem Gefühl des Wohlbehagens.
Ziehen Sie dann die Decken ein wenig weiter über sich und versetzen Sie sich in die Phase kurz vor der Geburt. Wie fühlt sich das an? Fühlen Sie sich beschützt oder unruhig oder beklommen? Können Sie sich entspannen oder müssen Sie ständig auf der Hut sein? Wie erfahren Sie diese letzte Woche vor Ihrer Geburt?

Stellen Sie sich dann vor, dass alles um Sie herum zu eng und zu klein wird. Spüren Sie, was Ihr körperlicher Impuls ist: das Bedürfnis, zu strampeln, zu treten, sich gegen die Mauer abzusetzen, das Bedürfnis, die Arme zu bewegen. Stellen Sie sich dann vor, wie Ihre Geburt verlaufen ist, und strampeln Sie sich unter den Decken hervor. Spüren Sie, wie kalt es ist, wie Ihnen der Schutz fehlt, wie plötzlich ein Gefühl des Alleinseins entsteht. Wie haben Sie als Baby Ihre Geburt erfahren?
Stellen Sie sich dann vor, Sie wurden gerade geboren und liegen bei Ihrer Mutter auf dem Bauch. Ziehen Sie alle Decken wieder über sich und legen Sie ein Kissen auf Ihren Bauch. Ihre Augen suchen ihre Augen, und wenn Sie ihre Augen sehen, was für ein Gefühl durchzieht Sie dann? Wie blickt Ihre Mutter Sie an? Liebevoll, froh, unsicher, ängstlich?
Stellt sie wirklich einen Kontakt zu Ihnen her, können Sie spüren, wie sie Sie festhält? Fühlt sich das sicher, zuverlässig, intim an? Wo ist Ihr Vater? Können Sie ihn sich vorstellen? Ist er dabei? Stellt er einen Kontakt mit Ihnen her? Hält er Sie fest? Liebt er Ihre Mutter und kann er sie unterstützen? Oder ist er abwesend, kühl, distanziert, uninteressiert? Stellen Sie sich dann vor, Sie liegen zwischen Ihren Eltern im Bett, auch wenn Sie gegebenenfalls wissen, dass dies niemals so geschehen ist. Wie ist das, sich vorzustellen, dass Sie zwischen Ihren Eltern liegen? Auf der einen Seite spüren Sie die Behutsamkeit, Intimität und Weichheit Ihrer Mutter, auf der anderen Seite die Stütze, die Kraft und Stabilität Ihres Vaters. Was löst das in Ihnen aus? Versuchen Sie, all das tief in Ihrem Körper zu spüren. Lassen Sie dieses Gefühl in sich herein und bergen Sie es in Ihrem Bauch und in Ihrem Herzbereich.

Neu geboren

Sobald Sie geboren sind, beginnen Sie in einer ganz anderen Weise mit Ihrer Umgebung in Beziehung zu treten. Das muss ein irrsinniger Übergang sein! In der Gebärmutter sind Sie noch völlig eins mit allem, was geschieht, und die Verbindung mit Ihrer Mutter beruht auf direktem Kontakt. Nach der Geburt gibt es plötzlich einen Abstand, der überbrückt werden muss. Das bedeutet, dass Sie plötzlich abhängig werden von den Signalen, die von außen auf Sie zukommen. Ihre Augen schauen, aber sie sehen noch keine Formen, erkennen keine Gegenstände, doch Sie sind sehr sensibel für anderes: Atmosphäre, Schwingungen, Energie, Nähe, Wärme, Kälte, Aufmerksamkeit. Ihre Ohren hören, aber Worte sagen Ihnen nichts. Sie erkennen wahrscheinlich die Schwingungen der Stimme Ihrer Mutter, weil Sie sie bereits aus der Zeit kennen, als Sie noch in ihrem Bauch waren. Sie reagieren auf den Ton Ihrer Stimme und die darunter liegenden Emotionen, die Sie spüren. Sie spüren, wie Sie hochgehoben werden, wie Sie berührt werden, getragen werden. Sie fühlen mit Ihren Fingern, und weil Sie mit ihnen greifen können, entdecken Sie Ihre Hände, Sie entdecken, dass Sie etwas anfassen, dass Sie zugreifen können.

Während Sie in der Gebärmutter besonders sensibel für die Verbindung mit Ihrer Mutter waren, wird die Qualität des Kontaktes jetzt noch entscheidender. Denn Sie werden immer nur für kurze Zeit festgehalten, gestillt und liebkost, und dann liegen Sie wieder allein in Ihrer Wiege. Das bedeutet, dass die Art und Weise, wie Sie berührt und festgehalten werden, sehr wichtig ist. Wie wurden Sie festgehalten? Wie wurden Sie liebkost? Wie wurden Sie gestillt? Wie hat man sich um Sie gekümmert? Wie wurden Ihre Windeln gewechselt? Wurden Sie gestreichelt oder nicht?

Der wichtigste Übergang besteht darin, dass die symbiotische Geborgenheit und Sicherheit, in der Sie sich zuvor befanden, jetzt einer Verbindung zwischen Ihnen und dem Anderen weicht. Wie Sie sich fühlen, wird zum größten Teil davon bestimmt, wie der andere auf Sie reagiert. Diese Beziehung ist so wichtig, weil Sie total abhängig sind von diesem anderen Menschen. Und dafür sind Sie sehr sensibel. Wenn der andere sich zurückziehen und Sie im Stich lassen würde, dann könnten Sie aus eigener Kraft nicht überleben, dann müssten Sie sterben. Daher ist immer die unausgesprochene Frage im Raum: »Darf ich da sein? Sorgt der andere dafür, dass ich am Leben bleibe? Werde ich gestillt? Ist es hier sicher? Und kann ich darauf vertrauen, dass der andere auch weiterhin für mich sorgt?« Diese Fragen stecken natürlich nicht in unserem Kopf, sondern in unserem ganzen Körper. Genauso wie zunächst die einzelne Zelle überleben wollte, will nun der ganze Organismus überleben und ist zugleich auf der Hut vor allem, was seine Sicherheit bedroht; er reagiert darauf, wie auch schon der Fötus in der Gebärmutter reagierte.

Im Grunde beginnen Sie Ihre Säuglingszeit aus einer Sphäre des Vertrauens heraus. Sie sind nicht vorzeitig aus der Gebärmutter vertrieben worden und Sie haben die Geburt überlebt. Also herrschen eine grundlegende Offenheit, Vertrauen und Liebe zu denen, die Sie festhalten und nähren. Doch gleichzeitig liegt darunter immer noch die Angst. Die Angst, dass man Sie nicht will, dass Sie eigentlich doch nicht da sein dürfen.

Diese beiden Bewegungen bleiben Ihr ganzes Leben lang anwesend. Die Sehnsucht nach Kontakt, Liebe und Leben sowie die Angst vor Zurückweisung, Isolation, Tod. Und in dieser ersten Lebensperiode sind Sie noch völlig von Ihren Eltern abhängig; darum sind Sie äußerst empfindlich. Sie können selbst noch gar nichts tun, Sie können höchstens weinen oder sich tief in sich zurückziehen. Doch trotz dieser enormen Verletzlichkeit beginnen Sie mit einem unverdorbenen Vertrauen. So schauten Sie in die Welt, so suchten Ihre Augen die Augen Ihrer Mutter, Ihres Vaters, Ihrer Geschwister – ein ganz grundlegendes Vertrauen in die anderen und damit auch in Sie selbst.

Vertrauen – das ist es, was in der ersten Periode (wenn alles mehr oder weniger gut verläuft und genügend Sicherheit da ist) allmählich entsteht. Das Vertrauen *Ich darf da sein*, das Vertrauen *Ich bin*. Jedes Mal, wenn Ihre Mutter kommt, wenn Sie weinen, spüren Sie, dass Sie wirklich für Sie da ist und dass sie an Ihnen hängt. Das Gefühl, an jemandem zu hängen, ist dieselbe Empfindung wie damals, als Sie in der Gebärmutter an der Nabelschnur hingen, und dies schafft Vertrauen. Dieses Vertrauen wird allmählich zu einem Teil von Ihnen, es wird ein Gefühl des Vertrauens auf sich selbst: Selbstvertrauen. Dann spielt es allmählich immer weniger eine Rolle, ob Ihre Mutter sofort kommt, wenn Sie weinen, oder nicht. Das Ver-

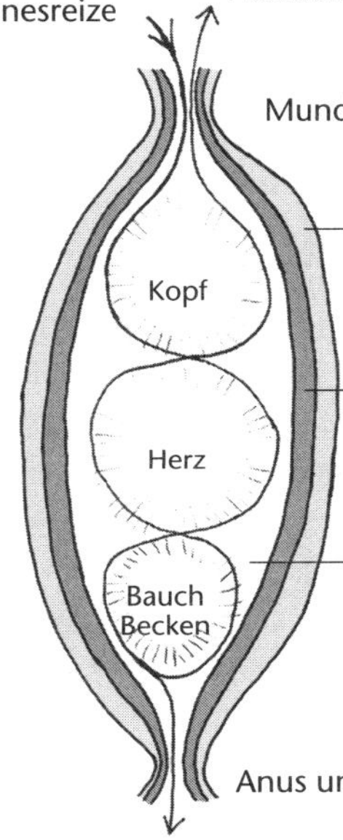

Der Energiestrom nach der Geburt

trauen wird stärker. Das Ich-bin-Gefühl des Kindes wird stärker. Es weiß, dass es auch eine Weile ohne die Mutter oder ohne Nahrung zurechtkommt. Es weiß allmählich, dass es sicher ist, dass es auf die Umgebung und damit auf sich selbst vertrauen kann. Und dieses Selbstvertrauen ist das primäre Grundgefühl in unserem Leben. Es gibt uns ein Gefühl, dass wir in Ordnung sind. »Ich darf da sein, ich bin okay.« Auf dieses Gefühl können wir unser ganzes weiteres Leben lang bauen.

Blicken Sie auf die erste Lebensperiode zurück. Was wissen Sie darüber? Was für Gefühle haben Sie in Bezug auf diese Zeit? Waren Ihre Eltern froh, dass es Sie gab? Hat sich Ihre Mutter Ihnen wirklich zugewendet? Fühlten Sie sich sicher? Hatten Sie das Gefühl, dass Sie wirklich getragen wurden, oder hatten Sie Angst, dass sie Sie vielleicht fallen lassen würde? Hatten Sie ein Gefühl des Vertrauens? Oder haben Sie Angst gehabt? Wovor hatten Sie Angst? Wie stark war diese Angst?

Vom allerersten Anfang an gibt es ein Urgefühl, ob etwas in Ordnung ist (sicher) oder nicht in Ordnung (unsicher). Diese Dualität ist die Basis aller anderen Gefühle. Wenn Sie Angst haben, dass Ihre Mutter Sie nicht liebt, liegt dahinter immer eine grundlegende Todesangst: »Wenn meine Mutter mich im Stich lässt, muss ich sterben.« Die enorme Verwirrung, die in Ihnen dabei entstanden ist, als Sie noch ein Neugeborenes waren, ist die tiefe Überzeugung: »Es ist meine Schuld!«

Weil Sie als Kind noch keinen Unterschied zwischen sich und den anderen machen, können Sie nicht zu der Einsicht kommen: »Meine Mutter ist nicht in Ordnung.« Denn in jener frühen Lebenszeit existiert der Begriff Mutter noch nicht als etwas, das von Ihnen getrennt ist. An sich ist das eine ganz besondere Situation! Sie leben noch in einer Wahrnehmungsform, die einzigartig ist, in der jede Erfahrung in jedem Moment neu entsteht und noch nicht so stark von Dualitäten regiert wird. Aber dieses primäre und noch unbewusste Einheitsgefühl* kann sich nur in einer sicheren Umgebung harmonisch entwickeln. Wenn diese Umgebung nicht sicher genug ist, sorgt gerade dieses Einheitsgefühl für die ganz grundlegende Verwirrung.

Weil Sie als Baby und Säugling noch nicht denken können »Dumme Mutter«, haben Sie das Gefühl, selbst der Grund zu sein, dass sie Sie im Stich lässt, und wenn sich dies fortwährend wiederholt, nistet sich diese Überzeugung tief in Ihre Knochen, Muskeln, Ihrem Herz

* Dieses selbstverständliche Einheitsgefühl geht den Dualitäten voran und ist etwas anderes als das Einheitsgefühl, nach welchem religiöse Mystiker und Meditanten streben, und das entsteht, weil Dualitäten transparent werden. Im ersten Fall ist das Einheitsgefühl undifferenziert und egozentrisch, im anderen Fall umfasst es alles und jeden und besitzt eine Unendlichkeitsqualität.

und Ihrem Kopf ein. Aber weil dies alles in einer Periode entstanden sein kann, an welche Sie keine Erinnerungen haben, wird es zu einem Basisgefühl, das Sie ständig mit sich herumtragen und bei dem Sie dennoch nicht begreifen, woher es kommt. Sie sind gesund, haben einen interessanten, erfüllenden Beruf, einen lieben Partner, keine Geldsorgen, und dennoch fühlen Sie sich eigentlich immer ›nicht in Ordnung‹. Sie fühlen sich unfähig, als Versager, depressiv oder was auch immer: »Warum kann ich nicht einfach glücklich sein? Warum bin ich eigentlich immer so niedergeschlagen?«

Die Panikwelle

Obwohl Sie mit dem Gefühl des Vertrauens geboren werden, brauchen Sie eine Bestätigung von außen, um dieses Gefühl wirklich in sich selbst zu verankern. Oft haben Sie diese Bestätigung jedoch nicht oder nur ungenügend empfangen. Oder Sie haben sogar ständig die Botschaft vermittelt bekommen: »Du bist nicht der Mühe wert. Du nervst. Du machst alles falsch«, und so weiter. Diese Botschaften kommen auf verschiedenen Levels in Sie hinein. Die Art, wie mit Ihnen umgegangen wurde, existiert als eine Schichtung von Signalen, die Sie, aus Ihrem Einheitsbewusstsein, haarscharf unterscheiden. Wenn zum Beispiel Ihre Mutter Sie immer seufzend und stöhnend aus der Wiege heraushob, wenn Sie oft angeschrien wurden, wenn Sie grob festgehalten wurden, wenn man sich über Ihren Rhythmus hinwegsetzte und so weiter, geraten Sie bereits in einem frühen Stadium in Panik, vor allem dann, wenn diese Angriffe auf Ihr ›Okay-Gefühl‹ nicht ausgeglichen und korrigiert wurden.

An sich können sie als Baby viel aushalten. Wenn Sie Hunger haben und kreischend im Bett liegen, danach aber liebevoll aus der Wiege geholt und gefüttert werden, ist alles wieder in Ordnung. Aber es ist lebenswichtig, dass die Angst, die Spannung und das Unwohlsein wieder gutgemacht werden, sodass Sie danach immer wieder das Gefühl bekommen, dass es okay ist. Denn in diesem Moment können Sie sich wieder entspannen und sich einem Gefühl des Wohlbehagens hingeben, das die Basis Ihrer Existenz ist (siehe Zeichnung A).

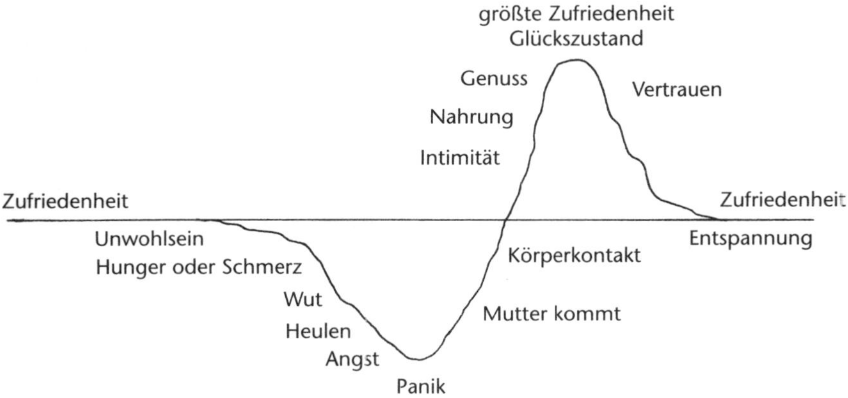

A: Die Panik wird wieder ausgeglichen.

Die Fähigkeit des kleinen Kindes, sich zu erholen, ist zwar enorm, doch nicht unbegrenzt. Wenn Sie immer wieder rau und distanziert behandelt, oder wenn Panikgefühle nicht wieder gutgemacht werden, schleicht sich ein tiefer Zweifel in Ihre Seele und entwickeln Sie immer stärker das Gefühl, wertlos zu sein. Die Panik bleibt als Unterströmung immer anwesend. Dasselbe geschieht, wenn Angst und Panik so groß geworden sind, dass Sie nicht mehr damit umgehen konnten, wie bei grober Gewalt, sexuellem Missbrauch, einem Krankenhausaufenthalt oder anderen traumatisierenden Ereignissen. Wenn etwas Körper, Seele und Geist so stark verwundet hat, dass kein Gleichgewicht, kein Ausgleich mehr gefunden werden konnte, landen Sie auf der falschen Seite der so genannten ›Okay-Linie‹. Dann ist die Wunde zu tief, um normal verheilen zu können, und es entsteht eine traumatische Wunde, die immer weiter schmerzt. Das sind die beiden wichtigsten Ursachen eines Traumas: die endlose Wiederholung unangenehmer Umstände oder eine einzige Verwundung, die zu tief ist, um heilen zu können. Zwei weitere Ursachen sind: fortwährende unvorhersehbare Willkür, wodurch das Lebensmilieu von einer ständigen Unsicherheit geprägt ist, oder ein traumatisiertes Elternteil, das

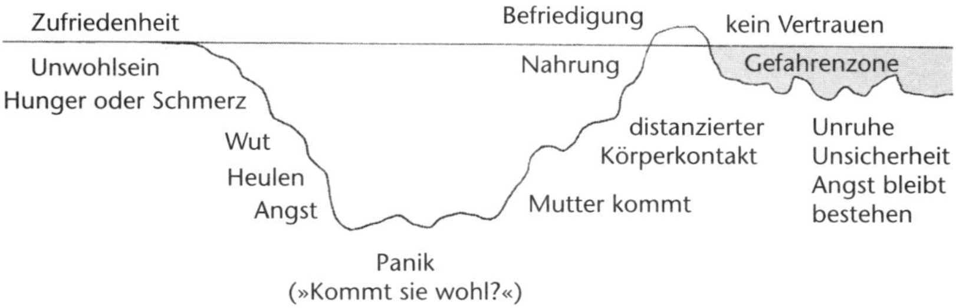

B: Die Panik wird nicht ausgeglichen, Angst bleibt anwesend.

mit seinem eigenen Trauma die Familie dominiert, ohne dass Sie als Kind verstehen, was da nicht stimmt. Bei allen vier Faktoren entstehen latente Panik, Angst, Unruhe und Spannung, die immer anwesend bleiben und wodurch Sie als Erwachsene die Fähigkeit verlieren, kleine, unangenehme Ereignisse auf ihren Platz zu verweisen und sich danach einfach wieder okay zu fühlen (siehe Zeichnung B).

Ich war nicht wirklich ein Wunschkind. Mein Vater wollte überhaupt keine Kinder, aber meine Mutter wusste es doch so einzurichten, dass sie schwanger wurde. Während der Schwangerschaft geriet sie völlig in Panik. Sie wusste nichts von Kindererziehung, niemand unterstützte sie und mein Vater arbeitete die ganze Woche über außerhalb der Stadt. Er kam erst samstagnachmittags nach Hause, saß den ganzen Sonntag in der Kirche und zog Montag früh wieder los. Da saß sie allein mit einem Kind und wusste sich keinen Rat mehr. Sie muss mich gehasst haben.
Als ich geboren wurde, wog ich gut dreieinhalb Pfund. Wegen des Babybooms war kein Platz im Brutkasten. Es gab wenig zu essen, es war kurz nach Kriegsende. Meine Mutter stillte mich nicht, denn davon bekam man hässliche Brüste, sagte sie. Ich weinte sehr viel.

Aus ihrer eigenen Panik und Wut heraus weigerte sie sich, mich mit hinauszunehmen, wenn sie einkaufen ging. Sie kaufte eine Art ledernes Zaumzeug, womit sie mich im Bett festbinden konnte, ging dann einkaufen oder schlenderte ziellos durch die Stadt, nur um mein Geheule nicht hören zu müssen. Vielleicht habe ich im ersten Lebensjahr einfach noch viel geschlafen, aber danach versuchte ich mich loszureißen. Ich kämpfte mit dem Zaumzeug, versuchte mich aufzurichten und bekam totale Beklemmungen. Aus Angst zu ersticken schrie ich viel. Die Nachbarn beklagten sich darüber, aber es half nichts. Ich war ständig in Panik, kämpfte, schrie und schlief irgendwann ein. Als ich dreieinhalb Jahre alt war, gelang es mir, mein hölzernes Kinderbett mit den Füßen völlig kaputt zu treten. Es fiel auseinander, und als meine Mutter nach Hause kam, lag ich auf dem Boden zwischen den Trümmern, fast wäre ich erstickt. Damals musste ich mittags in einem normalen Bett schlafen, von Drohungen eingeschüchtert. Ich war zwar nicht mehr festgebunden, wegen der Drohungen traute ich mich aber dennoch nicht, das Bett zu verlassen.

(Mann, 57 Jahre)

Angst

Kennen Sie Ihre eigene Angst? Wissen Sie, was Panik ist? Kennen Sie selbst das bodenlose Gefühl, als drohten Sie, in einen Abgrund zu verschwinden? Den Moment, in dem Ihnen der Schweiß ausbricht, Ihr Herz bis zum Halse klopft, Ihre Atmung sich beschleunigt? Das Gefühl, zu zerplatzen? Dass es Ihnen eiskalt wird oder glühend heiß? Das Gefühl, als gehe ein Stromschlag durch Sie hindurch?

Angst kann sehr unterschiedliche Formen annehmen. Es ist die primärste menschliche Emotion, die die Basis aller anderen Emotionen bildet: Wut, Trauer, Eifersucht, Stolz. Angst ist eine Schreckreaktion auf Gefahr, das Signal für Unsicherheit, die Ampel wird rot, Alarmglocken beginnen zu läuten, die Panik steigt im Körper auf.

In Urzeiten war Angst der Impuls, sich in maximale Bewegung zu versetzen. Angst oder Schrecken mobilisieren im Bruchteil einer Sekunde die gesamte Kraft, die Sie in sich haben. Dies geht auf den tiefsten Überlebensinstinkt zurück, über den wir verfügen: GEFAHR! Unser Körper ist sofort in einem Bereitschaftszustand. Todesangst mobilisiert sowohl eine enorme Geistesgegenwart als auch den kräftigsten Impuls überhaupt: zu überleben. Physiologisch ereignet sich eine Vielzahl von Reaktionen, der Körper verspannt sich, die Atmung stoppt, Ihr Denken setzt aus, Sie sind total auf die Gefahr fixiert und wie ein Bogen gespannt, um entweder zu *kämpfen* oder zu *flüchten.* Das sind die zwei grundlegenden Angstreaktionen. Und die Angst hilft Ihnen, Ihre gesamte Lebenskraft dafür zu mobilisieren.

Im Moment, da eine Gefahr droht, besteht Ihr erster Impuls darin, zu *kämpfen,* um Ihr Leben zu kämpfen. Man kann das sehr gut bei Hunden beobachten. In dem Moment, da Ihr Hund einen anderen Hund sieht, ist sein erster Impuls der, sich größer zu machen: Die Haare werden aufgestellt, eine stramme Haltung eingenommen und die Zähne gefletscht. Genau das tut auch der Mensch. Beobachten Sie einmal all die aufgeblasenen Machos. Im Grunde ist es Angst, doch die Angst macht sie zu einem Michelin-Männchen: aufgeblasene, aufgepumpte Muskeln, hochgezogene Schultern, angespannte Beinmuskeln – der Gegner soll ruhig kommen!

Unsere primäre Angstreaktion besteht im Mobilisieren von Aggression und Wut, um dann zu kämpfen. Doch als Baby bzw. Kleinkind können Sie noch nicht wirklich kämpfen. Sie können nur so laut wie möglich kreischen und treten oder sich mit Fäusten und Armen bewegen. Wenn Sie dies wirklich äußern können, vermittelt Ihnen das eine partielle Entladung. Daher schreien Kinder manchmal so laut, kreischen oder werfen sich auf den Boden. Die Energie muss heraus. Es fühlt sich unangenehm an, diese Energie zurückzuhalten, denn dann setzt sie sich in etwas anderes um: Unruhe, Bauchweh, Schlaflosigkeit, Nägelkauen… Doch häufig haben Wutäußerungen bei Kindern überhaupt keinen Effekt auf die Erwachsenen, bzw. sie rufen noch mehr Aggression oder Unterdrückung hervor.

Wenn ein Hund spürt, dass er nicht stärker ist als sein Gegner, wird er flüchten. Manche Tiere, beispielsweise Hirsche, flüchten immer. Sie stehen mit zitternden Beinen bereit und schießen dann wie ein Blitz davon. Wenn man tatsächlich physisch-körperlich flüchtet, setzt man den Angstimpuls doch noch in Aktion um. Vor allem, wenn man wirklich wegrennt. Auf diese Art braucht man nicht zu kämpfen, doch man kann einen Teil der Aggressionsenergie loswerden.

Als Baby können Sie nicht einmal flüchten. Und als Kind könnten Sie vielleicht weglaufen, doch wo sollen Sie hingehen? Sie können sich nur in Ihre eigene Fantasiewelt zurückziehen, denn Sie können nicht vor ihren Eltern flüchten; Sie müssen diese Periode also buchstäblich ›aussitzen‹. Und dieses Fluchtverhalten werden Sie später als Erwachsener auch häufig wiederholen. Sie stürmen ins Freie und laufen einmal ums Karree, Sie machen Reisen, suchen sich einen anderen Partner oder andere Arbeit, oder Sie flüchten sich in Ihre Zeitung oder den Fernseher oder Sie joggen viermal in der Woche. Doch Sie lassen sich nicht auf die Konfrontation ein!

Die dritte Angstreaktion, die notwendigerweise entsteht, ist das Erstarren. Sie können nicht kämpfen und nicht flüchten, doch die Energie ist trotzdem da. Und dies macht Sie wahnsinnig wütend. Wenn Ihnen als Baby oder Kleinkind (und später als Erwachsener) mit Aggression begegnet wird, Sie vernachlässigt oder gar verleugnet werden, so werden Sie Angst haben, gleichzeitig aber auch Wut. Sie fühlen, dass Ihre eigene Existenz in Gefahr ist. Sie spüren, dass Sie ein Recht auf Sicherheit und Unterstützung haben. Sie würden gerne etwas dagegen tun, doch Sie können es nicht. Also ist tief in Ihnen eine enorme Wut. Doch weil diese Wut sich nicht äußern kann, müssen Sie noch mehr Energie mobilisieren, um diese Wut einzudämmen. Natürlich ist es wichtig, auch dies zu lernen, denn das Erstarren verhindert, dass Menschen sich ständig den Schädel einschlagen. Wenn Sie aber Ihre Emotionen niemals frei äußern können, blockieren Sie Ihre Lebensenergie. Im Innern erstarren Sie immer mehr, äußerlich legen Sie sich einen ehernen Panzer zu.

Manchmal erkennen Sie dies schon bei sehr jungen Kindern. Sie spielen zwar, doch sie fühlen sich nicht frei, sie bewegen sich, als wären sie in einen Panzer eingezwängt, und äußern ihre Gefühle nicht. Alles ist sozusagen verriegelt, die Emotionen sind eingefroren, die Bewegungen sind starr, sie stellen nicht mehr auf spielerische Weise Kontakt mit ihrer Umgebung her. So fallen solche Kinder auch nicht besonders auf, sie hoffen, dass sie nicht gesehen werden und das ganze Elend auf diese Weise an ihnen vorübergeht.

Dies geschieht bei jedem Menschen in gewissem Maße. Unsere Kultur zeigt an sich schon gewisse unterdrückende Züge. Sie müssen gepflegt aussehen, sollen nicht schreien, sich anständig verhalten, sich klar und knapp ausdrücken, in der Schule ruhig auf der Bank sitzen bleiben. So lernen wir von Anfang an, uns zu beherrschen und zu zügeln sowie die Wut gegen diese subtile Unterdrückung zurückzustauen. Dies spielt sich auf verschiedensten Ebenen ab. Sie blockieren Ihre Energie, Sie unterdrücken Ihre Emotionen, verhärten Ihren Körper, und Ihr Kopf wird von Gedanken überflutet.

Wenn auch das Erstarren nicht ausreicht, einen anderen abzuwehren, weil er aggressiv ist oder Ihre Grenzen mit Füßen tritt, bleibt als letzte Möglichkeit nur die, sich völlig zu unterwerfen. Eigentlich geben Sie dann auf, Sie sind im Grunde schon bereit, zu sterben. Wenn Kämpfen nicht möglich ist oder keinen Sinn hat, wenn Flucht unmöglich ist und auch Erstarrung nicht hilft, können Sie sich lieber gleich ganz aufgeben. Es ist die letzte Strategie, die Sie einsetzen können. Sie geben auf und erschlaffen völlig. Aber weil Sie sich dann nach außen hin nicht mehr wappnen, werden Sie zugleich übersensibel. Sie müssen Ihren Vater, Ihre Mutter oder jemand anderen ständig im Auge behalten. Und zugleich lassen Sie alles in sich hineindringen. Denn weil Sie alles völlig in sich hineinlassen und sich selbst so transparent wie möglich machen, können Sie Ihren tiefsten Kern (Ihre Seele) noch einigermaßen unbeschadet instand halten.

Als Kind wird man ganz fügsam, man ist so lieb wie möglich und passt sich an. Nach außen hin setzen Sie alles ein – später, als Erwachsene, vielleicht sogar Ihren Körper, Ihre Liebe, Ihre Sexualität. Doch unter dieser Oberfläche sind Sie rasend vor Wut. Sie geben sich scheinbar hin, aber diese Hingabe deckt die darunter liegende

Wut zu. Und diese Wut kann später dann als Explosionspotenzial in Ihnen aufsteigen und für andere eine totale Überraschung bedeuten. Oder Sie tun aus dieser Wut heraus etwas *nicht*, das heißt, Sie entwickeln eine nach innen gekehrte, passive Aggression, die auch die Quelle von Selbsthass oder selbstzerstörerischem Verhalten sein kann.

Die Hingabe kann soweit gehen, dass Ihr Geist sich gewissermaßen vom Körper löst, was im Grunde der Anfang eines Sterbeprozesses ist. Dies kann geschehen, wenn Sie als Neugeborenes schon spüren, dass Sie sterben. Oder in Momenten, in denen sie schwer misshandelt oder sexuell missbraucht werden, bzw. bei Soldaten während eines Gefechts an der Front. Ihr Körper ist zwar noch vorhanden, Sie können manchmal auch noch ganz normal reagieren, doch eigentlich sind ›Sie‹ nicht mehr da. Ihr Geist spaltet sich von der Wirklichkeit ab. Sie dissoziieren. Das Gefühl, das dabei auftritt, wird oft so beschrieben, dass man ›über sich‹ schwebt und die Situation wie von oben her betrachtet. Dann nehmen Sie an allem als Zuschauer teil, doch die Dinge geschehen nicht wirklich Ihnen. Daher fühlen Sie in diesem Moment auch nicht die schreckliche Panik und Todesangst. Diese sind zwar vorhanden, doch Sie haben sie von sich abgespalten. Es ist nun so, dass Sie, wenn Sie dieses Abspalten in der Not der Umstände gelernt haben, jederzeit relativ einfach wieder hervorrufen können. Das bedeutet, dass Sie sich bei drohender Gefahr von der Wirklichkeit distanzieren, wodurch Sie allerdings auch nicht wirklich adäquat reagieren oder alles über sich kommen lassen, beziehungsweise (etwa bei Gewalteinwirkung) hinterher kein Aufhebens darum machen, weil es für Ihr Gefühl ›nicht wirklich geschehen‹ ist.

Derselbe Prozess ereignet sich beim intensiven Tagträumen oder wenn Sie sich völlig einer Fantasiewelt hingeben, in der Sie Ihre eigene Rolle erschaffen können. Auch diese Neigungen können später ein Eigenleben führen in der Form von Wahnvorstellungen oder der Schaffung nicht vorhandener ›Wirklichkeiten‹.

Eine Klientin, die in der Lage war, völlig zu dissoziieren – sogar so gut, dass frühere Therapien allem Anschein nach erfolgreich verlaufen waren, auf einer tieferen Ebene hat sich jedoch überhaupt nichts verändert –, erkundigte sich einmal bei ihrer Mutter, wie eigentlich ihre Geburt verlaufen sei. Ihre Mutter berichtete, dass sie selbst kurz nach der Geburt lebensbedrohliche Blutungen gehabt habe und dass die Ärzte dachten, dass das Neugeborene bereits tot sei. Also hatten sie das Kind irgendwo auf einen Tisch gelegt und sich danach nur noch um die Mutter gekümmert. Als die Mutter der Klientin diese Geschichte berichtete, kehrte bei dieser die Empfindung zurück, dass sie ihren Körper verließ und einige Meter über sich schwebte, wobei sie sah, dass die Ärzte sich mit ihrer Mutter beschäftigten. Sie spürte, dass sie im damaligen Moment die Wahl hatte, sich entweder ›wegschweben‹ zu lassen oder zurückzukehren; und sie hatte beschlossen, zurückzukommen.

Diese Erfahrung führte jedoch dazu, dass sie sich so ›unnormal‹ entwickelte, dass sie, auch in Verbindung mit einigen anderen sehr bedrohlichen Situationen, in der Pubertät in einem psychiatrischen Krankenhaus gelandet war. Dort wurde sie eine Zeit lang von einem Psychiater sexuell missbraucht. Ihre ›Fähigkeit‹, völlig zu dissoziieren, bewirkte, dass sie das Ganze überlebte, das heißt, dass sie sich nicht vor einen Zug warf. Doch all das machte es ihr lange Zeit auch unmöglich, irgendwelche Aktionen zu unternehmen oder ihre wahren Gefühle zu spüren, geschweige denn zu äußern.

Der Heilungsprozess besteht nun darin (wenn die Klientin dem gewachsen ist und es auch angehen will), dass sie versucht, mit dem Dissoziieren aufzuhören und in Berührung zu kommen mit der echten Angst, der echten Wut und dem echten Hass, das heißt, dass sie den ›normalen‹ Kontakt mit der Wirklichkeit wieder herstellt. Erst als die Klientin es allmählich, im Laufe mehrerer Monate, zuließ, die wirkliche Angst, Wut und Traurigkeit zu spüren und auch zu äußern, wagte sie es auch, die Neigung zum Dissoziieren aufzugeben.

Trauma, Spiritualität und Wirklichkeit

Es ist oft so, dass Menschen, die aufgrund ängstigender Situationen zu dissoziieren gelernt haben, gut meditieren können. Eine traumatische Vergangenheit bringt unter Umständen einen gewissen Hang zu Spiritualität und Religion mit sich. Die normale Wirklichkeit ist so bedrohlich und reizt nicht dazu, sie zu erkunden. Also richtet sich das Interesse auf eine andere Realität, die nicht nur ungefährlich, sondern auch besser beherrschbar zu sein scheint. Aber das bedeutet zugleich, dass die reale Vergangenheit auf diese Weise noch weiter im Unterbewussten versinkt. Wenn irgendwelche Ängste hochzukommen drohen, werden sie wegmeditiert oder man betet, dass Gott sie von einem nehmen möge. Oder man wählt eine religiöse Richtung, die so dogmatisch und auf Kontrolle gebaut ist, dass die Angst (etwa die Angst vor Wut oder Sexualität) buchstäblich ›vor die Tür gesetzt‹ wird.

Doch Ängste sind echte Löcher in Ihrem System. Sie lassen sich nicht einfach wegmeditieren oder wegbeten. Außerdem wird in manchen spirituellen Bewegungen die Illusion gepflegt, Meditieren oder Beten könne alle Probleme völlig lösen. Und wer viele Ängste aus der frühen Jugend als Päckchen mit sich herumträgt, geht nur zu gern darauf ein, in der Hoffnung, dass es tatsächlich geschieht. Aber leider funktioniert dies oft überhaupt nicht. Eine Phase der Therapie, in welcher diese Ängste wirklich aufgearbeitet werden, wäre häufig viel heilsamer als das fanatische Festhalten an Meditation oder Gebet.

Die Verwirrung entsteht dadurch, dass vergessen wird, dass Ihr Geist, genauso wie Ihr Körper, erst ›erwachsen‹ sein muss, ehe er zu Höchstleistungen fähig ist. Sie lassen ein dreijähriges Kind auch nicht an einem Triathlon teilnehmen. So muss jeder Mensch zuerst eine gesunde Ich-Kraft aufbauen, bevor er diese wieder loslassen kann. In den ersten drei Lebensjahren sind Sie damit beschäftigt, allmählich ein stabiles Gefühl des Vertrauens, der Intimität und der Autonomie zu entwickeln. Das ist die Basis des Selbstvertrauens und des ›Ich-bin-Gefühls‹. Danach setzen Sie sich bis zum Ende der Pubertät damit auseinander, die Konfrontation mit der Welt und mit anderen einzugehen und daran Ihre Identität zu entwickeln. Dann folgt eine Periode, in welcher Sie sich in der Welt verwirklichen, beruflich, in der Familie und so weiter. Erst dann kommt das Stadium, in dem Sie das bisher aufgebaute gesunde Ego immer besser zu durchschauen verstehen und es in einer natürlichen Weise wieder loszulassen lernen können, weil Sie es nicht mehr benötigen, um sich selbst zu beweisen oder zu bestätigen. Dann bedeutet Loslassen, dass Sie tatsächlich etwas loslassen, und so können Sie Ihr Ego allmählich immer transparenter werden lassen.

Wenn Panik und Angst jedoch große Löcher in Ihr Ich-bin-Gefühl gerissen haben und Sie Ihr Ego dann in Meditation oder Spiritualität loslassen, so lassen Sie eigentlich nichts los, doch es vermittelt den Löchern scheinbar eine positive Wendung. Es scheint zu nützen. Doch meistens ist dieser *easy way out* eine Form des Selbstbetrugs. Um wirklich loslassen zu lernen, werden Sie zuerst in das Loch der Angst hineingehen müssen, es umfassend erfahren, akzeptieren und reparieren. Erst dann gibt es etwas, was Sie loslassen können. Wenn Sie nichts in den Händen haben, können Sie auch nichts loslassen!

Wenn das Gefühl der Bodenlosigkeit und der Angst sehr groß ist, vielleicht ab und zu sogar als Panik aufsteigt, können Sie Meditation oder Spiritualität dazu verwenden, dieses Loch nicht betreten zu müssen, sondern gewissermaßen über ihm schweben zu bleiben. Sie wirken dann sehr spirituell (nicht ohne Grund spricht man hier oft vom Schweben!), doch im Grunde ist dies nichts anderes als ein Fluchtversuch, genauso wie Tagträume oder Dissoziieren. Sie entsteigen der Wirklichkeit, statt ihr entgegenzutreten. Es besteht die Gefahr, dass Sie dann tatsächlich in diese alte Angst zurückfallen, und dann ist ein Ausweg erst recht in weiter Ferne.

Eine andere Scheinlösung besteht darin, dass Sie – getrieben von Angst und der beschriebenen Strategie der Selbstaufgabe – Ihr Schicksal ganz in die Hände eines Gurus, Hellsehers, des Tarots, Engelkarten oder allerlei spirituelle Fantasien legen. Auf diese Art übernehmen Sie nicht nur keine Verantwortung für Ihr eigenes Leben, sondern Sie werden dadurch auch ›ungreifbar‹ für andere Menschen. Niemand kann Sie mehr wirklich erreichen. Aus Angst vor Ihren eigenen Ängsten kreieren Sie eine scheinbar sichere Welt, die jedoch so weit von der Wirklichkeit entfernt ist, dass Sie den Kontakt mit dieser schließlich ganz verlieren.

Die drei Gehirnbereiche

Heftige Ängste nisten sich auf verschiedenen Ebenen in Ihrem Wesen ein, sie schlagen ein Loch in Ihr Bewusstsein, etwa in der Form negativer Botschaften (»Ich bin nichts wert, ich darf nicht da sein«), sie nisten sich in Ihrem Unbewussten ein (zum Beispiel als Zwangshandlungen), in Ihrem Unterbewusstsein (das sind die unerwarteten Angstanfälle, bei denen Sie nicht verstehen, woher sie kommen), in Ihrem physischen Körper (Haltung, Verkrampfungen, Blockaden, chronische Schmerzen, biologische/chemische Veränderungen, Schlaflosigkeit, Unruhe ...), in Ihrem Gefühlsleib (Sie verwechseln das Weggehen Ihres Partners mit dem – für Ihr Gefühl endgültigen – Im-Stich-gelassen-Werden durch Ihre Mutter) und in Ihrem Energiekörper (als energetische Löcher, die unter Stress, wie zum Beispiel Burnout, Ihre Energie blockieren können). Das macht Angst zu einem ziemlich ungreifbaren und komplexen Geschehen.

Vor gut fünf Millionen Jahren teilte sich in der Evolution ein Entwicklungsstrang in mehrere Zweige. Der eine Zweig hat sich zu den heutigen Schimpansen entwickelt, ein anderer führte, über viele Umwege, zum Menschen. Doch zu 98,7 % stimmt unser genetisches Material mit dem der Schimpansen überein. Und viele unserer Überlebensstrategien und anderer direkten emotionalen Reaktionen führen noch viel weiter in unsere Evolution rückwärts, sie stammen vermutlich aus der Reptilienstufe.

In der Gebärmutter durchlebt der Embryo aufs Neue diese Stadien. Wir beginnen als Einzeller, werden dann zu einem mehrzelligen Wurm, darauf zu einer Art Kaulquappe, entwickeln dann ein Rückgrat – in dieser Phase sind wir reptilienähnlich –, schließlich ähneln wir den Affen, bis wir die spezifisch-menschliche Gestalt annehmen. Es ist, als durchliefen wir von der Konzeption bis zur

Geburt die gesamte Evolution noch einmal, als würde das, was sich in der Evolution in Millionen von Jahren vollzogen hat, nun in neun Monaten vollbracht.

In unserem Gehirn sind die drei wichtigsten Phasen unserer Evolution immer noch präsent. Der älteste Teil unseres Gehirns wird daher ›Reptilgehirn‹ genannt. Hier befinden sich alle automatischen Prozesse, die das Leben unterstützen, wie Atmung, Herzschlag, Verdauung und andere innere Funktionen, die von grundlegender Bedeutung für unsere Überlebensstrategien sind. Hier gründen die Urwachsamkeit wie auch die Schreckreaktion, wenn das Umfeld unsicher wird. Dies ist auch der Bereich – er arbeitet unbewusst und rasend schnell –, in welchem unsere traumatischen Panikreaktionen gespeichert werden. Heftige oder immer wiederholte Panik macht uns besonders wachsam und übersensibel; es ist so, als würde sie Löcher in unser Sicherheitsgefühl brennen. Auch wenn wir keine bewussten Erinnerungen mehr an das Ereignis selbst haben – wie zum Beispiel Ereignisse aus unserer frühen Jugendzeit oder andere heftige Geschehnisse, die wir vergessen haben –, ist es doch so, dass sie immer noch hier gespeichert sind. Dieses Gedächtnis arbeitet parallel zu dem Gedächtnis in den Geweben selbst. Die alte Panik steckt beispielsweise immer noch in Ihrem Beckenbereich oder im unteren Bereich der Wirbelsäule und verursacht dort eine ständige Spannung bzw. Schreckbereitschaft. Daher können kleine Ereignisse sofort zu Kurzschlüssen mit einem alten Trauma führen, etwa so schnell, wie eine Eidechse mit ihrer Zunge eine Fliege zu fangen vermag, die ihr zu nahe kommt.

Ein zweiter Bereich unseres Gehirns ist das Säugetier-Gehirn. Hier befinden sich die spezifischeren Emotionen und alle Reaktionen, die mit dem Leben in einem größeren Gruppenzusammenhang zu tun haben. Säugetiere sind nicht im Handumdrehen selbstständig wie etwa ein Reptil, welches ›fertig gebacken‹ aus seinem Ei kriecht, sondern sie werden noch eine Zeit lang durch das Muttertier gesäugt und leben hauptsächlich in Gruppen. Das bedeutet, dass Säugetiere noch lange Zeit sehr verletzlich sind, und zwar in Abhängigkeit von ihrer Mutter und der Gruppe, in der sie leben. Hier liegen alle Gefühle, die mit der Intimität zu tun haben.

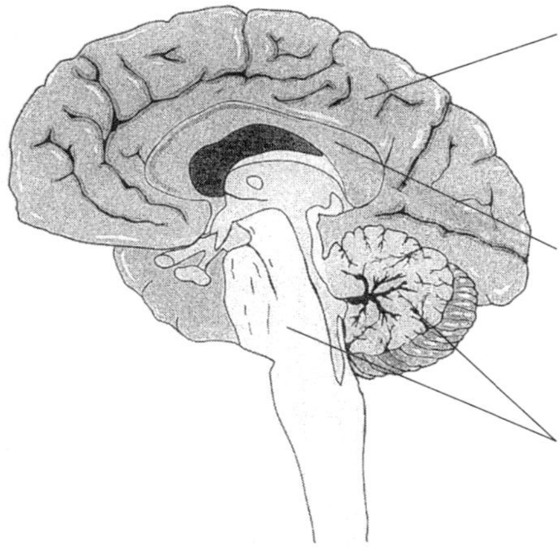

Die drei Gehirnbereiche

Intimität ist für uns – neben der Nahrung – von lebensentscheidender Bedeutung, und das gilt für die meisten Säugetiere. Jungen Affen, die keine Mutter hatten, wurden in einem Experiment zwei künstliche Mütter zur Seite gestellt. Die eine Mutter bestand aus einem Eisendrahtgeflecht, doch verfügte anstelle der Brüste über zwei mit Milch gefüllte Saugflaschen. Die andere hatte dieses Merkmal nicht, doch sie war mit Fell bekleidet. Es zeigte sich, dass die jungen Äffchen bei der Fell-Mutter auf den Schoß krochen, obwohl sie dort keine Nahrung bekamen.

Der dritte Bereich ist das logische Gehirn. Hier sind alle Funktionen angesiedelt, die uns als Mensch von den Tieren unterscheiden, zum Beispiel die Verwendung von Werkzeugen, Sprechen, Schreiben und das logische Denken. Dies ist auch der Bereich, in dem unsere Geschichten und Bilder aufbewahrt werden. Doch dieser Teil ist ein anderer Bereich als der, in welchem die primären Erlebnisse und Reaktionen – wie zum Beispiel Angst – aufbewahrt werden! Diese Tatsache ist äußerst wichtig. Die Geschichte unserer Vergangenheit, ob sie nun mit Bildern illustriert ist oder nicht, ist etwas anderes als jene erfahrene Wirklichkeit, die uns gestaltet und verformt hat! Und wenn diese Vergangenheit angstgeprägt war, so kann es sein, dass unser logisches Gehirn das vergessen oder umgeformt hat, während die alte Angst und Panik noch immer in anderen Bereichen unseres Gehirns und im Gedächtnis unserer Fasern und Gewebe gespeichert sind, wo sie jederzeit auf der Lauer liegen beziehungsweise in Wellen aufsteigen können.

Was geschieht, wenn Sie in Panik erstarren?

Wenn Sie sich in Panik befinden und kämpfen (bzw. strampeln und schreien) oder flüchten können, so kann die Energie des Schrecks oder der Wut Gestalt annehmen, weil Sie die Panikreaktion äußern können (was oft einen Effekt auf Ihr Gegenüber hat). Wenn Sie jedoch diese Äußerungen, diese Entladungen zurückhalten müssen, werden Sie, im Bilde gesprochen, zu einem Dampfkochtopf, der stets unter Druck steht. Wie kommt das?

Bei Neugeborenen können wir drei Energiegebiete unterscheiden: den Becken-Bauchbereich, das Herz / Lunge und schließlich das Haupt. Diese drei bestehen aus weichem Gewebe, das sehr empfindlich und verletzlich ist und zum Teil von Knochen geschützt wird. Diese drei Bereiche sind jedoch auch in Muskelhäute eingebettet, die bei der Geburt noch äußerst weich und durchlässig sind. Die Beckenbodenhaut trägt die Geschlechtsorgane und die Organe des Bauchraumes. Das Zwerchfell trennt den Bauch von den darüber gelegenen Teilen des Magens, Herzens und den Lungen. Eine Haut am Hinterkopf trägt das Gehirn (vor allem den Reptilienteil), und die Haut oberhalb des Gehirns beschützt sie, solange sich die Schädeldecke noch nicht völlig geschlossen hat.

Diese Häute sind energetisch miteinander verbunden. Von Natur aus durchlässig, ziehen sie sich bei Gefahr zusammen, um Ihre Lebensenergie zu konzentrieren, zu blockieren oder in eine bestimmte Richtung zu lenken. Sie reagieren alle gleichzeitig auf die jeweilige Lebensstrategie, für die Sie sich entscheiden. Die Angst führt zu einer rasend schnellen Kontraktion, sodass Ihr Herz schneller schlägt und die Energie durch Ihren Körper schießt. Bei der Strategie des

Kämpfens zieht all Ihre Lebenskraft in das Gebiet der Brust und der Schulter, Sie spannen Ihren Beckenboden, kneifen die Gesäßmuskeln zusammen, schließen den Anus, sodass Sie so angespannt sind, dass die Energie nach oben schießt. Sie atmen sehr tief ein, um die Energie von Ihrem Beckenboden aus – vor allem in den Geschlechtsorganen – hinauf in den Bereich von Brust, Schultern, Armen und Fäusten zu zwingen. Sie schieben den Unterkiefer nach vorn als Reaktion auf das Anspannen Ihrer Gehirnrindenhaut, Ihr Kopf schnellt nach vorn, Ihre Augen quellen hervor und sind in maximaler Wachsamkeitsstellung, um den Angreifer im Visier zu behalten. Sie benutzen Ihre sexuelle Energie, um zu kämpfen; aus diesem Grunde gehen Sexualität und Aggression häufig Hand in Hand miteinander (im Tierreich entwickelt das Männchen die maximale Energie, wenn es darum geht, das Weibchen zu beschützen).

Bei der Strategie des Flüchtens muss sich die Energie jedoch auf Gesäß und Beine orientieren. Sie spannen aufs Neue Ihren Beckenboden an, doch diesmal mehr den vorderen Bereich, wodurch Sie die sexuelle Lebenskraft nach unten zu pressen versuchen und damit Ihre Geschlechtsorgane beschützen. Ihr Anus öffnet sich (deswegen macht man sich vor Angst in die Hose), sodass sich Blase und Darm leeren (dann können Sie schneller rennen). Ihr Zwerchfell spannt sich an, sodass die Angst in Ihrem Bauch ebenfalls nach unten strömt. Sie pressen Ihren Atem nach unten. Ihr Blick wird stark peripher, denn Sie müssen sowohl den Verfolger im Auge behalten wie auch einen Panoramablick haben, um zu erkennen, wohin Sie flüchten müssen.

Doch wenn beide Strategien unmöglich sind und nur die Erstarrung bleibt, spannen sich alle Muskelhäute an, um zu verhindern, dass die Energie, die von der Angst hervorgerufen wird, überhaupt irgendwohin strömt. Sie müssen Ihre Raserei und Aggression zurückhalten, doch Sie müssen auch den anderen Impuls des Davonlaufens bezwingen. Und das kostet eine enorme Anstrengung, es ist fast so, als explodierten Sie!

Sie spannen hauptsächlich Ihr Zwerchfell an, Sie blockieren die Energie, die aus Becken- und Bauchraum nach oben steigen will, halten den Atem an, Ihre Stimme bleibt Ihnen im Halse stecken und

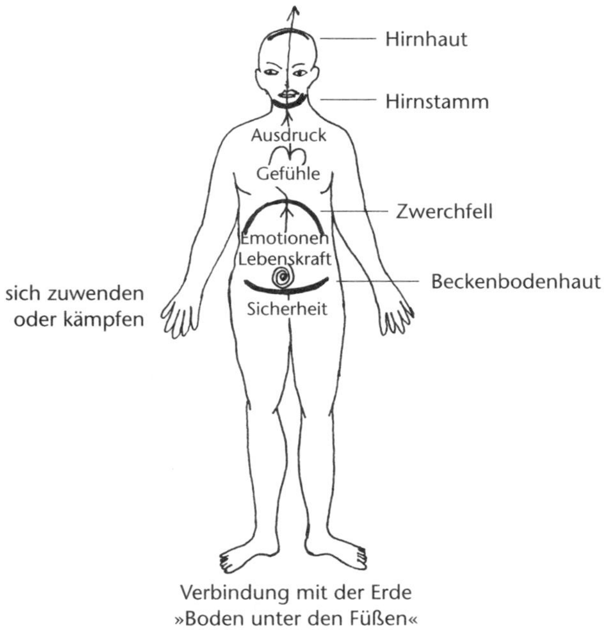

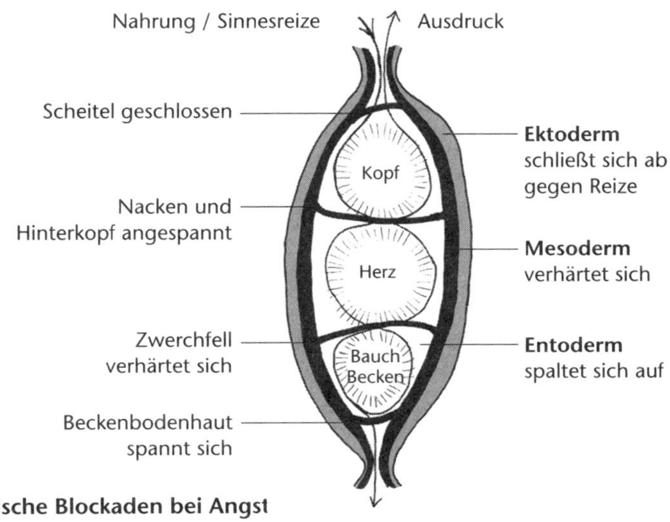

Energetische Blockaden bei Angst

blockiert jegliche Äußerungsmöglichkeit. Sie spannen alle Gewebe maximal an und blockieren dadurch das Weiterströmen Ihrer eigenen Lebensenergie. Und um dies zu tun, benötigen Sie sogar noch mehr Energie, als die, die aus Ihnen heraus will. Es kommt zu einem enormen inneren Kampf, dessen Spannungen sich in Ihrem Körper anhäufen, speichern. Dieses innere Blockieren stimuliert außerdem auch die Panzerbildung nach außen, Sie verhärten sämtliche Muskelschichten (das Mesoderm), und Ihre Sinnesorgane (Ektoderm) lassen so wenig wie möglich Reize passieren, um dadurch den empfindlichen Kern (Entoderm) zu beschützen. Diese chronischen Spannungen im Körper können Gestalt bestimmend werden, sodass Sie manchmal an der Körperform einer Person ablesen können, unter welchem Druck sie früher einmal gestanden hat und welche ›Haltung‹ im buchstäblichen Sinne sie damals eingenommen hat.

Durch diesen inneren Kampf schließen Sie sich meistens auch von der Außenwelt ab. Sie panzern sich ab. Wenn jedoch auch dies verunmöglicht wird, geben Sie Ihren Panzer auf. Ihre Grenzen lösen sich auf. Dann dringen alle Reize fast ungefiltert in Ihr Inneres, und dadurch werden Sie überempfindlich. Sie sind nicht in der Lage, die Energie und die Emotionen von anderen aus sich herauszuhalten, und auch Ihre eigene Energie strömt viel zu stark zu anderen hin. Sie sind völlig grenzenlos, und das erschöpft Sie. Diese Erschöpfung kann zu einem tiefen Machtlosigkeitsgefühl führen: »Es hat doch alles keinen Sinn. Es macht überhaupt keinen Unterschied, was ich tue, nichts hilft …«, – und schließlich geben Sie auf. Statt Überspannung (Stress) entsteht Unterspannung. Sie werden so schlaff, dass Sie nicht mehr auf den Beinen stehen können und sich total erschöpft fühlen.

Später, beim Erwachsenen, kann es so sein, dass sich Erstarrung und Auflösung abwechseln. Im einen Moment sind Sie wütend und erstarrt, in sich selbst verschlossen, im nächsten lassen Sie alles viel zu offen und grenzenlos in sich eindringen und Sie sind schlaff und erschöpft.

Weil viele unserer tiefer liegenden Ängste in den ersten drei Lebensjahren entstanden sind, haben wir daran wenige oder keine konkreten Erinnerungen. Und gerade diese Ängste können unser

Leben bleibend bestimmen. Zum Teil ist dies so, weil wir damals noch so verwundbar waren, dass auch die Verwundungen selbst sehr tief waren, teilweise weil wir so sehr eins mit unserer Umgebung waren, dass wir uns nicht vor dem Schmerz abschließen konnten, andererseits aber auch, weil wir vieles noch nicht in der Art eines Erwachsenen verstehen konnten, und drittens weil im Zeitraum danach diese Ängste immer noch unbewusst präsent waren, wodurch sie sich weiter verstärken und ausbreiten konnten. Sie waren beispielsweise ein ängstliches Kind, und das führt dazu, dass Sie, auch wenn Sie älter werden, verwundbarer in Bezug auf Ihre Umgebung sind. Außerdem können andere, weil sie spüren, dass Sie Angst haben, dies ausnutzen oder missbrauchen, wodurch die Ängste sich potenzieren. Und wenn Ängste regelmäßig wiederkommen, beginnen Sie Angst vor der Angst selbst zu entwickeln, und diese Angst vor der Angst kann dann fortwährend latent präsent sein.

Diese Ängste sorgen dafür, dass Ihr Körper, Ihre Atmung (Emotionen) und Ihr Geist ständig unter Spannung stehen. Und weil die Panikreaktionen sowie das Zusammenziehen und Blockieren von chemischen und neurologischen Signalen gesteuert werden, kommt es bei lang anhaltender Spannung zu verschiedenen chemischen Veränderungen in Ihrem Gehirn. Bestimmte Stoffe, die eine Überempfindlichkeit abbremsen und ein Wohlgefühl fördern, werden auf Dauer weniger produziert. Andere Stoffe, die uns in einem ständigen Bereitschaftszustand halten, werden dagegen umso stärker produziert. Dadurch entsteht eine fortwährende latente Unruhe, ein Stressgefühl, das schon für sich genommen sehr unangenehm ist. Allmählich verlieren Sie den Kontakt mit dem gewohnten Okay-Gefühl völlig. Ihr Körper kehrt nicht mehr zur entspannten Null-Linie zurück, auf der Sie Sie selbst sein, sich sicher fühlen und einer Situation vertrauen können. Und dann landen Sie wirklich in der Gefahrenzone. Und' weil Sie dieses Angstloch als Kind nicht selbst reparieren konnten, ist es das Beste, es einfach zu vergessen. Und genau das tun Sie. Ein Teil dieses Vergessens ist möglicherweise echt, doch der überwiegende Teil ist psychisch bedingt. Es kommt uns sehr gelegen, zu vergessen.

Nicht ohne Grund kommen traumatische Erinnerungen manchmal erst in intensiven therapeutischen Sitzungen an die Oberfläche. Unser Denken und unser Geist haben sie vielleicht vergessen, doch unser Gefühlsleib nicht, und genauso wenig unser physischer Körper. Manchmal kann eine bestimmte Körperhaltung oder Emotion Bilder hervorrufen, die lange Zeit verdrängt waren. Manchmal wird die Zustimmung, dass alle Emotionen okay sind und geäußert werden dürfen, zum Anlass, zu fühlen, wie unglaublich wütend, traurig oder ängstlich Sie als Kind gewesen sind; es melden sich dann spontan Bilder, die, wenn man bei Eltern, Geschwistern oder anderen Familienmitgliedern nachfragt, auch als zutreffend bestätigt werden. Vor allem ernste traumatische Situationen (wie zum Beispiel Gewalt, sexueller Missbrauch und Ähnliches) kommen häufig erst in der sicheren Umgebung eines Sprechzimmers wieder ans Licht.

Doch weil so viel vergessen wurde, begreifen wir oft nicht, wieso wir so viel Angst vor etwas Belanglosem haben oder so in bestimmten Mustern erstarrt sein können. Angst ist eine emotionale, körperliche und geistige Reaktion. Die Löcher, die vorhanden sind, sind da, auch wenn wir sie nicht sehen. Aber in dem Moment, in dem etwas in der Gegenwart Angst hervorruft, bildet diese kleine Angst sofort eine Art Kurzschluss mit tiefer liegenden Löchern. Wenn Sie spüren, dass Sie in diese Löcher hineingeraten, ist es wichtig, sich selbst zu fragen, wovor Sie Angst haben.

Es ist von elementarer Bedeutung, es zu wagen, sich auf diese Frage einzulassen. Alles, was ihre Freiheit behindert, ist aus Angst entstanden. Die einzige Art, sich diese Hindernisse auf dem Weg zur Freiheit deutlicher zu machen, damit sie Sie weniger stark im Griff haben, besteht darin, sie zu erforschen – und dabei genügt es nicht, lediglich vage Vorstellungen davon zu entwickeln, was Ihnen Schwierigkeiten bereitet. Fragen Sie sich: »Wovor habe ich Angst? Wovor genau habe ich wirklich Angst?«

Wenn ich einen Polizisten oder jemanden in Uniform sehe, dann schießt Panik in meinen Bauch hinein. Wenn ich den Himmel nicht sehen kann, werde ich unruhig. Wenn ich in einem Aufzug stehe, fühle ich mich eingesperrt. Ich kann keinen Chef über mir ertragen, ich war niemals angestellt, sondern ich musste immer mein eigenes Leben bestimmen können. Wovor habe ich Angst? Wie ist es dazu gekommen?
Meine Mutter hatte eine perfekte Methode entwickelt, mich völlig zu manipulieren. Wenn ich etwas falsch machte (und dabei überhaupt nicht wusste, was genau ich falsch gemacht hatte, was das Beängstigendste war), inszenierte sie eine Szene, an die ich glaubte. Sie sagte zum Beispiel, dass sie die Polizei anrufen würde und die würden mich dann holen. Sie würden mich in eine dunkle Ecke einsperren, ohne Essen und Trinken, und dann wäre ich in drei Tagen tot. So entwickelte ich tatsächliche Todesangst. Ich glaubte meiner Mutter völlig, vor allem, weil sie die Szene bis in die Finessen hinein ausspielte. Sie nahm den Telefonhörer, tat so, als wählte sie eine Nummer und spräche mit einem Polizisten. »Ja, Herr Wachtmeister«, sagte sie dann, »er ist wieder einmal besonders ungezogen, Sie müssen ihn abholen kommen.« Und dann nannte sie unsere Adresse. Ich lag dann weinend auf dem Boden, auf den Knien, und flehte um Vergebung (ich würde gern wissen, wo in aller Welt ich dieses Wort her hatte!). Doch meine Mutter ging bis zum Äußersten, sie lief zum Fenster und sagte: »Ja, da ist jetzt das Polizeiauto, jetzt kommen sie dich holen.« Ich hatte dann solche Angst, dass ich über den Boden kroch, winselte und rief: »Du musst mir vergeben, ich werde es niemals mehr tun.« Ich wusste nicht einmal, was ich falsch gemacht hatte, doch nichts anderes zählte mehr, ich wollte einfach nicht sterben! Ich hatte einfach Todesangst. Dann sagte sie: »Na gut, ich werde ihnen diesmal winken, dass sie weiterfahren können.« Und das tat sie dann. Ich war gerettet. Doch ich wusste niemals, wann das nächste Mal wäre. Wie konnte ich verhindern, dass es wieder geschah?
Ich hatte eine solche Angst, dass ich es als Kind niemals gewagt habe, jemandem davon zu erzählen. Danach habe ich es vergessen.

Das heißt, ganz vage kannte ich die Geschichte, doch die Angst, die bodenlose Angst war irgendwohin geschoben, versteckt. Erst vierzig Jahre später habe ich in der Therapie diese Angst aufs Neue durchlebt und dabei eineinhalb Stunden lang nur geschrien und Telefonbücher kaputt geschlagen.
Bis dahin war das Loch der Todesangst niemals weg. Ich suchte verzweifelt nach Auswegen, um mich innerlich zu halten, mich zu beweisen, nichts Falsches zu tun. Ich strengte mich viel zu sehr an, arbeitete viele Jahre lang siebzig Stunden in der Woche. Ich war niemals gut genug, niemals mit mir zufrieden. Ich stürzte mich in Spiritualität und Meditation, doch ich hatte größte Schwierigkeiten, die ganz normalen kleinen Dinge des Lebens zu genießen. Unter der Oberfläche begleitete mich die Angst immer, und kleinste Dinge konnten mich völlig außer Fassung bringen. Erst als ich die Angst und die Situationen, in denen sie entstanden sind, aufs Neue durchlebte, rückte alles so allmählich an seine Stelle und die Ängste nahmen ab.

(Mann, 57 Jahre)

Strategien gegen die Angst

Weil Sie häufig nicht wissen, worin der Ursprung ihrer Angst liegt, und dies vielleicht auch gar nicht wissen *wollen,* decken Sie die Angst mit allen möglichen rituellen Beschwörungen, bzw. mit angeeigneten Überlebensstrategien zu. Diese können unterschiedliche Formen annehmen. Sie versuchen, Angst erzeugende Situationen zu vermeiden, oder Sie begeben sich bewusst in solche hinein, wobei Sie dann versuchen, sie zum Guten zu wenden. Weil es sich dabei jedoch nicht um die ursprüngliche Angst handelt, um das, was diesem Gefühl zugrunde liegt, wird dabei meistens nicht wirklich etwas geheilt.

Tief liegende Angst kann auch dazu führen, dass man ständig versucht, alles unter Kontrolle zu behalten. Alles muss immerzu absolut bis aufs I-Tüpfelchen geregelt sein. Beziehungen sollen einem festen Muster folgen, man klammert sich völlig an den Partner, der alle möglichen Forderungen erfüllen muss, sonst hat man lieber gar keine Beziehung. Geld, Status, Besitztümer und Äußerlichkeiten werden oft als Faktoren herangezogen, sich sicher zu fühlen. Alles muss beherrschbar bleiben, sonst schlägt die Panik zu.

Manchmal wird die alte Angst von etwas anderem ersetzt, Angst vor Omnibussen, Blitzen, Spinnen, Ausländern, schmutzigen Händen und so weiter. Ständig ist eine gewisse Kontrolle notwendig, die es auch erklärlich macht, warum Sie so angespannt und gestresst sind. Doch die Spannung kommt niemals zur Ruhe. Das darf auch nicht sein, sonst würde sich die echte, bodenlose Angst unter Umständen irgendwann einmal unerwartet melden. Darum verplanen Sie sich soweit wie möglich. Sie haben nie genug Zeit, Sie tun viele Dinge gleichzeitig, Sie müssen immer wie ein aufgescheuchtes Tier herumrennen, damit Sie überhaupt nicht zur Ruhe kommen *können* – und jene abscheuliche Stille vermeiden, in der die alten Ängste spürbar werden könnten.

Die andere Möglichkeit besteht darin, dass Sie die Angst geradezu suchen. Sie tun gefährliche Dinge, Fallschirmspringen, Bergsteigen, Tiefseetauchen, oder Sie haben ungeschützten Geschlechtsverkehr mit jemandem aus einer Risikogruppe. Sie suchen die Gefahr und die Angst, eigentlich deswegen, weil Sie Ihre wahre Angst damit bannen wollen. Im schlimmsten Fall wird das Opfer zum Täter: Sie tun dann anderen das an, was Ihnen selbst angetan wurde – als ein letztes Rettungsmittel, die eigene, tief verborgene Angst nicht spüren zu müssen. Im Wiederholen der alten Situation hoffen Sie unbewusst, dass die Panik gebannt wird, doch in der Praxis funktioniert dies nicht, der Wiederholungszwang wird sogar noch stärker.

Oder Sie ziehen sich völlig zurück, werden zum Einsiedler, gehen jeder Konfrontation am liebsten aus dem Wege, isolieren sich, erstarren innerlich, lassen nur noch wenige Emotionen zu und rationalisieren alles. Oder Sie entscheiden sich, die Probleme ›wegzulachen‹. Es gibt eine bestimmte Art des Lachens, des Fröhlichseins, ein Verhalten, das eine Spur zu übertrieben ist, bei dem die Fröhlichkeit als Maske dient, unter der die reine Angst

entwickelte Überlebens-strategien	selbstdestruktives Verhalten Selbsthass Vermeidungsverhalten Spaltung von Gefühl und Denken keine Verbindung mit sich selbst u. anderen herstellen können alles »weg-spiritualisieren« Angst vor Autorität sich darauf stürzen, anderen zu helfen viele zu offen sein alles kontrollieren wollen immer gehetzt / viel zu hart arbeiten aggressives Verhalten
entwickelte Überzeugungen	ich darf nicht da sein ich bin nicht okay ich bin nichts wert ich muss alles allein schaffen
heutige Ängste	chronische Ängste, Panikattaken unsicher, ängstlich, Gefühl der Bodenlosigkeit und Leere
Wut des Kindes	Rage und Wut Unterdrücken dieser Wut
Angst des Kindes	Umgebung und der Elternteil sind unsicher, Angst, Panik, Todesangst Gefühl der Bodenlosigkeit

versteckt bleiben soll. Doch die Basis dessen ist immer Angst. Was Sie auch tun, welche Überlebensstrategien Sie auch anwenden – die Angst verschwindet nicht wirklich. Sie richtet sich auf etwas anderes, kommt in Form von Panikanfällen an die Oberfläche, oder zeigt sich als ein andauerndes Gefühl existenzieller Bodenlosigkeit. Nichts scheint mehr Sinn zu haben, die Angst hält Sie ständig in ihrem Würgegriff.

Wenn Sie derartige Panikanfälle oder Zeiten der Angst, der Isolierung und der schwer wiegenden Schlaflosigkeit kennen, oder wenn es um Angst behaftete Situationen geht, die immer wiederzukehren drohen, so entsteht Angst vor der Angst. Diese Angst vor der Angst ist viel ungreifbarer und stärker als die eigentliche Angst selbst. Sie achtet auf kleinste Signale, und sobald diese wahrgenommen werden, schlägt die Angst davor zu, dass Sie gleich wieder in eine Periode der Angst und der Verlassenheit hineinfallen können. Und sie ist körperlich schwerer zu ertragen, weil die damit verbundenen Unlustgefühle größer sind. Das beruht darauf, dass der Körper zwei einander widersprechende Signale empfängt: Es gibt etwas, wovor man große Angst haben muss, was zu allen üblichen Angstreaktionen führt; und es gibt nichts, wovor man Angst haben müsste, was zu einem Entspannungsgefühl tendiert. Durch diese gegensätzlichen Signale geraten der Körper, aber auch die innere Energiebewegung völlig durcheinander, sodass Ihr Körper eigentlich ›ausflippt‹.

Die Angst, dass Ihr Partner betrunken nach Hause kommt und Sie zusammenschlägt, ist größer und schlimmer als die Tatsache, dass er tatsächlich kommt und zuschlägt. Denn Letzteres ist wenigstens echt und fassbar, und Sie können dann etwas tun (auch wenn dieses Tun darin besteht, dass Sie passiv sind). Die Angst vor der Angst dagegen ist viel irrealer und damit unerträglich. Es kann also geschehen, dass Sie deshalb die reale Angst herausfordern: Wenn Ihr Partner nicht betrunken nach Hause kommt, reizen Sie ihn unter Umständen dermaßen, dass er Sie schließlich doch noch schlägt. Dadurch verschwindet auf jeden Fall die Angst vor der Angst und weicht der realen Angst, so paradox es auch klingt.

Dies ist auch der Grund dafür, dass Gewaltopfer die Täter oder bestimmte gefährliche Situationen aufs Neue aufsuchen. Denn dann ist es mindestens noch einmal geschehen und Sie können danach einen Moment lang ruhig durchatmen. Darum wählt die Tochter eines aggressiven Vaters später oft einen aggressiven Partner. Denn der fühlt sich auf eigenartige Weise trotz allem wenigstens ›vertraut‹ an. So kann sie aufs Neue – ergebnislos – versuchen, diesen Mann dazu zu bringen, sie zu lieben; doch außerdem wird ihre Angst, dass ihr Partner sie irgendwann schlagen wird (d.h. die Angst vor der Angst) wieder bestätigt, und dies kann ein eigenartiges Gefühl körperlicher Erleichterung hervorrufen. Erst wenn die Ängste des kleinen Mädchens erkannt werden und die ursprüngliche Angst, Hass und Wut, die es in Bezug auf seinen Vater hegt, geäußert worden sind, wie auch der Schmerz über die Tatsache der vom Vater nicht empfangenen und entbehrten Liebe, kann so ein destruktives Muster sich allmählich auflösen.

Das Wiederdurchleben alter Ängste und Schmerzen kann helfen, sich den Schmerz des Kindes wahrhaft anzueignen, die niemals geäußerten Emotionen doch noch zum Ausdruck zu bringen und damit die ›eingefrorene‹ Energie zu befreien. Dann wird es möglich, den alten Verwundungen einen Ort zu geben und sie gewissermaßen zu ›umarmen‹, wodurch sie nicht mehr unbewusst Ihre heutigen Emotionen und Handlungen bestimmen. Weil Sie derartige selbstzerstörerische Wiederholungen meistens nicht selbst kennen, ist häufig die Hilfe eines Therapeuten notwendig, wenn Sie sich entscheiden, diesen Prozess wirklich in Angriff zu nehmen.

Die Angst kann sogar so groß werden, dass Sie das Gefühl bekommen, die einzige Art, ihr die Stirn zu bieten, bestehe darin, sich völlig aufzugeben und Ihrem Leben ein Ende zu machen. Dies ist die letzte Möglichkeit, Ihr Leben zu ›kontrollieren‹. Sie haben Angst davor zu sterben; indem Sie sich also selbst für den Tod entscheiden, wird diese Angst endlich Wirklichkeit, sodass Sie keine Angst vor der Angst mehr zu haben brauchen. Außerdem haben Sie Ihr Los dann in die eigenen Hände genommen. Es ist weniger beängstigend, sich selbst für den Tod zu entscheiden, als immerzu von außen mit Todesangst konfrontiert zu werden. Aus diesem Erleben heraus wäre die Selbsttötung dann die beste Option, die es gibt. Außerdem können Sie auf diese Art Ihren Hass doch noch ausleben, sowohl den Hass auf sich selbst als auch den, der sich indirekt auf Ihre Umgebung richtet, indem Sie bewirken, dass diese sich schuldig fühlt, ohne das Geschehene wieder gutmachen zu können.

Solche tief greifenden Ängste sind häufig nur noch medikamentös in den Griff zu bekommen. Dazu Folgendes: Es ist nichts Schlimmes daran, Medikamente zu nehmen. Schließlich ist die Panik, in der Sie leben, auch dadurch entstanden, dass die Angst bestimmte hormonelle und chemische Veränderungen in Ihnen bewirkt hat. Und dieses Ungleichgewicht können Sie häufig selbst nicht beseitigen. Manche Medikamente sind sehr gut in der Lage, jene Stoffe, die Ihnen im Grunde fehlen oder die Sie nicht mehr genügend produzieren können, zu substituieren und Ihnen damit ein neues und stabileres Ich-Gefühl zu vermitteln. Wenn Sie dies einmal aufgebaut haben und es Ihnen wieder vertraut wird, können Sie die Medikamente langsam abbauen. Somit sind in manchen Fällen Medikamente – allein oder in Kombination mit einer Therapie – die beste Möglichkeit, daran zu arbeiten.

Therapie

Eine Therapie unterstützt Sie darin, in einer sicheren Umgebung mehr oder weniger tief *in die Angst hinein* zu gehen, sowohl in die Angst, wie sie sich jetzt manifestiert, als auch in die Situationen, die diese Angst in der Vergangenheit hervorgerufen haben. Es gibt heute so viele unterschiedliche therapeutische Angebote, dass es schwierig ist, in allgemeiner Weise etwas darüber zu sagen, doch im großen Ganzen handelt es sich bei Therapien um Folgendes:

Das erste und wichtigste Gebot ist, dass Sie jemanden finden, dem Sie vertrauen. Dieses Vertrauen ist natürlich nicht sofort vorhanden, doch Ziel ist, dass die Beziehung zwischen Ihnen und Ihrem Therapeuten langsam wachsen kann, bis Sie sich frei fühlen und auch spüren, dass Ihr Gegenüber Ihnen wirklich zuhört und für Sie da ist. Dies hat an sich schon eine heilende Wirkung. Der Therapeut übernimmt dabei die Rolle des ›guten Elternteils‹, der einfach da ist, der Sie so akzeptiert, wie Sie sind, und der Sie völlig ernst nimmt.

Darum ist es wichtig, sich zu fragen, ob Sie eine solche Beziehung leichter mit einem Mann oder mit einer Frau aufbauen können. Manchmal legen Sie eine gewisse Wegstrecke der Therapie mit einem männlichen Therapeuten und danach mit einem weiblichen zurück, weil die Beziehung, die Sie dabei eingehen und in der Sie etwas verarbeiten oder reparieren, unterschiedlich ist. Mit einer Frau werden Sie eher geneigt sein, die Beziehung, die Sie mit Ihrer Mutter haben, aufzuarbeiten und gegebenenfalls zu heilen, um damit nachträglich die Unterstützung zu bekommen, die Sie entbehrt haben: Bei einem männlichen Therapeuten wird es eher die Beziehung zu Ihrem Vater sein.

Des Weiteren ist es wichtig, dass Sie wirklich Ihre gesamte Geschichte ›loswerden‹ können, das heißt, dass Sie sich im Lauf der Zeit trauen, alles zu berichten, auch die demütigendsten, angstvollen, ›kindischen‹, verzweifelten, scheußlichen Situationen, Gefühle und Gedankengänge. Auch Ihre Probleme oder Erfahrungen mit der Sexualität, auch Ihre selbstzerstörerischen Neigungen. Dass Sie sie äußern können, hat an sich schon eine heilende Wirkung. Das liegt nicht nur daran, dass nun jemand da ist, der Ihnen in liebevoller Aufmerksamkeit zuhört und dem Sie zu vertrauen lernen können, Sie werden überdies auch nicht bestraft oder herabgewürdigt. Außerdem gibt es viele Dinge, die Sie noch niemals jemandem erzählt haben. Das bedeutet, dass Sie plötzlich einen Zeugen Ihrer persönlichen Geschichte erhalten, und diese Tatsache als solche gibt Ihrem Dasein bereits mehr Boden.

Der nächste Schritt ist der Heilungsprozess selbst. Je nach therapeutischer Richtung und Schule wird auf verschiedene Weise damit umgegangen. Manche Therapeuten arbeiten vor allem durch Gespräche und das verbale Äußern von Emotionen. Andere bringen alles mehr in einen *Prozess,* sie helfen Ihnen, Gefühle ›an Ort und Stelle‹ zu erleben, zu weinen oder wütend zu werden. Andere Therapeuten beziehen mehr den ganzen Körper ein, indem sie zum Beispiel Ihre Wut durch Schlagen und Schreien stärker herauskommen lassen. Wieder andere Therapien legen einen besonderen Akzent auf den körperlichen Kontakt, indem sie Ihnen die körperliche Stütze und Wärme vermitteln, die Sie als Kleinkind oder Baby entbehren mussten, und versuchen auf diese Weise, die Wunde, das Loch, das an dieser Stelle besteht, allmählich zu heilen.

Das Wichtigste ist wohl, dass Sie jetzt etwas äußern können, was Sie früher nicht äußern konnten. Alles, was früher nicht geäußert werden konnte, ist unfertig, es ist nicht geheilt, die Wunden sind noch genauso offen wie damals und die Energie ist nach wie vor blockiert. Indem Sie Gefühle und Emotionen im Hier und Jetzt äußern, Bestätigung empfangen und die inneren negativen Botschaften loslassen und durch positive ersetzen, können Sie tatsächlich die Vergangenheit wenigstens teilweise wieder ›ganz‹ machen. Dann kann die Energie wieder strömen. Doch wenn die Wunden sehr tief sind, bleiben die Narben schmerzempfindlich.

Wenn die Verwundungen soweit wie möglich geheilt sind, wird die nächste Phase sehr wichtig. Es ist wichtig, dass der Therapeut Sie darin unterstützen kann, neuen Gefühlen, Erfahrungen und Erkenntnissen im Leben Gestalt zu geben. Dass er Ihnen hilft, eine andere, freiere Zukunft zu schaffen und Sie beim Wiederfinden Ihrer eigenen inneren Kraft unterstützt. Was ist Ihr Potenzial? Kann der Therapeut Sie stimulieren, Ihre Kraft, Fähigkeiten, Kreativität, Lebensfreude, Vitalität, Sorglosigkeit, Intimität und Spiritualität vollständig auszuschöpfen?

Schließlich ist auch die Art, wie man auseinandergeht, sehr wichtig. Manche Therapeuten scheinen ihre eigenen Ängste vor dem Verlassenwerden so stark auf ihre Klienten zu projizieren, dass sie sie nicht loslassen können oder zwar loslassen, aber ihnen immer das Gefühl vermitteln, dass sie noch etwas unbearbeitet gelassen haben. Darum ist es wichtig, dass der Therapeut Ihren ›Abschied‹ völlig unterstützt, sodass Sie stolz und vollständig in ihrer Ichheit gestärkt weggehen können. Manchmal bedeutet das, dass Sie sich in dieser Phase mit Ihrem Therapeuten auseinandersetzen oder streiten möchten, dass Sie nicht mit ihm einer Meinung sind, ihn überflüssig finden oder langatmig, dass er die falschen Antworten gibt und so weiter. Dies ist in Ordnung. Ein guter Therapeut traut sich, eine solche Auseinandersetzung anzugehen und geht ihr nicht aus dem Wege; außerdem vermittelt er Ihnen diesbezüglich keine Schuldgefühle.

Das Allerwichtigste jedoch besteht darin, dass Sie sich als Klient auch wirklich ändern wollen und den Mut haben, sich selbst und Ihrer Vergangenheit ins Auge zu blicken. Viele Menschen trauen sich dies letztendlich doch nicht zu. Manchmal machen sie einen Anfang, doch dann suchen sie immer stärker nach einer einfachen Methode, ihren heutigen Problemen zu entkommen. Oder sie begeben sich eine Zeit lang in Therapie, doch genau in dem Moment, da sie soweit wären, die Konfrontation mit ihren Mustern wirklich in Angriff zu nehmen, wird ihnen alles zu viel, es ist zu ermüdend, der Therapeut versteht sie nicht, sie brauchen ›Zeit für sich selbst‹ und wie die Entschuldigungen sonst noch lauten mögen. Die Erkundung der eigenen Ängste, Wut, Kummer und Schmerzen erfordert enormen Mut. Und nur, wenn Sie selbst wirklich bereit sind, bis auf den Grund vorzudringen, können hindernde und destruktive Muster sich in innere Freiheit und Kraft transformieren.

Mit den eigenen Ängsten umgehen lernen

Wenn Ihre Ängste nicht dermaßen heftig sind, dass Sie einen lebensbedrohenden Charakter annehmen, können Sie auch selbst erforschen, woher sie stammen. Sie können das allein tun, indem Sie die Antworten auf folgende Fragen aufschreiben. Doch Sie können auch Ihren Partner oder einen guten Freund / Freundin bitten, Ihnen dabei zu helfen. In diesem Fall setzen Sie sich einander gegenüber. Sie schließen die Augen und erzählen. Der andere kann die nachfolgenden Fragen vorlesen und hört Ihnen nur zu, ohne irgendeinen Kommentar abzugeben.

Versetzen Sie sich einmal zurück in eine Situation, in der Sie Angst hochkommen spürten. Bleiben Sie bei dieser Angst. Spüren Sie, wo in Ihrem Körper diese Angst sitzt. Nehmen Sie diese Angst dann mit zurück in die Vergangenheit. Wie war die Situation? Wie alt waren Sie damals? Was ist damals geschehen? Wie viel Angst hatten Sie? Wie oft geschah es?
Haben Sie den Mut, in diese Situation ›einzusteigen‹ und ganz

genau hinzuschauen? Wie schlimm wurden Sie geschlagen? Wie lange wurden Sie in der Besenkammer eingeschlossen? Was tat Ihr Vater, als er Ihre Mutter misshandelte? Wie fühlten Sie sich dabei? Wie oft wurden Sie gedemütigt? Was für Gedanken und Empfindungen durchzogen Sie dabei? Wie viele Jahre lang haben Sie Angst gehabt?
Versuchen Sie, sich einzufühlen, wie verletzlich Sie damals waren. Sie waren ein drei- bis sechsjähriges Kind! Was hat das in Ihnen bewirkt? Was machten Sie innerlich? Welche Entscheidungen haben Sie getroffen? Wie lauten diese Entscheidungen? Was taten Sie, um Ihre Seele zu retten? Welche Überlebensstrategien haben Sie entwickelt? Was tun Sie jetzt, um die Angst nicht zu spüren?

Sie können die Antworten auch für sich selbst aufschreiben. Versuchen Sie, wenn Sie sie noch einmal durchlesen, sich klarzumachen, dass Sie jene Entscheidungen damals getroffen und jene Überlebensstrategien entwickelt haben, um sich selbst – Ihren Kern, Ihre Essenz, Ihre Seele – zu schützen. Sie waren die einzige Möglichkeit zu überleben, und sie haben Ihnen dabei auch hervorragende Dienste geleistet! Doch die angstvolle Situation von früher ist jetzt vorbei. Der Krieg ist vorüber! Die Strategien sind nicht mehr notwendig. Sie könnten jetzt versuchen, sie vorsichtig, Stück für Stück, Schritt für Schritt, loszulassen.
Betrachten Sie die Muster, die Ihnen jetzt zu schaffen machen, mit Dankbarkeit. Jetzt sind sie Ihnen im Wege, aber Ihre Überlebensstrategien haben Ihnen auch geholfen, zu überleben, so zu werden, wie Sie jetzt sind. Können Sie ihnen danken und gleichzeitig deutlich machen, dass sie nicht mehr notwendig sind? »Habt Dank, dass ihr mir als Kind jahrelang geholfen habt zu überleben, aber das ist jetzt nicht mehr notwendig. Ich will euch danken und zugleich Abschied von euch nehmen.«

Angst ist das Tor zur Freiheit

Angst ist etwas Schreckliches, doch sie mobilisiert auch Ihr gesamtes Wesen. Eine angstvolle Jugend oder einzelne besonders angstgeprägte Situationen können Ihr gesamtes Leben aus den Angeln heben. Doch sie haben vielleicht auch dazu beigetragen, dass Sie bestimmte Fähigkeiten entwickelt haben. Wenn Sie beispielsweise ständig auf der Hut vor Ihrem Vater oder Ihrer Mutter sein mussten, erzeugt dies im Lauf der Zeit eine starke Wachheit und Geistesgegenwart, verbunden mit der Fähigkeit, viele unterschiedliche Dinge gleichzeitig wahrzunehmen. Diese ständige Wachsamkeit schärft Ihre Sinne. Sie spüren untrüglich, ob jemand ehrlich ist oder nicht, Sie entwickeln eine enorme Menschenkenntnis oder eine starke Sensibilität für Musik oder Kunst. Der Rückzug in Ihre eigene Fantasie kann Ihnen helfen, später schreibend oder malend kreativ zu sein. Oder das Elend der Vergangenheit trägt dazu bei, die Gegenwart relativieren zu können und ein umfassenderes Gefühl für die spirituellen Seiten des Lebens zu entwickeln.

Wenn Sie Ihre Verteidigungsstrategien erkennen und loszulassen wagen, werden Sie immer stärker in Kontakt mit den darunter liegenden Ängsten kommen. Wenn Sie den Mut haben, Ihre Ängste zu erkennen und als solche zuzulassen, wenn Sie es wagen, *in sie hinein* zu gehen, wird nach und nach die Angst vor der Angst verschwinden. Die Angst des Erwachsenen ist zwar schlimm, doch nicht mehr so bodenlos wie die Angst des Kindes. Und in dem Maße, wie Sie es wagen, tiefer in sie einzutauchen, werden Sie bemerken, dass es einen kraftvollen Energiestrom gibt, der Sie zunächst wie ein Strudel nach unten zieht, dann jedoch, wenn Sie sich ihm hingeben, auch wieder sehr schnell nach oben wirbelt. Und in dem Maße, wie Sie weniger Angst vor Ihren Ängsten entwickeln, werden diese Ängste das Tor zur Freiheit.

Jeder Mensch kennt Angst. Angst ist die Grundlage unseres Daseins. Aufgrund unserer Ängste verhärten wir uns, stehen uns selbst im Weg, sperren uns selbst in einen Käfig widersprüchlicher Gefühle, Dogmen, Zwangsgedanken, körperlicher Spannungen usw. ein. Dann brauchen wir die allertiefste Grundangst nicht mehr zu spüren, die Angst vor dem Tod, die zugleich die Angst vor der Offenheit und Unvorhersagbarkeit des Lebens ist. Wenn wir den Mut haben, *in* diese Ängste hineinzusteigen, werden auch sie ein Teil unseres Lebens. Dies mag abstrakt klingen, doch das ist es nicht. Wenn die Ängste vollständig da sein dürfen, bilden sie den direkten Zugang zu einer unbekannten Freiheits-Sphäre – einer inneren Freiheit, die für ihr gesamtes weitere Leben gegenwärtig bleibt.

Schema 1

Sicherheit – Das bedrohte Kind

Basisthema: Sicherheit, Vertrauen, Selbstvertrauen
Basisemotion: Panik, Angst, Todesangst
Basisproblem: verkrampfen, nicht entspannen können, kein Vertrauen bilden, sich auflösen
Energiezentrum: Anus / Beckenboden, **sekundär:** Nacken
Sinne: Augen

Situation als KIND: Die Eltern sind kühl, distanziert-feindlich, hart, grob oder aggressiv. Sie fühlen sich unerwünscht, gehasst, bedeutungslos. Es herrscht viel Willkür. Gewalt und Tätlichkeiten zwischen den Eltern. Eltern haben selbst traumatische Verletzungen.
Als einmaliges Trauma: Eine bestimmte angstgeprägte Situation (Gewalt, Unglück, Krankenhausaufenthalt), wodurch das Gefühl der Sicherheit schwindet und Panik und Angst so groß sind, dass Sie Angst haben, zu sterben.

Primäre Ängste: Ich muss sterben. Ich schaffe es nicht. Angst vor Vernichtung.

Überlebensstrategien:
A. ERSTARREN: Verkrampfen, Ihre Lebensenergie blockieren, sich zurückziehen. In ernsten Fällen teilweise oder völlige Dissoziation. Keine Explosion.

B. SICH AUFLÖSEN: Sich völlig ausliefern. Jeden Schutz loslassen. Alles in sich eindringen und über sich kommen lassen. Alles genauestens beobachten.

Überzeugungen: Ich darf nicht da sein. Ich werde gehasst. Es wäre besser, wenn es mich nicht gäbe.

Probleme des ERWACHSENEN: Chronische Ängste oder Panikattacken. Kein fester Boden, schlecht geerdet, Gefühl der Bodenlosigkeit. Sehr unsicher. Kein Vertrauen in andere und auf sich selbst setzen. Latentes Gefühl der Wut. Wenig sozial. Bewusstes Aufsuchen schonungsloser Situationen. Neigung zum ›Abtrennen‹, Abstreiten, Leugnen und zu Projektionen. Ernste Persönlichkeitsproblematik. Anfälligkeit für Psychosen.

Überlebensstrategien:
A. ERSTARREN: Sehr hart zu sich selbst sein. Selbstzerstörerisches Verhalten. Sich selbst vernachlässigen. Gefühle vom Verstand trennen. Ängste projizieren, indem andere beurteilt werden. Verhärten. Emotionslosigkeit. Nicht anmerken lassen, was in einem vorgeht.
B. AUFLÖSEN: Alles zu vergessen oder zu leugnen versuchen. Alles wegspiritualisieren. Über den Dingen stehen wollen. In einer Fantasiewelt leben. Viel zu offen sein. Alles in sich eindringen lassen.

Überzeugungen: Ich darf nicht da sein. Ich bin nichts wert. Ich hasse mich selbst. Ich hasse die Welt. Ich hasse das Leben. Starre Lebensüberzeugungen. Etwas stimmt nicht mit mir. Ich kann es ohne weiteres allein. Das Spirituelle ist das Allerwichtigste. Ich bin etwas ganz Besonderes.

Probleme in Beziehungen: Angst vor Beziehungen. Angst, sich einem anderen hinzugeben. Angst vor intimem Kontakt. Schwierigkeiten, dem anderen wirklich zu vertrauen. Der andere ist mächtiger. Unsicher und schwankend. Instabilität in der Beziehung. Trennung von Kopf und Herz. Emotional gehemmt. Unterdrückte Wut. Angst kann manchmal in extreme Wut umschlagen.

Energetische Reaktionen:
A. Schnürt den Beckenbereich ab. Kneift Gesäßmuskel und Anus zusammen. Spannt den Beckenboden, das Zwerchfell, den Hinterkopf, die Hirnhaut an. Blockiert jeglichen Energiestrom und emotionalen Ausdruck. Augen wollen nichts sehen.
B. Jegliche Spannung loslassen. Unterspannung, schlaff, manchmal aufgedunsen. Die Augen beobachten alles ganz genau. Saugt die Energie anderer auf und gibt selbst alle Energie weg.

Psychosomatische Beschwerden: Schlaflosigkeit oder aber sehr starkes Schlafbedürfnis. Angespannt. Bauchprobleme. Kann wenig Spannung ertragen. Viel zu sensibel. Überwach. Übermotiviert. Anfällig für Burnout-Syndrom. Gedächtnisverlust.

Qualitäten: Sehr sensibel. Guter Blick für Details. Wachsam, sieht alles. Offen für andere. Kreativ, innovativ, erneuernd, Pionier, Entdecker. Gefühl für Religion oder Spiritualität. Lehrerqualitäten.

Zweites Kapitel

Intimität und Verbindung

Auch wenn Sie in ein sicheres Nest hineingeboren wurden und auch wenn Sie ein Wunschkind gewesen sein sollten, bedeutet das noch lange nicht, dass Ihre Eltern auch imstande waren, Ihnen ausreichend Wärme, Liebe und Geborgenheit zu schenken. Vielleicht wollten sie es, aber sie waren, etwa aufgrund ihrer eigenen Vergangenheit, nicht dazu imstande, weil sie selbst wenig Liebe und Wärme erfahren haben. Ihr eigenes Mangelerleben stand Ihnen im Wege und blockierte die natürlichen Gefühle der Wärme und der Liebe, die in einem hochkommen, wenn man ein Baby in seinen Armen hält.

Im Prinzip müssen solche Entbehrungen, die die Eltern einst selbst erlitten haben, keine Hindernisse darstellen. In dem Moment, in dem Sie Vater oder Mutter werden, treten Sie in Kontakt mit einem natürlichen Strom der Liebe, der Millionen Jahre alt ist und den Sie bei allen Säugetieren erkennen können, die sich um das verletzliche und abhängige Neugeborene kümmern. Selbst Kinder zu kriegen, kann also auch eine Möglichkeit sein, eigene Entbehrungen zu *heilen*. Indem Sie dem eigenen Kind die Liebe, Wärme und Aufmerksamkeit geben, die Sie selbst entbehren mussten, beginnt die Synergie, die an sich niemals verloren gehen kann, wieder zu strömen. Sie wissen vielleicht nicht so genau, wie alles funktioniert, doch intuitiv spüren Sie durchaus, was richtig ist und was falsch, auch wenn Sie selbst wenig gehegt und bemuttert wurden.

Doch die Liebe, die Sie dann Ihrem eigenen Kind zuwenden und von ihm erwidert sehen, wird auch Ihren eigenen alten Schmerz wieder hervorrufen. Und es ist fast unvermeidlich, dass, wenn Sie sich dessen nicht bewusst bleiben, Sie auf Dauer doch Ihr eigenes Zu-kurz-gekommen-Sein an ihrem Kind ausleben. Auch wenn Sie es nicht wollen – die Wiederholung liegt stets auf der Lauer. Das kann dadurch entstehen, dass Sie selbst Probleme damit haben, den alten Schmerz, den alten Kummer darüber, dass Sie einst Intimität entbehren mussten, zuzulassen; oder weil noch immer Gefühle wie Rache und Wut vorhanden sind, die jetzt hervordrängen. Und weil Sie diese nicht gegenüber Ihren eigenen Eltern äußern können bzw. zu äußern wagen, leben Sie sie gegenüber den Kindern (oder dem Partner / der Partnerin) aus. Auf diese Weise wird Distanziertheit und Lieblosigkeit von der einen Generation an die nächste weitergegeben. Bis es einer Generation schließlich gelingt, dieses Muster zu durchbrechen.

Wenn die Geburt traumatisch verlief oder die ersten Lebensmonate – aus welchen Gründen auch immer – von Unsicherheit geprägt waren, liegt im Neugeborenen eine tiefe Angst verborgen. Wenn es in der Periode danach jedoch viel Liebe und Wärme empfängt und gut für es gesorgt wird, kann diese primäre Angst allmählich heilen, und es entsteht doch noch ein Boden aus Vertrauen, der vielleicht noch einige Risse zeigt, in jedem Fall aber kein unergründlicher Abgrund mehr ist. Auf diese Art kann die Phase der Intimität jene Löcher, die das Fehlen von Sicherheit verursacht hat, zu einem großen Teil wieder heilen.

Doch wenn das Nest, in das Sie hineingeboren werden, an sich bereits unsicher war, wenn Sie ein unerwünschtes Kind waren und ständig das Gefühl vermittelt bekamen, dass es besser wäre, es gäbe Sie nicht, dann wird meistens auch nicht viel Intimität, Wärme und Aufmerksamkeit geherrscht haben. Dann wird die Angst, dass Sie nicht da sein dürfen, zusätzlich durch das Gefühl verstärkt, dass Sie es auch nicht wert sind, Liebe und Aufmerksamkeit zu erhalten, und das macht die Angst im Untergrund Ihrer Seele nur noch größer. Dann verstärken sich die Löcher gegenseitig, weil sie sich gegenseitig bestätigen und eine Art Kurzschluss miteinander herstellen. Sie fühlen sich bereits unsicher und ängstlich, und wenn der andere jetzt nicht einen wirklich spürbaren Kontakt aufbaut, fühlen Sie sich einsam und dadurch noch ängstlicher. Die Ängste potenzieren sich und das Loch wird größer, tiefer und schwieriger zu heilen.

Dennoch gibt es einen deutlichen Unterschied zwischen diesen beiden Formen der Angst. Das erste Thema, die Unsicherheit, ruft eine tiefe existenzielle Angst hervor, die Angst zu sterben, die sich wie ein unergründlicher Abgrund anfühlt und häufig lähmend und wortlos ist. Das zweite Thema, Entbehrung von Intimität, hängt mit dem Thema Kontakt / Beziehung zwischen Ihnen und Ihrer Mutter bzw. derjenigen Person, die Sie versorgt hat, zusammen. Die Angst, die hier ins Spiel kommt, ist die Angst vor Liebesverlust, Geborgenheit, Aufmerksamkeit, Bindung. Diese Angst hängt viel spezifischer mit der Beziehung zu einem anderen zusammen, und sie wird sich später als Verlustangst bzw. Bindungsangst immer wieder an die Oberfläche drängen.

Das Thema der Intimität handelt von der Verbindung, die Sie mit dem anderen und dadurch mit sich selbst herstellen. Die drei wichtigsten Aspekte dabei sind:

1. Bedürfnisse haben dürfen und sie auch genießen können.
2. Lernen, positive Erfahrungen in sich festzuhalten.
3. Liebe strömen lassen. Zuwendung lernen und sich an jemanden binden.

Du darfst genießen

Sobald Sie geboren sind, existiert außer dem Bedürfnis nach Sicherheit ein Bedürfnis nach echtem Kontakt und Intimität. Deshalb wird ein Baby heutzutage oft sofort auf den nackten Bauch der Mutter gelegt und später erst an die Brust. Das Kind spürt auf diese Weise über die eigene Haut die Haut seiner Mutter, was dem Kontakt, den es in der Gebärmutter hatte, am nächsten kommt. Oft beginnen dann die Händchen bereits zu suchen, wie auch die Lippen, die sehr sensibel für körperlichen Kontakt sind. Ein Baby will Nahrung, will trinken, doch es will auch die Wärme und Nähe der physischen Berührung spüren. Forschungen der letzten Jahrzehnte haben erwiesen, wie wichtig diese intime Verbindung für das Wohlergehen des Kindes ist. Wenn ein Baby nur in einer distanzierten und kühlen Weise gestillt und dann wieder zur Seite gelegt wird, wird es allmählich seelisch verkümmern und als Erwachsener äußerst sensibel für Stress sein.

In dieser Periode ist vor allem die Mutter (oder pflegende Person) sehr wichtig, vor allem dann, wenn sie noch stillt. Die Aufnahme der Nahrung ist dann ein Moment der äußersten Nähe, in dem das Bedürfnis nach Sicherheit, Nahrung und körperlicher Wärme völlig gestillt wird. Sie können beobachten, wie ein Baby danach verlangt, wie ungeduldig es die Brust sucht, mit seinen Händchen danach zu greifen versucht, wie gierig der Mund auf der Suche nach der Brustwarze ist, um schließlich geradezu fanatisch daran zu saugen. In dem Moment, da ein Baby zu saugen beginnt, erkennen Sie die Entspannung und den Genuss, den das Kind durch die Intimität und die Nahrung erfährt – und als Kind brauchen Sie diese Intimität auch. Sie bedürfen ihrer, weil es in dieser Lebenszeit noch kaum einen Unterschied zwischen dem Sich-selbst-Spüren und dem Spüren der Mutter gibt. Stärker noch, durch das Spüren der Mutter entdecken Sie erst das Sich-selbst-Spüren. Durch die intime Verbindung mit der Mutter, die, wenn alles in Ordnung ist, eine gesunde symbiotische Verbindung darstellt, entwickelt das Baby das Gefühl der intimen Verbundenheit / Verbindung mit sich selbst.

Wenn Sie als Kind dieses Gefühl allmählich in sich verankern können und darauf vertrauen lernen, dass Ihre Mutter immer wieder da ist, wenn Sie nach ihr verlangen, bekommen Sie sowohl Vertrauen in die Tatsache, dass Sie etwas begehren, wünschen, verlangen *dürfen,* wie auch danach, dass dieses Verlangen *befriedigt* wird. Und dieses deutliche Vertrauen führt zu einem Gefühl der Sättigung, Befriedigung und Genugtuung. Wenn Sie dieses Gefühl allmählich in sich verankern, emanzipiert es sich im Laufe der ersten Lebensmonate von der Mutter. Sie *verinnerlichen* die Befriedigung – Sie nehmen sie in Ihren Körper hinein, könnte man sagen –, was letztendlich zu einem Gefühl des *unabhängigen Wohlbehagens* führt. Dieses Gefühl des unabhängigen Wohlbehagens ist die Basis all unserer Bedürfnisse, so wie das Sich-Entspannen in Sicherheit die Basis für unser Seinsgefühl ist. *Wenn Sie diese innere Befriedigung als Kind nicht in sich selbst zu finden lernen, werden Sie Ihr ganzes Leben lang damit beschäftigt sein, immer wieder zu versuchen, sich diese Befriedigung von außen her zu verschaffen!* Und das gelingt niemals. Zunächst einmal ist es für den Erwachsenen sehr schwer, einen Mangel aus der Kinderzeit später völlig auszugleichen. Zum Zweiten handelt es sich um eine *innere* Befriedigung und nicht um eine Befriedigung äußerer Bedürfnisse. Und drittens kann die äußere Befriedigung (Haus, Auto, wechselnde Beziehungen, Alkohol, Zigaretten, Pornografie ...) niemals einen Mangel an Intimität ausgleichen.

Wenn die drei beschriebenen Qualitäten – Intimität, Nahrung und Wärme – in der ersten Zeit nach der Geburt in ausreichendem Maße vorhanden sind, kommt es in einem bestimmten Moment zu einer Sättigung. Die erste Phase einer gesunden Symbiose ist dann vollendet, und diese Periode dauert bis ungefähr zum neunten, zehnten Lebensmonat. Die Symbiose ist beendet, wenn Sie als Baby tief im Inneren erfahren, dass, wenn Sie Unlustgefühle haben und diese durch Weinen oder Schreien äußern, Ihre Mutter kommt und Ihnen den Schutz, die Nahrung und Intimität bietet, derer Sie bedürfen. Dieses Vertrauen braucht Zeit, um sich im Innern zu verankern. Doch es braucht nicht nur viel *Zeit*, sondern es gerät auch durcheinander, wenn es nicht *regelmäßig* befriedigt wird. Nicht nur, dass das Gefühl der Intimität dann nicht verinnerlicht werden kann, sondern der ganze Verinnerlichungsprozess selbst wird gestört oder verzerrt. Und diese Tatsache ist es, die Ihnen als Erwachsenem am meisten zu schaffen macht! Es herrscht nicht nur eine ›Unterernährung‹ in Bezug auf Liebe, Sie haben auch nicht gelernt, Liebe und Intimität festzuhalten und in sich zu verankern. Und darum ist immer zu wenig davon vorhanden und Sie bleiben ›bedürftig‹.

Nur durch das Erfahren von Mutterliebe kann das Vertrauen in die eigene Liebe Wurzeln schlagen. Dann braucht das Kind nicht länger die beschriebene übermäßige Aufmerksamkeit und kann immer länger ohne sie auskommen. Damit beginnt die nächste Periode: die der Erkundung der Umgebung und des Suchens nach der eigenen Autonomie. Aber auch dann werden Sie als Kind nach wie vor immer wieder prüfen, ob die intime Beziehung mit Ihrer Mutter nicht von irgendetwas gestört wird, wenn Sie sich von ihr absetzen und beginnen, die Welt zu erkunden. Es dauert noch sicher bis zum dritten oder vierten Lebensjahr, bis dieses Vertrauen (»Wenn ich selber weggehe und wieder zurückkomme, ist Mama noch da und sie mag mich immer noch«) in Ihnen verankert ist. Dann ist die zweite Verinnerlichungsphase der Intimität abgeschlossen.

Bis zu dieser Zeit ist die intime Verbindung für das Kind von größter Wichtigkeit. Bis zum etwa siebten Monat bedeutet es für das Kind noch keinen wirklichen Unterschied in dem Sinne, dass es seine Mutter auch wirklich erkennt. Es kann zwar spüren, welche »Mutter« (d.h. unter Umständen auch eine Betreuerin) zu ihm Kontakt aufbauen kann oder nicht, und es wird darauf auch reagieren, doch es erkennt die Mutter visuell noch nicht. Wenn sich ein Erwachsener also ›gut‹ anfühlt, ist das im Prinzip in Ordnung, auch wenn es nicht die eigene Mutter ist. Nach dem siebten Monat (diese Phasen sind bei jedem Kind etwas unterschiedlich) wird das Kind jemanden, der nicht seine Mutter ist, abweisen und es entsteht ein stärkeres Fremdeln.

In der Befriedigung Ihres Bedürfnisses nach Nahrung und Intimität erhalten Sie als Kind auch die Botschaft, dass Sie sich danach sehnen *dürfen*. Nicht nur Sie sind okay, sondern auch Ihre Bedürfnisse sind okay. Weil diese körperlichen Bedürfnisse die Basis aller anderen Gefühle und Emotionen sind – wie Liebe, Wut oder Trauer –, hängt mit ihnen die indirekte Botschaft zusammen, dass sie auch da sein dürfen. Ihnen wird also einerseits die Zustimmung signalisiert, dass Sie Bedürfnisse haben dürfen und diese genießen dürfen, auf der anderen Seite die Zustimmung, dieses Genießen auch einzufordern und wütend zu werden oder zu weinen, wenn dieses Genießen ausbleibt. Vielleicht wird nicht unmittelbar darauf reagiert, doch Sie werden nicht dafür bestraft, dass Sie wütend sind oder weinen! Letzteres ist sehr wichtig, denn viele Eltern bestrafen das Weinen (oder kommen ihm zuvor), ohne sich klarzumachen, dass sie damit auch ihre Zustimmung in Bezug auf die Bedürfnisse und das Genießen zurücknehmen. Denn wenn Sie nicht weinen dürfen, wenn Sie Hunger haben, bedeutet das indirekt, dass Sie gar keinen Hunger *spüren dürfen*, ja dass Sie überhaupt nichts spüren dürfen. Dies wirkt sich später dahingehend aus, dass Sie Schwierigkeiten dabei haben, wirklich Ihre eigenen Bedürfnisse einzufordern. Das Genießen-Dürfen und das Artikulieren-Dürfen der eigenen Wünsche und Bedürfnisse sind von elementarer Bedeutung für die Fähigkeit des Erwachsenen, etwas zu genießen, ja das Leben so zu genießen, wie es ist.

Wie ist es heute bei Ihnen, als Erwachsenem? Haben Sie das Gefühl, dass Sie etwas genießen dürfen? Trauen Sie sich, etwas voll zu genießen? Können Sie wirklich genießen und sich dem vollständig hingeben? Können Sie auch das genießen, was jetzt gerade ist? Können Sie auch etwas genießen, was gratis und unscheinbar ist, wie eine singende Amsel, ein ganz normaler Mensch, den Sie im Bus sehen, ein einfaches Stück Brot mit Käse darauf, einen Augenaufschlag? Können Sie sich selbst genießen, Ihr Laufen, Ihre Atmung, Ihre Hände und Füße?
Trauen Sie sich auch, dies zu artikulieren? Sagen Sie dem anderen, was Ihre Bedürfnisse sind? Bitten Sie den anderen darum, etwas zu tun, was Ihnen angenehm ist? Äußern Sie Ihr Unbefriedigtsein, wenn ein Genießen ausbleibt?

Ein Herz voller Liebe

Alten chinesischen Heiltraditionen zufolge liegt das Zentrum unseres Bewusstseins nicht in unserem Kopf, sondern im Herzen. Das chinesische Schriftzeichen für Herz, *Hsin*, ist dasselbe Zeichen, das auch Bewusstsein bedeutet. Bei unserer Geburt war unser Kopf in einer unbewussten Weise leer. Es gab keine Gedanken, keine Urteile, keine Schlussfolgerungen, keinerlei Bilder von Vergangenheit und Zukunft, kein erkennbares Ich-Gefühl. Also eine völlig andere Erfahrungsstruktur als beim Erwachsenen. Stellen Sie sich einmal vor, dass Sie nur Farben und eine große Vielfalt von Formen sehen, jedoch fast nichts erkennen und überhaupt nichts benennen. Sie hören Geräusche, Laute und Stimmen, die reine Musik sind, und Sie betasten die Brust Ihrer Mutter, die warm und weich ist. Es ist, als würden Sie alles aus dem Gefühl, aus dem Herzen heraus erfahren.

Ihr Herz ist ein Organ, das die verschiedensten Bereiche miteinander in Ausgleich und Harmonie bringt, dafür sorgt, dass Ihr Organismus in sich ›stimmig‹ ist. Wenn etwas stimmt, bedeutet das etymologisch auch, dass es in Harmonie und völlig gut ist. Das Herz ist ein ganz besonderes Organ, das Zentrum des Guten. Das Zentrum, aus dem heraus Sie fühlen und sind und wo Sie auch das Gefühl hegen, dass etwas gut ist, ja dass *Sie* gut sind.

Ihr Herz besteht aus einer ganz anderen Zellstruktur als das Gehirn. Wenn Sie eine Gehirnzelle in einer Petri-Schale isolieren (eine Salzlösung, in der Zellen so lange wie möglich am Leben bleiben, sodass man sie unter dem Mikroskop erforschen kann), so stirbt sie fast sofort ab. Eine Gehirnzelle kann getrennt von anderen Zellen nicht überleben. Doch wenn Sie eine Herzmuskelzelle auf eine Petri-Schale legen, was geschieht dann? Sie stirbt nicht sofort, ja sie pulsiert sogar weiter. Sie beginnt so stark zu ›schlagen‹, dass sie schließlich daran zugrunde geht.

Wenn Sie zwei Herzmuskelzellen auf eine Petri-Schale legen, nicht gegeneinander, aber auch nicht allzu weit voneinander entfernt, so geschieht etwas Besonderes. Erst beginnen sie sehr heftig zu klopfen, doch dann bewegen sie sich aufeinander zu, finden sich und schlagen gemeinsam! Auf irgendeine Weise finden sie sich und stimmen sich aufeinander ab! Darin drückt sich die besondere Qualität des Herzens aus. Dasselbe geschieht, wenn sich Ihr Herz für die Liebe öffnet.

Von dem Moment der Geburt an sucht Ihr Herz mit aller Hingabe die Verbindung mit Ihrer Mutter. Ihr Herz war so groß, so voller Liebe, so absolut offen gegenüber demjenigen, der Sie hochhob, sauber machte, wusch, fütterte, liebkoste. Es stand noch keinerlei Urteil zwischen Ihnen, keine Enttäuschung, keine Spaltung.

So haben Sie angefangen. Ihr Herz strömte über vor Liebe und suchte nach Erwiderung. Diese Liebe hat einen noch stark körperlichen Charakter, nahtlos mit der Sehnsucht nach Befriedigung und der Vermeidung von Unlustgefühlen verbunden. Und so bleibt es. Ihr ganzes Leben lang werden Sie auf der Suche danach bleiben, und Sie werden sich erst dann wirklich befriedigt fühlen, wenn diese Liebe strömen kann und darf. Diese Sehnsucht ist die Grundsehnsucht Ihres Lebens, Ihre ewige Suche nach Beziehung, die Triebfeder Ihres Handelns. Diese Sehnsucht ist von lebensentscheidender Bedeutung, weil sie die Sehnsucht nach Leben selbst ist. Darum stehen Sie auf, atmen Sie, essen Sie, arbeiten Sie, kaufen Sie ein, küssen Sie, schlafen Sie miteinander, kämpfen Sie und so weiter. Wenn diese Triebfeder vertrocknet oder blockiert wird, verschwindet Ihre Lebensfreude, Ihre Lebenslust. Dann wird das Leben zum *Über*leben, ja zu einem Kampf oder sogar einem Warten auf den Tod.

Ihrem Ursprung nach ist Liebe eine allumfassende Bewegung von innen nach außen, die keinerlei Bedingungen stellt. Als Kind liebten Sie Ihre Mutter und Ihren Vater bedingungslos, waren völlig offen. Und gleichzeitig strahlte diese unendliche Liebe eine Frage aus: »Liebst du mich auch?« Weil Sie als Baby noch so stark von Ihren Eltern abhängig sind, ist diese Bedingungslosigkeit zugleich verletzlich und fragend. Und diese fragende, bedingungslose Liebe ruft – wenn alles einigermaßen in Ordnung ist – in Ihren Eltern dasselbe hervor. Wenn eine Frau ein Baby (oder eine junge Katze oder einen jungen Hund) sieht, besteht ihre erste Reaktion darin, dass sie lächelt und »Oh, wie lieb« ruft. Es ist eine automatische Reaktion, die von Zärtlichkeit, von Sorge, Beschützen-Wollen, von Liebe zeugt. Und wenn Sie dies als Baby spürten, strahlten Sie weiterhin Liebe aus, gaben Zuwendung. Wenn Ihr Herz sich öffnete und spürte, dass diese Öffnung das Herz Ihrer Mutter schneller schlagen ließ, fühlte sich das wunderbar harmonisch und stimmig an. Dann wussten Sie unbewusst, dass ein anderer Mensch für Sie sorgen würde. Auf diese Weise hat die Menschheit Millionen von Jahren überlebt.

Doch dafür muss die erste Grundvoraussetzung der Sicherheit erfüllt sein: Wenn Sie sich unsicher fühlen, schließen Sie sich innerlich ab. Durch Angst schließen Sie Ihren Beckenbereich und den Bauch ab, doch auch Herz und Kehlkopf. Dann können Sie keine Zuwendung mehr geben. Sie wagen erst etwas zu geben, wenn die Umgebung sich sicher anfühlt, denn in der liebevollen Zuwendung sind sie zugleich verletzlich. Wenn der andere Sie zurückweist oder bestraft, trifft Sie das sehr tief, Sie müssen Ihre eigene Lebenslust eindämmen, und das fühlt sich höchst unangenehm an.

Darum werden Sie Ihr gesamtes Leben lang danach streben, den Strom der Liebe wieder zu ordnen, ihn stimmig zu machen. Dies ist auch der Grund dafür, dass ein Kind – auch wenn die Eltern kühl, distanziert, aggressiv oder gar gewalttätig sind – seine Eltern immer beschützt und verteidigt. Die Loyalitätsgefühle gegenüber den Eltern sind derart tief und elementar, dass es fast unmöglich ist, sie im Stich zu lassen. Sogar wenn Ihre Eltern Sie dermaßen missbraucht haben, dass Sie sie niemals mehr sehen wollen, nagt der Konflikt mit der Loyalitätsempfindung an Ihnen. Es ist fast nicht zu ertragen, dass dieses Band, das eigentlich ein Band der Liebe sein müsste, völlig durchgeschnitten wird. Darum fühlen Kinder sich häufig bei ihren eigenen aggressiven Eltern wohler, als wenn sie in einer harmonischen Pflegefamilie untergebracht werden!

Als Kind hoffen Sie immer, dass alles irgendwann gut werden wird, und dafür geben Sie immer Ihr Bestes. Sie hoffen, dass Ihr Vater und Ihre Mutter irgendwann zu Ihnen sagen, dass sie Sie wirklich lieben. Sie hoffen immer, dass sie irgendwann ihre Entschuldigungen aussprechen werden für das, was sie verbrochen haben. Diese Sehnsucht ist so tief, weil das Fehlen der Liebe Ihrer Eltern Ihnen ein nagendes Gefühl vermittelt, das fast unerträglich ist.

Wenn die Liebe strömen darf, beginnt Ihre Lebenslust zu strahlen und zu funkeln. Ihre Energie kann optimal ausströmen und völlig verschmelzen. Sie geben viel und bekommen auch viel zurück. Sie spüren, dass Sie sich an Ihre Mutter ›festhalten‹ können, fast so intensiv wie in der Gebärmutter, doch diesmal ist es Ihr eigenes Gefühl. Dann brauchen Sie Ihre Mutter nicht länger. Das bedeutet, dass Sie später, als Erwachsener, bedingungslos Ihren Partner lieben können, Sie können sich an Ihrem oder Ihrer Geliebten festhalten und mit ihm oder ihr völlig verschmelzen, ohne abhängig zu werden. Außerdem geht aus der Liebe zwischen Ihnen und Ihrer Mutter die Liebe zu Ihnen selbst hervor, eine gesunde Eigenliebe, die Sie immer und überall mit sich tragen können.

Wenn sich das Herz in der Kindheit öffnen kann, kann der Energiestrom aus dem Becken frei bis zum Herzen strömen. Das bedeutet, dass der Lebensgenuss, der seine Wurzeln im Beckenbereich hat und noch stark mit den Ausscheidungen zusammenhängt, liebevoll behandelt wird. Das In-die-Windeln-Machen vermittelt an sich ein Gefühl des Genusses. Sie befreien sich von Abfallstoffen, die Sie loswerden wollen, das fühlt sich gut an. Außerdem werden die inneren Organe dazu stimuliert, diese Lustgefühle hervorzurufen. Darum ist es so wichtig, dass die Liebe Ihrer Mutter auch Ihre Ausscheidungen mit einbezieht, dass sie Sie liebevoll sauber macht und wäscht, statt grob und distanziert damit umzugehen und »Igitt« zu rufen. Bedingungslose Liebe bedeutet, dass alles, was Sie als Kleinkind tun, im Grunde akzeptiert wird. Dass Sie vor allem für das geliebt werden, was Sie sind, und nicht für das, was Sie tun oder leisten. Dann wird Ihre Lebenslust gerne strömen!

Wenn Sie den Genuss völlig zulassen dürfen, atmen Sie von selbst tiefer. Sie atmen gewissermaßen durch den Bauch hindurch in Ihr Becken. Ihr Körper ist so entspannt, dass Ihr Bauch mit Ihrem Atem mitgeht, auch das Zwerchfell geht mit Ihrem Atem mit, was an sich ein sehr stimulierendes Gefühl erzeugt. Ihr vitaler Lebensatem strömt frei und natürlich und bringt alles in Ihnen in Bewegung, sodass genussvolle Lebenslust aus dem Becken durch den Bauch hindurch aufsteigen kann. Im Bauchbereich bringt diese Lebenslust Ihre Emotionen zum Leben, und wenn etwas sich nicht okay anfühlt, können Sie weinen oder schreien und dadurch Ihren Willen artikulieren. Mit dieser Willenskraft geladen strömt die Lebenslust zu Ihrem Herzen, wo Ihre bedingungslose Liebe sich wie eine tausendblättrige Blüte entfaltet.

Von Ihrem Herzen aus strömt die Liebe weiter in Ihre Hände, mit welchen Sie berühren und spielen. Dieselbe Liebe strömt durch Ihren Kehlkopf und lässt Sie allerlei Laute hervorbringen, sie strömt weiter zum Mund, Ihrer Zunge und Ihren Augen. Ihre Augen drücken die Liebe aus, sie saugen die Liebe auf. Mund und Zunge sind direkt mit Lustgefühlen im Becken verbunden. Das Saugen und Trinken ruft prä-sexuelle Gefühle hervor, welchen Sie sich als Kind gerne hingeben, bis eine Sättigung eintritt. Und dann ist es auch genug. Diese Befriedigung fühlt sich wunderbar an! Die Lebenslust strömt vom Becken aus über das Herz durch Hände,

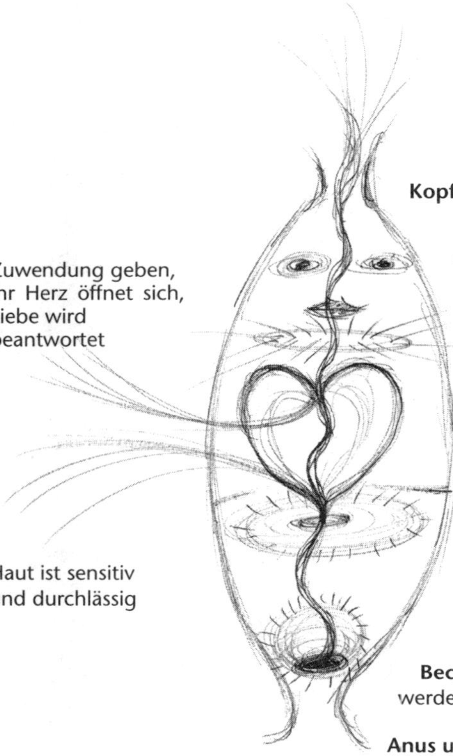

Liebe und Intimität dürfen strömen

Mund und Augen zu Ihren Eltern hin, und von ihnen bekommen Sie Nahrung, Berührung, Intimität, körperliche Wärme und Liebe, die in Ihren Körper zurückströmen und die Gefühle in Ihrem Beckenbereich wiederum verstärken und anregen. So verstärkt der äußere Strom der Liebe den inneren Strom der Liebe, die der Kraftquell im Leben des Erwachsenen ist.

Verlustangst und Bindungsangst

Natürlich gibt es die ›ideale Kindheit‹ nicht, und es gibt immer Momente, in denen Ihr Vater oder Ihre Mutter in Bezug auf Intimität und Liebe versagten, Momente, in denen Sie abgewiesen oder negiert wurden. Oder Momente, in denen niemand Zeit für Sie hatte. Doch meistens löste sich das wieder auf oder es gab eine Nachbarin, Oma oder Tante, die den Mangel ausglich, wenn Ihre Mutter oder Ihr Vater nicht in der Lage war, Sie zu lieben, wenn Sie niemals rechtzeitig zu essen bekamen, wenn körperliche Ausscheidungen mit Sanktionen bestraft wurden, wenn Sie wenig oder gar nicht berührt wurden oder wenn Liebe nur unter gewissen Bedingungen bzw. willkürlich ausgeteilt wurde, entstehen starke Schmerz- und Verlustgefühle. Aus diesen beängstigenden Mangelerlebnissen entwickeln Sie notgedrungen bestimmte Überlebensstrategien, die den Strom der Liebe blockieren. Betrachten wir einmal genauer, was da gestört wird, wenn Intimität in unzureichendem Maße vorhanden war:

Wenn Sie Hunger hatten und Ihre Mutter kam nicht, protestierten Sie. Sie weinten und hofften, dass sie kommen würde. Wenn sie immer noch nicht kam, wurden Sie verzweifelt und wütend, der Ton des Weinens änderte sich, Wut klang hindurch, doch auch Panik: »Was ist, wenn Mama überhaupt nicht mehr kommt?« Wenn Sie dann immer noch nicht aus Ihrem Bett geholt wurden, entstand verzweifelte Resignation. Äußerlich schienen Sie sich angepasst zu haben, doch im Innern gaben Sie auf. Dies geschah natürlich nicht bei einem einzigen, ersten Mal, aber wenn es sich wiederholte, und vor allem dann, wenn Ihre Mutter in ihrem diesbezüglichen Verhalten sehr unberechenbar war. Dann entsteht nicht das Vertrauen, dass Ihre Erwartung sich erfüllt, Sie entscheiden sich, am besten gar nichts mehr zu erwarten. So entsteht eine Schichtung von Gefühlen, die einander überlagern:

5. Verzweifelte Resignation: Ich darf nichts mehr erwarten. Sie lieben mich nicht. Ich darf mich nach nichts sehnen! (Die Sehnsucht blockiert Sie, und auch die Verlustangst wird nicht mehr direkt geäußert. Hass kann in Selbsthass umschlagen.)

↑

4. Panik: Es kommt niemand, also werde ich sterben. (Verlustangst)

↑

3. Wut: Ich will, dass meinen Wünschen entgegengekommen wird, ich zweifle daran, dass dies geschehen wird. (Wut in Bezug auf die »Mutter«. Weil sie nicht kommt, werden Hassgefühle entwickelt.)

↑

2. Unruhe: Warum kommt denn niemand? Wo ist Mama? (Unsicherheit in Bezug auf Beziehungen und Verbindungen und das Recht auf Intimität.)

↑

1. Begierden und Sehnsüchte: Ich habe Hunger, ich möchte, dass mich jemand liebkost! (Berechtigtes Verlangen nach Nahrung und Intimität.)

Als kleines Kind versuchten Sie, heftige Momente der Verzweiflung zu vermeiden. Aus dem elementaren Bedürfnis, ›Ihre Seele zu retten‹, also danach, die elementarste Sehnsucht nach Intimität und Nahrung abzusichern, beschließen Sie, sich lieber nicht zu öffnen und keine Zuwendung zu zeigen, da es ja doch nichts hilft und nur Schmerz erzeugt. Sie blockieren also diese Zuwendungs-Gebärde und ziehen sich zurück. Sie blocken den freien Ausdruck Ihrer Emotionen ab und entscheiden sich für Resignation, das heißt: Sie entscheiden sich für *De*pression statt für *Ex*pression! Sie beginnen, an dem Recht, etwas genießen zu dürfen, zu zweifeln. So wird es sehr schwierig, Zufriedenheit in Bezug auf die Befriedigung Ihrer Bedürfnisse zu spüren, weil Sie verlernt haben, mit der Befriedigung zu rechnen. Die natürliche Bewegung zwischen dem Bitten um Liebe und der Beantwortung Ihrer Liebe ist gestört.

Wenn Sie immer unsicherer werden, ob Ihre Mutter überhaupt noch kommen wird, haben Sie ständig Angst, dass sie Sie verlassen wird und niemals mehr zurückkommt. Diese Verlustangst stellt sofort eine Verbindung mit der darunter liegenden Todesangst her: »Wenn sie überhaupt nicht mehr kommt, dann muss ich sterben.« Diese Angst kann sehr heftig sein und Ihr Leben völlig bestimmen. Jedes Mal, wenn jemand, der Ihnen etwas bedeutet, weggeht, oder wenn Sie jemanden oder etwas (Ihre Gesundheit, Ihre Stelle ...) zu verlieren drohen, steigt diese Angst in Ihnen auf. Und weil Sie sich als Erwachsener für diese kindliche Angst schämen, schieben Sie sie beiseite. Sie verstehen überhaupt nicht, warum Sie solche Angst haben. Sie wissen doch, dass der andere heute Abend wieder da sein wird. Sie erwarten auch, dass der andere am Abend ganz normal nach Hause kommt, doch Sie haben einst gelernt, Ihrer eigenen Erwartung *nicht* zu vertrauen! Und das blockiert Sie jetzt. Ihr Partner macht vielleicht eine kurze Geschäftsreise, doch Ihr Körper sagt: »Mama geht weg und kommt niemals wieder zurück.« Weil Sie dies spüren, werden Sie alles Mögliche versuchen, dieser Angst aus dem Weg zu gehen, und dafür entwickeln Sie verschiedenste Überlebensstrategien: Sie machen einen Bogen um das Abschiednehmen an sich oder Sie versuchen, den anderen so zu manipulieren, dass er oder sie gar nicht weggeht. Oder Sie gehen selbst weg, sodass der andere Sie nicht verlassen kann. Oder Sie machen es dem anderen so schwer, dass er oder sie Sie definitiv verlässt und damit Ihre schlimmsten Ängste bestätigt.

Noch stärker ist das Verlustgefühl, wenn Ihre Mutter in Ihren frühen Lebensjahren verstorben ist, vor allem dann, wenn dies geschieht, bevor Sie den ersten Zyklus von Sicherheit, Intimität und Autonomie vollendet haben (drei bis vier Jahre). Plötzlich ist Ihre Mutter nicht mehr da! Sie weinen, Sie suchen, Sie rufen, doch sie ist nicht da. Schlagartig ist Ihr Gefühl der Sicherheit und Intimität zerstört. Der übrig gebliebene Elternteil ist meistens so verstört, dass er Ihnen keinerlei Stütze geben kann. Andere Erwachsene erzählen unverständliche Geschichten: »Deine Mutter ist im Himmel, wo sie glücklich ist.« Aber warum sind sie denn dann alle so traurig? Und warum ist Mama weg? Was habe ich falsch gemacht? Die Panik und die Angst, die im Umkreis des Sterbens wie eine schwarze Wolke anwesend sind, flößen einem Kind Furcht ein. Das plötzliche Fehlen von Wärme, Intimität, Bindung wird durch eine akute und oft lang andauernde Angst, hervorgerufen durch den doppelten Verlust, noch verstärkt; Ihre Mutter ist nicht mehr da, und Ihr Vater läuft wie ein Zombie herum. Dies zieht Ihnen den Boden unter den Füßen weg, nichts ist mehr sicher, Sie können sich nirgendwohin verkriechen. Dann entwickeln Sie eine große Ängstlichkeit davor, jemals noch eine wirkliche Bindung einzugehen, denn der andere kann ja von einem Moment auf den anderen ebenfalls verschwinden.

Wenn Sie erwachsen sind, kann aus dem frühen Verlusterleben die Sehnsucht nach Intimität einen sehr obsessiven und unerfüllbaren Charakter annehmen. Wenn Ihr natürliches Bedürfnis damals ungenügend oder gar nicht gestillt wurde und Sie dieses Bedürfnis niemals wirklich befriedigen konnten, werden Sie immer bedürftig bleiben. Sie sehnen sich wahnsinnig nach Liebe, nach Intimität, nach körperlichem Kontakt, und so konfrontieren Sie den anderen mit einer enormen Forderung. Ihre ›Bedürftigkeit‹ ist so groß, dass der andere Ihre Forderungen niemals erfüllen können wird, er wird sich dadurch entweder als Versager erleben oder sich vollkommen vereinnahmt fühlen, vielleicht wird er wütend und weist Sie ab. Dann entsteht derselbe Effekt, der auch früher entstand: Sie werden weggeschoben, und meistens entsteht dadurch Panik.

Wenn diese Bedürftigkeit groß ist, Sie sie aber leugnen oder unterdrücken, so entsteht ein innerer Konflikt. Es ist, als hätten Sie in Ihrem Bauch, Magen oder Herzen ein Loch, das gefüllt werden muss. Doch Sie haben eine solche Angst vor Intimität, dass Sie nach etwas anderem greifen: Alkohol, Zigaretten, Essen, Drogen oder andere Suchtmittel. Meistens muss eine Sucht etwas ersetzen, was Sie früher entbehrt haben. Aber weil die Sucht dieses alte Entbehren nicht stillt, ist es eine hoffnungslose Angelegenheit – was dann wiederum die Sucht nährt.

Die Angst davor, verlassen zu werden, führt sie zu der Angst davor, sich überhaupt erst zu binden. Verlustangst ist die wichtigste

Basis der Bindungsangst (Bindungsangst kann auch aus einer ungesunden Symbiose heraus entstehen; siehe dazu Kapitel 3). Das bedeutet, dass Sie später, als Erwachsener, keine wirkliche Verbindung mehr einzugehen wagen. Ihre Beziehungen sind oberflächlich und frei bleibend. Oder Sie gehen nur Beziehungen mit Partnern ein, die bereits verheiratet sind, bzw. Partnerschaften mit mehreren Menschen gleichzeitig. Auf diese Weise versuchen Sie bereits im Voraus einen Verlust abzufangen: »Die Beziehung ist oberflächlich, also ist es nicht so schlimm, wenn sie aufhört. Der andere ist schon verheiratet, also brauche ich mir nicht zu viele Illusionen zu machen. Wenn einer von meinen Freunden / Freundinnen wegfällt, bleiben doch noch ein paar andere übrig …« Während Sie so denken, brauchen Sie also keine wirkliche Verbindung mit jemandem einzugehen. Und das ist Ihnen eigentlich auch recht. Denn es schützt Sie vor Ihren schlimmsten Ängsten.

Wenn Ihre Mutter wechselhaft war und Sie manchmal übertrieben liebkost (zum Beispiel wenn Verwandte in der Nähe waren), in anderen Momenten dagegen emotional vernachlässigt wurden, sind Ihre eigenen Gefühle gleichsam zerrissen. Auf der einen Seite haben sie Momente der Intimität erlebt, nach welchen Sie sich wahnsinnig zurücksehnen, auf der anderen wissen Sie, dass es Ihnen in jedem Moment passieren kann, dass Sie völlig im Stich gelassen werden. Verlustangst und Bindungsangst wechseln sich dann ab – sie stehen ohnehin in einem lebendigen Wechselverhältnis zueinander. Dann übersetzen sich diese Ängste innerhalb von Beziehungen in eine Überlebensstrategie aus *Anziehen und Abstoßen,* die Sie unter Umständen Ihr Leben lang beibehalten werden.

Zunächst einmal sind Sie aufgrund Ihrer enormen Sehnsucht nach dem, was Sie entbehrt haben, dem anderen gegenüber sehr offen. Eigentlich gehen Sie weit über Ihre Grenzen, und meistens setzen Sie Ihren Körper ein, um den anderen so stark wie möglich zu sich hinzuziehen. Sie beginnen gleich mit einer sexuellen Beziehung, aus Angst, dass der andere sonst wegliefe, und auch darin geben Sie sich völlig weg, unter Umständen ohne zu dem zu stehen, was Sie eigentlich wirklich wollen. Eigentlich ist Sex nur das Mittel, um Intimität zu erlangen, doch Sie bemerken sehr rasch, dass die Sexualität keine wirkliche Intimität vermittelt, und Sie entwickeln außerdem in Bezug auf diesen ›notgedrungenen‹ Sex eine große Wut. Zudem verspüren Sie Beklemmungen, wenn der andere Ihnen wirklich sehr nahe kommt. Und lange, bevor Sie eine echte Verbindung mit ihm eingehen, indem Sie zum Beispiel in eine gemeinsame Wohnung ziehen, werden Sie nervös, wütend, kritisch, voller Vorwürfe und Beschuldigungen. Sie werden kühl, ziehen sich in sich selbst zurück oder sind feindselig und aggressiv. Sie treiben es so lange, bis der andere den Rückzug antritt, oder sie ziehen sich selbst zurück, ohne jemals wieder Kontakt zum anderen aufzunehmen. Doch sobald Sie allein sind, ruft dies wieder die alte Panik des Im-Stich-gelassen-Werdens hervor. Dann fühlen Sie sich so elend, dass Sie wieder mit ihm oder ihr Kontakt aufnehmen und die ganze Geschichte aufs Neue beginnt, bis der Partner dieses Anziehen und Abstoßen leid ist und Sie sich ein anderes Opfer suchen müssen.

Patts und andere Manipulationen in Beziehungen

Wenn Sie nicht erkennen, dass Ihre Muster von Anziehen und Abstoßen in einer Beziehung aus Ihrer eigenen Bedürftigkeit und Angst hervorgehen, werden Sie ständig versuchen, den anderen in eine Position zu manövrieren, in der Sie die Macht in Händen behalten. Eigentlich tun Sie dies, weil Sie eine offene, gleichwertige Beziehung nicht aushalten. Sie wagen es nicht, sich so weit zu öffnen, dass der andere Sie im Innersten berühren kann; also halten Sie Ihr Visier geschlossen, Sie sind immer in Angriffs- oder Verteidigungsbereitschaft und sorgen gleichzeitig dafür, dass der andere nicht entweichen kann, indem Sie ihn oder sie in gewisser Weise festnageln.

Die Überlebensstrategien, die Sie aus einer emotional unsicheren Vergangenheit heraus anzuwenden gelernt haben, sind meistens sehr zwingende. Was Sie sagen, ist dermaßen abgesichert, dass niemand mehr etwas dagegen einzubringen vermag. Ihre Statements laden nicht zum Kommunizieren ein, sondern erzwingen eine Bestätigung. Alles, was Sie tun, ist ›endgültig‹, Ihre Haltung, Ihre Augen, Ihre Gebärden, der Klang Ihrer Stimme. Und wenn der andere nicht in der von Ihnen gewollten Weise darauf eingeht, reagieren Sie sehr enttäuscht oder sehr wütend. Dann taugt der andere plötzlich überhaupt nichts mehr. »Du verstehst mich nicht. Niemals werde ich verstanden. Es wäre mir lieber, wenn du gingest!«

Manche Menschen sind nur noch in der Lage, etwas zu sagen, wenn ein gewisser Druck dahinter steht. Sie fühlen sich niemals völlig frei, deutlich Ja oder Nein zu sagen. Wenn Sie sich nicht wirklich frei fühlen, Ja oder Nein zu sagen, so bedeutet das, dass der andere Ihnen im Grunde nicht die Freiheit gibt, einfach Sie selbst zu sein. Das bedeutet, dass der andere Sie ständig zu manipulieren versucht (meistens, damit Sie zu etwas Ja sagen, was Sie eigentlich nicht wollen). Und dies kann sehr zwanghaft sein. Indem er immer ein (klein) wenig Ihre Grenzen ignoriert, ständig zieht oder schiebt, Sie also manipuliert, behält er die Macht in den Händen, weil Sie faktisch in eine Patt-Situation gedrängt werden (*double bind*), die Sie völlig machtlos machen kann.

Sobald der andere Druck ausübt (»Du gehst doch Sonntag mit mir zu meiner Mutter, nicht wahr?«), sitzen Sie im Grunde schon in der Falle. Wenn Sie zustimmen, empfinden Sie sich als Schlappschwanz, weil Sie eigentlich gar keine Lust dazu haben; wenn Sie aber Nein sagen, wissen Sie im Voraus, dass Sie den anderen enttäuschen werden (»Du machst ja auch nie, was ich gerne möchte«). Sie können also tun, was Sie wollen, Sie fühlen sich nie okay dabei! Was zunächst wie ein Kommunikationsproblem zwischen Partnern wirkt, kann seinen Ursprung durchaus in der traumatischen Vergangenheit von einem der beiden haben. Wenn die Angst vor einer echten Bindung sehr groß ist und völlig geleugnet wird, kann es sein, dass es dem Betreffenden nahezu unmöglich ist, nicht aus einer Position der Vorwürfe und ›Doppelbindung‹ heraus zu sprechen. In ein oder zwei Sätzen wird der andere sowohl angezogen wie abgestoßen, weil Ihre Mutter das früher auch immer getan hat. Sie kennen es nicht anders – und jetzt können Sie selbst nicht anders! Und Sie *wollen* es auch nicht, weil dies viel zu bedrohlich wäre. Und damit manövrieren Sie Ihren Partner in dieselbe verzweifelte Situation, in der Sie selbst einst waren und noch sind und aus der Sie (ohne Hilfe von außen bzw. Trennung) meistens auch nicht mehr herauskommen.

A: Ich möchte gerne zwei Stunden für mich arbeiten, würdest du bitte ans Telefon gehen, wenn jemand anruft, und mich solange nicht stören? Dann könnten wir danach die Einkäufe erledigen. Ist das in Ordnung? (offene Frage)

B: Natürlich, Schatz, aber ich wollte dir noch kurz was wegen gestern Abend sagen. (Es wird Ja gesagt, Nein gemeint: doppeldeutige Botschaft.)

A: Oh, was meinst du denn? (Wird dadurch verwirrt, weiß nicht mehr, wie er / sie reagieren soll.)

B: Ich fand dich so kalt und distanziert. (Anschuldigung, geschlossenes Statement)

A: Ach … äh, ist das so? (Wird unsicher, schließt sich ab.)

B: Du hast mir nicht wirklich zugehört und du stellst immer die falschen Fragen. (Zwei Vorwürfe: A schließt sich noch stärker ab.)

A: Ich habe dir schon häufig zwei Stunden lang zugehört. (Versucht sich zu verteidigen.)

B: Typisch, jetzt erzähle ich dir *einmal*, wie es mir zumute ist, und beanspruche deine Aufmerksamkeit, und sofort wirfst du mir vor, dass ich zu lange rede. (neuer Vorwurf)

A: Das sage ich doch nicht. (Dies sagt er auch nicht, beginnt sich zu ärgern, wird ungeduldig.)

B: Da siehst du, dass du mir nie richtig zuhörst, du interessierst dich nie wirklich für mich. (Geht auf die Ungeduld statt auf die Verteidigung ein.)

A: Aber ich habe dir doch zwei Stunden lang zugehört. Ich muss jetzt echt an meine Arbeit, sonst bekomme ich sie nicht fertig. Ist das in Ordnung? (Will zurück zu seiner ersten, offenen Frage.)

B: Jetzt will ich mal etwas mit dir zusammen besprechen und du hast wieder keine Zeit für mich. Wenn ich dir mein Herz öffne, bist du nicht da. Also geh nur. Geh nur an deine Arbeit. Die ist ja doch viel wichtiger. Ich mach die Einkäufe dann eben alleine. (Patt-Situation, Doppelbindung – wenn es ihm nicht gelingt herauszukommen: Schachmatt.)

A: Das ist doch nicht nötig, ich geh schon mit. (In die Knie gezwungen: Machtlosigkeit.)

B: Nein, jetzt ist es nicht mehr nötig. (B nimmt die Einkaufstasche, läuft weg und sagt kein Wort mehr. Patt-Situation mit dem Ziel, dass der andere sich schuldig fühlt und nichts mehr ändern kann. Wenn A jetzt wütend wird, zeigt sich ›deutlich‹, dass er tatsächlich ein Mistkerl ist; wenn er nichts unternimmt, gibt er sich geschlagen.)

›Ich brauche nichts‹

Wenn Ihre natürlichen Bedürfnisse nie richtig befriedigt wurden, bekommen Sie als Kind das Gefühl, dass diese Bedürfnisse als solche nicht in Ordnung sind, dass sie nicht sein dürfen. Und in unserer Wohlstandsgesellschaft geht es dabei nicht um das Bedürfnis nach Nahrung, denn dieses wird zumeist befriedigt, sondern um das Bedürfnis nach wirklicher Intimität. Es geht dabei um das *Wie*. Hat Ihre Mutter sich beim Stillen wirklich Zeit genommen, wurden Sie liebevoll festgehalten, bekamen Sie die Brust oder die Flasche? Hatten Sie Zeit, es wirklich ruhig zu genießen? Bekamen Sie das Gefühl vermittelt, dass Sie genießen durften?

Wenn weder Zeit noch Ruhe noch Aufmerksamkeit für diese Vorgänge gegeben waren, bekamen Sie das Gefühl, so etwas wie Genuss gehöre nicht dazu. Und um in diesem Bedürfnis nicht ständig frustriert zu werden, lernten Sie, einfach mit dem Genießen aufzuhören. Das Kind wählt die Selbstverleugnung, weil die Abweisung durch einen Elternteil schmerzhafter und unerträglicher ist, als sich selbst zu verleugnen. Gleichzeitig bleibt die Entbehrung schmerzhaft anwesend, Sie sind eigentlich in einer ständigen Trauerverfassung.

Dies gilt noch stärker für die Fähigkeit der Zuwendung. Als Kind strecken Sie die Arme nach Ihrer Mutter und Ihrem Vater aus, Sie sehnen sich enorm nach ihrer Zuwendung: Zwei Arme, die Sie festhalten! Und in Ihrem tiefsten Innern fühlen Sie, dass Sie ein Recht darauf haben, darum wollen Sie auf dem Schoß sitzen, festgehalten und liebkost werden, Sie wollen hören, dass Sie artig sind, schön, geschickt, und dass alle Sie lieben. Doch wenn Sie dabei systematisch abgewiesen werden, beginnen Sie im Innern zu erkalten. Sie wollen Zuwendung zeigen und werden abgewiesen – das ist sehr schmerzhaft.

Meine Mutter war immer beschäftigt, und wenn sie nur kurz in einem Stuhl saß, strickte sie. Ich durfte dann zwar bei ihr auf dem Schoß sitzen, doch sie legte ihr Strickzeug nicht weg und rief immer, dass ich stillsitzen sollte. Eigentlich saß ich dann auf ihrem Knie, ohne dass sie mich berührte, und wenn ich mich kurz bewegte, wurde sie böse. »Zappel doch nicht so herum!«, rief sie dann, und wenn es noch einmal geschah, hob sie mich herunter und schickte mich fort.

(Mann, 42 Jahre)

Irgendwann kommt dann der Moment, in dem Sie keine Zuwendung mehr mobilisieren, Sie kriechen nicht mehr auf den Schoß, stellen keinen körperlichen Kontakt mehr her. Doch die Sehnsucht nach Intimität kommt immer wieder in Ihnen hoch. Und mit jedem Moment, in dem Sie diese Sehnsucht spüren, geht auch dieses schreckliche Gefühl des Abgewiesenwerdens einher. Also fassen Sie den Entschluss, dass es besser ist, sich nach nichts zu sehnen, nichts zu fühlen, keine Bedürfnisse zu haben. Um den unerträglichen Schmerz der Zurückweisung durch Ihre Mutter oder Ihren Vater zu vermeiden, entscheidet sich Ihr Körper dafür, dass Sie nichts brauchen: »Ich habe keine Bedürfnisse. – Ich brauche nichts. – Mit mir ist alles in Ordnung.« Sie verinnerlichen die Entbehrung in einer negativen und destruktiven Weise, indem Sie sich selbst Beschränkungen auferlegen oder sogar Schmerz zufügen.

Weil Sie auf diese Weise lernen, die in Ihnen emporsteigenden Sehnsüchte zurückzuhalten statt sich zu öffnen und etwas zu geben, holen Sie sich auch wenig ›Nahrung‹ aus Ihrer Umgebung. Selbst dann, wenn es später Menschen gibt, die Sie festhalten und liebhaben wollen, fällt es Ihnen schwer, sich Ihnen zu öffnen. Sie wissen nicht, wie Sie dies tun sollen, Sie wissen nicht, wie Sie Ihre Sehnsüchte artikulieren sollen, Sie wissen nicht einmal mehr, wonach Sie sich sehnen, und selbst wenn Sie das wüssten, hätten Sie eine tiefe Angst davor, sich zu diesen Sehnsüchten zu bekennen. Denn das Spüren und Artikulieren der Sehnsüchte ruft zugleich den alten Schmerz der Zurückweisung wach. Also ist es besser, sich dafür zu entscheiden, sich überhaupt nicht mehr zu öffnen und sich in die Isolation Ihrer eigenen Vorstellungen zu verschließen.

Gleichzeitig wird jedoch das unterschwellig fortbestehende Bedürfnis immer größer. Der Hunger nach Liebe und Wärme ist nicht zu stillen – und Sie fühlen, dass der andere Sie, sobald Sie ihn zeigen, viel zu fordernd, bedürftig, unersättlich finden und deshalb zweifellos zurückweisen wird. Und zum Teil ist diese Angst auch berechtigt. Ihre Bedürfnisse sind so schwer zu stillen, dass der andere daran scheitern kann. Sie brauchen den anderen so sehr, um das, was Sie früher entbehren mussten, nachzuholen, dass Sie dadurch auch sehr abhängig würden, genauso abhängig, wie Sie sich früher in Bezug auf Ihre Mutter fühlten. Sie sind imstande, alles aufzugeben, nur damit der andere seine oder ihre Arme um Sie legt, und vor allem dann, wenn der andere dies fast nie tut, wächst Ihr Bedürfnis noch weiter. Das alte Trauma wiederholt sich. Der andere spürt seine Machtposition und kann diese furchtbar missbrauchen, bis Sie sich fast völlig ausgeliefert und untergeordnet haben. Sie sind bereit, Vorwürfe herunterzuschlucken, Erniedrigungen zu ertragen, ja Aggressionen auszuhalten, wenn nur diese Intimität ab und zu kurz spürbar ist.

Ich bin hervorragend in der Lage, mein eigenes Geld zu verdienen und meine eigenen Entscheidungen zu treffen, doch in intimen Beziehungen mache ich mich emotional oft abhängig. Eigentlich bin ich ständig damit beschäftigt, abzutasten, wie meine Partnerin sich fühlt, was in ihr vorgeht, ob sie mich noch liebt. Ich mache alle meine Entscheidungen davon abhängig, was sie will, damit mein Gefühl, dass sie noch völlig für mich da ist, ja keinen Sprung bekommt. Denn sonst würde die Panik zuschlagen.

[Mann, 42 Jahre]

Es kann sein, dass Sie gelernt haben, sich selbst noch mehr zu untergraben. Aus dem inneren Konflikt zwischen Ihrem unmäßigen Bedürfnis und der Angst vor Enttäuschung und Zurückweisung können Sie der Enttäuschung so zuvorkommen, dass Sie die Zurückweisung gewissermaßen selbst über sich heraufbeschwören. Sie formulieren Ihre Sehnsüchte so, dass es wie ein Vorwurf klingt. Im Grunde sind Vorwürfe oft unterdrückte Sehnsüchte. »Du hast sicher keine Lust, mit mir ...« Und wenn der andere dann auf den Vorwurf reagiert, fühlen Sie sich (völlig zu Unrecht) zurückgewiesen. Oder Sie kommen der Zurückweisung bereits selbst zuvor: »Weißt du, wir sollten jetzt besser nicht miteinander schlafen, denn du fühlst dich ja gerade nicht so wohl ...« (während Sie dies eigentlich sehr gerne möchten). Oder Sie deponieren den Konflikt immer beim anderen: »Was willst *du* denn?« Ihre Sehnsüchte kommen niemals direkt, sondern immer in der Gestalt bereits zurückgewiesener Wünsche zum Ausdruck. Auf diese Weise enthalten Sie sich genau das vor, was Sie in Ihrem tiefsten Innern eigentlich gern wollen.

Oder Sie haben irgendwann einmal beschlossen, dass die einzige Art, noch ein wenig Wärme und Aufmerksamkeit zu erhalten, darin besteht, für einen anderen zu sorgen. Daraus können Sie einen Beruf machen. Viele Menschen, die in pflegerischen Berufen arbeiten, haben in ihrer Jugend irgendetwas entbehren müssen. Weil sie selbst viel entbehren mussten, sind sie sehr erfahren und motiviert im Sorgen für andere. Es ist nur schwierig, sich dabei Grenzen zu setzen und sich nicht zu viel um den anderen zu sorgen. Es besteht die Gefahr, gerade deshalb für andere sorgen zu wollen, um nicht für sich selbst sorgen zu müssen. Nicht ohne Grund sind liebevolle ›Pfleger‹ häufig nur schlecht in der Lage, für sich selbst zu sorgen. Sie sind glücklich, wenn der andere glücklich ist, doch sie wissen nicht, was sie selbst brauchen, um glücklich zu werden. Indem sie gut für einen anderen sorgen, bekommen sie auch viel Liebe und Wärme zurück. Aber meistens stillt dies das unterschwellige Bedürfnis nicht völlig, tief im Innern bleibt das Gefühl eines bodenlosen Loches, ein unstillbares Bedürfnis. Eigentlich wollen diese Helfer sich nur an jemanden kuscheln, mit Zärtlichkeiten überschüttet werden und niemals, niemals mehr zum Vorschein kommen.

Durch das Blockieren der Zuwendung und das Leugnen Ihrer Bedürfnisse, blockieren Sie auch den Ausdruck all Ihrer Emotionen, Ihrer Lebenslust und anderer Lustgefühle. Sie verhindern auch das Einströmen von allem, was Sie nähren und ›aufladen‹ könnte, leben also gewissermaßen in einer ständigen Situation der Unterernährung. Eine chronische emotionale Unterernährung, die Ihren Lebensstrom zu einem dünnen Rinnsal vertrocknen lässt. Wenn Energie nicht zum Ausdruck kommen kann, entsteht Depression, ein Gefühl der grenzenlosen Passivität, Ermattung, Antriebslosigkeit, Sinnlosigkeit und Machtlosigkeit. Wenn dies über Jahre andauert, verstopfen die ›Energieleitungen‹ gewissermaßen oder verengen sich. Dann kostet es viel Zeit, die eigene, primäre Lebenskraft wieder neu anzubohren. Vor allem, wenn es in den ersten drei Lebensjahren nur wenig Momente der emotionalen Befriedigung gegeben hat, kann es sein, dass Sie später als Erwachsener wenig Energie haben, häufig krank, unruhig, rasch erschöpft und nur selten zufrieden sind.

Was sind Ihre Sehnsüchte, Ihre Bedürfnisse und Begierden? Schreiben Sie einmal auf, wonach Sie süchtig sind. Stellen Sie dann eine Liste aller geheimen Abhängigkeiten und Süchte auf, aller unausgesprochenen Wünsche und Sehnsüchte. Wenn Sie sich selbst völlig gehen ließen, was würden Sie dann wollen? Wie grenzenlos sind Ihre Begierden und Sehnsüchte?

Können Sie dann spüren, welche Entbehrung sich dahinter verbirgt? Nehmen Sie das Gefühl der inneren Leere einmal mit zurück in Ihre Vergangenheit. Wann ist dieses Gefühl entstanden? Was fehlte Ihnen damals wirklich? Von wem fehlte es Ihnen? Welche Strategien haben Sie daraus entwickelt? Welche Entscheidungen haben Sie damals getroffen? Können Sie erkennen, ob und wie diese Entscheidungen noch immer eine Rolle spielen?

Das ›bodenlose‹ Herz

So wie bei einem Mangel an Sicherheit die Angst bodenlos werden kann, kann bei systematischem Fehlen von Liebe und Wärme die Sehnsucht bodenlos werden. Dies ist schmerzhaft und oft unbegreiflich. Gut, Sie haben zwar eine kühle, distanzierte Mutter gehabt und Ihr Vater zeigte nicht viel Interesse an Ihnen, aber jetzt leben Sie in fantastischen Verhältnissen. Sie haben einen lieben Partner, einen guten Job, nette Kinder – was wollen Sie eigentlich noch mehr? Der andere liebt Sie, Ihre Freunde lieben Sie, aber auf irgendeine Weise spüren Sie tief in sich ein Loch, einen bodenlosen Abgrund, in dem alles verschwindet. Ihr Partner sagt, dass er Sie liebt, er küsst Sie, er schläft mit Ihnen, und einen Moment lang fühlen Sie sich erfüllt. Doch nach ein paar Minuten tritt wieder der alte Zweifel auf, Sie fühlen sich doch ein wenig zurückgewiesen oder das Gefühl der Intimität und Befriedigung ist schon wieder völlig verschwunden. Es ist zum Verrücktwerden, und Sie werden es auch beinahe. Ist es denn niemals genug? Muss der andere wirklich ständig wiederholen, dass er oder sie Sie liebt? Sich den ganzen Tag lang an sie kuscheln? Wann endlich bleibt dieses Gefühl der Befriedigung einmal dauerhaft, aus eigener Kraft?

Wenn Sie früher zu wenig in intimer Weise festgehalten worden sind, haben Sie nicht gelernt, selbst etwas festzuhalten. Das kommt daher, dass Sie als Baby kurz nach der Geburt alles noch in seiner wahren, vorübergehenden Qualität erfahren. Wenn Ihre Mutter da ist, ist sie da; wenn sie weg ist, ist sie weg. Sie können Ihre Mutter als

Person oder als Gegenwärtigkeit noch nicht in sich selbst festhalten. Das lernen Sie erst später. Erst mit etwa acht Monaten sind Sie in der Lage, ein inneres, mentales Bild festzuhalten, das Festhalten eines inneren Gefühls dagegen dauert viel länger. Wenn Sie dies nicht lernen, bleibt alles flüchtig, und Sie können die Liebe, die Ihnen entgegengebracht wird, nirgendwo speichern, denn Ihr Herz ist wie ein Fass ohne Boden. Das ist ein ausgesprochen unangenehmes Gefühl, und es führt zur Verzweiflung. Und die Umgebung, die Sie ständig wieder bestätigt und bemerkt, dass dies alles nichts nützt, verzweifelt genauso.

Diese Bodenlosigkeit gilt zumeist sowohl für die Liebe als auch für das Genießen. Beide zerfließen nach einigen Minuten wieder und lassen das alte, leere Gefühl zurück; dies ruft wiederum starke Wutgefühle hervor, weil Sie keinerlei Kontrolle über diesen Vorgang haben. Es überkommt Sie einfach, und oft wissen Sie selbst nicht, warum es geschieht. Das gibt Ihnen zusätzlich ein Gefühl der Machtlosigkeit. Was können Sie in Gottes Namen daran ändern? Sie fühlen sich schuldig, dass der andere sein Bestes gibt, Ihnen ihre oder seine Liebe und Intimität zu geben, und im tiefsten Innern spüren Sie, dass Sie sie nicht festhalten können, ja vielleicht nicht einmal in sich hineinlassen können. Dann müssen Sie auch noch so tun, als spürten Sie die Liebe wirklich, während Sie sich doch eigentlich kahl und leer fühlen. Wie sollen Sie das dem anderen begreiflich machen?

Wichtig ist, dass Sie Nachsicht mit Ihrer eigenen ›Bodenlosigkeit‹ haben. Es ist nicht Ihre Schuld, dass Sie Liebe, Intimität und Genuss nicht festhalten können – Sie haben es einfach nie gelernt! Aber das bedeutet auch, dass Sie es jetzt aus eigener Kraft lernen müssen. Wie machen Sie das?

Zunächst einmal, indem Sie alles, was damit zusammenhängt, verlangsamen, hinauszögern. Wenn Sie sich beobachten, werden Sie bemerken, dass Sie nicht wirklich genießen, weil in Ihnen eine gewisse Gier existiert, alles quasi in sich aufzusaugen. Anstatt das Essen, Trinken, Küssen, Miteinanderschlafen als genussvolle Erfahrung wahrzunehmen, schlingen Sie es ungeduldig herunter. Also müssen Sie diese Erlebnisse gefühlsmäßig verlangsamen, dehnen, und dann versuchen, sie in ihrer Fülle zu erfahren. Sie lassen zum Beispiel ein Stück Schokolade im Mund zergehen und versuchen, dieses eine Stück so umfassend wie möglich zu genießen und diesen Genuss festzuhalten, ihn in Ihrem Becken, Ihrem Bauch und Ihrem Herzen zu speichern. Sie können Ihren Partner bitten, Sie zum Beispiel ganz langsam und vorsichtig nur zu streicheln (ohne dass dies zum Vorspiel von Sex wird) und sich dem ganz hingeben. Es kann einige Zeit dauern, bis Ihnen dies gelingt. Doch allmählich werden Sie sich auf diese Weise beibringen, etwas in einem bestimmten Augenblick vollkommen zu erfahren und in sich selbst zu verankern, zu speichern und festzuhalten.

In der Therapie wird dies durch bestimmte Übungen trainiert, die Bonding genannt werden. Sie halten den Klienten auf eine bestimmte Weise fest und stellen einen körperlichen Kontakt her, wie Sie ihn auch mit einem kleinen Kind herstellen würden. Dann helfen Sie dem Klienten, sich darin völlig zu entspannen, diese Verbindung völlig zuzulassen und das körperliche Gefühl in seiner ganzen Fülle in sich zu speichern und zu verankern, sodass er oder sie es mit sich tragen kann. Auf diese Weise tun Sie aufs Neue das, was der Klient in seiner bzw. ihrer Jugend entbehrt hat.

So lernen Sie, langsam einen Boden zu bilden, in welchen Intimität gesät werden kann und die Liebe wieder aufblüht.

Mangel an Liebe

Als Baby sehnen Sie sich nach Liebe. Die Liebesenergie in Ihrem Herzen strömt aus, doch sie sucht auch Bestätigung, die Bestätigung, dass Sie strömen *darf.* Die Bestätigung, dass Sie es wert sind, geliebt zu werden, dass Ihre Eltern Sie wirklich lieben. Und wenn Ihre Eltern Sie tatsächlich lieben, öffnet dies einen Kanal für die

Liebe und Sie haben das Gefühl, dass Sie wirklich da sein dürfen. Aus dieser Liebesenergie heraus entwickeln Sie Lebenssicherheit. Wenn die erste Lebensperiode in dieser Hinsicht in Ordnung war, können Sie später viele Probleme und Schmerzen ertragen, ohne dass diese Sie völlig umwerfen. Wenn die ersten drei Jahre mehr oder weniger natürlich verlaufen sind, ist diese gesunde Symbiose vollzogen. Dann haben Sie gelernt, sich zu öffnen, etwas zu geben und sich an jemanden zu binden, und Sie haben Liebe und Intimität in sich selbst verankert und gespeichert. Dies bildet für den Rest des Lebens einen starken, positiven Boden, auf den Sie sich immer abstützen können.

Wenn Sie als Baby jedoch das Gefühl bekommen, dass Ihre Eltern Sie nicht wirklich lieben, beginnen Sie den Strom der Liebe zurückzuhalten und einzudämmen. Sie spüren, dass Ihre Liebe nicht bestätigt wird, und beginnen, sich selbst die ›Schuld‹ daran zu geben. Doch gleichzeitig wird, aufgrund des empfundenen Mangels, die Sehnsucht immer größer. Der innere Kampf, der dadurch entsteht, blockiert den natürlichen Strom der Liebe. Konträr gegen Ihre Sehnsüchte beginnen Sie diesen Strom abzublocken. Sie halten den Atem zurück. Ihr Atem stimuliert den Energiestrom, der aus Ihrem Becken aufsteigt, und wenn Sie ihn zurückhalten und nur noch oberflächlich atmen, bremsen Sie diesen Energiestrom. Ihr Zwerchfell verhärtet sich. Ihr Herz verhärtet sich. Ihr Herz wird zu einem Eisklumpen, zumindest fühlt es sich so an. Und wenn Ihre Eltern Sie tatsächlich zurückweisen oder im Stich lassen, errichten Sie noch einige weitere Stahlplatten um es herum. Sie panzern sich gegen Kälte, Negativität und Hass ab und schieben Ihre Sehnsüchte und Liebe ganz weit weg. Sie nehmen sie zurück ins tiefste Innere, so tief, dass Sie sie selbst manchmal nicht mehr wiederfinden können.

Weil der Energiestrom nicht mehr über das Herz in die Hände und Augen nach außen strömen kann, zieht diese Energie in Ihren Kopf, in den Bereich des Denkens. Fühlen wird jetzt zu Nachdenken, Grübeln, Rationalisieren. Die Lebenslust, die Ihren Gefühlen Nahrung gibt, wird notgedrungen in Richtung des Denkens umgeleitet. Daher drehen sich Ihre Gedanken so oft im Kreis. Ihr Nachdenken kann Ihnen helfen, Ihre Gefühle zu prüfen und in ein

Gleichgewicht zu bringen sowie Impulse abzuwägen: Doch *zu viel* Denken steht in diametralem Gegensatz zum Genießen. Wenn Sie etwas genießen, werden Gedanken unwesentlich, doch wenn Sie zu viel denken, bleibt kein Raum für das Genießen. Und weil Sie den Schmerz der Entbehrung nicht zu fühlen wagen, genauso wenig wie die enorme Bedürftigkeit und Verletzlichkeit, die sich dahinter verbergen, denken Sie sich allerlei Gründe aus, warum die Liebe nicht strömt. Sie machen sich selbst (oder anderen) Vorwürfe: Sie sind zu dick, nicht schön, nett, lieb genug. Sie beginnen sich anzupassen, stellen Ihre eigenen Belange hintan, sind oft eifersüchtig und hegen Groll gegenüber Menschen, von denen Sie den Eindruck haben, dass sie geliebt werden. Sie achten sehr stark auf die Meinung anderer. Auch deswegen ist Ihr Kopf ständig in Aktion.

Dieser Strom kann dermaßen blockiert werden, dass Sie schließlich im Herzen überhaupt nichts mehr spüren. Sie fühlen wenig und können diese Gefühle auch nicht beschreiben. In einem bestimmten Moment wissen Sie vielleicht nicht einmal mehr, was Liebe eigentlich ist. – Was ist eigentlich Liebe? Spüren Sie das manchmal noch? Können Sie jemanden wirklich lieben? Können Sie Ihr Herz jemandem öffnen, ohne etwas dafür einzufordern?

Wenn Sie dann – als Erwachsener – plötzlich jemandem begegnen, der die Liebe in Ihnen wachruft, so ruft das allerlei Ängste hervor. Das erwarten Sie meistens nicht. Wenn Sie als Erwachsener jemandem begegnen, in den Sie sich verlieben, denken Sie, dass Sie endlich zurückgekehrt sind in das verlorene Paradies. Doch wenn Sie wirklich mit dem anderen intim werden und ihn in Ihre Intimsphäre einlassen, stellt sich auch ein Gefühl der Abhängigkeit ein. Das innere Kind in Ihnen fühlt sich wieder zurückversetzt in die Situation zwischen Ihnen und Ihrer Mutter bzw. Ihrem Vater. Und das ruft alle alten Ängste auf den Plan: die Verlustangst, Bindungsangst, die Angst vor der Intimität selbst, Angst vor Sexualität, Angst, dass der andere Sie zurückweisen wird, Angst, dass Ihre Liebe nicht beantwortet wird, Angst davor, Ihre Bedürfnisse wirklich zu äußern. Angst vor Liebesverlust. Und wenn Sie sich aufs Neue von Ihren Überlebensmechanismen mitreißen lassen oder die Angst auf den anderen projizieren, wird die Beziehung wahrscheinlich nicht lange Bestand haben.

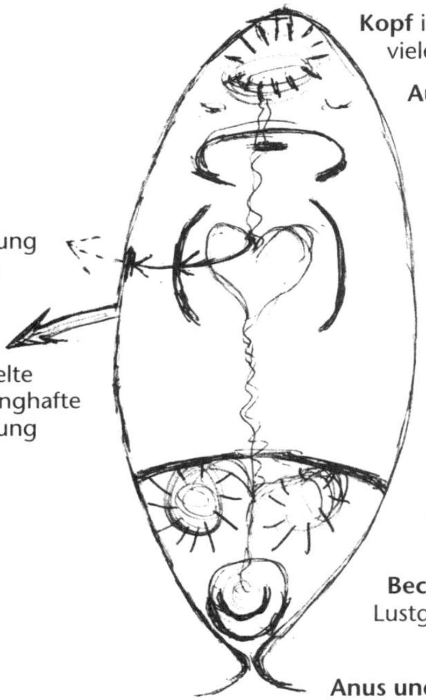

Intimität ist blockiert

Liebe öffnet Ihr Herz und macht Sie verletzlich. Sie können sich nicht öffnen, ohne gleichzeitig verletzbar zu werden, und diese Verletzbarkeit ruft immer Ängste hervor. Und tatsächlich besteht ganz real die Möglichkeit, verletzt zu werden! Der andere kann Ihnen wehtun oder weggehen! Das Wichtigste ist, ob Sie Ihre Ängste offen äußern können und der andere darauf auf dieselbe Weise reagiert. Fühlen Sie sich in Ihrer Beziehung so offen, dass Sie auch wirklich verletzbar sein, Ihre Ängste zeigen dürfen? Trauen Sie sich, dies auch zu tun? Sich selbst mit all seinen Ängsten zu zeigen? Denn Sie können diese Ängste zwar wegstecken, dann kommen sie aber auf dem Umweg Ihrer Überlebensstrategien doch wieder an die Oberfläche, und das macht alles nur noch viel komplizierter.

Liebe kann nur strömen, wenn auch alle Hindernisse da sein dürfen. Die Liebe zum anderen kann nur aus einer authentischen Liebe zu mir selbst, so wie ich jetzt bin, aufblühen, wenn sie sich auch auf die eigene Angst, den eigenen Schmerz, die eigene Abkapselung, die eigenen Blockaden und Kompliziertheiten erstreckt. Können Sie diese auch lieben? Können Sie fühlen, dass sie nur entstanden sind, weil sie Ihre innerste Essenz beschützen mussten, weil Sie es als Kind noch nicht ertragen konnten, dass Ihre Liebe nicht beantwortet wurde? Können Sie diese Überlebensstrategien lieben, weil sie Sie beschützt haben, die Unverletztheit Ihrer Essenz ermöglicht haben? Denn das haben sie. Tief im Innersten ist der Quell der Liebe, mit dem Sie einst geboren wurden, immer noch in seiner ganzen Fülle vorhanden. Er ist nicht vernichtet. Und in dem Moment, da Sie sich selbst lieben lernen, so wie Sie sind, inklusive aller Ängste, Blockaden und Hindernisse, kann er wieder strömen.

Genauso wie die wahre Liebe zu sich selbst nicht gespiegelt oder erwidert wurde, sodass Sie sich selbst abschirmten und untergruben, so führt der Rückweg auch wieder über den Pfad des Sich-selber-Liebens, so wie man ist. Dann machen Sie dem anderen das schönste Geschenk, nämlich die Botschaft, dass er auch völlig so sein darf, wie er bzw. sie ist, dass er sich auch nicht hinter einer Maske zu verstecken braucht, sich nicht ständig behaupten und Angst haben muss. Dann können Sie ihn so lieben, wie er / sie ist, bedingungslos, das heißt, ohne dass er Ihren Forderungen, Vorstellungen, Werten, Normen oder welchen Erwartungen auch immer, zu entsprechen braucht. Das ist die größte Befreiung. Dann befreien Sie sich selbst und geben dem anderen Raum, sodass der unendliche Strom der Liebe wieder strömen kann, in aller Intimität und völlig frei.

Das ist leicht gesagt, doch wenn Sie beobachten, wie viele Beziehungen auseinander gehen, sehen Sie auch, dass es offensichtlich nicht so einfach ist. Eine intime Beziehung bedeutet harte Arbeit, und in dem Maße, wie Sie stärker zusammenwachsen, können immer mehr ›kindliche‹ Ängste an die Oberfläche kommen. Dies macht eine Liebesbeziehung zu einem Prozess, in dem, bildlich gesprochen, all Ihre Schalen und Häute Stück für Stück abgepellt werden. Nur indem Sie immer wieder aufs Neue die Konfrontation mit dem, was auf Sie zu kommt, eingehen, kann die Liebe weiter aufblühen. Dann lernen Sie allmählich – durch den anderen –, sich selbst zu heilen, bis Sie irgendwann in der Lage sind, sich völlig so zu genießen, wie Sie sind.

Betrachten Sie einmal die Muster in der Beziehung, die Sie gerade führen, bzw. der letzten Beziehung, die Sie geführt haben. Können Sie entdecken, wie oft Sie Ihr Herz verschließen? Welche Bedingungen muss der andere oder die Beziehung immerzu erfüllen? Wie oft fühlen Sie sich enttäuscht? Wie oft äußern Sie sich durch das Mittel *des Vorwurfs?* Wie oft sind Sie eifersüchtig? Wie oft sind Sie verärgert oder wütend? Und wenn Sie jetzt einmal kurz die Auffassung loslassen, dass es am anderen liegt: Wovor haben Sie dann solche Angst?
Nehmen Sie diese Angst einmal mit zurück in Ihre Kindheit. Erkennen Sie diese Angst? Können Sie spüren, dass es das kleine zurückgewiesene oder im Stich gelassene Kind ist, das solche Angst hat? Können Sie spüren, wie verletzbar dieses kleine Kind ist, wenn der andere ihm nahe kommt?
Stellen Sie sich einmal vor, dass Sie dieses verletzbare, ängstliche Kind auf den Schoß nehmen und eng an sich drücken. Spüren Sie, wie dieses Kind im Stich gelassen worden ist? Geben Sie ihm Ihre Liebe! Erzählen Sie ihm, dass Sie es lieben und dass jetzt alles wirklich in Ordnung ist. Und wenn Sie sich das trauen, erzählen Sie dann einmal Ihrem Partner (oder einem guten Freund / Freundin), warum Ihr inneres Kind eine solche Angst vor Intimität, vor einer wirklichen Verbindung und Hingabe hat.

Liebe trotz Alleinsein?

Wenn Sie keine Beziehung haben, scheint dies alles noch schwieriger zu sein. Es scheint, als dürfte der Strom der Liebe nur dann strömen, wenn es einen anderen Menschen gibt, der sie ebenfalls liebt. Das ist eine alte Annahme. Als kleines Kind brauchten Sie Ihre Mutter, damit der Strom der Liebe in Gang kam. Und wenn Ihre Mutter nicht für Sie da war, zogen Sie sich zurück. Dieses Gefühl können Sie immer noch in starkem Maße haben: »Wenn ich keinen Partner habe, dann habe ich schon gar kein Recht auf Liebe. Wenn ich keinen Partner habe, so bedeutet das, dass niemand mich lieb hat.« Und diese Botschaft wird Ihnen von der heutigen Umwelt auch immer wieder vorgesetzt: Erst wenn Sie dieses bestimmte Auto kaufen, jene Anti-Faltencreme benutzen, eine bestimmte Modemarke kaufen, diesen oder jenen spirituellen Weg gehen – erst dann sind Sie wirklich attraktiv und erst dann wird jener fantastische Partner auf Sie zu kommen. Doch das funktioniert nicht immer. Manchmal sind Sie schlicht und einfach allein.

Wenn Sie bereits als Kind wenig umhegt und liebkost wurden und dadurch die Neigung haben, sich zu isolieren und eine Haltung des Ich-brauche-Niemanden auszustrahlen, so wirken Sie auf andere nicht gerade anziehend. Dadurch zweifeln Sie noch mehr an sich selbst. Der Gedanke, niemand möge oder liebe Sie, wird bestätigt, und dann fällt es Ihnen leichter, den Strom der Liebe am besten ganz zu kappen. Dann brauchen Sie den Schmerz des Mangels wenigstens gar nicht mehr zu spüren. Doch dadurch fühlen Sie sich keineswegs weniger allein, denn aufgrund der früheren Mangelsituation liegt die Einsamkeit ständig auf der Lauer.

Die Einsamkeit, die Sie als Kind oder in der Pubertät erlebt haben, weil Sie oft allein waren oder weil andere sich wenig oder gar nicht mit Ihnen verbunden haben, kann sich so anfühlen, als wären Sie viele Jahre in einer Gefriertruhe eingesperrt gewesen. Die Einsamkeit einer solchen Verbindungslosigkeit tut körperlich weh. Es ist ein nagender Schmerz, als steckte ein scharfes Messer in Ihrem Körper, das jede Bewegung verhindert, eine Kälte, die jede Zuwendung bremst, eine Verlassenheit, die wirklich beängstigend ist. Ohne intime menschliche Verbindung kann man fast nicht überleben, und dennoch überleben Sie. Die Einsamkeit kann Sie als erwachsenen Menschen ständig lähmen und in Ihnen eine starke Angst erzeugen, eine Verbindung mit jemandem einzugehen.

Es ist von elementarer Bedeutung, den Energiestrom Ihrer Liebe nicht eintrocknen zu lassen! Gerade wenn Sie allein leben, ist es vor allem wichtig, gut für sich selbst zu sorgen. Zweitens können Sie – wenn die Beziehung zu Erwachsenen sich noch zu gefährlich anfühlt – Ihre Liebe Kindern oder Tieren geben. Und drittens können Sie versuchen, die Beziehung mit Freunden und Bekannten allmählich intimer zu gestalten, indem Sie in Bezug auf sich selbst offener sind, ohne dass Sie dabei intimer werden, als Sie es ertragen können. Und wenn Sie allmählich stärker mit der körperlichen Gegenwart eines anderen Menschen vertraut sind, können Sie sich entschließen, beispielsweise einen Massagekurs zu belegen. Dort lernen Sie in einer sicheren Umgebung, einen anderen Menschen zu berühren und selbst berührt zu werden. Die Haut ist das größte Sinnesorgan und sie kann auf Berührungskontakt antworten, ohne dass der Kopf dazwischenstehen muss. Wenn Sie spüren, wie nährend es ist, einfach berührt zu werden, können Sie allmählich etwas von der Eisschrankkälte loslassen. Das Wichtigste ist, dass Sie Ihre eigene Liebe und Intimität zu finden und zu speichern lernen und nicht länger abblocken bzw. meinen, sich um jeden Preis einem anderen vorbehaltlos zuwenden zu müssen. So wird Intimität allmählich zu einem Normalzustand und die Lebensenergie kann wieder zu strömen beginnen.

Die andere Seite der Medaille besteht darin, dass Sie lernen, ganz normal allein zu sein und sich allein auch glücklich zu fühlen. Wenn Sie eine Beziehung eingehen, weil Sie das Alleinsein nicht aushalten, errichten Sie ein Gebäude auf Treibsand. Die Angst, dass der andere Sie irgendwann im Stich lassen wird, verformt den natürlichen Strom der Liebe zu einer krampfhaften Anstrengung, den anderen an Sie zu binden. Außerdem werden Sie es ständig zulassen, dass Ihre Grenzen überschritten werden, um den anderen nur nicht zu verlieren. Beide Strategien müssen auf Dauer erfolglos bleiben, weil es keinen festen Boden gibt, kein Gefühl des unabhängigen Wohlbefindens, keine ausreichende Ich-Stärke, die die Beziehung tragen könnte.

Üben Sie das Alleinsein. Von Natur aus ist jeder Mensch erst einmal allein. Als Erwachsener brauchen Sie nicht *per se* einen anderen, um Befriedigung zu erfahren, zu genießen, glücklich zu sein und Liebe zu leben. Das ist nur eine Vorstellung in Ihrem Kopf. Und diese

Vorstellung macht Sie emotional abhängig, genauso abhängig wie Sie es einst von Ihrer Mutter waren! Schieben Sie diese Mutter doch einmal auf die Seite. Stellen Sie sich einmal auf eigene Beine! Gehen Sie einmal allein ins Kino, in ein Restaurant, wandern, fahren Sie allein in Urlaub. Und versuchen Sie zu erkennen, wie das Gefühl des ›Mangels‹ sich wieder meldet, fühlen Sie es, entspannen Sie sich darin und versuchen Sie, mit Ihrem persönlichen Gefühl des Wohlbehagens in Berührung zu kommen. Denn erst wenn Sie wirklich mit sich selbst glücklich sind und Ihr eigenes Sein genießen können, können Sie auch einen anderen frei und ohne Vorbedingungen lieben.

Qualitäten, geboren aus dem Mangel

Der Mangel an Intimität hinterlässt seine Wunden, doch Sie haben dadurch auch bestimmte Qualitäten und Fähigkeiten entwickelt. Es kann sein, dass Sie gerade wegen dieser Liebeswunde sehr offen und sensibel für andere sind. Wenn es Ihnen gelingt, über Ihre eigenen Wunden hinweg einen Kontakt zu einem anderen herzustellen, werden Sie von selbst einen Kontakt auch mit den Wunden dieses anderen herstellen, und die Verbindung wird sich als tief und sensibel erweisen. Wenn Sie Ihren Schmerz teilen können, entsteht eine Beziehung, die sehr echt ist, vielleicht sogar echter als die, die Sie zu Ihrem Vater oder Ihrer Mutter haben. Darin öffnet sich dann ein Freiraum für Ihre persönlichen fürsorglichen Qualitäten. Der Mangel, die Entbehrung machte Sie einst sensibel dafür, was ein anderer braucht; wenn Sie diese Wunde als Erwachsener positiv verwandeln und einsetzen, werden Sie zu einem sehr mitfühlenden, einfühlenden Menschen.

Der Mangel an Berührung kann Sie auch sehr sensibel für körperlichen Kontakt gemacht haben. Diese Qualität können Sie zum Beispiel bei Massagen oder einfach dann fruchtbar machen, wenn Sie einen anderen Menschen in den Arm nehmen. Und das frühere Unterdrücken Ihrer Gefühle kann auch dazu führen, dass Sie hellwach dafür werden, was Gefühle eigentlich sind Wenn Sie erst selbst gelernt haben, sie zu äußern, erkennen Sie auch besser, wo ein anderer seine Gefühle wegschiebt oder ignoriert. Sie können ihn dann fragen: »Was fühlst du jetzt? Zeige deine Gefühle einmal! Schrei oder weine einmal!«

Das einstige Verbot, zu genießen, kann Sie sehr sensibel für das Zuhören, das Schmecken, das Malen, das Singen gemacht haben. Viele Künstler haben eine armselige Jugend erlebt, doch sie haben es geschafft, den Mangel aufs Neue zu durchleben und ihn in eine bestimmte Qualität oder Gabe zu verwandeln. Dadurch verwandelte sich der einstige Mangel in den Impuls, der Liebe in der Welt Gestalt zu verleihen.

Die ultimative Geliebte

Aus einer umfassenden Perspektive heraus betrachtet sind Sie aus Liebe entstanden, aus der vollkommenen, liebevollen Verschmelzung des Weiblichen und des Männlichen. Und wenn Sie diese Liebe aufs Neue uneingeschränkt strömen lassen, verschwinden alle Getrenntheiten. Dann gibt es keinen Unterschied mehr zwischen dem Ich, das erfährt, und allem, was erfahren wird. Dann herrscht wirklich Intimität, das heißt kein Abstand zwischen ›mir‹ und der Erfahrung mehr, kein Abstand zwischen ›mir‹ und dem anderen. Dann wird das Leben zu einem sich ständig verändernden Spiel intimer Erfahrungen.

Im Grunde haben Sie die Verbindung mit dieser wahren Intimität niemals ganz verloren. Sie können sie gar nicht verlieren, weil Sie aus ihr entstanden sind und sich wieder in ihr auflösen werden. Sie können zwar den Kontakt mit ihr verlieren und dann scheint es so, als hätten Sie sie verloren und als gäbe es etwas wiederzufinden. Doch eigentlich war sie immer da. Sie empfanden es als zu bedrohlich, mit ihr einen Kontakt herzustellen. Angst hindert Sie daran, zu lieben. Angst hindert Sie daran, Ihre oder Ihren Geliebte(n) in allem und jedem wiederzuerkennen, auch in Ihren eigenen Augen, wenn Sie in den Spiegel blicken.

Je stärker Sie lernen, aus Ihrem Herzen zu leben, desto mehr wird Intimität ein Teil Ihres Erlebens. Die oder der ultimative Geliebte ist niemand anderer als das Sein selbst. Wenn Sie das Leben selbst lieben lernen und alle Erfahrungen buchstäblich umarmen, kann nichts und niemand Ihnen dies mehr nehmen. Dann verkörpern Sie die Liebe selbst.

Schema 2

Intimität – Das zurückgewiesene Kind

Basisthema: Intimität, Verbinden, Liebe, unabhängiges Wohlbehagen
Basisemotionen: Verlustangst, Bindungsangst, Selbstverleugnung, Selbsthass
Basisproblem: Probleme, sich jemandem zuzuwenden, sich zu verbinden, Gefühle festzuhalten und zu genießen
Energiezentrum: Herz, **sekundär:** Haut (Berühren)
Sinnesorgane: Mund, Zunge, Hände

Situation als KIND: Die liebevolle Zuwendung zu den Eltern wird nicht ausreichend beantwortet. Die Eltern sind distanziert oder unzuverlässig. Nahrung wird willkürlich, nicht pünktlich, in unzureichendem Maße verabreicht. Ausscheidungen werden negativ belegt. Wenig bis gar keine, unregelmäßige Intimität, gefolgt von Zurückweisung. Wenig Berührung, Liebkosen, Auf-dem-Schoß-Sitzen. Wenig Wärme, Liebe oder echte Fürsorge. Kein wirklicher Kontakt. Keine Verbindung. *Genießen ist nicht erlaubt.*

Primäre Ängste: Verlustangst. Meine Bedürfnisse werden nicht erfüllt. Wenn der Elternteil (Mutter) nicht kommt, muss ich sterben. Chronisches Gefühl des Mangels und der Entbehrung.

Überlebensstrategien:
A. SICH ABSCHLIESSEN: Nicht mehr genießen und nichts mehr erwarten. Sehnsüchte und Gefühle nicht mehr artikulieren. Sich nicht mehr anderen zuwenden. Sich isolieren.

B. EXTREME SEHNSUCHT: Chronisch bedürftig. Emotional abhängig. Krank, schwach und unpässlich werden. Anderen helfen wollen, um auf indirektem Weg selbst Liebe zu erhalten.

Überzeugungen:
A. Es ist besser, wenn ich mich nach nichts sehne und keine Bedürfnisse habe. Ich sollte lieber gar nichts erwarten. Genießen ist nicht erlaubt. Niemand hat mich lieb.
B. Nur wenn ich für ihn / sie sorge, liebt er / sie mich.

Probleme als ERWACHSENER:
A. SICH ABSCHLIESSEN: Wenig Energie. Sorgenvolle Gedanken. Schwierigkeiten, Emotionen, Gefühle, Bedürfnisse und Sehnsüchte zu äußern. Es nicht wagen, Hilfe, Unterstützung oder Liebe zu erbitten bzw. empfangen zu können. Hohe Forderungen an sich selbst stellen. Eigentlich ständig unglücklich. Einsam und isoliert.
B. EXTREME SEHNSUCHT: Inneres Gefühl der Leere, die niemals aufgefüllt zu werden scheint. Immer hungrig oder bedürftig. Nur schwer genießen können. Nur schwer mit sich selbst zufrieden sein. Schwierigkeiten, positive Erfahrungen festzuhalten. Neigung zu Depressionen. Emotional abhängig. Borderline-Problematik.

Überlebensstrategien:
A. Sich isolieren. Sich zurückziehen, um Aufmerksamkeit zu erhalten. Opferrolle. Kritisch gegenüber anderen. Vorwürfe machen. Sich selbst schlecht machen. Selbsthass.
B. Für andere sorgen wollen. Eigene Bedürfnisse auf andere projizieren. Sich mit anderen identifizieren. Doppeldeutige Botschaften. Manipulatives Verhalten. Suchtverhalten.

Überzeugungen:
A. Ich bin es nicht wert, dass man mich liebt. Ich mache alles am besten selbst. Ich brauche nichts und niemanden.

B. Meine Bedürfnisse sind viel zu groß, niemand kann sie erfüllen. Ich werde doch wieder im Stich gelassen. Nur wenn ich für sie sorge, lieben sie mich.

Probleme in Beziehungen: Extreme Eifersucht. Verlustangst und forderndes Verhalten. Bindungsangst. Verlustangst in Abwechslung mit Bindungsangst, Anziehung mit darauf folgender Abstoßung (›Jojo-Beziehung‹).
Emotionale Abhängigkeit. Übermäßiges Verantwortungsgefühl. Angst vor dem Alleinsein. Sich am anderen festklammern. Sehnsucht nach Intimität bremst die Sexualität.

Energetische Reaktionen: Abschließen des Beckenraumes zur Unterdrückung des Genießens. Abschließen des Herzens sowohl in Bezug auf andere als auf sich selbst. Abschließen des Kehlkopfbereichs (Expression). Exzessives Denken.

Psychosomatische Beschwerden: Schmerzen im unteren Rückenbereich (= zu wenig Stütze). Probleme mit Kehlkopf / Stimme. Herzprobleme. Hautprobleme. Hämorrhoiden. Süchte. Suchtverhalten (Alles oder nichts.) Ernährungsprobleme. Sexuelle Probleme. Oft krank. Überarbeitung bzw. Depression.

Qualitäten: Sehr sensibel. Fürsorglich. Gut zuhören können. Einfühlungsvermögen. Künstlerische Fähigkeiten. Geschickte Hände (Kochen, Massieren). Hervorragende Leistungen in pflegerischen und therapeutischen Berufen.

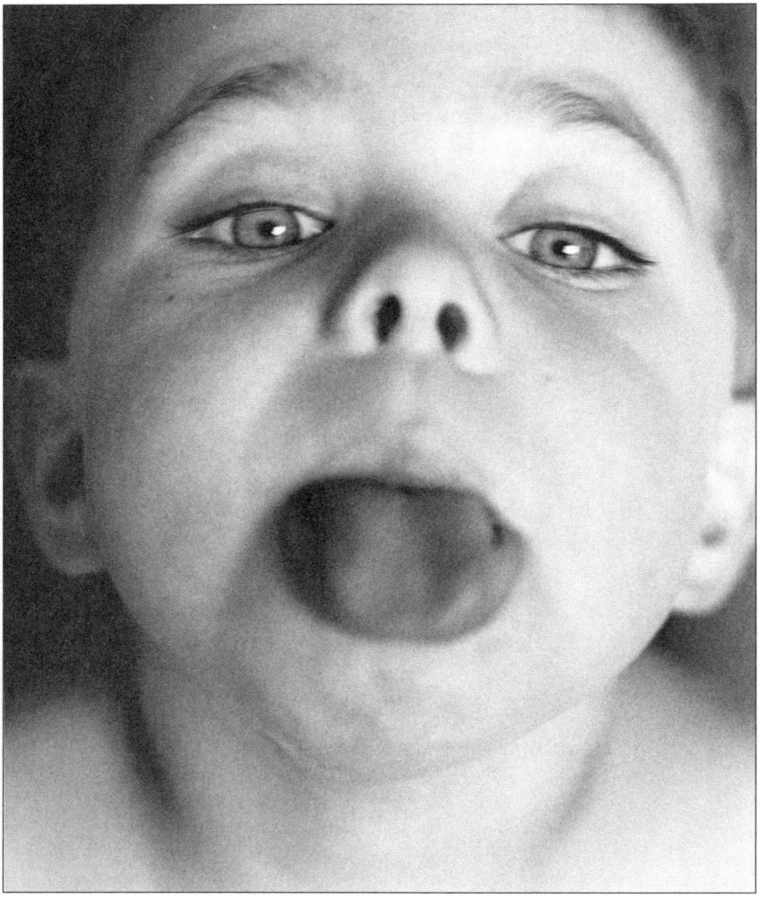

Drittes Kapitel

Autonomie

Das erste Thema ist die SICHERHEIT: Ist die Umgebung so sicher, dass ich da sein darf? Daraus entwickeln wir das Basisgefühl des Ich-bin. Darauf suchen wir, aus Abhängigkeit und Verletzlichkeit heraus, eine Erwiderung unserer Liebe und Sehnsüchte. So lernen wir, uns mit unserer Mutter, uns selbst und mit dem anderen zu verbinden. Wir lernen, zum Leben Ja zu sagen. Beim nächsten Schritt geht es darum, ob es uns gelingt, beide Qualitäten mitzunehmen, während wir uns von unserer Mutter lösen; ob wir auch Nein sagen können, ohne Sicherheit und Liebe zu verlieren. Und: Werden wir dann auch in dieser Lösung, beim Versuch, auf eigenen Beinen zu stehen, auf der Suche nach Autonomie unterstützt?

Das Autonomiestreben beginnt bereits, wenn wir etwa neun Monate alt sind. Wenn Sie auf dem Schoß Ihrer Mutter sitzen und kräftig von ihr festgehalten werden, dann wollen Sie sich herauswinden, und sobald Sie krabbeln können, krabbeln Sie weg. Doch schon bald wollen Sie wieder zu ihr zurückkehren, sie zumindest kurz spüren. Manchmal wollen Sie dann auch wieder auf dem Schoß sitzen, und solange Sie das selbst bestimmen können, ist es wunderbar, von ihr wegzukrabbeln. Sie wollen spüren, dass Sie frei sind, dass Sie selbst etwas tun können und weniger abhängig sind als in der vorangehenden Periode.

Der entscheidende Punkt bei der Entwicklung der Autonomie ist der, dass Sie weggehen, ›flüchten‹ können. Sobald Sie krabbeln und laufen können, sind Sie in der Lage, sich auf der körperlich-leiblichen Ebene von Ihrer Mutter zu lösen. Das ist eine unglaubliche Erfahrung! Sie brauchen nicht mehr abzuwarten, bis Sie hochgehoben werden! Plötzlich können Sie selbst etwas tun! Und durch dieses Tun entsteht ein anderes Ich-Gefühl. Der Qualität des Seins wird die Qualität des Tuns hinzugefügt. Damit geht oft etwas vom Seins-Gefühl verloren, vor allem wenn Ihre Eltern dem Tun eine besonders starke Betonung mitgeben (meistens weil sie selbst Angst davor haben, zu *sein*). Doch von Natur aus möchte das Kind zwischen beiden Polen hin und her wechseln. Es will kurz bei den Eltern sein und danach irgendetwas tun, um wieder zum Selbst-Sein zurückzukehren. So bleibt es in Verbindung mit beiden Qualitäten.

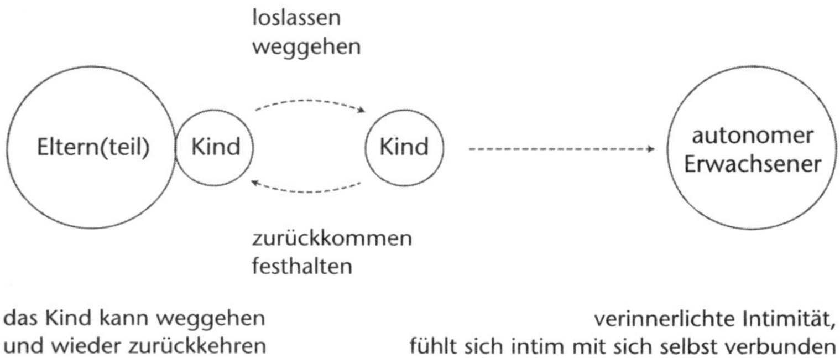

Sich lösen und zurückkehren

Die Bedeutung des Sich-Lösens, des Weggehens und Wieder-zurück-Kommens ist enorm. Vor dieser Zeit haben Sie als Kind beim ›Kuckuck‹-Spielen bereits gelernt, dass ein Elternteil kurz weg sein kann, dass dies jedoch nicht bedeutet, dass er oder sie für immer verschwunden ist. Dadurch haben Sie gelernt, diesen Elternteil zu verinnerlichen und auf diese innere Gegenwart zu vertrauen, auch wenn Sie den Betreffenden nicht sehen. Wenn Sie dies nicht lernen würden, könnten Sie als Erwachsener nicht überleben. Stellen Sie sich einmal vor, dass alles, was Sie in einem bestimmten Augenblick nicht erblicken, überhaupt nicht existierte! Dann wären Sie ständig in Panik. Wenn Sie auf der Toilette sitzen, hätten Sie dann plötzlich überhaupt kein Auto mehr, keine Frau, keine Kinder, keine Arbeit! Dies wäre unerträglich. Sie würden in einer psychiatrischen Klinik enden.

Der nächste Schritt besteht also darin, dass Sie selbst weggehen. Dies ist noch viel unheimlicher. Denn wenn Sie weglaufen und wiederkommen, stellt sich nicht nur die Frage, ob Ihre Eltern noch da sind, sondern ob sie Ihnen noch Sicherheit bieten und Sie nach wie vor lieben. Sie brauchen sehr viel Zeit, dieses Grundvertrauen zu entwickeln. Sie tun dies im Allgemeinen schrittweise. Sie laufen ein Stückchen weg, blicken sich um, laufen zurück, laufen wieder ein Stückchen weg, dann wieder zurück, und schließlich muss Sie Ihre Mutter ganz kurz einmal richtig festhalten. Sie nur zu sehen wäre ungenügend, denn aus der Wiege heraus sahen Sie sie auch schon, und doch war sie dann immer wieder plötzlich verschwunden. Erst wenn Sie sie mit den Händen festhalten können, ist sie wirklich da!

Wenn Sie spüren, dass sie Sie immer noch liebt, werden Sie sich trauen, immer weiter wegzugehen; erst werden Sie sich aus dem Gesichtsfeld begeben, schließlich dann durch eine Tür gehen, das Haus verlassen und so weiter. Weggehen und wiederkommen und dabei spüren, dass dies in Ordnung ist – all das ist ein langsamer Lernprozess, bei dem die Reaktion der Eltern eine ganz entscheidende Rolle spielt. Die Beobachtung lehrt, dass das Kind die Eltern ständig im Bewusstsein behält und unmittelbar auf Signale reagiert, die ihm mitteilen, dass etwas nicht in Ordnung bzw. unsicher ist. Wenn also Ihre Mutter sehr ängstlich oder überbesorgt ist, werden Sie als Kind darauf reagiert haben. Doch Sie reagierten damals auf das Gefühl der Mutter und nicht aus Ihrem eigenen Gefühl heraus. Damit entsteht eine Spaltung zwischen dem, was Sie selbst fühlen, und dem, wovon Ihre Mutter meint, wie Sie sich zu verhalten haben. Eine Spaltung, aus der später, wenn Sie erwachsen sind, viel Verwirrung hervorgehen kann.

Wenn alles gut und ohne Pannen verlief, haben Sie die Erfahrung gemacht, dass der andere Sie auch dann mochte, wenn Sie weggingen, ja sogar dann, wenn Sie etwas Verbotenes taten. Dies ist ein nächster Lernschritt. Während Sie alles Mögliche erkundeten, entdeckten Sie, was erlaubt war und was nicht. Sie widersetzten sich, waren mit Absicht ungehorsam, und so lernten Sie, mit Ihren Eltern zu ›kämpfen‹. Sie wurden zurechtgewiesen oder bekamen sogar eine Strafe (dann sind Sie einen kurzen Moment lang völlig von Ihren Eltern getrennt), was noch schlimmer war. Doch wenn Ihre Eltern Sie strafen, während Sie gleichzeitig die Verbindung mit ihnen aufrecht erhalten, spüren Sie, dass Strafe nicht bedeutet, dass Mama oder Papa Sie ›nicht mehr mag‹!

Wenn diese Phase einigermaßen gut verlaufen ist, können Sie das Gefühl der Sicherheit (»Ich werde nicht neben den Papierkorb in die Ecke gestellt!«) und Liebe (»Was ich auch tue, sie mögen mich trotzdem!«) immer tiefer verinnerlichen; dadurch entsteht ein Gefühl des Selbstvertrauens und der Liebe zu sich selbst. Dies wiederum ist die Basis einer gesunden Entwicklung: Sie dürfen und können einfach Sie selbst sein – die Vollendung des ersten Zyklus aus Sicherheit, Intimität und Autonomie. Das ist von fundamentaler Bedeutung für den Rest Ihres Lebens. Wenn Sie in irgendeiner beliebigen Menschengruppe die Frage stellen, nach was Sie sich wirklich sehnen, lautet die Antwort meistens: »Danach, dass ich einfach ich selbst sein darf, einfach so sein kann, wie ich bin.« Dies ist wichtiger als Glück, denn Glück kann jederzeit umschlagen. Sie selbst sein zu *können* bedeutet dagegen, wirklich Sie selbst zu *sein*, was auch immer die Umstände mit sich bringen mögen.

Wo steckt Ihr Wille?

In dem Moment, da Sie krabbeln und laufen lernen, verändert sich die Welt. Zunächst erfuhren Sie alles aus einer horizontalen Position und plötzlich stehen Sie aufrecht. Das ist ein unglaubliches Abenteuer. Sie halten sich an einem Stuhl oder einer Tischkante fest und richten sich ein wenig auf. Sie beugen ein Bein, verlagern Ihr Gewicht, und dann strecken Sie mit der größtmöglichen Anstrengung dieses Bein und schieben Ihren Körper in die Höhe, bis Sie das andere Bein gebrauchen können – und plötzlich stehen Sie! Erst halten Sie sich noch am Tisch fest, doch dann trauen Sie sich auch, diesen einen Moment lang loszulassen und vollführen ein paar wacklige Schritte. Dies ist spannender als die Besteigung eines Gipfels im Himalaja! Aus einer ziemlich machtlosen Position, in der Sie immerzu abwarten mussten, was Ihnen dargereicht wurde, können Sie sich plötzlich einer Sache hinbegeben, Sie können *in Aktion kommen.* Sie ergreifen einen runden Gegenstand, in dem alle möglichen anderen Gegenstände liegen, die sehr schöne Farben haben, und ziehen ihn zu sich hin. Und plötzlich spüren Sie, dass alles nass ist, es liegt viel Wasser auf dem Tisch, und in diesem Wasser treiben diese schönen farbigen Gegenstände. Das ist noch viel schöner, als in die Badewanne zu gehen! Doch warum schauen jetzt plötzlich alle so böse und Sie werden vom Tisch entfernt? Das versetzt Ihnen einen Schreck. Vielleicht sollten Sie dies lieber nicht mehr tun.

Sobald Sie laufen können, können Sie plötzlich Entscheidungen treffen. Das ist etwas Neues. Vorher konnten Sie sich vielleicht durch Strampeln gegen dies und das wehren, doch Sie konnten nicht weg. Jetzt können Sie plötzlich irgendwohin laufen. Wenn jemand Sie auf seinen Schoß setzen will, obwohl Sie keine Lust dazu haben, können sie herunterklettern, weglaufen und zu jemand anderem gehen. Sie lernen, dass Entscheidungen nicht nur für Sie getroffen werden, sondern dass Sie sie *selbst* treffen können. Damit werden Sie plötzlich *zum Zentrum Ihrer eigenen Welt,* ihrer eigenen konkreten Lebenswelt.

Für das Baby ist die Wirklichkeit noch von sehr flüchtiger Natur. Eigentlich erfahren Sie die Welt noch so, wie sie ist: Licht, Formen, Farben, lauter Erscheinungen, die alle sehr transparent sind. Sobald Sie etwas berühren können, wird es konkreter, echter. Das Berühren fühlt sich echter an als das reine Sehen, weil der Gegenstand dadurch genauso echt wird wie Ihr eigener Körper. Und diese Echtheitsempfindung verbinden Sie als Kind daraufhin auch mit allem, was Sie sehen. Das bedeutet, dass Ihre Welt konkreter wird, schwerer, fester, dass sie immer mehr aus Dingen als aus reinem Raum besteht. Eine Mauer, die Sie sehen, erhält den ›Geschmack‹ von etwas, durch das Sie nicht hindurchkönnen (anders als ein Vorhang). Zum Teil ist das die Wirklichkeit, so wie sie ist, andererseits ist diese Echtheit auch eine Illusion. Denn diese Mauer gebietet Ihnen nicht Einhalt, wenn Sie sie sehen, dies geschieht erst, wenn Sie gegen sie laufen! Und allmählich beginnt diese *Illusion der Echtheit* auch Ihre inneren Bilder zu durchdringen.

Dies hat weitgehende Konsequenzen, denn es bedeutet, dass eine wütende Mutter, auch wenn sie nicht da ist und Sie nur an sie denken, eine ganz konkrete wütende Mutter ist, vor der Sie Angst haben. Ihre inneren Bilder nehmen denselben Illusionscharakter der Echtheit an. Als Eltern kennen Sie das. Sie spüren, dass die Welt, die Sie für Ihr Kind schaffen, für das Kind Wirklichkeit ist. Trolle, Hexen, Zwerge, der Nikolaus – alles ist gleich echt. Und als Eltern können Sie damit spielen, Sie können die Welt wie ein Spiel erscheinen lassen. Sie können das, was Sie erzählen, verbieten und so weiter, wie ein Spiel darbieten. Aber Sie können die Welt für Ihr Kind auch sehr bedrohlich und Angst erregend werden lassen. Das Kind wird ihnen zunächst einmal bedingungslos glauben. Und wenn die Welt, die uns umgibt, als etwas Bedrohliches dargestellt wird, wird allmählich alles bedrohlich und Angst erregend. Dies gilt für die äußere Welt, doch genauso auch für die innere.

Im Entdecken Ihrer Eigenheit entdecken Sie auch Ihre eigene, persönliche Konkretheit. Dadurch verlieren Sie einen Teil der magischen, transparenten Welt des Kindes. Doch *wie konkret* alles dann wird und ob diese Konkretheit mit Bedrohlichkeit und Angst gekoppelt ist – das wird zum großen Teil durch die Art und Weise bestimmt, wie Ihre Eltern damit umgehen. Sie können vielleicht beobachten, wie Sie sich als Kind dem widersetzten. Sie bauten eine Hütte, in der Sie sich verstecken konnten, Sie schufen eine eigene Welt, zu der Ihre Eltern keinen Zugang hatten, Sie versteckten sich, um sich gegen die unerträgliche Konkretheit des Daseins zu schützen.

Dadurch, dass Sie plötzlich Ihre eigenen Entscheidungen treffen können, entdecken Sie auch, dass Sie etwas *wollen.* Sie entwickeln Ihren Willen. In erster Linie tun Sie das, indem Sie etwas *nicht* wollen, indem Sie Nein sagen. Meistens ist das erste Wort, das Sie verstehen, das Wörtchen Nein; und binnen kürzester Zeit lernen Sie, wie unglaublich mächtig die Wirkungen dieses Wortes sind. Indem Sie Nein sagen, legen Sie sich mit Ihren Eltern an. Und das ist sehr spannend. Davor konnten sie kreischen oder erstarren – jetzt können Sie weglaufen oder flüchten, und durch dieses Nein lernen Sie zu kämpfen: »Ich will das nicht!« Allmählich entwickeln Sie auf diese Weise Ihren eigenen Willen. Sie wollen zum Beispiel ein Eis, und wenn Sie es nicht bekommen, setzen Sie alles daran, es dennoch zu kriegen. Die Entwicklung des Willens ist besonders wichtig, weil Sie die Triebfeder hinter all Ihrem Handeln ist. Und an dieser Stelle beginnt der Kampf mit Ihren Eltern. Dürfen Sie etwas wollen? Auf welche Weise zeigen Ihre Eltern Ihnen die Grenzen? Gaben sie Ihnen zu viel Freiheit, sodass Sie alles, was Sie wollten, einfach bekamen? Dann waren Sie sehr verwöhnt und konnten Ihren eigenen Willen nicht entwickeln; denn um Ihren Willen zu entwickeln, müssen Sie auch kämpfen lernen, Widerstand spüren. Oder wurde Ihr Wille gebrochen, wurden Sie erpresst, streng bestraft, ausgelacht oder bedroht? Oder durften Sie überhaupt nichts wollen?

Eltern benutzen das Mittel der Drohung mit etwas Angst Erregendem häufig als Teil ihrer Erziehung. Statt zu sagen: »Wenn du das Gemüse nicht isst, bekommst du keinen Nachtisch«, und sich dann daran zu halten, können Eltern damit drohen, dass sie Sie wegjagen, den Müllmännern mitgeben oder, noch schlimmer, Aggression und körperliche Züchtigung einsetzen, um ihren Willen durchzudrücken. Oder sie können Sie so demütigen und erniedrigen, dass Sie sich lieber anpassen. »Du bist wie deine kleine Schwester. Ich dachte, dass du ein großer Junge wärst.« Alle Eltern machen sich in dieser Beziehung manchmal schuldig, doch wenn dies systematisch geschieht, wird ein Kind ängstlich, es zieht sich zurück oder wird gewalttätig.

Wie war es bei Ihnen zu Hause? Durften Sie etwas wollen? Trauten Sie sich zu sagen, was Sie wollten? Oder wurde das Wollen an sich bereits ins Lächerliche gezogen? Und wenn Sie etwas wollten (oder nicht wollten), wie gingen Sie dann damit um? Wie ging Ihre Mutter / Ihr Vater damit um? Wie wurde Ihr Wille gebrochen?

Das freie Kind

Wenn genügend Sicherheit und Intimität herrschten, besitzen Sie ein stabiles Fundament für die Entwicklung Ihrer Autonomie. Wenn Ihre Eltern es bejahen, dass Sie Ihren eigenen Willen zu entwickeln beginnen und Ihnen zwar Grenzen setzen, jedoch keinen Machtkampf daraus machen, Sie beim Entdecken der Welt unterstützen, Sie so weitgehend wie möglich selbst herausfinden lassen, was gefährlich ist, und Sie auch dann unterstützen, wenn etwas schief geht – dann entdecken Sie Ihre eigene Freiheit. In dieser Lebensphase ist es das Wichtigste, dass Sie unterstützt werden. Ihr Vater spielt in dieser Zeit eine wichtigere Rolle. Zunächst einmal fühlt er sich viel kräftiger an und ist häufig stärker und rauer als die Mutter. Sie können ihn herausfordern und mit ihm kämpfen und dadurch fühlen, wie stark Sie selbst sind. Das macht Sie sofort etwas unabhängiger von Ihrer Mutter. Außerdem werden Sie bemerken, dass Ihre Eltern nicht immer einer Meinung sind. Manchmal können Sie sie dann gegeneinander ausspielen, und das verschafft Ihnen noch mehr Freiheit.

In dieser Phase werden Sie auch immer ›wilder‹. Sie wollen Ihren Empfindungen Ausdruck verleihen, rennen, schreien, streiten, kämpfen, wagemutige Dinge tun. Was Sie in dieser Zeit brauchen, ist ein ganz bestimmter Spielraum, in dem Sie lernen können, was erlaubt ist und was nicht: dass Sie zwar durchaus einmal laut sein dürfen, auch schreien, doch nicht stundenlang ununterbrochen. Und wenn Sie diesen Raum bekommen, in dem Sie in freier Weise dem Ausdruck verleihen können, was Sie fühlen und wollen, so verstärkt das Ihr Gefühl des Vertrauens, der Eigenliebe und des Eigenwerts. Sie lernen zu entdecken, was ›sicher‹ ist und was ›unsicher‹ ist. Sie lernen, Ihre Kraft einzusetzen, Ihren Willen durchzusetzen, sich Grenzen zu setzen, Konfrontationen einzugehen, sich selbst zu behaupten und sich frei zu äußern. Alle diese Aspekte gehören zum ›freien Kind‹.

Jedes Mal, wenn mein zweijähriger Enkel bei mir übernachtete, lief er so gefährlich nah ans Wasser heran, dass ich ihn ständig festhalten musste, sonst wäre er hereingefallen. Ich hatte meiner Tochter schon gesagt, dass sie beim nächsten Mal Kleider zum Wechseln mitgeben sollte, weil ich ihn einfach einmal hineinfallen lassen wollte, sodass er lernen konnte, was der Rand von einem Bach genau ist. Schon die erste sich bietende Gelegenheit war ein Volltreffer. Wir kamen aus dem Supermarkt und liefen am Bach entlang. Er sah die Enten auf dem Wasser schwimmen und rannte auf sie zu. Ich bemerkte gleich, dass er viel zu schnell war, um noch rechtzeitig bremsen zu können. »Fall nicht rein!«, rief ich noch, doch er konnte gar nicht mehr anhalten und lief einfach ins Wasser hinein. Da stand er dann, bis zum Nacken im Wasser, ein Meter vom Ufer entfernt, und begann laut zu weinen. Ich hatte meine Einkaufstasche schon auf den Boden gestellt, rannte zu ihm, sprang in den Bach und zog ihn heraus. Tropfnass drückte ich ihn an mich. Da brach er in Lachen aus. »Opa nass! Opa nass!«, rief er. Seitdem hielt er immer brav kurz vor dem Rand des Baches an.

Wenn Sie als kleines Kind die Freiheit bekommen, so sein zu können, wie Sie sind, und Ihre Eltern Sie sowohl unterstützen als auch herausfordern, entwickeln Sie Ihren Willen. Die Lebenskraft, die aus dem Beckengebiet in den Bauch strömt, verwandelt sich dort in Willenskraft, die sich im Äußern Ihrer Emotionen, Ihrer Wut und Ihres Kummers manifestiert. Ihr Bauchbereich ist in dieser Lebenszeit (circa neun Monate bis circa vier Jahre) das Zentrum Ihrer Energie. Wenn Sie ein freies Kind spielen, laufen, rennen oder kämpfen sehen, können Sie beobachten, dass seine Lebendigkeit aus dem Beckenraum heraus in den Bauchbereich strömt. Dort sitzt seine Kraft. Darum wird in östlichen Kampfsportarten auch immer darauf hingewiesen, dass Sie Ihre Kraft aus dem Bauch kommen lassen sollen, weil dort Ihr Zentrum sitzt, Ihre *hara.*

Aus diesem Zentrum strömt Ihre Energie in die Beine (immer noch mit dem Ziel, fliehen zu können), in Ihre Schultern und

Arme (um kämpfen zu können) und in Ihren Kehlkopfbereich (um schreien zu können). Kinder finden es herrlich zu schreien, und wenn Sie daraus ein Spiel machen und zurückschreien, macht ihnen das großen Spaß. Wenn sie auf diese Weise als Kind den notwendigen Raum geboten bekommen, können sie ihre primärsten Reaktionen und Emotionen auf diese Weise direkt äußern. Das erspart ihnen im späteren Leben eine ganze Menge von Problemen. Denn wenn diese Dinge sich haben äußern können, sind sie auch ›abgehakt‹. Wenn Sie wegen irgendetwas wütend sind und diese Wut unmittelbar äußern können, ist die Sache damit erledigt und Sie brauchen sich nicht weiter damit zu beschäftigen. Die Energie aus ihrem Bauch strömt weiter in Arme und Stimme, um Sie dann zu verlassen. Wenn Sie sie nicht äußern, sickert diese ›Wut-Energie‹ in Ihr Herz hinein und allerlei sekundären und indirekten Emotionen werden geweckt, wie zum Beispiel Eifersucht, Groll, Negativität, Vorwürfe und so weiter. Damit kann der andere nichts anfangen, und das macht alles unnötig kompliziert. Wenn sich die Wut-Energie auch dort nicht äußern kann, drängt sie weiter bis in Ihren Kopf und wird zu ellenlangen Geschichten, die sich ständig wiederholen, im Kreise drehen und überhaupt keine Lösungen bieten.

Wenn das freie Kind in Ihnen sich entfalten kann, werden Sie auch ein freier Erwachsener sein. Doch die meisten Menschen sind bereits in ihrer Jugend in gewisser Weise ›gezähmt‹ worden. Sie haben das freie Kind gezwungenermaßen verleugnet und in den Schrank gesperrt. Sie haben gelernt, sich so zu verhalten, wie die Erwachsenen es gerne möchten. So haben sie gelernt, ihre eigene innere Kraft zurückzuhalten, sie haben sich selbst zu ›entkräften‹ gelernt und sind zu einem Schatten dessen geworden, der sie eigentlich sind. (Oder sie haben sich in eine totale Widerstandshaltung begeben und denken nun, dass sie ihren eigenen Weg gehen, doch eigentlich befinden sie sich immer noch in der Auseinandersetzung mit ihren Eltern, statt das zu tun, was sie eigentlich selbst wollen.) Wer sind Sie wirklich?

Wie sieht dieser ungezähmte Mensch eigentlich aus? Malen Sie sich einmal aus, dass Sie alles, was Sie aus Ihrem Bauch hervordrängen fühlen, aus sich herauswerfen. Stellen Sie sich vor, Sie machen mit allem Schluss, worauf Sie keine Lust haben. Stellen Sie sich vor, Sie erleben das Leben als ein Spiel, in dem Sie selbst bestimmen, was wichtig ist und was nicht. Wie lebt es sich dann? Was ist für Sie wirklich wichtig? Was macht Sie frei? Was gibt Ihnen Kraft? Welche Herausforderungen würden Sie gerne eingehen wollen?

Daher ist es so wichtig, sich als Erwachsener seine primären Emotionen, vor allem Wut, Angst, Kummer und Liebe, im wahrsten Sinne ›anzueignen‹ und zu äußern. Beginnen Sie damit in Momenten, in denen Sie allein sind und ungehindert Krach machen können, zum Beispiel im Auto oder an einem verlassenen Strand. Schreien Sie einmal aus sich heraus, was Sie wirklich über jemanden denken, Ihren Partner, Ihren Vater, Ihre Mutter, Ihren Chef, Ihre Kinder … Geben Sie allem, was in Ihnen hochkommt, den nötigen Raum. Es sind Ihre Emotionen, es ist Ihre Energie! Schmecken Sie einmal die Freiheit und Kraft, die Ihnen dies gibt, schmecken Sie, wir Sie von Ihrer Energie durchströmt werden, spüren Sie den Raum in Ihrem Kopf.

5. Das freie Kind im Erwachsenen hat noch immer allen Raum, den es braucht. Der freie Erwachsene äußerst seine primären Emotionen, wagt es, Konfrontationen anzugehen, geht seinen eigenen Weg, schert sich wenig um die Urteile anderer. Er kann sich anpassen, empfindet dies jedoch nicht immer als notwendig. Er übernimmt Verantwortung für seine eigenen Taten, Gefühle und Schmerzen und kann sich in andere hineinversetzen. Er spaltet sich nicht ab.

↑

4. Gefühle der Kraft, des Selbstvertrauens, des eigenen Willens, gesunde Selbstliebe. Positive Selbstbestätigung, positives Selbstbild. Schmerz und Negativität werden nicht auf andere projiziert. Klares Ich-Gefühl. Großes Maß an Selbstreflexion.

↑

3. Meine Energie darf frei strömen. Auch wenn ich etwas verkehrt mache oder wütend werde, mag man mich immer noch (man bricht nicht den Kontakt ab). Das Leben bietet ›Verhandlungsmasse‹. Ich wage es zu kämpfen und ich darf fliehen (mich zurückziehen).

↑

2. Eltern reagieren darauf mit Verständnis und positiv. Sie ermutigen Sie, sich zu äußern, doch sie setzen auch Grenzen fest. Sie stellen dem, was Sie wollen oder nicht wollen, einen Freiraum zur Verfügung, doch es gibt auch Dinge, die von ihnen gefordert werden. Etwaige Strafen behalten immer die Komponente des ›Spiels‹. Es herrscht keine Drohung oder Erpressung.

↑

1. Aus Vertrauen, Sicherheit und dem Gefühl, geliebt zu werden, verleihen Sie als Kind Ihren Gefühlen Ausdruck und lernen, was Sie selbst wollen. »Ich will ich selbst sein.«

Wenn das freie Kind genügend Raum bekommt.

Das angepasste Kind

Meistens aber ist die Situation nicht ganz so ideal. Statt dass die Eltern Ihnen halfen, Ihre Eigenart und Willenskraft zu entwickeln, wollten Sie, dass Sie sich anpassen. Sie hatten vor allem Angst und machten Sie darum noch ängstlicher und unsicherer, als Sie es bereits waren. Oder sie waren der Meinung, dass Sie so sein mussten, wie sie selbst gerne gewesen wären. Sie sollten verwirklichen, was ihnen nicht gelungen war. Also strengten Sie sich fürchterlich an und wurden besonders gut in den Dingen, die Ihr Vater hatte erreichen wollen. Oder Ihr Streben nach Eigenart wurde sehr stark eingedämmt und verhindert. Sie wurden unterdrückt, bestraft, geschlagen, und deswegen denken Sie, dass Sie überhaupt nichts wert sind. Das dahinter liegende Muster besteht, ganz allgemein gesprochen darin, dass Sie das, was Sie eigentlich sind – Ihre Essenz, Ihr wahres Selbst – ›weggeschlossen‹ haben, und sich stattdessen immer mehr so verhalten haben, wie es Ihrer Meinung nach von Ihnen erwartet wurde. Sie passten sich an. Das freie Kind schrumpfte, und an seine Stelle trat das angepasste Kind.

Das geschah mit uns allen, jeder passt sich mehr oder weniger an. Doch das Maß, in dem wir dies tun, kann sehr unterschiedlich sein. Natürlich ist es praktisch, mit Messer und Gabel essen zu können, doch es ist nicht notwendig, sich jederzeit untertänig zu verhalten und zu allem Ja zu sagen. Das geht zu weit. Und manchmal ähnelt das angepasste Kind überhaupt nicht mehr dem, der Sie eigentlich sind. Sie haben vergessen, was das freie Kind wollte oder wonach es sich sehnte. Vielleicht hegen Sie weiterhin einen Teil davon als Tagtraum, doch er bleibt Ihr ganzes Leben lang ein Traum.

Was sich dabei ereignet, ist, dass Sie sich gewissermaßen aufspalten und es dazu kommt, dass sich Ihr wahres Ich hinter der Maske des angepassten Ich versteckt. Manchmal entwickeln Sie sogar verschiedene Masken: eine gegenüber Ihrer Mutter, eine gegenüber Ihrem Vater, eine für die Schule und so weiter. Sie entwickeln eine bestimmte ›Persönlichkeit‹, doch eigentlich sind Sie jemand anders. Es kommt zu einer gewissen Spaltung als Reaktion auf die Art und Weise, wie mit Ihnen umgegangen wurde.

So entwickeln Sie notgedrungen ein ›unechtes Selbst‹, um so viel Anerkennung und Liebe wie möglich von Ihren Eltern zu erhalten. Doch damit sind Sie Ihrem echten, wahren Selbst nicht mehr treu. Sie verleugnen den, der Sie sind, und beginnen sich im Sinne bestimmter angelernter Muster zu verhalten. Und darum sind Sie auch niemals wirklich echt. Außerdem verlieren Sie das Vertrauen in Ihr echtes Selbst, was dazu führt, dass Sie sich dieses Vertrauen von außen verschaffen müssen. Dann leben Sie nicht mehr von innen nach außen, doch Sie achten ständig darauf, wie die Außenwelt reagiert: »Was werden sie wohl von mir denken? Ob ich gut aussehe? Ob sie mich wohl mögen? Finden sie mich gut? Bin ich okay?«

Statt aus dem eigenen ›Ich-bin‹-Gefühl zu leben und auf es zu vertrauen, suchen Sie immer stärker die Bestätigung von außen. Doch diese Bestätigung gibt Ihnen niemals wirkliches Selbstvertrauen. Denn dieses ursprüngliche Selbstvertrauen haben Sie ja selbst wegschließen müssen. So muss diese Bestätigung ständig wiederholt werden. Und so entfernen Sie sich immer weiter von sich selbst. Sie passen sich immer mehr an. Doch untergründig fühlen Sie sich leer, antriebslos, frustriert, traurig – und in einer noch tieferen Schicht oft sehr wütend.

Sobald Sie als Kind sprechen lernen und verstehen, was gesagt wird, entsteht eine ganz andere Art von Spaltung. Sie bemerken rasch, dass die Wirklichkeit, die Sie erfahren, anders ist als diejenige, die durch Worte suggeriert wird. Ihre Mutter ist verbal vielleicht sehr freundlich, doch hinter dieser Freundlichkeit spüren Sie ihre Wut oder ihren Kummer. So etwas ereignet sich ständig. Erwachsene sind selten ehrlich. Also werden Sie ständig mit verschiedenen Wirklichkeiten konfrontiert, die nicht miteinander übereinstimmen. Dies ist sehr verwirrend. Doch nach einiger Zeit lernen Sie als Kind, diese Tatsache auf Ihre eigene Weise zu nutzen. Sie bemerken zum Beispiel, dass Sie etwas sagen können, was Sie innerlich gar nicht spüren, wodurch Sie jedoch Ihren Willen bekommen.

Außerdem bietet die Sprache die Möglichkeit, auf Dinge zu verweisen, die nicht da sind. Ihre Eltern tun das, indem sie beispielsweise drohen: »Wenn du nicht still bist, bekommst du einen hinter die Löffel.« Auch das ist verwirrend, denn manchmal sind Sie nicht still und bekommen dennoch keinen hinter die Löffel, oder Sie sind zwar still, aber ziehen Ihre kleine Schwester an den Zöpfen und werden plötzlich ohne Ankündigung bestraft. Auch diese Tatsache lernen Sie zu nutzen. Sie lernen, wegen irgendetwas zu nerven (ein Eis ...), was nicht da ist. Dies alles macht das Leben etwas weniger direkt, weniger ehrlich und, vor allem, weniger echt.

Blicken Sie einmal auf Ihre Jugend zurück. Wie wurde auf Ihr Autonomiestreben reagiert? Wie benahmen sich Ihr Vater, Ihre Mutter, ein älterer Bruder oder eine ältere Schwester? Was strahlten sie aus? Welcher Art waren die Botschaften, die Ihnen vermittelt wurden? Wie wurde Ihre Willenskraft untergraben, gezähmt, verboten, bestraft?

Bei den beiden ersten großen Themen – Sicherheit und Intimität – waren die Verwundungen, die entstehen können, noch ziemlich einfacher Natur: Entweder gab es Sicherheit oder nicht, es gab Intimität oder nicht. Bei dem Thema der Autonomie ist die Sache komplizierter: Eltern reagieren unterschiedlich auf das Streben nach Autonomie, weil viel mehr Faktoren dabei eine Rolle spielen. Ihre Eltern konnten Ihnen vielleicht zwar Sicherheit und Intimität bieten, doch das muss nicht bedeuten, dass sie Sie auch loslassen konnten. Und außerdem mussten sie Sie nicht nur loslassen, sondern Ihnen auch Grenzen setzen können – ein Prozess, der sich fortsetzt, bis Sie Ihr Elternhaus definitiv verlassen. Außerdem haben Eltern oft sehr unterschiedliche Vorstellungen und Gefühle in Bezug auf diesen Prozess. Grundsätzlich gibt es jedoch drei Reaktionsweisen auf das Autonomiestreben, die besonders häufig vorkommen. Diese drei Reaktionsweisen können unterschiedliche Verwundungen verursacht und unterschiedliche Überlebensstrategien mobilisiert haben:

1. **Das vereinnahmte Kind.** Es werden wenig deutliche Grenzen gesetzt und Sie wurden stark als Besitz, als Eigentum Ihrer Eltern betrachtet. Sie mussten für sie da sein. Sie hatten überhaupt kein Bedürfnis, Ihnen Selbstständigkeit zuzugestehen. Die Außenwelt wurde darum oft als ›gefährlich‹ geschildert.

2. Das benutzte Kind. Sie mussten den Idealen Ihrer Eltern entsprechen, also war nichts gut genug. Es wurden ständig neue Forderungen an Sie gestellt, die Sie nicht erfüllen konnten. Und wenn Sie sie nicht erfüllten, dann waren auch Sie völlig wertlos, Sie wurden heruntergemacht, erniedrigt, ausgelacht oder erpresst.

3. Das unterworfene Kind. Ihre Eltern waren aggressiv und machten die Erziehung zu einem Machtkampf, dessen einziges Ziel darin bestand, dass Ihr Wille gebrochen wurde und Sie sich geschlagen gaben. Alles geschah unter Zwang und aus Aggression heraus.

Das vereinnahmte Kind

Auch wenn Ihre Eltern Ihnen in der ersten Lebensperiode genügend Sicherheit und Intimität vermitteln konnten, kann es doch sein, dass Ihre Existenz einen großen Teil ihrer Leere füllte. Für die Geborgenheit, die Sie (meistens seitens Ihrer Mutter) empfingen, gaben Sie Ihnen natürlich auch viel zurück, wie zum Beispiel Liebe, Wärme und Nähe. Es kann sein, dass Ihre Mutter aus einem eigenen Mangelerlebnis heraus ein besonders starkes Bedürfnis danach hatte, oder dass sie wenig Intimität von ihrem Vater vermittelt bekam. Als Sie dann begannen, sich immer mehr von Ihren Eltern zu lösen, fand Ihre Mutter das überhaupt nicht angenehm. Sie wollte zwar, dass Sie auf ihren Schoß krochen, sodass sie Sie hätscheln konnte, jedoch nicht, dass Sie sich loswanden und die Welt erkundeten. Es war nicht ihre Absicht, die gesunde Symbiose zu zerstören, sondern sie versuchte vielmehr, Sie auf alle möglichen Arten und Weisen bei sich zu behalten – in einer Verbindung, die nicht unbedingt heilsam ist und darum als ›ungesunde Symbiose‹ bezeichnet wird.

Meistens ist es die Mutter, die aus ihrem eigenen Bedürfnis heraus das Kind nicht loslassen möchte. Und die beste Methode, das Kind abhängig zu machen, besteht darin, die Umgebung als besonders gefährlich darzustellen. Alles ist bedrohlich, voller Gefahren, und es kann immer schlecht ausgehen: »Nicht auf einen Stuhl steigen, kein Messer festhalten, auch eine Gabel ist gefährlich, pass auf mit Feuer …«, und so weiter und so fort. Als Kind begreifen Sie diese

Botschaften am Anfang noch nicht, sondern Sie reagieren primär auf die Angst und die Schreckreaktion der Mutter. Ihr Körper reagiert mit einer eigenen Schreckreaktion, und auf diese Weise wird jeder Impuls, etwas Neues zu entdecken, abgeblockt.

Weil Sie nicht selbst entdecken, dass beispielsweise Feuer heiß ist, verstehen Sie nicht, was wirklich gefährlich ist. Sie wissen, dass Ihre Mutter durch irgendetwas in Panik gerät, doch Sie wissen nicht warum! Sie verstricken sich immer mehr in das Leben und die Ängste Ihrer Mutter, und dabei wird es immer undeutlicher, was Sie selbst fühlen oder wollen. Dadurch vertrauen Sie Ihren eigenen Intuitionen und Ihrem eigenen Lernprozess immer weniger. Und genau dies ist auch die Absicht. Ihre Mutter konfisziert sie. Sie betrachtet Sie als einen Teil ihrer selbst. »Ich weiß, was das Beste für dich ist«, lautet ihre Botschaft. Und damit macht sie Sie fortwährend abhängig.

Ihre Überbesorgnis kann auf eigenen Ängsten basieren, doch meistens liegt dahinter eine etwas größere, verborgen bleibende Geschichte. Meistens hatte Ihre Mutter selbst wenig eigene Interessen und Sie füllten auf angenehme Weise ihren Tag aus. Oder ihr fehlte vieles in der Beziehung mit Ihrem Vater. Wenn Ihr Vater mit Ihrer Mutter wenig Intimität pflegte, besteht die Reaktion der Mutter oft darin, dass sie sich auf ihr Kind stürzt. Das gehört wenigstens ihr! Ihr Ehemann gehört ihr nicht, doch das Kind gehört ihr. Und wenn es dann auch noch ein Junge ist, kann das Verhältnis äußerst ungesunde Ausmaße annehmen.

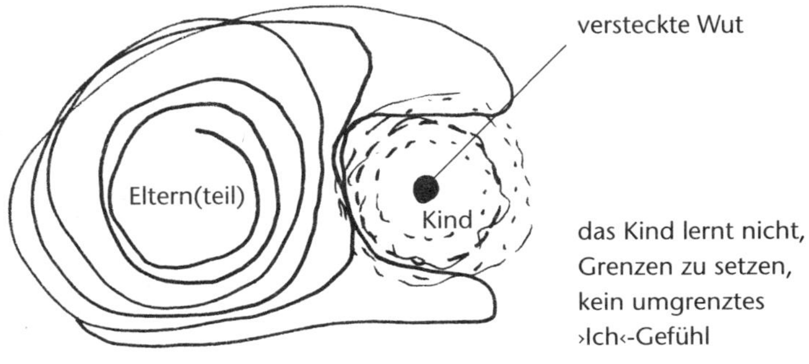

Das vereinnahmte Kind

Während Sie also zu wenig Spielraum erhielten, Ihre eigene Willenskraft zu entwickeln, überschritt Ihre Mutter auch ständig ihre Grenzen, indem sie in Ihre Lebenswelt eindrang. Oft geht dies Hand in Hand mit sonstigem überbesorgten und zwanghaften Verhalten wie zum Beispiel übertriebenem Putzen. Wenn Sie immer besonders saubere Hände haben mussten, bedeutet das auch, dass Sie Ihre Hände niemals schmutzig machen und nichts anfassen durften. Wenn Ihr Spielzeug ständig aufgeräumt werden musste, konnten Sie gar nicht wirklich damit spielen. Für ein kleines Kind ist das etwas ganz Unangenehmes. Immer wieder dieser nasse Waschlappen, mit dem in Ihrem Gesicht herumgefahren wird, und immerzu diese Warnungen – das untergräbt vollständig das Gefühl dessen, wer Sie selbst sind. So wird es sehr schwierig, ein deutlich umschriebenes Ich-Gefühl zu entwickeln.

Später kann die angebliche ›Besorgnis‹ Ihrer Mutter ihr den Vorwand liefern, in jedem Moment Ihr Zimmer zu betreten, Ihre Schreibtischschubladen zu reinigen, in Ihren Briefen und Tagebüchern herumzuschnüffeln und so weiter. Diese weit gehende Grenzüberschreitung, ja Grenzenlosigkeit, untergräbt jeden Versuch, eine Grenze zu ziehen und diese auch zu bewachen. Denn ein wichtiger Faktor in der Entwicklung der persönlichen Autonomie besteht im Errichten und Verteidigen von Grenzen. Wenn Ihre Mutter diese nie respektiert hat, brauchten Sie dafür die Unterstützung Ihres Vaters; doch es ist noch die Frage, ob er Lust hatte, Sie zu unterstützen. Der Partner eines ›grenzenlosen‹ Elternteils ist in den meisten Fällen selbst nicht in der Lage, seine eigenen Grenzen zu bewachen, geschweige denn, Ihnen zu helfen, die Ihren zu verteidigen.

> Meine Mutter kaufte immer meine Kleider für mich. »Das tue ich für dich«, sagte sie, »dann brauchst du nicht mit in den Laden zu kommen, denn das findest du doch immer so doof.« Ich hatte schlechte Augen und musste darum eine ganz besonders teure Brille tragen. Jeden Tag bekam ich deswegen Warnungen zu hören. »Sei vorsichtig. Raufe nicht mit anderen, verstanden! Pass auf, dass du nicht hinfällst, es ist eine ganz besonders teure Brille.«
>
> *(Mann, 27 Jahre)*

Bei Mädchen liegt die Sache anscheinend etwas anders. Meistens ist eine ›grenzenlose‹ Mutter der Ansicht, dass ihre Tochter quasi eine Verlängerung ihrer selbst ist. So projiziert all ihre Sorgen, zwanghaften Verhaltensweisen und (irrealen) Ängste auf Sie und schickt dabei noch einige Botschaften mit: »Benimm dich anständig. Sorge dafür, dass du gut aussiehst. Stell dich nicht so an«, und so weiter. Viele solche Botschaften beziehen sich auf das äußere Verhalten, vor allem im Hinblick auf die eigene Familie und die Nachbarn. Die Betonung des Äußerlichen entfremdet Sie Ihrer ursprünglichen Verbindung mit Ihrer eigenen Innenwelt und hemmt die Fähigkeit, etwas von innen heraus zu erfahren. Sie lernen, sich selbst durch die Augen imaginärer Dritter zu betrachten (eigentlich sind es die Augen Ihrer Mutter). Und sobald Sie etwas älter geworden sind, geht es weiter mit allen möglichen Botschaften, die sich auf Jungen beziehen und darauf, wie gefährlich sie angeblich sind. Meistens bedeutet das eine Einmischung in Ihre Privatwelt, in welcher Weise auch immer.

Meistens wird sich Ihr Vater wenig engagieren, denn er ist heilfroh, dass die Sucht Ihrer Mutter, sich überall einzumischen, sich auf Ihnen entlädt und dadurch etwas weniger auf ihn selbst. Es kann also sein, dass eine grenzenlose Mutter einen fast abwesenden oder zumindest verschlossenen Vater als Partner wählt. Doch manchmal ist die Grenzenlosigkeit ein Bestandteil der gesamten Familienstruktur geworden. Das kann sehr weit gehen, ohne dass es Ihnen als Kind deutlich ist; auch als Erwachsener begreifen Sie nicht ohne weiteres, welchen Einfluss es auf Sie hatte.

Wenn ich heute zu meinen Eltern komme und unter die Dusche gehe, läuft mein Vater einfach mit ins Bad, weil er es »gemütlich« findet, sich mit mir unterhalten zu können. Manchmal geht auch meine Mutter mit, und dann stehen meine Eltern da, während ich mich ausziehe und unter die Dusche gehe, weil sie es angeblich »so gemütlich« finden. Früher durfte ich zum Beispiel beim Klo niemals die Tür verriegeln. Und wenn ich dann auf dem Klo saß, kam immer mein Vater nachschauen, ob noch genügend

Klopapier da war und so weiter. Als ich später menstruierte und die Klotür abschließen wollte, wurde das Ganze dermaßen ins Lächerliche gezogen, dass ich die Tür lieber unverschlossen gelassen habe.

(Frau, 24 Jahre)

Weil dieses Verhalten äußerlich betrachtet wie Fürsorglichkeit aussieht, ist es oft undeutlich. Sie denken manchmal, dass Sie eine schöne, intime, von Fürsorge geprägte Jugend gehabt haben. Sie konnten sich über nichts beklagen (das wurde Ihnen auch oft gesagt). Doch Sie verstehen nicht, warum Sie heute niemals Nein sagen, keinerlei Grenzen setzen können und warum es ihnen nicht gelingt, einen Ort zu schaffen, der nur für Sie da ist. Doch wenn Sie mit geschärftem Blick zurückschauen, werden Sie erkennen, dass Sie damals ständig manipuliert wurden und keinerlei persönliche Grenzen errichten durften.

Das Verwirrendste dabei ist, dass Sie, weil Ihnen alles so ›liebevoll‹ aufgenötigt wurde, jedes Gefühl dafür, was ›richtig‹ ist, verloren haben. Weil der unaufhörliche Zwang unter dem Deckmantel der Fürsorglichkeit und Liebe über sie gestülpt wurde, konnten Sie dagegen auch nicht wirklich in Aufstand geraten. Außerdem vermittelt diese ungesunde symbiotische Sucht, sich einzumischen, kein Gefühl eines echten, wirklichen Kontakts. Echter Kontakt entsteht an der Grenze, dort, wo Sie dem anderen begegnen. Wenn der andere jedoch ungefragt in Sie eindringt, so sieht das zunächst wie ein ganz intimer Vorgang aus, doch eigentlich ist er kontaktlos. Das ist für ein Kind sehr verwirrend. Allmählich denken Sie dann, dass Sie selbst verrückt sind. Sie beginnen an allem zu zweifeln und verlieren jegliches konkrete Gefühl dafür, wer Sie selbst sind. Und das ist die unbewusste Triebfeder hinter dem Verhalten des Elternteils. Es geht ihm überhaupt nicht darum, dass Sie Sie selbst werden und ein eigenes Ich entwickeln. Denn das wäre für ihn nur gefährlich.

Diese ungesunde und grenzenlose Sucht, sich in alles einzumischen, erstreckte sich häufig auch auf die Bereiche des Essens und der Hygiene. In Bezug auf das Essen bestimmten Ihre Eltern, was

Sie essen durften und vor allem wie viel. Wie auch alle sonstigen Botschaften wurde Ihnen einfach alles in den Hals hineingewürgt. Sie hatten es eben zu schlucken. »Schluck nur runter, brav, braves Kind.« Es wurde alles in Sie hineingestopft, ohne die geringste Rücksicht auf Ihr Nein. Dieses Nein wurde nicht öffentlich bekämpft. Streit war überhaupt tabu. Sie wurden verführt, erpresst, bestochen, manipuliert. »Wir wollen nur deine Bestes … Mama wird so traurig, wenn du das nicht tust … Sonst bist du nicht mehr Papas tüchtige Tochter«, und so weiter. Jede Gegenwehr wurde auf diese Art im Keim erstickt.

Nicht nur aus dem Essen wurde ein Problem gemacht, dasselbe galt auch für Ihre Ausscheidungen. Kot war etwas sehr Schmutziges, und es war von größter Bedeutung, dass Sie so schnell wie möglich sauber waren. Ihre Mutter ließ Sie beispielsweise zwei Stunden lang auf einem Töpfchen sitzen. Dabei wurde natürlich gedroht, denn kein Kind bleibt länger als eine Minute still sitzen. Oder es gab andere Zwangsmaßnahmen, um das sehr junge Kind zur Sauberkeit zu bringen. Doch ein Kind kann erst, wenn es etwa zwei bis drei Jahre alt geworden ist, die Schließmuskeln im Anus anspannen, also lernten Sie, Ihren gesamten Beckenboden anzuspannen, um ja nicht in die Hose zu machen. Dadurch haben Sie gelernt, Ihr Gesäß anzuspannen und zusammenzukneifen, um Ihre Ausscheidungen bei sich zu halten, und das tun Sie heute wahrscheinlich immer noch.

Das Wichtigste an diesem ganzen Prozess ist, dass das vereinnahmte Kind die Verbindung mit sich selbst verliert, es hat niemals gelernt, Grenzen abzustecken und zu verteidigen und eine Konfrontation einzugehen. Darum herrscht eine ständige Verwirrung darüber, wer Sie selbst sind, was Sie wollen und was der andere ist und will. Statt ein selbstständiges, abgegrenztes und stabiles Ich zu sein, sind Sie gleichsam ein Tropfen Tinte, der in eine Wasserschüssel fällt.

Der ›grenzenlose‹ Erwachsene

Weil Sie als Kind von Ihren Eltern abhängig gemacht worden sind, bleiben Sie auch als Erwachsener sehr abhängig von der Beziehung, die Sie zu anderen haben. Sie sind ständig mit ›den anderen‹ beschäftigt: wie der andere schaut, was er tut, fühlt, ausstrahlt. Die positive Seite davon ist, dass Sie sehr sensibel sind. Sie spüren alles. Aber es ist auch sehr schwierig, sich dem zu entziehen. Gefühle und Atmosphären dringen viel zu tief in Ihr Inneres ein und bestimmen stark, wie Sie sich fühlen. Solange alles gut geht, kann dies tiefe Beziehungen ergeben, doch wenn irgendwo ein Sprung entsteht, schlägt die Panik zu.

Das kommt daher, dass Sie das Gefühl haben, der andere bestimme Sie, und dies macht Sie emotional verletzlich und abhängig. Der andere ist sozusagen immer der Stärkere. Sie sind wie ein rohes Ei ohne Schale. Es fühlt sich an, als hätten Sie keine Haut, keinen Schutz, und das macht Sie emotional verletzlich. Weil Ihre Gefühle so vom anderen abhängig sind, fühlen Sie sich instabil oder wackelig. Und das stimmt auch. Sie haben niemals die Chance gehabt, Stabilität und Stehvermögen zu entwickeln. Sie haben nie die Chance bekommen, eine kräftige Schale auszubilden. Sie haben nie gelernt, eine Mauer hochzuziehen und selbst zu bestimmen, wer hindurch darf und wer nicht. Das vermittelt ein Gefühl des Verlorenseins, als lösten Sie sich in einem grenzenlosen Raum ohne Boden, ohne Schutz und ohne Halt auf.

Weil Ihre Willenskraft sich nicht entwickeln durfte, wissen Sie auch nicht, was Sie wollen. Es ist schwierig, ein Studienfach oder Hobby zu wählen oder andere Entscheidungen zu treffen. Sie wissen nicht, was für Sie wirklich wichtig ist. Das macht Sie ziemlich richtungslos. Aus dieser Richtungslosigkeit heraus sind Sie leicht zu beeinflussen oder zu manipulieren. Es kann sein, dass Sie deswegen Ihr Heil bei einer spirituellen oder politischen Bewegung suchen, die Ihnen wenigstens eine deutliche Identität und Richtung verschafft. Dem können Sie sich dann völlig hingeben. Innerhalb dieser Grenze fühlen Sie sich sicher. Doch wenn Sie wieder austreten, fühlen Sie sich genauso leer wie zuvor, und es besteht die Gefahr, dass Sie dann wirklich in eine Krise geraten.

Weil Sie nicht wissen, was Sie selbst wollen, ist es oft schwierig, etwas für sich selbst zu tun, zu schaffen, hervorzubringen. Tief in Ihrem Inneren haben Sie nämlich das Gefühl entwickelt, dass

Sie eigentlich gar nicht zählen. Wie erfolgreich Sie auch sein mögen – sobald ein anderer bei Ihnen auch nur einen kleinen Minuspunkt geltend macht, haben Sie jedes Erfolgsgefühl sofort wieder verloren. Kritik dringt tief in Sie ein, auch weil Sie selbst es beim anderen nicht unterlassen können. Und Sie trauen sich schon gar nicht, die Kritik zurückzuweisen, wütend zu werden, den anderen auszuschimpfen, denn wenn der andere verschwindet, sind Sie wieder allein, und das Alleinsein fühlt sich wegen der enormen Grenzenlosigkeit, in der Sie leben, heimatlos an.

Um zu erreichen, dass der andere bleibt, beginnen Sie für ihn zu sorgen. Meistens haben Sie das in Ihrer Jugend auch bereits getan. Überbesorgte Eltern erzeugen ängstliche und überdurchschnittlich fürsorgliche Kinder. Zum einen Teil, weil Sie sich als Kind die ›Fürsorglichkeit‹ Ihrer Mutter zu Eigen gemacht haben und es nicht anders wussten, als dass es so sein müsse. Doch auch Ihre erhöhte Sensibilität für das, was sich im anderen vollzieht, führt dazu, dass Sie sich deren Probleme zu Herzen nehmen, sie auf sich nehmen und für sie zu lösen versuchen. Diese Fürsorglichkeit wird zu einer inneren Haltung, durch die Sie plötzlich etwas für den anderen bedeuten, und Sie können auf dem Wege dieser Fürsorglichkeit den anderen kontrollieren, statt den natürlichen Weg zu gehen, indem Sie sich verbinden und Grenzen definieren. Indem Sie extrem für den anderen sorgen, können Sie Ihre eigene Grenzenlosigkeit ausleben und den anderen von sich abhängig machen. Doch wenn der andere irgendwann Ihre Fürsorglichkeit zurückweist, fühlen Sie sich in Verlegenheit gebracht. Wie sollen Sie dann den Kontakt aufrechterhalten?

Die Fürsorglichkeit kann auch einen sehr zwingenden Charakter annehmen. »Ich sorge gut für dich, aber dann musst du schon meinem Forderungspaket genügen.« Und weil Sie niemals gelernt haben, Ihre eigenen Grenzen deutlich zu machen, indem Sie Ihre Wut nutzen, sucht sich diese Wut andere Auswege. Sie ziehen sich völlig zurück, verfallen in passiven Widerstand, legen sich völlig quer, denken sich alle möglichen Argumente aus oder machen aus allem ein Drama. Ihre Passivität – nichts wollen, dauernde Einwände und körperliche Beschwerden – kann an sich schon sehr aggressive Formen annehmen. Doch weil Sie Ihre Aggression nicht offen äußern, sind Sie in dieser Beziehung nur schwer festzunageln. Sie sind ja so müde, depressiv, unglücklich, krank und so weiter. Doch darunter schlummert eine enorme Wut.

Die Willenskraft, autonom zu werden, ist gigantisch. Wenn sie systematisch als krankhaft betrachtet, gebrochen, vereinnahmt, bestochen oder erpresst wird, entsteht eine unbändige Wut. Und Wut war ohnehin immer tabu. Wie können Sie auch rasend wütend sein auf ›eine so liebe Mutter‹? Und dies macht Sie noch rasender. Doch die Wut muss, wie auch immer, zurückgehalten und beherrscht werden. Dies führt zu einer ständigen und verwirrenden Gegensätzlichkeit von Gefühlen, die Sie blockieren und machtlos machen. Damals bereits wussten Sie keinen Ausweg, und jetzt ist Ihre Mutter nicht da, doch es geht Ihnen immer noch so!

Auf der einen Seite herrscht eine enorme Sehnsucht nach Verschmelzung, weil Sie sich dann endlich sicher fühlen können; auf der anderen Seite steht diese enorme Wut darüber, dass Sie ständig so lieb und nett sein müssen und dadurch vom anderen abhängig werden. Sie brauchen den anderen und fühlen sich von ihm in die Enge getrieben. Dies verursacht eine Gespaltenheit in Ihnen, die meistens durch Reaktionen anderer noch verstärkt wird.

Wenn Sie selbst grenzenlos, symbiotisch, überfürsorglich und zwingend sind, kann dies bei Ihrem Partner Widerstand oder Aggression hervorrufen. Zum Teil, weil Sie allzu fraglos seine oder ihre Grenzen ignorieren und die Neigung haben, den anderen zu vereinnahmen. Zum Teil auch deswegen, weil Sie den anderen ›bemuttern‹ oder ›bevatern‹, ohne einen wirklich gleichwertigen Kontakt anzustreben. Zum Teil auch, weil der andere wiederum auf Ihre latente, zurückgestaute Wut reagiert. Wenn Sie bemerken, dass der andere wütend wird, werden Sie oft die Neigung haben, noch netter und fürsorglicher zu werden, aus Angst, ihn zu verlieren. Und vielleicht haben Sie ja auch Angst vor Ihrer eigenen Wut, die solange unterdrückt gewesen ist und jetzt als Rage oder reiner Vernichtungsdrang hervorbrechen könnte. Erst wenn Sie dieses Muster bei sich erkennen, können Sie den anderen bitten, Ihnen zu helfen, Ihre eigenen, natürlichen Grenzen zu finden, sie zu errichten und dann auch zu verteidigen.

Wenn Ihre Eltern grenzenlos waren, ist es später für Sie schwierig zu spüren, wo eine Grenze liegt und wo sie berechtigt ist. Sie brauchen dafür oft einen anderen Menschen, der Ihnen hilft zu fühlen, wenn es in Ordnung ist, Nein oder Stopp zu sagen. Der Ihnen dabei hilft, zu lernen, dem anderen an seiner Grenze zu begegnen, ohne ihn entweder in sich hineinzusaugen oder sich über ihn zu stülpen.

Schema 3 A

AUTONOMIE – Grenzen

Das vereinnahmte Kind

Basisthema: Entwickeln von Willenskraft, spezifisch: Grenzen setzen und bewachen.
Basisemotionen: Die Angst, beherrscht zu werden, Abhängigkeit, Angst vor Autonomie.
Basisproblem: Grenzenlos, überbesorgt, ungesund symbiotisch, nicht wagen, Nein zu sagen.
Energiezentrum: Bauch; **sekundär:** Schulter, Arme, Kehlkopfbereich.
Sinnesorgane: Augen, Stimme.

Situation als KIND: Die Eltern sind ängstlich und überbesorgt, betrachten das Kind als ihr Eigentum, sind selber oft ganz grenzenlos. Das Kind bekommt nicht den Raum zugestanden, selbst auf Entdeckungstour zu gehen, Raum einzunehmen, seine eigenen Grenzen festzulegen. Initiative, Widerspruch, Entdeckungsdrang werden bestraft oder bedroht. Wut ist tabu. Das Kind wird abhängig gemacht.

Primäre Ängste: Ich werde völlig ›verschluckt‹. Die Welt ist gefährlich. Ohne meine Mutter überlebe ich nicht. Schuldgefühle, mit Unruhe und Angst gepaart.

Überlebensstrategien: Sich selbst völlig zurücknehmen. Für die Eltern sorgen wollen. Selbst grenzenlos werden. Alles über sich kommen lassen. Wut herunterschlucken. Sich anpassen.
Überzeugungen: Der andere ist wichtiger als ich. Ich darf nichts wollen. Ich darf nicht ich selbst sein. Ich darf nicht Nein sagen. Es ist alles meine Schuld. Ich mache es falsch.

Probleme als ERWACHSENER: Es nicht wagen, Grenzen zu setzen. Andere über die eigenen Grenzen hinwegwalzen lassen. Nicht wagen, Nein zu sagen, wütend zu werden. Probleme mit der Aggression anderer. So genanntes Please-Verhalten. Selbst sehr stark grenzenlos sein. Übermäßiger Trieb, für andere zu sorgen, sehr sensibel für Emotionen anderer. Übersensibel. Verwirrt und unsicher. Leicht manipulierbar. Abhängige Persönlichkeit.

Überlebensstrategien: Selbst so viel Raum wie möglich in Anspruch nehmen oder aber sich selbst völlig zurücknehmen. Alles völlig dem anderen überlassen, weil er sonst weggehen könnte. Machtlosigkeit, Hilflosigkeit und Entschlusslosigkeit einsetzen. Sehr sensibel für Atmosphären und Emotionen. Sich immer wieder aufs Neue anpassen. In die Helferrolle verfallen. Übertriebene Verantwortungsbereitschaft. Sich in Dingen verheddern.

Überzeugungen: Es zählt überhaupt nicht, was ich will oder tue. Wenn du weggehst, werde ich sterben. Wenn ich meine Grenzen setze (Nein sage), wird der andere definitiv fortgehen. Ohne dich schaffe ich es nicht. Ich bin verantwortlich für dich. Du bist verantwortlich für mich. Ich bin nur dann glücklich, wenn auch du glücklich bist.

Probleme in Beziehungen: Undeutlich, initiativlos, doppelbödig. Keine Grenzen. Der andere wird als sehr groß und wichtig aufgebaut. Vereinnahmendes Verhalten. Ständiges Gefälligseinwollen und Sich-Anpassen. Passiv-aggressives Verhalten. Versteckte Gemeinheiten. Nicht zu den eigenen Sehnsüchten stehen. Nicht in der Lage, Grenzen zu setzen. Keinen eigenen Raum einnehmen (dies wiederum ruft viel Wut und Egoismus bei dem anderen hervor). Problem mit dem Thema Nähe – Abstand und der Unterscheidung zwischen ›ich‹ und ›du‹. Alles, was zur Trennung führen kann, ruft Angst hervor.

Energetische Reaktionen: Bauch ist verkrampft, Willenskraft und Wut sind verboten. Die Arme möchten sich immer ausstrecken und festhalten. Augen beobachten alles ängstlich. Stimme und Kehlkopf sind blockiert.

Psychosomatische Beschwerden: Vage Beschwerden. Übersensibilität (Allergien). Probleme mit Stimme und Kehlkopf (manchmal zu hohe Stimmlage). Bauchbeschwerden. Durchfall und Verstopfung.

Qualitäten: Sensibel, weich, anpassungsfähig. Großes Einfühlungsvermögen. Fürsorglich und sorgfältig. Kann auch sehr intim sein.

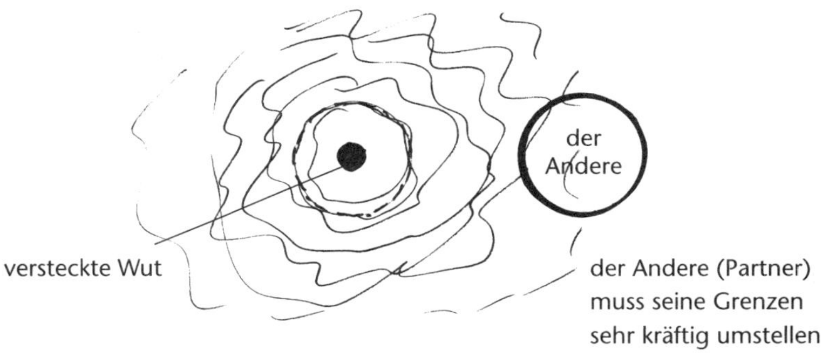

Der ›grenzenlose‹ Erwachsene

Klienten mit einer starken Neigung zu derartigen ›symbiotischen‹ Problemen führen diese fast nie auf ihre Jugend zurück, weil sie denken, dass diese Jugend eigentlich recht positiv verlaufen sei. Sie wurden niemals geschlagen, erhielten viel Aufmerksamkeit, alles war doch so sicher, und es wurde doch so gut für Sie gesorgt. Sie bekamen ein Fahrrad (jedoch nicht das Rennrad, das Sie gerne gehabt hätten),

Holzbausteine (obwohl Sie sich eigentlich Fingerfarbe gewünscht hatten) und durften ins Ballett (obwohl Sie eigentlich lieber in einen Karatekurs gewollt hätten). Es fehlte überhaupt nichts. Sie müssen oft von Ihren Therapeuten hören, dass es wirklich nicht in Ordnung war, nicht stimmte. Dass Sie eigentlich nichts selbst wollen durften, kein Raum für Ihre eigene Autonomie zugestanden bekamen, nichts selbst entdecken durften und ständig manipuliert wurden.

Wenn Sie geschlagen wurden, haben Sie einen deutlichen Grund, Ihre Eltern zu hassen. Sie haben einen Grund, wütend zu sein, auf Distanz zu gehen, sich zu behaupten, sich Ihrer eigenen Stärke zu besinnen, aus der Schale Ihrer Machtlosigkeit herauszukriechen. Manchmal ist die Situation viel schwieriger, wenn Ihre Jugend wie eine vermeintlich grenzenlose Honigschicht über Ihnen liegt und deren Klebrigkeit Ihr gesamtes Leben im Griff hält und lähmt.

Das benutzte Kind

Eltern wollen meistens nur das Beste für ihre Kinder, doch auch das kann sich so weit zuspitzen, dass eine Situation entsteht, in der Sie umsetzen müssen, was Ihren Eltern selbst nicht gelang. Aus allerlei Gründen konnten Ihre Eltern zum Beispiel nicht studieren, nicht Künstler werden, nicht die Allerbesten werden und projizierten ihre eigenen Sehnsüchte und alle Frustrationen darum auf Sie. Sie mussten ihre Ideale verwirklichen, wodurch Ihre Eltern gezwungen waren, sich alles Mögliche zu versagen. Letzteres werden Sie sehr oft zu hören bekommen haben.

Eine andere Möglichkeit ist, dass ein Elternteil selbst auf diese Weise erzogen wurde und nun an Sie dieselben, viel zu hohen Forderungen stellt, die früher an ihn gestellt wurden. »Als ich jung war …«, und dann folgt wieder eine übertriebene, aber auch jammervolle Geschichte. So kann die Messlatte im Laufe der Generationen immer höher gehängt worden sein, weil Sie sowohl Ihren Urgroßvater als auch Ihren Großvater und Vater zu übertrumpfen versuchen müssen.

Auf jeden Fall wird nicht darauf geblickt, wer Sie selbst sind, was Sie wollen, was Ihre Qualitäten sind. Geschweige denn, dass positive Aufmerksamkeit für Ihre Verletzlichkeiten und Unsicherheiten aufgebracht wird. Sie müssen allem genügen, was Ihre Eltern wollen, erst dann dürfen Sie wirklich da sein. Wenigstens sind Sie dieser Auffassung. Doch in der Praxis bemerken Sie, dass die Messlatte immer höher gehängt wurde. Wenn Sie immer nur Dreier im Zeugnis hatten, gab es gewiss immer einen Klassenkameraden, der eine Zwei hatte. Und warum haben Sie um Himmels willen nur eine Zwei in Mathematik? Immer gibt es etwas auszusetzen, könnten Sie noch etwas besser sein. Und weil Sie ab Ihrem dritten oder vierten Lebensjahr auf der Suche nach einem Vorbild sind, an dem Sie sich orientieren können, wird dieses Urteil immer wichtiger für Sie.

Sobald Ihre Leistungen beurteilt werden, ist es entscheidend, wie Ihre Eltern damit umgehen, denn in diesem Moment entsteht eine Spaltung zwischen dem, wer Sie *sind,* und dem, was Sie *tun.* Die wichtige Frage des Kindes lautet darum: »Mögen sie mich immer noch, auch wenn ich es nicht gut mache?« Mit anderen Worten: »Werde ich noch geliebt aufgrund meines Seins oder werde ich nur noch aufgrund dessen beurteilt, was ich leiste?« Die Tonart, in welcher diese Frage von Ihren Eltern beantwortet wird, wird in Ihrem ganzen Leben eine Rolle spielen, weil sie dafür ausschlaggebend ist, woraus Sie Ihr Selbstwertgefühl beziehen, ja ob Sie überhaupt ein definierbares Selbstwertgefühl haben!

Herrschten bei Ihnen zu Hause Verständnis und Wertschätzung dafür, wer Sie waren, ungeachtet dessen, was Sie leisteten? Wurden Ihre Leistungen vor dem Hintergrund dessen gesehen, wer Sie waren, was Sie konnten und was Sie wollten? Spiegelte man Sie, das heißt: Half man Ihnen, sich selbst in der richtigen Weise zu betrachten? Waren sie stolz darauf, was Sie entdeckten, wagten, taten? Sind Sie stolz darauf, wer Sie sind, oder beurteilen Sie sich selbst auf der Basis dessen, was Sie leisten? Woraus beziehen Sie Ihr Selbstwertgefühl?

Wenn Ihre Eltern Sie nicht als denjenigen würdigen, der Sie sind, wird auch der natürliche Ausdruck dessen, wer Sie sind, vom Tisch gewischt. Meistens wird dann auch in keiner Weise Rücksicht auf Ihr persönliches Tempo genommen. Das bedeutet, dass Ihre natürliche Entfaltung – das Selbstentdecken Ihrer Autonomie, das Erforschen dessen, was Sie selbst wollen, die Entwicklung ihrer Willenskraft – einfach nicht mitzählen. Solche Eltern kommen eigentlich nie mit dem in Berührung, wer Sie eigentlich, Ihrem Wesen nach, sind, und sie haben daran auch überhaupt kein Interesse.

Wenn dies immer wiederholt wird, werden Sie sich allmählich immer stärker so verhalten, wie es von Ihnen erwartet wird, in der Hoffnung, dass Sie irgendwann die Anerkennung erhalten, nach der Sie sich sehnen. Sie spalten sich immer weiter von dem ab, der Sie wirklich sind, und versuchen, den Forderungen eines unechten Selbsts zu entsprechen, das immer besser sein muss, als es ist. Dadurch haben Sie ständig das Gefühl, dass Sie etwas nicht ganz schaffen und niemals ›in Ordnung‹ sind – auch wenn Sie etwas erreicht haben –, weil das Erreichte nicht das ist, was Sie selbst wollen. Sie werden vielleicht der Klassenprimus, doch es ist niemals genug, Sie können sich niemals entspannt zurücklehnen und sich selbst so genießen, wie Sie sind.

Weil Sie bei Ihrer Suche nach Selbstständigkeit nicht unterstützt und in der richtigen Weise gespiegelt wurden, bleiben Sie psychologisch oft in einer Altersstufe hängen, in welcher Sie sich selbst gewissermaßen im Stich gelassen haben. Sie werden dann beispielsweise zu einem hyperintelligenten Senkrechtstarter in Ihrem Fachgebiet, doch in anderen Bereichen sind Sie immer noch ein vierjähriges Kind.

Die übertriebenen Erwartungen Ihrer Eltern verinnerlichen sich allmählich zu einem ›inneren Kritiker‹, der Sie ständig begleitet und alles, was Sie tun, beurteilt. Oder Sie projizieren diese Urteile auf die Umgebung und denken, dass jeder Sie beurteilt bzw. verurteilt. So wurden Sie bereits als Kind neurotisch und konnten extreme Wutanfälle bekommen, wenn etwas nicht so lief, wie Sie es wollten. Denn in diesem Moment wurden Sie mit dem Gefühl konfrontiert, dass, wenn nur irgendetwas schief geht, Sie nichts mehr wert sind.

Wenn Sie dann in die Pubertät kamen, kann es sein, dass Sie Ihre Eltern auf einmal durchschauten. Sie durchschauten ihre Unechtheit und ihre lächerlichen Forderungen und Ideale, und Sie begannen Ihre Eltern zu verachten. In Ihrer Verachtung beschließen Sie, genau das Gegenteil des Verhaltes an den Tag zu legen, das Ihnen als Vorbild hingestellt wurde. Doch Ihr Widerstand kann sich der Verstrickung nicht entziehen. Ihre Erwartung und Ihr Widerstand verursachen ein genauso unechtes Verhalten wie die Erfüllung der Forderungen Ihrer Eltern und führt später, wenn Sie erwachsen sind, zu genau denselben Problemen.

Größe und Wertlosigkeit

Natürlich ist es wichtig, dass Sie als Kind stimuliert werden, auch in Bezug auf Leistung, doch diese Leistungen müssen aus Ihnen selbst hervorgehen und nicht aus den Bedürfnissen Ihrer Eltern. Das Problem liegt meistens nicht nur in den extrem hohen Erwartungen, denen Sie als Kind nicht gerecht werden konnten, sondern in der totalen Erniedrigung, wenn Sie versagten. Wenn Sie Ihren Vater oder Ihre Mutter enttäuschten oder nicht so handelten, wie sie es wollten, wurden Sie heruntergemacht, lächerlich gemacht oder sogar geschlagen. Manchmal schlussfolgerten Sie dies nur aus der vernichtenden Kritik, die andere abbekamen, vielleicht sogar Ihre Schwester oder Ihr Bruder. Dann spüren Sie, dass Sie gewiss etwas ganz Besonderes waren (Papas Liebling oder Goldmädel oder Mamas tüchtiger und intelligenter Junge), sonst hätte sich doch diese vernichtende Kritik über Ihrem Haupt entladen.

Der Film *Shine* handelt vom Leben des David Helfgott, eine wahre Geschichte. David ist ein musikalisch hoch begabter Junge, der unter dem Druck seines Vaters die kompliziertesten Musikstücke am Klavier einübt. Sein Vater hatte den Holocaust überlebt. Als er selbst jung gewesen war, hatte er von seinem selbst gesparten Geld eine Geige gekauft, die sein Vater zertrümmerte, als er damit nach Hause kam. Diese Geschichte erzählt er ständig, und der kleine David muss fortwährend wiederholen, dass er es so gut hat, weil er Klavierspielen lernen darf (lies: *muss*). Sein Vater lobt ihn über den grünen Klee und demütigt ihn zugleich. Als David dann ein Stipendium für Amerika erhält, verbietet sein Vater, es anzunehmen (denn dann würde er wirklich berühmt werden können!). Er betont, dass dieses Verbot nur zu Davids Bestem sei, und lässt den armen, total verängstigten Jungen, der mit fünfzehn immer noch Bettnässer ist, immer wieder wiederholen, dass sein Vater der Einzige ist, der ihn wirklich liebt. Als David sich mit achtzehn Jahren entschließt, ein neues Stipendium anzunehmen und in London am Konservatorium zu studieren, schlägt sein Vater ihn zusammen und sagt, dann dürfe er niemals mehr nach Hause kommen und sei nicht mehr sein Sohn.

David gelingt es, wirklich ein berühmter Pianist zu werden, und als er schließlich einen bedeutenden Wettbewerb gewinnt, in welchem er das Stück spielt, das sein Vater am schönsten fand, das 3. Klavierkonzert von Rachmaninow, will er seinen Vater besuchen, der ihn aber nicht empfängt. Da bricht David zusammen und landet für mehr als zehn Jahre in einer psychiatrischen Klinik, wo er mit Elektroschocks ›behandelt‹ wird. Als eine Musiktherapeutin ihn dort herausholt und er Arbeit in einem Café findet, beginnt seine langsame Rückkehr in die Normalität und zu sich selbst, das heißt zu dem, der er wirklich ist.

Nicht immer sind die Verwundungen so stark, doch es geschieht häufig, dass man zwischen den extrem hohen Forderungen eines Elternteils und der tiefen Erniedrigung bzw. Negierung durch einen anderen Elternteil quasi zermalmt wird. Dies geschieht, wenn ein Elternteil besonders hohe Erwartungen hegt, Sie über den grünen Klee lobt und idealisiert. Manchmal handelt es sich dabei um eine verkappte Racheaktion auf den anderen Elternteil. Erst wurde der Partner verehrt und angebetet, doch dann stürzte er irgendwann von seinem Podest. Jetzt werden *Sie* idealisiert, doch eigentlich werden Sie zur Rache instrumentalisiert. Der andere Elternteil fühlt sich daraufhin erniedrigt und beginnt, als Reaktion darauf, wiederum Sie zu erniedrigen, zu demütigen oder zu negieren. So werden Sie von beiden Elternteilen benutzt mit dem Zweck, ihren persönlichen Kampf zu entscheiden. Daraus kann ein innerer Konflikt, ein verzweifelter Kampf zwischen Größe und Wertlosigkeit entstehen, wodurch Sie die Verbindung mit Ihrem wahren Selbst völlig verlieren. Als Erwachsener werden Sie auch später zerrissen werden zwischen zwei falschen Selbstbildern, die Sie beide nicht darstellen, und Sie werden nur selten glücklich sein.

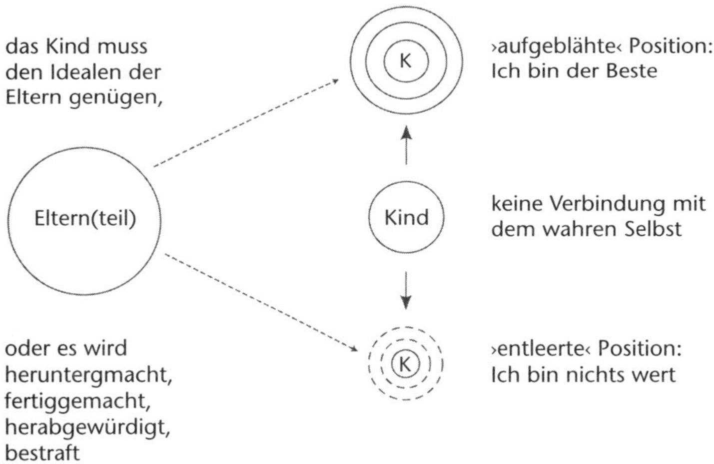

Das ›benutzte‹ Kind

Der ›benutzte‹ Erwachsene

Wenn Sie als Kind hohe Erwartungen erfüllen mussten, lebten Sie eigentlich ständig aus einem aufgeblähten, aber im Grunde sehr verletzlichen Selbst. Sie haben das Gefühl, sich ständig beweisen, produzieren, verkaufen zumüssen, und damit sind Sie ständig beschäftigt. Fortwährend müssen Sie Ihre Umwelt von Ihrer Wichtigkeit überzeugen und leben so in einem ›Als-ob‹-Zustand. Das äußere Selbstbild, das Sie in den Vordergrund stellen, muss tatsächlich sorgfältig bewacht und geschützt werden, denn es besitzt kein stabiles Fundament. Sie müssen schon dafür sorgen, dass Sie die ›richtige‹ Kleidung tragen, genauso wie Sie das ›richtige‹ Auto, Haus, den ›richtigen‹ Beruf, Partner, Computer, das ›richtige‹ Handy und so weiter besitzen. Und in all diesen Dingen sind Sie sehr gut.

Als Kind haben Sie sich unter dem Druck der Situation für die Macht entschieden statt für das Genießen. Das bedeutet, dass es sehr schwierig ist, auf einer Basis von Gleichwertigkeit mit anderen zu kommunizieren. Andere sind für Sie primär ›Publikum‹. Sie sind wichtig, solange sie Ihre aufgeblähte Position bestätigen. Tun sie dies nicht, dann können sie Ihnen gestohlen bleiben. Das bedeutet, dass Sie, wenn es Ihnen gelingt, diese Rolle gut zu spielen, tatsächlich ein erfolgreicher Manager, Machthaber, Führer oder Guru werden, der ein gewisses Charisma ausstrahlt. Sie geben anderen das Gefühl, uneingeschränkt für sie da zu sein, bis zu dem Moment, da sie irgendeine kritische Äußerung tun. Dann schlagen Sie zurück, und die tief verborgene Wut kommt an die Oberfläche.

Durch die Verwundbarkeit Ihres äußeren Selbstbilds sind Sie geneigt, sehr egoistisch zu werden und alles überwiegend bis ausschließlich von Ihrem persönlichen Standpunkt aus zu betrachten. Und weil Sie eigentlich schon beim geringsten Tadel sehr empfindlich reagieren und der kleinste Misserfolg Sie schon völlig aus der Bahn wirft, entwickeln Sie eine Reihe von Strategien, um dieses Problem von sich abzuwälzen. Sie sind zum Beispiel äußerst kritisch in Bezug auf andere. An jedem gibt es etwas auszusetzen, vor allem, wenn der Betreffende in etwas gut talentiert oder attraktiv ist. Sie finden immer etwas zu seinem Nachteil. Außerdem sind Sie sehr gut darin, sich immer, wenn etwas schief gegangen ist, herauszureden, indem Sie anderen die Schuld geben. Es gibt tausenderlei Gründe, warum etwas schief gehen kann, doch keiner hat irgendetwas mit Ihnen zu tun. Denn sonst würde Ihr Selbstbild in tausend Stücke zerspringen.

Wenn die anderen dies mitbekommen, fühlen sie sich benutzt. Eigentlich sollen sie immer verfügbar sein, aber nicht aufgrund dessen, wer sie sind, sondern nur, um Ihren Glanz zu vermehren. So wie Sie einst von Ihren Eltern benutzt wurden, um deren Ideale zu verwirklichen, so fühlt sich Ihre Umgebung benutzt, weil sie ständig als Publikum und Applauslieferant missbraucht wird. Eine wirkliche Verbindung ist nicht möglich. Sie sind auf keinen dieser Punkte ansprechbar und lavieren sich aus der Affäre, sobald die Gefahr droht, dass man Ihr wahres Gesicht erkennen könnte.

Diese Charakterzüge entstehen natürlich nicht nur durch Ihre Eltern. Auch Lehrer in der Schule – eine Umgebung, die natürlicherweise großes Gewicht auf Leistung legt – sowie die Gesellschaft an sich tragen hierzu bei. In dieser Hinsicht leben wir tatsächlich in einer Leistungsgesellschaft. Unser Idealbild ist nicht mehr der weise alte Mann oder die weise alte Frau, sondern der erfolgreiche Manager. Unsere Kultur ist völlig auf Leistung und Konsum gepolt, auf das Äußere statt auf das Innere. Das bedeutet, dass Sie wahrgenommen, beurteilt und geschätzt werden aufgrund Ihres äußeren Selbstbilds, der Rolle, die Sie spielen, und nicht in Bezug darauf, wer Sie wirklich sind. Die Idealbilder, die so überaus deutlich in den Medien und der Reklame in den Vordergrund geschoben werden, kehren die Werte Sex, Besitztümer und oberflächlichen Genuss hervor. Nur funktioniert das Ganze nicht wirklich. Weil Sie sich so stark an den Erwartungen Ihrer Eltern orientiert haben, sind sie äußerst verletzlich in Bezug auf die Erwartungen anderer bzw. ›der Welt‹. Sie wollen zum Beispiel dem Schönheitsideal der Schlankheit und Attraktivität genügen, das uns durch die Werbung vorgespiegelt wird. Indem Sie immer weniger essen, bemerken Sie, dass auch Ihre Gefühle abnehmen, Sie werden nicht mehr so stark von Ängsten gequält und essen daraufhin noch weniger. So können Sie in eine Spirale hineingeraten, in der Sie Ihr Selbstwertgefühl dem Nichtessen entlehnen, statt zu spüren, wer Sie wirklich sind.

Das Gegenteil besteht darin, dass Sie sich der Beurteilungen durch ›die Welt‹ widersetzen. Sie essen sich sozusagen eine Schutzschicht an. Sie schaffen einen Aufprallschutz zwischen sich und der Welt, sodass Sie niemand mehr wirklich berühren kann.

Ich habe jetzt meinen Traumjob und bin Dozent bei einer Ausbildungseinrichtung. Ich mache das, was ich gerne machen will, habe ein schönes Haus und einen netten Freund. Doch ich fühle mich nur gehetzt. Ich arbeite meine 60 Stunden pro Woche, nicht weil ich es müsste, sondern weil ich nie weiß, wann es genug ist. Ich bereite meine Stunden vor und verbringe damit so viel Zeit, dass ich jeden Morgen todmüde anfange. Und ich habe immer das Gefühl, dass ich es noch besser machen könnte. Immer ist da dieses latente Gefühl, dass es nicht in Ordnung ist, nicht gut genug. Darum kann ich es auch nie richtig genießen. Eigentlich fühlte ich mich ruhiger, als ich noch diese blöde Stelle im Büro hatte.

(Mann, 34 Jahre)

Wenn Ihnen etwas gelungen ist, liegen unter dem Erfolgsgefühl oft enorme Gefühle von Angst und Einsamkeit verborgen. Denn wenn jemand herausfinden würde, wer Sie wirklich sind, wären Sie durchgefallen. Manchmal helfen unterschiedliche Süchte, nicht in dieses Loch zu fallen, etwa Sex, Alkohol oder Betäubungsmittel. So können Sie sich lange auf dieser einsamen Höhe halten. Doch Sie bleiben einsam, denn Sie können niemals einfach so sein wie Sie sind. Und wenn Sie einmal wirklich durchfallen, fallen Sie sehr tief. So geht es beispielsweise vielen Pop- und Filmstars: Eine ganze Weile lang läuft alles fantastisch, doch dann beginnen sie zu schwanken, werden labil, konsumieren Alkohol, Drogen oder machen schließlich ihrem Leben selbst ein Ende. Die Aggression, die sehr lange weggeschoben wurde, kehrt sich gegen sie.

Wenn das aufgeblähte Selbst ›platzt‹, läuft es aus, und es bleibt ein ausgelaufenes Selbst übrig, das durch Gefühle der Angst, des Auseinanderfallens, der Verzweiflung und der Depression charakterisiert ist. Die Krise kann sehr große Dimensionen annehmen. Und um diese Krise der Außenwelt akzeptabel erscheinen zu lassen, denken Sie sich manchmal alle möglichen Krankheiten aus, sodass Sie auch diesmal wieder nicht ›Schuld haben‹ an Ihrer eigenen Krise. Ein Teil der bekannten Burnout-Problematik lässt sich hierauf zurückführen. Unter dem angestauten Drang nach einem immer höheren Arbeitspensum und einer Position, die ein entscheidendes Bisschen höher als das ist, was Sie eigentlich erfüllen können, stürzt das zerbrechliche Gebäude zusammen und Ihr Körper lässt Sie im Stich. Dann taugen Sie einfach nichts mehr, Sie sind gescheitert und müssen selber sehen, wie Sie jetzt weiterkommen. In dieser Hinsicht wird in unserer gesamten Gesellschaft der Mensch als Mensch ›benutzt‹. Sie müssen immer härter arbeiten, um immer größere Schulden abzuzahlen, bis Sie irgendwann ausgebrannt sind. So funktioniert die ganze Wirtschaft. Immer mehr Ausgaben, immer höhere Einkommen, immer mehr Schulden. Und jeder macht mit, ohne dass irgendeiner dabei glücklich wird.

Das benutzte Kind wurde auf drei verschiedene Arten von den Eltern benutzt, um zur Projektion ihrer eigenen Probleme zu dienen:

1. Sie wurden von den Eltern unter Druck gesetzt und hochgelobt, um ihren (viel zu hohen) Erwartungen zu entsprechen, die nicht ihre eigenen waren.
2. Sie wurden ständig gedemütigt, kritisiert, heruntergeputzt.
3. Eine Kombination von 1 und 2: Sie wurden sowohl unter Druck gesetzt als auch gedemütigt.

Der ›benutzte‹ Erwachsene wird sich genauso in Bezug auf seine Umgebung verhalten. Die latente Wut und das starre Muster der leistungsbetonten Werte und Normen kommen als gemeine, subkutane Kritik heraus. Diese Attacken richten sich in der Regel gegen Mitglieder des Geschlechts, das dem Elternteil, der Sie einst »benutzt« hat, entspricht. Sie machen es jetzt dem anderen (Ihrem Partner, Kollegen, vor allem aber solchen, die im Rang unter Ihnen stehen) unmöglich, einfach sie selbst zu sein und daran Freude zu haben.

Welche direkten, vor allem aber indirekten Methoden benutzen Sie, um einen anderen Menschen zu ›zähmen‹? Wie machen Sie einen anderen fertig? Wie loben Sie einen anderen über den grünen Klee? Wie sorgen Sie dafür, dass der andere immer eine Stufe unter Ihnen bleibt? Wie stellen Sie es an, dass Sie letztendlich die Macht in den Händen halten?

Schema 3 B

Autonomie – Eigenwert

Das benutzte Kind

Basisthema: Entwickeln Ihres wahren Selbsts. Spezifisch: ein Gefühl des eigenen Werts.
Basisemotionen: Sich niemals okay fühlen, kein Selbstgefühl, Angst, nicht zu genügen.
Basisproblem: Verzweifelte Anstrengung, den Wünschen anderer zu genügen oder aber sich völlig abkoppeln und verzweifelt depressiv werden.
Energiezentrum: Bauchraum, **sekundär:** Kehlkopf, Schulter.
Sinnesorgan: Augen, Stimme.

Situation als KIND: Sie mussten dem Idealbild und den Ambitionen Ihrer Eltern genügen, sonst wurden Sie heruntergemacht. Dies geschah durch einen Elternteil, oder aber ein Elternteil lobte Sie überschwänglich und der andere erniedrigte Sie. Dasselbe geschah durch Lehrer, Chefs, die ›Gesellschaft‹ und so weiter. Keine Möglichkeit, Ihr wahres Selbst und Ihre eigenen Sehnsüchte zu entdecken.

Primäre Ängste: Wenn ich der bin, der ich eigentlich bin, darf ich nicht da sein. Ich bin nicht in Ordnung, so wie ich bin. Wenn ich ich selbst bin, werde ich erledigt.

Überlebensstrategien:
A. AUFGEBLÄHTES SELBST: Den Forderungen und Urteilen anderer genügen. Hartnäckig sein Bestes geben, Perfektionismus.
B. ›AUSGELAUFENES‹ SELBST: Sich völlig abkehren. Zusammenbruch. Selbsthass. Sich selbst herunterstufen oder beschädigen.

Überzeugungen: Ich darf nicht ich selbst sein. Ich bin nicht in Ordnung, so wie ich bin. Ich werde nur aufgrund dessen geschätzt, was ich tue und leiste. Eigentlich bin ich wertlos.

Probleme als ERWACHSENER: Extremer Leistungsdruck, ›gut genug‹ sein zu müssen. Nicht wissen, was ›gut genug‹ genau ist. Sich niemals einfach gut fühlen. Nie wissen, wer Sie eigentlich sind. Unechtes und übertriebenes Verhalten. Einsamkeit. Tiefer liegendes Gefühl der Wertlosigkeit. Verletzbar durch Urteile anderer. Egoistisch. Unrealistisch. Gespaltener Charakter: Schwanken zwischen grandios und wertlos. Narzisstische Persönlichkeit.

Überlebensstrategien:
A. AUFGEBLÄHTES SELBST: Andere als Publikum betrachten, tadeln und schlecht machen. Wettbewerbsorientiert. Selbstüberschätzung. Perfektionismus. Stolz. Alles als Urteil und Kritik auffassen und darauf heftig reagieren. Jeden zum Narren halten.
B. AUSGELAUFENES SELBST: Die Schuld bei anderen ansiedeln. Krank werden. Süchte. Scham. Selbstkritik. Selbstuntergrabendes, selbstvernichtendes Verhalten.

Überzeugungen:
A. Ich bin der Beste, der Wichtigste, der Schönste, der Einzige, der Allmächtige und so weiter.
B. Ich bin Gott oder ich bin überhaupt nichts. Ich bin wertlos, ein Trottel, Versager, Opfer und so weiter. Es liegt nicht an mir.

Probleme in Beziehungen: Egoistisch, alles dreht sich immer um sie / ihn. Nicht am anderen interessiert. Übertrieben und unecht. Der andere fühlt sich darum mit Recht missbraucht.
A. Stellt keine echte Beziehung her, spielt immer eine Rolle, projiziert alle eigenen Probleme auf andere. Stellt sich über den anderen, der andere ist untergeordnet.
B. Äußerst hilflos und hilfsbedürftig. Opferrolle. Wehleidig. Ängstlich und einsam.

Energetische Reaktionen: Bauchraum blockiert. Atem oberflächlich. Energie steigt nach oben, in das Tun und in das Denken. Ein viel zu hohes Energieniveau oder aber völliges Zusammenklappen.

Psychosomatische Beschwerden: Bauchbeschwerden. Eingebildete Krankheiten. Angst vor Krankheiten (Krebs). Ich bin krank und jeder muss sich um mich kümmern. Wenn ich etwas falsch mache oder versage, so liegt das an meiner Krankheit.

Qualitäten: Zu außergewöhnlichen Leistungen imstande. Manchmal sehr begabt. Viel (scheinbares) Charisma. Führerqualitäten. Uneingeschränktes Engagement.

Der Weg zurück

Der Weg zurück zu Ihrem wahren Selbst ist ein unattraktiver Weg. Aus der erschöpften Situation heraus, in der Sie sich als abgehalftert und wertlos empfinden, wollen Sie sich durchaus ändern. Letztlich wollen Sie aber nur klagen und Bestätigung für Ihre Opferrolle finden. Ihr Chef, Ihr Partner oder die ganze Welt hat sie im Stich gelassen. Es ist deren Schuld. Sie wollten es anders. Doch was Sie eigentlich wollen, ist die Rückkehr zu dem aufgeblähten, hofierten Selbst. Manchmal gelingt das, und alles beginnt wieder von neuem, wie dies auch bei ›echten Stars‹ der Fall ist. Sie finden einen neuen Partner, mit dem alles ›unglaublich viel besser‹ läuft, und haben ein ›Come-back‹, als wäre nichts geschehen. Hat sich aber wirklich etwas verändert?

Um sich wirklich so zu sehen, wie man ist, braucht es viel Mut. Denn eigentlich gibt es nur wenig, was Sie dann noch trägt. Ihr wahres Selbst hat sich eigentlich niemals in einer gesunden und natürlichen Weise entwickeln können – und wenn Sie diese Tatsache wirklich zu sich durchdringen lassen können, kann dies sehr schockierend sein! Wenn Sie schonungslos Ihr Leben rückblickend überschauen, haben Sie eigentlich immerzu getan, was Ihre Eltern wollten. Oder Sie haben stattdessen immer nur das Gegenteil davon getan. Doch wer sind Sie nun wirklich selbst? Da öffnet sich ein großes, gähnendes Loch. Wer bin ich? Wenn Sie dies erforschen wollen, müssen Sie innerlich an dem Punkt beginnen, an dem die Entwicklung zum Stillstand kam. Innerlich ist Ihr wahres Selbst vielleicht noch auf dem Stand eines Drei- oder Vierjährigen.

Gehen Sie einmal zurück bis zu dem jungen Kind, das noch so viele Träume hatte. Was wollten Sie damals werden? Was gefiel Ihnen? Was konnten Sie genießen? Und wonach verlangte Ihr Herz?
Wer sind Sie, wenn Sie die Botschaften Ihrer Eltern loslassen? Was wollen Sie selbst, wenn Sie die Urteile der anderen vergessen? Welche Blumen finden Sie schön? Welche Kleidung würden Sie selbst tragen? Welche Freunde kommen wirklich in Berührung mit dem, der Sie eigentlich sind? Was würden Sie am allerliebsten tun? Wenn Sie nur noch ein Jahr zu leben hätten, was wäre dann wirklich wichtig? Was macht Ihr Leben wirklich wertvoll? Welche Entscheidungen würden Sie treffen?

Das unterworfene Kind

Ab dem zweiten Jahr entdecken Sie allmählich, dass alles, was Sie tun, bestimmte Reaktionen hervorruft. Außerdem entdecken Sie, dass Ihre Sehnsüchte durchaus auch andere sein können als die Ihrer Eltern. Das stellt eine Herausforderung dar: Sie versuchen Ihren Willen durchzusetzen und kommen dadurch in Konflikt mit dem Willen Ihrer Eltern. Dieser Konflikt macht Sie stärker, und weil Sie, wenn Sie etwa drei bis vier Jahre alt sind, auch ein Bild von sich selbst entwickeln, verleiht Ihnen das eine gewisse Ich-Stärke und Tatkraft. Doch wenn Ihre Eltern die Beziehung zu Ihnen nicht als ein Wechselspiel sehen konnten, in welchem sie Ihnen sowohl Freiheit ließen als auch deutliche Grenzen festlegten, so entsteht ein Machtkampf. Einen solchen Machtkampf können Sie gewinnen – aber auch verlieren.

Traditionelle Erziehungsmethoden strebten an, in einem möglichst frühen Stadium den Willen des Kindes zu brechen. In einem Handbuch für die Erziehung der Kinder aus dem Jahre 1748* steht

* Jay Sulzer, An Essay on Education and Instruction of Children. 1748

unumwunden Folgendes: »Wenn die Eltern in der glücklichen Lage sind, durch Schelten und Schlagen den Willen des Kindes ab dem ersten Moment zu brechen, werden sie gehorsame, untertänige und gute Kinder bekommen, denen sie später auch eine gute Erziehung zuteil werden lassen können.« Auf diese Art wurde dafür gesorgt, dass Ordnung, Korrektheit und Gehorsam die Basis der Erziehung waren. In einem anderen Buch aus derselben Zeit findet sich folgende Aussage: »Die Schläge, die Sie austeilen, dürfen nicht spielerisch sein, sondern sie müssen Ihren Sohn überzeugen, dass Sie sein Meister sind.«* Wenn ein Kind danach zu lange weinte, war es wichtig, es dafür zu strafen, bis es zu weinen aufhörte. Um es noch grober zu sagen: »Ich schlage dich, bis zu weinst, und dann schlage ich, *weil* du weinst.«

Diese Erziehungsweise haben wir bereits lange hinter uns gelassen, doch es ist auch heute noch so, dass der Kampf zwischen Eltern und Kind leicht zu einem Machtkampf entarten kann. Früher war es unwiderruflich das Kind, das dabei unterlag. Heute beobachten wir manchmal den umgekehrten Fall, dass ein Kind in der Lage ist, einen oder beide Elternteile zu terrorisieren. Es ist noch undeutlich, welche Problematik dies im späteren Leben erzeugt. Meistens wird es zum Anlass einer gewissen Grenzenlosigkeit und eines Gefühls der Größe werden, welches, wenn die Dinge beim Erwachsenen nicht wie gewünscht verlaufen, in jedem Moment zusammenstürzen und in Machtlosigkeit und Depression umschlagen kann. Weil keine wirkliche Ich-Stärke und Selbstdisziplin entwickelt wurden, ist es schwierig, wieder aus dieser Situation herauszukommen. Es ist vor allem Selbstdisziplin, an der es in solchen Fällen mangelt, weil das Kind die ›richtigen‹ Grenzen und Forderungen der Eltern nicht verinnerlicht hat, das heißt, es hat sie nicht umgesetzt in die Fähigkeit, Forderungen an sich selbst zu stellen. Dadurch hat das ›unbegrenzte Kind‹ als Erwachsener wenig Macht über sich selbst, wenig Selbstdisziplin und demnach auch nicht die Impulskraft, sich aus diesem Loch wieder heraus-

* J.B. Basedow, Handbook for Fathers and Mothers of Families and Nations. 1772

zuarbeiten. Außerdem haben solche Erwachsene große Mühe mit dem Hinauszögern ihrer Bedürfnisbefriedigung, und sie können sehr aggressiv oder zwingend werden. In Ein-Eltern-Familien oder in Situationen, in denen der Vater ständig abwesend ist, wird der Machtkampf noch komplizierter. Ein Junge sucht zum Beispiel auf der einen Seite eine exklusive intime Beziehung zu seiner Mutter und kann auf der anderen Seite gleichzeitig einen enormen Machtkampf mit ihr anfangen, den er normalerweise mit seinem Vater auskämpfen würde. Aber der ist nicht da! Das ist für das Kind verwirrend, doch auch eine schwere Aufgabe für den anderen Elternteil, der eigentlich die Rolle von zwei Eltern erfüllen muss.

Vor allem heute, da Eltern den eigentlichen Konflikten häufig aus dem Weg gehen und sich zum Beispiel durch die Erlaubnis, fernzusehen, Computerspiele zu spielen, durch teure Hobbys und unbezahlbares Spielzeug ›freikaufen‹, wird der konkrete Machtkampf zwischen Ja und Nein nicht wirklich geführt. Dadurch wird das ›Ich-bin‹-Gefühl nie wirklich auf die Probe gestellt und an der Wirklichkeit geläutert. Das Ich-bin des Kindes erhält dadurch eine scheinbare Kraft, die es in Wirklichkeit gar nicht besitzt. Seine Ich-Stärke schwimmt auf Illusionen und Bestätigungen von außen, und wenn diese entfallen, stürzt das verletzliche Bauwerk des Ich leicht in sich zusammen.

Die andere Situation ist die, dass ein Elternteil seine Macht dafür benutzte, um Sie zu unterwerfen. Meistens hat dieser Elternteil selbst eine Vergangenheit, in der das Thema des Machtmissbrauchs eine Rolle spielte. In ihm verbirgt sich eine enorme Wut, die in dem Moment zum Vorschein kam, in dem Sie Ihrem Willen oder Ihren Wünschen stärkeren Ausdruck zu verleihen begannen. Dieser Machtmissbrauch kann sich ganz offen in Form reiner Gewalt ausleben. Meistens, doch lange nicht in allen Fällen, ist es der Vater, der seine aufgestaute und niemals nachlassende Aggression auf seinen Kindern auslebt, häufig auch auf seiner Frau.

Wenn ich meinem Vater widersprach, und das passierte meistens, wenn wir am Tisch saßen, dann putzte er mich herunter, nannte mich eine Hure und Schlampe, fasste mich bei den Haaren und schleifte mich aus dem Zimmer, durch den Garten und schloss mich dann in eine Kammer ein. Da saß ich manchmal stundenlang, manchmal sogar die ganze Nacht, weil er vergessen hatte, mich wieder herauszulassen und alle eine solche Angst vor ihm hatten, dass niemand sich traute, etwas zu sagen. Ich muss solche Angst gehabt haben, dass ich mich total verkrampft habe, so sehr sogar, dass ich niemals normalen Geschlechtsverkehr haben konnte, nicht einmal mit meinem Mann. Ich ließ einfach niemanden mehr ›in mich herein‹.

(Frau, 42 Jahre)

Es muss nicht immer Gewalt sein, der Sie selbst unterworfen sind. In einer bestimmten Weise können Sie sich dagegen noch wappnen. Schlimmer ist die Gewalt, die Sie miterleben, die zum Beispiel Ihrer Mutter angetan wird oder einem jüngeren Geschwister. Nicht nur, dass Sie den Schmerz in Ihrem eigenen Körper fühlen, Sie fühlen sich auch noch schuldig; weil Sie sich nicht dazwischengeworfen haben, weil der andere die Gewalt erfährt, die auch für Sie bestimmt ist, weil die Schläge, die Ihre Mutter oder Ihr kleiner Bruder bekommt, nicht Sie treffen. Dieser Schmerz lagert sich tief in Ihrem Körper ab.

Mein Vater hatte bei Tisch ein Jagdgewehr neben sich stehen, und im Sommer standen immer die Türen zum Garten auf. Wenn dann ein Kaninchen durch den Garten lief, schoss er das Tier über unsere Köpfe hinweg ab. Mich hat er nur ein paarmal zusammengeschlagen, doch bei jeder Mahlzeit war mein kleinerer Bruder das Ziel seiner Aggression. Der wurde ständig geschlagen und ausgeschimpft. Einmal zwang mein Vater ihn sogar, vor Weihnachten mit einem Messer seinen Lieblingshasen zu schlachten, damit er ein »echter Mann« würde. Die fortwährende Aggression und die Gewaltdrohungen waren immer, 24 Stunden am Tag, gegenwärtig. Ich bin als Kind einmal zur Polizei gegangen, um ihn anzuzeigen. Doch der Hauptkommissar war zusammen mit meinem Vater im Widerstand gewesen und weigerte sich, die Anzeige aufzunehmen; er drohte mir, dass er alles meinem Vater erzählen würde, wenn ich noch einmal mit solchem Unsinn vorbeikäme.

(Frau, 46 Jahre)

Es ist unvorstellbar, wieviel Gewalt Kinder miterleben und aushalten müssen. Vor allem in Kombination mit Alkoholmissbrauch sind jegliche normalen Hemmschwellen verschwunden. Und das Schlimmste ist für ein Kind das Miterleben dessen, dass die Umgebung nicht eingreift. Die ungebremste Gewalttätigkeit ruft bei anderen – mit Recht – enorme Ängste hervor. Nachbarn haben Angst einzugreifen oder auch nur davor, die Polizei zu verständigen. Die Polizei betrachtet derartige Vorfälle oft als »Familienangelegenheiten« und mischt sich ungern ein. Oft können sie auch nur wenig machen, es sei denn, alles läuft so aus dem Ruder, dass den Eltern ihre Rechte entzogen werden können. Und wohin müssen die Kinder dann gehen?

Die Gewalt, der Sie in Ihrer Kindheit und Jugend ausgesetzt waren, besteht nicht nur aus den Vorfällen im Zusammenhang mit einer echten körperlichen Bedrohung, sondern vor allem auch aus der ständigen Gegenwart der emotionalen und verbalen Drohung, die jegliches Gefühl von Sicherheit aushöhlte. Diese Unsicherheit ruft alle existenziellen Ängste hervor, die wir bereits im ersten Kapitel besprochen haben. Sie können niemals sicher wissen, was geschehen wird. Alles kann jederzeit außer Kontrolle geraten, vor allem wenn Sie zum Ausdruck bringen, wer Sie sind, was Sie selbst wollen, welche Entscheidungen Sie treffen, welche Sehnsüchte Sie haben. Und meistens eskaliert dies in der Pubertät, in jener Periode, in der Sie einen stärkeren Eigenwillen zu zeigen beginnen. Je stärker Sie Sie selbst sein wollen, desto größer wird der Machtkampf und umso kleiner wird die Toleranz. Bis Sie tatsächlich besiegt sind (falls Ihr Wille nicht bereits davor gebrochen wurde) oder Sie das Elternhaus frühzeitig verlassen.

Offene und passive Gewalt

Außer der offenen verbalen, emotionalen und körperlichen Gewalt gibt es viele Formen passiver Gewalt. Vor allem wenn ein Elternteil offen aggressiv ist, kann der andere (meistens die Mutter) passiv-aggressiv werden, zum Beispiel dann, wenn er seinen Depressionen, seiner Alkoholsucht oder einem sich verselbstständigenden Wahnsinn, der mit allen möglichen Formen von Paranoia und Wahnvorstellungen gepaart auftreten kann, freien Lauf lässt. Ein Kind kann sich gegen so etwas noch weniger wehren. Ihre Mutter ist zum Beispiel das Opfer Ihres Vaters, Sie wollen sie trösten, und sie benutzt dies wiederum, um Sie zu manipulieren und danach zu bestrafen.

> Wenn mein Vater vorbeikam, geschah das meistens, um meine Mutter, die betrunken im Bett lag, zu schlagen. Ich schickte dann erst die kleineren Geschwister in mein Zimmer und sagte, dass sie ihr Bett vor die Tür schieben sollten, damit niemand hereinkommen konnte. Dann versuchte ich, meinen Vater davon abzuhalten, meine Mutter zu schlagen, wobei ich selbst einiges an Schlägen abbekam. Eines Tages stieß er meine Mutter mit dem Gesicht durch unseren Glastisch. Sie war über und über mit Blut bedeckt, und ich fuhr mit ihr in einem Taxi ins Krankenhaus. Dort berichtete ich, was geschehen war, doch es gab niemanden, der sich um mich kümmerte und mir half. Danach konnte ich einige Tage lang meine Mutter pflegen, machte den Haushalt und brachte die Geschwister zur Schule. Manchmal nannte sie mich dann ihre »größte Hilfe« und ihr »liebstes Mädchen«, doch dann fing sie wieder an mich auszuschimpfen. »Verfluchte Hure«, rief sie dann, »du bist genauso wie dein Vater.« Und dann versuchte sie, die anderen Kinder gegen mich aufzubringen, stellte für mich keinen Teller auf den Tisch und schickte mich vor dem Essen in mein Zimmer. Das war für mich das Allerschlimmste.
>
> *(Frau, 27 Jahre)*

Das Suchtverhalten bzw. die Opferrolle der Mutter ist genauso manipulativ wie beim bereits beschriebenen grenzenlosen Elternteil, doch der Unterton ist aggressiv. Es geht darum, Sie kleinzukriegen, Ihren Willen zu brechen, um Sie machtlos zu machen und zu unterwerfen. Besonders übel daran ist, dass der ›hilflose‹ Tenor an die Liebe und Zuneigung appelliert, die jedes Kind gegenüber seinen Eltern empfindet und wogegen es fast keinen Widerstand leisten kann, während der Unterton in einer Weise aggressiv ist, die sich nicht offen bekämpfen lässt. Daran können Sie als Kind völlig zerbrechen. Sie spüren, dass etwas nicht stimmt, Sie bemerken, dass Sie innerlich in Rage geraten, doch Sie haben nichts, womit Sie diese Rage äußern können. Sie können ja mit jemandem, der ein bemitleidenswertes und hilfloses Opfer ist, keinen Kampf austragen. So kann sich Ihre – berechtigte – Wut in gar keiner Richtung äußern. Und das führt dazu, dass Sie sich selbst verzehren. Innerlich sind Sie ein ›Dampfkochtopf‹ voller Wut, doch gleichzeitig fühlen Sie sich völlig machtlos und in Ihrem Körper eingesperrt.

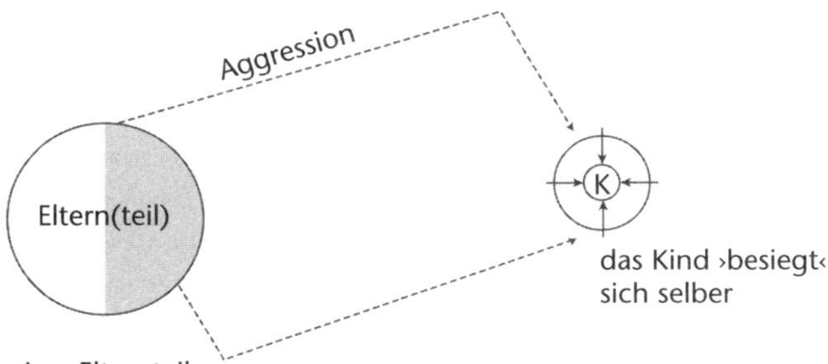

aggressiver Elternteil,
das Kind muss ›besiegt‹ werden
(Eltern(teil) spaltet sich in ›schlechten‹ und ›guten‹ Vater bzw. Mutter)

Das ›unterworfene‹ Kind

Sie befinden sich als Kind dann in der Klemme zwischen der offenen Gewalt Ihres Vaters und der passiven Aggression und der Opferrolle Ihrer Mutter. Es gibt keinen Ausweg. Dennoch ist es bekannt, dass Kinder, die man aus solchen Situationen herausgeholt hat, stets wieder zu ihren aggressiven Eltern zurückwollen. Die Sehnsucht nach einem Elternteil ist in jedem Kind so groß, dass es das Gefühl hat, lieber schlechte Eltern haben zu wollen als gar keine. Eine mögliche Überlebensstrategie besteht darin, den Missbrauch einfach zu vergessen. Der Schmerz wegen der Gewalt ist so stark und der natürlichen Sehnsucht nach Sicherheit und Intimität dermaßen entgegengesetzt, dass die einzige Überlebensmöglichkeit darin besteht, diese Gewalt einfach zu vergessen. Eine andere Überlebensstrategie besteht darin, die Gewalt zu rechtfertigen (»Mein Vater hatte selber so eine schreckliche Jugend. Und ich war auch immer ein sehr schwieriges Kind.«) und den gewalttätigen Elternteil zu verteidigen. Das wirkliche Ausmaß der Gewalt kommt häufig erst während einer Therapie zum Vorschein. Es braucht viel Mut, zu berichten, wie stark und wie oft Sie geschlagen wurden oder wie demütigend, hilfsbedürftig und manipulierend Ihre Eltern waren. Sie wollen es nicht wahrhaben, dass Ihre Eltern so sind.

Kinder haben die Neigung, einen aggressiven Elternteil in einen ›guten Vater / Mutter‹ und einen ›schlechten Vater / Mutter‹ aufzuspalten. Sie sehnen sich weiterhin nach dem guten Elternteil und ›vergessen‹ den Missbrauch durch den schlechten Vater bzw. die schlechte Mutter. Auch das ist einer der Gründe, warum Kinder immer wieder zum Aggressor zurückkehren, in der Hoffnung, dass er sixch erstens entschuldigen wird und zweitens doch noch erklärt, dass er Sie liebt und der Missbrauch aus seiner eigenen Unfähigkeit und Aggression hervorging, also nichts mit Ihnen zu tun hatte. Doch nur wenige Eltern sind dazu in der Lage oder gar bereit, ihre Entschuldigungen anzubieten. In diesen Fällen werden sie niemals eine Anerkennung des geschehenen Missbrauchs erreichen, und Sie müssen mit etwas leben, was für immer ungeklärt bleiben wird.

Die Gewalt, der Kinder ausgesetzt sind, ist für sie unerträglich. Die einzige Weise, sie auszuhalten, besteht darin, sich selbst das anzutun, was ihnen angetan wird. Es ist weniger schmerzhaft, sich selbst zu peinigen, als von Ihren Eltern gepeinigt zu werden. Dies ist die verzweifeltste und schmerzhafteste Überlebensstrategie, die es überhaupt gibt: »Ich kann es mir lieber selbst antun, denn dann verletzt es mich weniger, als wenn es mir von anderen angetan wird.« Hass wird als Selbsthass verinnerlicht, Aggression als Selbstdestruktion, Demütigung als Selbstsabotage, das Von-Problemen-überwältigt-Werden wird zu der Neigung, sich selbst ständig in Problemen zu verstricken. Dieses selbstdestruktive Verhalten nehmen Sie mit in Ihr Erwachsenensein hinüber. Manchmal überdeutlich, manchmal aber auch nur in ganz kleinen, subtilen Verhaltensweisen, durch die Sie sich selbst den Boden unter den Füßen wegziehen oder Gewalt antun.

Blicken Sie auf Ihre Jugend zurück. War einer Ihrer Eltern gewalttätig? Wie gewalttätig genau? Wie war die Stimmung zu Hause (vor allem während der Mahlzeiten)? Wurden Sie oder eines der anderen Geschwister lächerlich gemacht, beschämt, blamiert, gepiesackt, unverhältnismäßig bestraft? War einer Ihrer Eltern in einer zwanghaften Weise selbst Opfer? Erkennen Sie sein / ihr passiv-aggressives Verhalten? Was haben Sie als Zwang erlebt? Wie wurden Sie heruntergeputzt? Wo erlebten Sie sich in Bedrängnis?

Der ›unterworfene‹ Erwachsene

Die Unterdrückung und die Aggression, die Sie in Ihrer Jugend erlitten haben, haben sich oft in Ihnen festgesetzt wie ein Geschwür aus Wut, Rage, Hass und Rachegefühlen. Dies hat zur Folge, dass Sie:

A. die Aggression *gegen sich selbst* richten;

B. Ihre Aggression *gegen andere* richten.

Weil Sie die Wut nicht in Richtung des Aggressors äußern konnten, kann es geschehen, dass Sie diese Wut an anderen auslassen, zum Beispiel an einem jüngeren Bruder, Haustieren, Klassenkameraden, Lehrern in der Schule, Untergebenen oder eine willkürliche Person, die Sie in Rage bringt. Sie entwickeln einen gewalttätigen Charakter, wobei die kleinste Kleinigkeit bereits eine Bombe explodieren lassen kann. Wenn sich dafür keine Gelegenheit bietet, schaffen Sie selbst einen Anlass. Verbrecher haben oft selbst eine gewalttätige Vergangenheit. Sie sind gewissermaßen süchtig nach Gewalt, was ihnen häufig auch eine Art von Vergnügen bereitet. Sie haben niemals gelernt, etwas einfach zu genießen, sie können nur den Schmerz anderer genießen. Gewalt und sexuelle Gewalt gehen häufig ineinander über. Derartige Menschen, meistens sind es Männer, können sehr gefährlich sein.

Durch die offene Gewalt und die aggressive Sexualität, die in Filmen und Videos gezeigt werden, wird suggeriert, dass all dies ganz ›normal‹ sei. Das bedeutet, dass die übliche Gefühlsbarriere zwischen Schlagen-Wollen und wirklich Zuschlagen immer kleiner wird. Die Verletzbarkeit und Empfindlichkeit des unterdrückten oder geschlagenen Kindes ist ohnehin schon tief in der Seele weggeschlossen worden. Dies lässt die Grenze zwischen der auf einem Video gezeigten Aggression und der tatsächlichen Aggression immer kleiner werden. Das Genießen von Gewalt wird größer als das Einfühlungsvermögen in die Schmerzen, die dem anderen angetan werden (ihren eigenen Schmerz mussten sie als Kind ja auch vollständig in sich verschließen). Und damit verschwindet jede gefühlsmäßige Moral oder Norm, was die Basis für asoziales und kriminelles Verhalten und die Entstehung ernster Persönlichkeitsstörungen bildet.

Nicht jedes geschlagene Kind wird ein Verbrecher. Wichtig ist jedoch, dass Sie die Neigung zur Aggression in sich selbst (oder in Ihrem Partner) erkennen. Liebe und Hass liegen oft sehr nahe beieinander. Sie können sich danach sehnen, den anderen lieb zu haben, aber aus Ihrer Vergangenheit heraus kann gerade diese Liebe einen enormen Hass frei werden lassen. Denn wenn Sie Ihre Gefühle zulassen, lassen Sie sie in ihrer Gesamtheit zu. Es ist fast unmöglich, einerseits die Liebe zuzulassen, die Wut jedoch, die sich darunter verbirgt, weiterhin zu leugnen oder zu unterdrücken. Umgekehrt können sie erfahren, dass der andere sie zwar liebt, dass jedoch die Wut, die er oder sie in Bezug auf seine/ihre Eltern hegt, immer mit in die Beziehung hineinspielt. Das Kind im Erwachsenen will einfach immer noch Rache nehmen. Wenn es dann nicht gelingt, diesen Hass auf den ehemals unterdrückenden Elternteil zu fokussieren, richtet sich der Hass auf den Partner oder auf die Kinder.

Achten Sie einmal darauf, wann Sie Wut in sich selbst hochkommen spüren. Was kitzelt diese Wut? Ist es eine Wut wegen etwas, das Ihnen jetzt angetan wird, oder ist es eine alte, tief in Ihnen sitzende Rage? Können Sie diese Wut mit Situationen von früher in Zusammenhang bringen?
Was tun Sie daraufhin mit Ihrer Wut? Äußern Sie sie? Tun Sie dies direkt? Können Sie einen Unterschied erkennen zwischen der heutigen Wut und der Wut von früher? Können Sie die heutige Wut gegenüber demjenigen artikulieren, der sie hervorruft, und selbst Verantwortung für Ihre eigene alte Wut gegen Ihren Vater / Ihre Mutter übernehmen?

Die Wut, die Sie als Kind fühlten, kann häufig in gar keiner Form herauskommen. Das Zum-Ausdruck-Bringen Ihrer Wut wurde zu effektiv unterdrückt oder die Gewalt spielte sich mehr auf der emotionalen und passiv-aggressiven Ebene ab. Oder Sie standen in einem Konflikt zwischen der Gewalt, die vom einen Elternteil ausging, und der Machtlosigkeit des anderen; oder Ihre Willenskraft war bereits gebrochen worden, bevor Sie die Chance bekamen, Ihre Wut auf andere zu richten; oder Sie waren bereits ein ängstliches Kind, das nicht in der Lage war, sich zur Wehr zu setzen. Doch Wut sucht sich immer einen Ausweg, und wenn sie sich nicht nach außen orientieren kann, wendet sie sich gegen Sie selbst. Sie werden wütend auf sich selbst. Sie klemmen die Kiefer aufeinander und knirschen die ganze Nacht mit den Zähnen. Sie kauen auf Ihren Fingernägeln oder kratzen sich selbst wund. Sie entwickeln Formen von Selbsthass oder Selbstsabotage, die so tief in Ihre Knochen eingehen, dass sie häufig durch keinerlei Erfolg in der Außenwelt kompensiert werden können. Darum demütigt der unterdrückte Erwachsene sich selbst immer weiter, ohne sich klarzumachen, dass der Krieg eigentlich längst vorbei ist, dass er sich selbst nicht mehr zu besiegen braucht, um nicht von seinen Eltern besiegt zu werden. Und die Möglichkeiten, sich selbst zu besiegen, sind Legion:

- sich selbst ständig sabotieren, indem man alles schief laufen lässt
- sich selbst immer wieder schlecht machen, sich Selbsthass überlassen
- die Sucht nach Schmerz, Unterwerfung und Unterdrückung, absichtliches Aufsuchen solcher Situationen
- sich selbst Schmerzen zufügen, indem man nicht isst; sich aus Verzweiflung selbst verletzen und Derartiges mehr
- stolz darauf sein, Schmerzen ertragen zu können
- sich selbst ›vernichten‹, um dadurch den anderen unter Druck zu setzen
- nicht genießen dürfen und können, wodurch es dem anderen auch unmöglich wird
- sich für den anderen oder für die Welt opfern und eine Märtyrerrolle spielen
- die Opferrolle wählen und nicht mehr loslassen
- klagen, doch nichts unternehmen, um die Situation zu verbessern
- angebotene Hilfe zurückweisen
- sich selbst Probleme aufladen (z.B. Heirat mit einem Alkoholiker, einem gewalttätigen Partner, einem psychiatrischen Patienten ...)
- sich selbst mit (bevorzugt unlösbaren) Problemen anderer belasten
- besonders unterwürfiges Verhalten
- Provozieren negativer Urteile, Trennung, Strafe usw.
- Provozieren von Wutausbrüchen beim anderen.

Dieses selbstvernichtende Verhalten ist im Grunde eine verzweifelte Wiederholung der Situation des Kindes, weil dies die einzige Art von Fühlen, Handeln und Reagieren ist, die sie kennen. Dies ist das Tragische an solchen Überlebensstrategien. Sie benutzen sie, um zu überleben, und gleichzeitig gehen sie daran kaputt! Aber weil das Akzeptieren von Rat oder Hilfe in ihrem Programm nicht vorkommt (der sie unterstützende Elternteil war es ja gerade, der sie kaputtmachte), werden sie sie auch nicht ohne weiteres von anderen akzeptieren. Die Schwierigkeit für die Partner solcher Menschen besteht darin, dass auch sie ihnen keine Unterstützung bieten können,

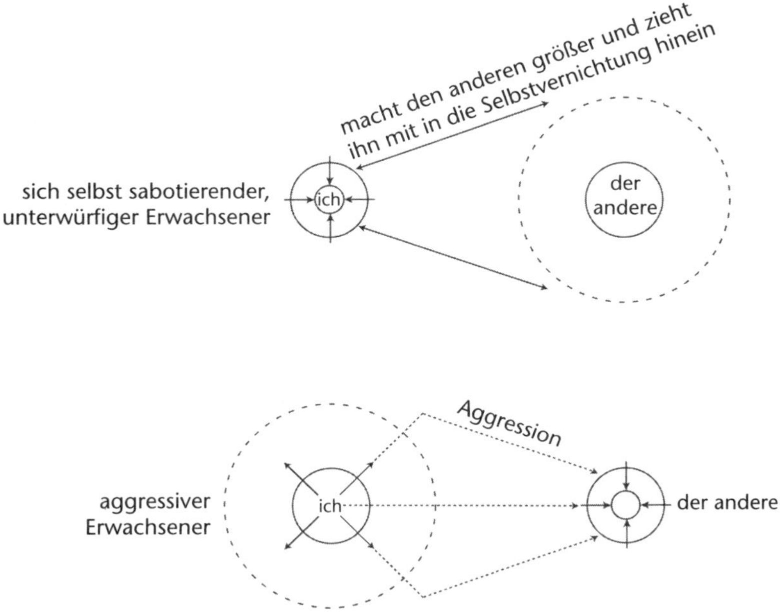

Der ›unterworfene‹ Erwachsene

denn diese wird immer zurückgewiesen. Doch gleichzeitig laufen sie Gefahr, mit in den selbstdestruktiven Sumpf des anderen hineingezogen zu werden. Und wenn sie sich als Partner dann energisch dagegen wehren und, in einem Versuch, dem anderen in seinem Selbstmitleid und seiner Selbstdestruktion Einhalt zu gebieten, wütend werden, so wiederholen sie das Verhalten des unterdrückenden Elternteils, worauf der andere sich aufs Neue zurückgewiesen fühlt. Erkennen Sie dieses Muster?

In einem gewissen Maße ist wohl jeder von uns ›unterdrückt‹, jeder hat etwas von dieser Unterdrückung verinnerlicht. Fast niemand ist völlig frei von Selbstmitleid, fast niemand lebt völlig aus seiner eigenen, ungebrochenen Kraft. Jeder kennt gewisse Formen von selbstuntergrabendem Verhalten. Trauen Sie sich, dies anzuschauen und zu ergründen?

Wie machen Sie sich selbst fertig und nehmen sich auseinander? Beobachten Sie sich einmal einen Monat lang und schreiben Sie alle Handlungsweisen, Aussagen, Gefühle, innere Botschaften, Gedanken und Blockaden auf, mit denen Sie sich selbst entkräften.
Gehen Sie diese Liste dann durch und schreiben Sie bei jeder inneren Sabotagetechnik dazu, wie Sie sie sich angeeignet haben. Falls Sie sie wegen des Verhaltens Ihres Vaters, Ihrer Mutter, eines Geschwisters oder eines Lehrers entwickelt haben – geben Sie sie dann dieser Person zurück. Der Krieg ist vorbei! Sie brauchen sich selbst nicht mehr zu sabotieren und zu schwächen!

Unterdrückung, Macht, Gewalt, Aggression und Manipulation haben eine unechte Persönlichkeit geschaffen. Es ist manchmal durchaus praktisch, bestimmte Aspekte davon als Rollen oder Masken im Vorrat zu haben. Doch Sie sind nicht der, der Sie eigentlich sind. Die Suche danach, wer Sie wirklich sind, ist das Spiel dieses Lebens. In dem Maße, wie die Verstrickungen und Verzerrungen deutlicher werden und Sie Ihre eigenen Überlebensstrategien kennen lernen, wird das Unechte immer durchsichtiger, und Ihr wahres Ich kann immer stärker hindurchscheinen.

Auf dem Weg zum wahren Ich

In dem Maße, wie Sie sich trauen, immer stärker Sie selbst zu sein und sich alle Aspekte im wahrsten Sinne anzu-eignen, brauchen Sie auch keinerlei Mauern mehr aufrechtzuerhalten zwischen den verschiedenen Persönlichkeiten, die Sie innerlich sind. Die Spaltungen, die Sie einst vorgenommen haben, dürfen wieder transparent werden. Sie brauchen sich nicht mehr zu beurteilen oder zu kommentieren. Sie brauchen Ihre Schattenseiten nicht mehr zu leugnen. Alles darf einfach da sein.

Wenn Sie wieder einfach der sein können, der Sie eigentlich sind, brauchen Sie sich auch nicht mehr ständig zu verteidigen oder hinter allen möglichen Rollen und Masken zu verstecken. Auch brauchen Sie nicht ständig eine Bestätigung durch die anderen. Das bedeutet, dass Sie sich wieder entspannen und tiefer atmen können. Die Wirklichkeit weitet sich. Sie können das Leben mehr zulassen, so wie es ist, weil Sie wissen, dass Sie mit Ihren eigenen Sehnsüchten, Ihrem eigenen Willen, Ihren eigenen Grenzen verbunden sind, ohne dass Sie diese fortwährend im Auge zu behalten brauchen. Dadurch wird die Wirklichkeit viel transparenter.

Wenn die tägliche innere und äußere Wirklichkeit immer transparenter wird, wird alles heller. Heller in dem Sinne, dass alles Schwere, gerade dadurch, dass Sie es akzeptieren, weniger schwer wird. Heller in dem Sinne, dass mehr Licht darauf fällt oder durch es hindurchscheint. Probleme, Schmerz und Verwundungen verschwinden nicht, sondern werden immer durchscheinender. Das ist die wirkliche Bedeutung des Wortes ›erleuchtet‹.

Schema 3 C

Autonomie – Macht

Das unterworfene Kind

Basisthema: Entwicklung von Ich-Stärke, Wille, Tatkraft und Macht.
Basisemotion: Angst vor Vernichtung und Unterwerfung.
Basisproblem:
A. Machtlos und unterwürfig, unterdrückter Hass und Selbsthass.
B. Aggressives und gewalttätiges Verhalten.
Energiezentrum: Bauch, **sekundär:** Schultern, Kiefer.
Sinnesorgane: Augen.

Situation als KIND: Eltern sind aggressiv oder passiv-aggressiv, legen es darauf an, Ihren Willen zu brechen. Erziehung geschah unter Zwang. Alles (Verhalten, Nahrung, Ausscheidungen) war von Zwang geprägt. Viel Aggression, körperliche, verbale oder emotionale Gewalt. Es wurde keine Rücksicht auf Ihren Willen oder Ihre Grenzen genommen. Oder es herrschte passiv-aggressives Verhalten, wodurch Sie manipuliert oder erpresst wurden.

Primäre Ängste: Ich werde vernichtet. Es gibt keinen Ausweg für mich. Ich werde sterben. Ich bin nichts wert.

Überlebensstrategien:
A. MACHTLOS: Stillhalten, sich zurückziehen, dienstbar sein. Eigene Gefühle nicht zeigen. Sich selbst in die Mangel nehmen. Sich schlecht machen oder Schaden zufügen. Gewalt vergessen oder leugnen.
B. AGGRESSIV: Selbst aggressiv, gewalttätig oder gemein werden. Antisozial.

Überzeugungen: Ich bin nichts wert. Ich habe keine Macht. Jeder andere ist mächtiger als ich. Ich darf nicht genießen. Ich muss leiden.

Probleme als ERWACHSENER:
A. MACHTLOS: Untertäniges Verhalten, ängstlich, machtlos, selbstdestruktiv. Verstrickung in einen negativen Sumpf, aus dem man nicht mehr herauskommt. Misstrauen gegenüber den positiven Seiten des Lebens. Ein Übermaß an Problemen. Freudlosigkeit. Depression.
B. AGGRESSIV: Äußerst aggressiv, leicht entflammbar, kriminell, gewalttätig.

Überlebensstrategien:
A. Dienstbeflissen, untertänig. Sich selbst hintanstellen, fertig machen, dafür sorgen, dass alles schief geht. Klagen, doch nichts ändern wollen. Keine Unterstützung akzeptieren. Sich so viel Schmerz zufügen, dass einen nichts mehr wirklich berühren kann. Passiv-aggressives, aggressives und manipulierendes Verhalten.
B. Gefühllos, aggressiv und egoistisch. Über alles in Wut geraten.

Überzeugungen:
A. »Indem ich mich selbst strafe, strafe ich den anderen. Ich kann jeden Schmerz ertragen. Niemand kommt wirklich an mich heran.«
B. »Ich schlage jeden zusammen. Jetzt nehme ich Rache. Ich misstraue allem, was positiv ist.«

Probleme in Beziehungen:
A. Opferrolle wählen und dadurch den anderen zum Täter machen. Dem anderen die Schuld an allem geben. Aggression beim anderen herauskitzeln. Den anderen in den Sumpf der Hoffnungslosigkeit mit hineinziehen, Machtlosigkeit, Willenlosigkeit und Selbsthass. Jegliche Form von Veränderung oder Verbesserung boykottieren.
B. Gewalttätig, aggressiv, provozierendes Verhalten, pervers, häufig auch sexuelle Gewalt. Negative Reaktion auf positive Begegnungsversuche (Liebe, Aufmerksamkeit, Anteilnahme).

Energieblockaden: Die aufgestaute Wut lagert sich in Bauch, Kiefer und Schultern ab. Nackenmuskeln sind angespannt. Die Augen vermeiden oder suchen Konflikt. Über- bzw. Unterspannung.

Psychosomatische Beschwerden: Burnout-Syndrom. Weitermachen, bis der Körper nicht mehr mitmacht. Gehirnblutung, Herzstillstand. Selbstverletzung. Anorexie.

Qualitäten: Fürsorglich, sensibles, feines Gefühl, ob etwas stimmt oder nicht (oft Schwierigkeiten, dies dann zu artikulieren). Extrem sensibel für Macht. Alles selbst tun wollen. Erneuernd. Kann viel Elend ertragen.

Viertes Kapitel

Identität

In den ersten neun Monaten in der Gebärmutter sind SICHERHEIT und GEBORGENHEIT die wichtigsten Themen. Nach der Geburt kommt das Thema der INTIMITÄT dazu und spielt neun Monate lang die Hauptrolle. Dann entsteht allmählich das Streben nach AUTONOMIE. Wenn Sie etwa drei bis vier Jahre alt sind, ist dieser Zyklus mehr oder weniger vollendet. Wenn wir später in die Grundschule gehen, ist es tatsächlich bereits ein kleiner Mensch, der da zur Schule geht, mit einem ganz eigenen Charakter und einem deutlichen Identitätsgefühl. Doch auch mit seinen Ängsten, Unsicherheiten und Problemen und einem ganzen Paket von Überlebensstrategien.

Das macht diesen Übergang zu einem echten Wendepunkt. Bis dahin wurden diese Strategien hauptsächlich in dem geschlossenen Bereich der elterlichen Familie benutzt und Sie konnten in der Kinderkrippe noch frei bleibend spielen. Jetzt kommen Sie plötzlich in eine neue Situation, in der alle möglichen Forderungen an Sie gestellt werden. Werden Ihre Verteidigungsstrategien hier genauso effektiv sein oder nicht? Können Sie die Autonomie, die Sie sich erworben haben, in einer fremden Umgebung aufrechterhalten? Können Sie eine wirkliche Verbindung zu anderen Kindern aufbauen und von ihnen die nötige Unterstützung erhalten? Ist es sicher genug? Sie spüren, dass andere Kinder und Erwachsene darauf reagieren, wie Sie Dinge tun, wie Sie sich verhalten. Dies hängt wiederum davon ab, wie stabil Sie sich fühlen. Wie stark fühlen Sie sich? Wie stabil ist Ihr Ich-Gefühl?

Die Familie als ›Nest‹

Millionen Jahre lang wurde der Mensch in Großfamilien hineingeboren. In der Zeit, in der die Menschheit sich mit Jagen und Sammeln beschäftigte, waren dies kleinere Gruppen, bestehend aus einigen Familien, die umherzogen. Später, mit der Entstehung des Ackerbaus, ließ sich der Mensch in kleinen Dörfern nieder. Jeder kannte jeden und es gab feste Strukturen, die alles bis in die Einzelheiten regelten und an die sich jeder hielt. Wenn man geboren wurde, hatte man sofort einen bestimmten Platz innerhalb des großen Ganzen, die Lebenswelt dehnte sich allmählich aus. Erziehung war Aufgabe der Mutter, ihrer Familienmitglieder und vor allem der Großeltern, schließlich des gesamten Dorfes. Wichtige Ereignisse im Leben wurden durch große Rituale begangen, wie zum Beispiel die Pubertätsrituale, mit denen der neue Status die Bestätigung der Allgemeinheit erfuhr. Das Dorf war ein großes, sicheres Nest, jedenfalls während der ersten Lebensjahre. Doch das Wichtigste war, dass sich Liebe, Unterstützung, Sicherheit und Freiheit in der Beziehung zu vielen unterschiedlichen Menschen entwickelten, für die man kein Fremder war. Im Vergleich damit ist die moderne westliche Kleinfamilie eine ausgesprochen kleine Einheit.

Das bedeutet, dass in unserer heutigen Kultur der Einfluss der Beziehung zu Vater und Mutter (beziehungsweise in Ein-Eltern-Familien nur zum Vater oder der Mutter) sehr bestimmend geworden ist. Sie sind den Launen Ihrer Eltern ›ausgeliefert‹, ohne dass Ihre Erziehung von Großeltern, Nachbarn, der ganzen Gemeinschaft korrigiert wird. Ihre Eltern müssen Sie versorgen und erziehen und außerdem noch für das Einkommen sorgen. Dadurch stehen Sie von Anfang an relativ allein da – jedenfalls viel isolierter, als es in der Geschichte der Menschheit je der Fall war. Die Identität, die Sie entwickeln, wird nicht von einer ganzen Gruppe, einer bestimmten Kultur oder Religion getragen, sondern bildet sich hauptsächlich in der Beziehung mit ein oder zwei Eltern heraus, die ihre eigenen Probleme unbemerkt und auch oft ungewollt – vor allem aber unkorrigiert durch einen größeren Familien- und Stammeszusammenhang – auf Sie projizieren. Und vielleicht ist ja ein Teil der Einsamkeit und Problematik des modernen Menschen darauf zurückzuführen: ein grundlegendes Gefühl des Verlassenseins. Die erste Gruppe, in der Sie aufwachsen, ist eine zu kleine und verwundbare Einheit, die einem stabilen Ich-Gefühl nur wenig Unterstützung zukommen lässt.*

In den ersten drei bis vier Jahren entwickeln Sie Ihr Ich-Gefühl (Ich-Identität) hauptsächlich in der Beziehung mit denjenigen, die Sie aufziehen. Sie haben zwar ab der Empfängnis bestimmte Eigenschaften und Neigungen geerbt, doch diese können sich nur in Wechselwirkung mit der Umgebung entfalten. Es kann also durchaus sein, dass Sie genauso wild oder musikalisch sind wie Ihr Großvater, aber ob diese Eigenschaft wirklich herauskommt, hängt doch stark von der Haltung Ihrer Eltern ab. Eine bestimmte Qualität kann sich entwickeln, aber auch gegen Sie kehren. Kreative Expressivität kann in Machtlosigkeit umschlagen, Willenskraft in Selbsthass. Die Anlage ist vielleicht vorhanden, doch ob sie sich wirklich vollständig und positiv entfalten kann, ist eine andere Sache.

In den ersten drei bis vier Jahren benutzen Sie die Außenwelt, um Ihre Innenwelt auszuprägen. Wenn Sie zu dem Bild des Energie-Eies (siehe Einleitung) zurückkehren, werden Sie als ein sehr verletzliches, aber noch vollständiges Wesen geboren. Während der ersten Jahre werden bestimmte Energieströme stärker, bekommen eine eigene Tragkraft und werden dadurch unabhängig. Doch es können auch bestimmte ›Löcher‹ entstehen, weil eine grundlegende Form von ›Ernährung‹ (Sicherheit, Intimität, Unterstützung) fehlt. Oder es handelt sich um Ströme, die immer dünner und verletzlicher werden. Es können auch bestimmte

* Eine Kultur und vor allem eine Religion können allerdings auch sehr unterdrückend sein und Sie zu Kleidung, Moral und Verhalten zwingen, die Sie Ihrer Eigenheit berauben; bei Verstoß drohen Strafen wie Ausgestoßenwerden oder Schlimmeres. Die erweiterte Familie bzw. die Gemeinschaft wird dann immer mehr zu einer Art Polizei, die Sie jederzeit verraten kann, wenn Sie sich nicht an die Normen und Gesetze halten. Die Folge ist oft eine innere und äußere Spaltung und ein hohes Maß an Misstrauen und Unzuverlässigkeit.

Blockaden, Verkrampfungen und Kurzschlüsse entstehen, die das Resultat heftiger Ereignisse sind. Und es entstehen Verteidigungsstrategien aus dem Bestreben, die Intaktheit Ihrer Essenz so gut wie möglich zu gewährleisten. In dem Maße, in dem Sie, so gut oder schlecht es eben möglich war, selbstständig werden, werden Sie sich immer stärker der Tatsache bewusst, dass Sie einen Teil eines größeren Ganzen darstellen. In erster Linie ist dieses Ganze Ihre elterliche Familie. Während Sie ab dem zweiten Jahr ein Bild Ihrer selbst zu entwickeln beginnen – der Beginn der Selbstreflexion –, verfügen Sie ab Ihrem vierten Lebensjahr stärker über ein Bild der ganzen Familie und beginnen dieses mit anderen Familien zu vergleichen.

Auch diese Familie können Sie sich wieder als ein großes Energiefeld mit verschiedenen Kernen vorstellen, von denen Sie einer sind. Diese Familie kann klein und isoliert sein, doch auch sehr weitläufig und fast eine Gesellschaft für sich. Auch das hat Sie geprägt. Es ist ein enormer Unterschied, ob Sie allein mit Ihrer Mutter aufwachsen, als das mittlere von drei Kindern oder als der Älteste beziehungsweise Jüngste in einer Familie mit neun Kindern. Außerdem sind manche Familien sehr sozial und offen und pflegen einen engen Kontakt mit der Verwandtschaft. Andere dagegen sind sehr kompliziert und miteinander verhakt wie ein Knäuel. In manchen Familien sind die Bindungen wie Treibsand. Wieder andere sind sehr abgeschlossen und isoliert.

Ich kann mich nicht erinnern, dass in den achtzehn Jahren, in denen ich zu Hause gewohnt habe, irgendwann mal jemand vorbeigekommen wäre. Ich war ein Einzelkind und meine Eltern hatten überhaupt keine Freunde oder Bekannten. Wir lebten in völliger Isolation. Als ich später selbst Kinder hatte, sind wir ein einziges Mal bei ihnen zum Essen gewesen. Sie kamen immer bei uns vorbei, erst zusammen und dann einzeln. Ich hatte immer das Gefühl, für sie sorgen zu müssen, damit sie nicht einsam waren. Doch das ist mir nicht gelungen. Sie haben sich scheiden lassen. Meine Mutter geriet an den Alkohol, und schließlich haben sie vor ein paar

Jahren nacheinander Selbstmord begangen. Das Schlimmste ist, dass keiner von beiden mir einen Abschiedsbrief hinterließ.

(Mann, 45 Jahre)

Wenn Sie allein mit einem Elternteil aufwachsen, ist dieser eine Elternteil sehr wichtig. Und wenn dann dieser Elternteil sich auch noch drückt, keine Zeit hat, keine Aufmerksamkeit, keine Liebe, dann kommen Sie viel zu kurz. Wenn Sie aber eine sehr fürsorgliche Mutter hatten, die Sie sehr liebte, dann bekommen Sie unter Umständen sogar mehr Wärme als in einer großen Familie, in welcher auch viel Streit herrschen kann und wenig Zeit, Ihnen als Individuum die notwendige Aufmerksamkeit zu schenken. Wirkliche Fürsorge und Aufmerksamkeit sind das Allerwichtigste. Wenn es Ihnen daran gefehlt hat, kann es sein, dass der Rest Ihres Lebens ein einziger Schrei nach Aufmerksamkeit ist. Oft macht es nicht einmal einen Unterschied, ob es sich dabei um positive oder negative Aufmerksamkeit handelt. Sie wollen Aufmerksamkeit um jeden Preis, und wenn es Ihnen nicht gelingt, sie in positiver Form zu erhalten, dann werden Sie sie doch noch erlangen, indem Sie dem anderen so lange zusetzen, bis er wütend wird.

Die Aufmerksamkeit, Wärme, Intimität und Sicherheit, derer Sie bedürfen, um zur Blüte zu kommen, waren selten in ausreichendem Maß vorhanden. Darum ist es wichtig, sich klarzumachen, wie Sie das Nest, in dem Sie aufwuchsen, erfahren haben und was für ein Ich-Gefühl Sie, in Reaktion darauf, entwickelt haben.

Begeben Sie sich einmal zurück in die Zeit, als Sie vier Jahre alt waren (bzw. in die früheste Lebensperiode, an die Sie noch Erinnerungen haben). Wie war das Nest, in dem Sie aufwuchsen? War es groß, war es klein? War es sicher oder mussten Sie darum kämpfen, nicht über den Rand geworfen zu werden? War es ein warmes oder ein kühles Nest? War es von Mauern umgeben oder war es offen zur Außenwelt? Oder fühlte es sich überhaupt nicht wie ein Nest an, sondern eher wie ein kahler Ast?

Wenn Sie Ihr elterliches Nest als die erste Gruppe betrachten, in der Sie gelernt haben, mit anderen umzugehen – Geschwistern, Onkeln, Tanten und so weiter –, dann haben Sie daraus eine bestimmte Lebensstrategie entwickelt. Als Einzelkind lernen Sie, alles allein zu tun. Als Ältester haben Sie die Neigung, viel Verantwortung auf sich zu nehmen. Der Jüngste kann immer bereits gebahnte Wege betreten und nimmt die Dinge oft allzu leicht. Der Mittlere fühlt sich oft eingeklemmt zwischen denjenigen, die älter sind, und denen, die jünger sind, und kann darum sein ganzes Leben in einer Kampfhaltung bleiben. Oft haben wir die Neigung, diese Strategien zu wiederholen. Auch wenn wir uns gegen unsere Vergangenheit absetzen und äußerlich Dinge ganz anders zu tun scheinen, entkommen wir doch oft nicht der Wiederholung von Mustern, die sich auf diese Weise eingefahren haben, vor allem dann, wenn Sie inzwischen selbst wieder eine Familie haben.

Betrachten Sie einmal Ihre heutige Lebenssituation. Wie sieht Ihr ›Nest‹ heute aus? Ist es dasselbe wie früher oder ein völlig anderes? Was erkennen Sie zum Beispiel in der Beziehung zu anderen? Was ist Ihre Lebensstrategie? Können Sie diese auf Ihre Position innerhalb der elterlichen Familie zurückführen?

Krise im Nest

Während der gesamten Periode von der Empfängnis bis zum Verlassen des elterlichen Hauses durchläuft das Nest allerlei Veränderungen. Sie ziehen um, bekommen Geschwister oder ein älterer Bruder oder eine ältere Schwester verlassen das Nest. Doch die allerstärkste prägende Veränderung ist die, wenn einer der Eltern das Nest verlässt oder ein ›neuer Elternteil‹ hinzukommt. Als Kind empfinden Sie schon in sehr jungen Jahren eine Mitverantwortung für das gesamte Nest. Wenn Ihre Eltern Streit miteinander haben, tun Sie alles, um sie abzulenken, denn streitende Eltern fühlen sich sehr ›unsicher‹ an. Das tun Sie notfalls dadurch, dass Sie selbst viele

Probleme verursachen und damit alle negative Aufmerksamkeit auf sich selbst lenken.

Problemkinder verweisen häufig auf ungelöste Probleme zwischen den Eltern, und sie sorgen dafür, dass diese Probleme nicht auf den Tisch gelegt werden. Doch wenn einer der Eltern dann schließlich dennoch das Nest verlässt, haben Sie als Kind immer das Gefühl, dass alles Ihre Schuld ist. Sie haben sich nicht genügend angestrengt, und darum ist einer der Eltern weggegangen. Das ist ein ganz primäres Gefühl. Es ist gleichgültig, welche rationale Erklärung dem gegenübergestellt wird. Sie verstehen vielleicht mit dem Kopf, dass Ihr Vater weg ist, weil er Ihre Mutter schlug, emotional jedoch waren Sie nicht in der Lage, die Sache zum Guten zu wenden. Außerdem liebte Ihr Vater Sie nicht genügend, trotz des Streites mit Ihrer Mutter, sonst wäre er bei Ihnen geblieben. Im tiefsten Grunde der Seele müssen für das Kind die Eltern zusammenbleiben und für die Familie sorgen, bis es alt genug ist, selbst flügge zu werden. Und selbst wenn Kinder schon lange auf eigenen Beinen stehen, haben sie häufig immer noch Probleme damit, wenn sich ihre Eltern scheiden lassen.

Der Verlust, den Sie als Kind erfahren, ist ein doppelter. Auf der einen Seite verlieren Sie einen Ihrer Eltern, doch meistens hat dies einen weitgehenden Einfluss auf den anderen Elternteil. Der zurückgebliebene Elternteil ist oft mit den Nerven am Ende, bleibt zurück mit Wut, Trauer und Groll, muss nun alles allein schaffen oder stürzt sich rasch in eine neue Beziehung. Als Kind müssen Sie dies alles selbst verarbeiten. Darum können Sie das Gefühl haben, dass jeder Sie im Stich lässt, und die Trauer beziehungsweise die Schuldgefühle deswegen können Sie Ihr Leben lang verfolgen.

Ernster ist es, wenn ein Elternteil stirbt. Für ein Kind ist der Tod oft etwas ganz Unbegreifliches, und meistens versuchen Erwachsene, das Kind zu ›schonen‹, indem sie es zum Beispiel vom Sterbebett fernhalten oder es nicht mit zum Begräbnis nehmen. Doch damit machen sie alles noch Angst erweckender. Als Kind sind Sie oft sehr allein mit Ihrem Kummer. Der übrig gebliebene Elternteil ist ja selbst schon so traurig, Sie können ihn in diesem Moment nicht auch noch wirklich in Anspruch nehmen. Also haben Sie plötzlich auf einmal beide Eltern verloren.

Dadurch bekommen Sie nicht die Chance, richtig zu trauern und Ihrem Kummer, Ihrer Wut, vor allem aber Ihrer Angst adäquat Ausdruck zu verleihen. Vor allem, wenn Sie in jungen Jahren (das heißt vor Ihrem vierten Lebensjahr) Ihre Mutter verlieren, ist der erste Zyklus aus Sicherheit, Intimität und Autonomie noch nicht vollendet. Sie haben auf unbegreifliche Weise denjenigen verloren, der für Sie der wichtigste Mensch war, und die Panik, die jetzt entsteht, kann riesengroß sein, denn jedes Sicherheitsgefühl ist plötzlich verschwunden. Worauf können Sie sich jetzt noch verlassen? Vielleicht sind ja Ihr Vater und Ihre Großmutter und Ihr Großvater auch schon früher plötzlich ›verschwunden‹. Das erzeugt viel Angst, und die Erwachsenen in Ihrem Umkreis stehen oft selbst viel zu stark unter Schock, als dass sie Ihnen beistehen könnten. Sie haben Angst, alles ist undeutlich, Sie können mit nichts mehr sicher rechnen, alles und jeder kann ohne weiteres einfach wegbrechen. Diese Angst bleibt tief in Ihrer Seele präsent, während Sie erwachsen werden.

Manchmal fassen Sie als Kind dann unbewusst (meistens ohne es auszusprechen) bestimmte Entschlüsse. Es kann sein, dass Sie für sich beschließen, niemals mehr wirklich jemanden lieb zu haben, denn jeder kann doch plötzlich ›wegfallen‹. Oder Sie haben beschlossen, dass Sie sich niemals mehr auf jemanden verlassen und alles am besten selbst tun können. Oder Sie haben beschlossen, Ihre Gefühle nicht mehr zu zeigen, denn es interessiert sich ja doch niemand dafür. Und dieser Entschluss wird in solchem Maße ein Faktor Ihres Bewusstseins, dass Sie nach ihm zu leben beginnen, ohne sich klarzumachen, dass er damals aus einem bestimmten Grund, einer bestimmten Situation heraus gefasst wurde.

Ein dramatisches Ereignis innerhalb der elterlichen Familie untergräbt immer das Gefühl der Sicherheit und des Vertrauens, und es hat häufig eine größere Auswirkung, als Sie vermuten. Vor allem, wenn der Schock und die Gefühle damals geleugnet wurden. Aus dem Bestreben, zu überleben und den übrig gebliebenen Elternteil zu unterstützen, überließen Sie sich als Kind dieser Leugnung. Das machte alles erträglicher. Doch tief liegende Gefühle können zwar zugedeckt werden, aber sie verschwinden dadurch nicht. Und weil grundlegende Gefühle miteinander in Verbindung zu stehen scheinen, kann zum Beispiel Verlustangst in Ihrem ganzen Leben eine Rolle spielen, ohne dass Sie sich klarmachen, dass dies mit dem Sterben oder Auszug eines Elternteils zusammenhängt.

Was waren dramatische Ereignisse in Ihrer Familiengeschichte? Wie alt waren Sie damals? Was für Gefühle rief das hervor? Was waren Ihre Ängste? Konnten Sie diese Gefühle äußern? Haben Sie damals bestimmte Entscheidungen getroffen? Erkennen Sie jetzt diese Gefühle und Entscheidungen? Was für einen Einfluss haben sie auf Ihr heutiges Leben?

Schulzeit

Wenn Sie vier Jahre alt geworden sind, gehen Sie im Allgemeinen in den Kindergarten und kommen in eine größere Gruppe von Kindern, die Sie meistens nicht kennen. Sie kamen vorher nicht zu Ihnen zum Spielen, sie kamen auch nicht aus Ihrer Nachbarschaft, häufig nicht einmal aus Ihrem Land. Das ist verwirrend. Es ist vielleicht eine Erleichterung, dass Sie von Ihren Eltern unabhängiger sind und sich an anderen Kindern spiegeln können. Doch es ist auch irgendwie bedrohlich. Wenn ohnehin schon so viele Ängste in Ihnen lagern, kann es sein, dass Sie besonders verletzlich sind und der Unterste in der Hackordnung werden. Und bevor Sie es wissen, sind Sie derjenige, der nicht dazugehört, der ausgelacht, gehänselt oder missachtet wird, und plötzlich ist die Schule für Ihr Erleben genauso unsicher, ja vielleicht noch unsicherer als Ihr Zuhause.

Fast zwanzig Jahre lang habe ich mit Gruppen gearbeitet und dabei die Erfahrung gemacht, dass sich fast niemand wirklich völlig sicher fühlt in einer Gruppe. Es herrscht immer Angst, Angst davor, ausgelacht zu werden, Angst, etwas Dummes zu sagen, Angst, nicht dazuzugehören, Angst, eine schlechte Note zu bekommen, Angst, sich dumm zu benehmen und so weiter. Und diese Angst hat eine

Grundlage: In einer Gruppe sind Sie tatsächlich sehr verletzbar. Eine einzige Person können Sie tatsächlich noch im Auge behalten, doch in einer Gruppe gibt es fast immer jemanden, der mit Ihnen Probleme hat oder der Ihre Schwachstellen ausnutzt. Und rasch verbünden sich einige Mitglieder der Gruppe miteinander. »Ich unterstütze dich unter der Bedingung, dass du mich unterstützt.« So entstehen kleine Grüppchen, und es bleiben einige ›Zwillinge‹ oder Einzelgänger übrig. Und wenn Sie als Einzelner übrig bleiben, können Sie sich noch stärker ausgeschlossen fühlen und dadurch ängstlich werden.

Wenn Sie durch die Situation zu Hause bereits empfindlich und ängstlich sind, kann die Situation in der Schule zu einer richtigen Hölle werden. Viele Kinder erleben es während ihrer zwölfjährigen Schulzeit häufig, über längere Perioden hinweg zum Ziel von Verspottung oder Mobbing zu werden. Und dieses Hänseln kann schrecklich aus dem Ruder laufen, denn selbst wenn es nur wenig konkrete Formen annimmt, ist da doch die fortwährende Drohung (»Wenn du aus der Schule kommst, schlagen wir dich zusammen«), das endlose Piesacken (an den Haaren ziehen, die Schultasche verstecken und so weiter) oder das wiederholte Auslachen – Gründe, jeden Tag, Jahr für Jahr nur mit großem Widerwillen in die Schule zu gehen.

Es gab ein paar Mädchen in der Mittelstufe, die ein Taschenmesser bei sich hatten. Wenn die Schule aus war, nahmen sie mich mehrmals im Fahrradschuppen in die Zange und setzten mir das Messer an die Kehle, verbunden mit der Drohung, mich zu ermorden. Ich radelte danach immer wie geistesgestört nach Hause und hatte eine so wahnsinnige Angst, dass ich nichts mehr essen konnte und ständig an Bauchschmerzen litt. Der Arzt dachte an eine Darmkolik oder so etwas. Monatelang blieb ich zu Hause und ließ im Krankenhaus eine unangenehme Untersuchung nach der anderen über mich ergehen, doch mir war es lieber, so einen Gummischlauch im Anus zu haben, als zur Schule gehen zu müssen. Alles in allem hat das Ganze fast vier Jahre gedauert. Ich habe noch heute Todesangst vor Menschen.

(Frau, 27 Jahre)

Die meisten Kinder trauen sich gerade zu Hause nicht zu erzählen, dass sie in der Schule gemobbt werden. Sie erleben es als eine Blamage und schämen sich deswegen. Außerdem erzählt man in diesem Alter den Eltern ohnehin nicht mehr so viel. Man behält seine Lebensfragen lieber für sich. Und vielleicht fragten die Eltern ja auch nur wenig nach und waren gar nicht wirklich interessiert daran, wie es Ihnen ging. Es braucht also durchaus viel Mut, so etwas zu erzählen. Und wenn das pubertierende Kind nach Hause kommt und berichtet, dass es gemobbt wird, entsteht bei den Eltern häufig Ärger und Unmut.

Eltern können mit solchen Dingen oft nicht besonders gut umgehen. Zunächst einmal ist es für sie eine Enttäuschung, dass ihr Kind gemobbt wird, denn das bedeutet, dass ihr Sohn oder ihre Tochter eigentlich ›ein Versager‹ ist. Jedenfalls ist es nicht so stark und kräftig wie das Kind, auf das sie so gerne stolz wären. Außerdem wissen sie nicht recht, wie sie damit umgehen sollen, und schieben die Sache oft auf die Seite. Dann kommen Ratschläge wie: »Du musst dich mal richtig wehren oder zurückschlagen. Gibt es denn keinen Lehrer in der Schule, der dafür zuständig ist? Wenn du dir nichts daraus machst, dann wird es von selbst vorübergehen.« Doch leider geht es oft eben nicht von selbst vorüber und häufig bleibt die Versetzung in eine andere Schule als einziger Ausweg.

Wie verlief Ihre Schulzeit? Wurden Sie gemobbt? Wie schlimm war es? Konnten Sie mit jemandem darüber reden? Was hat es bei Ihnen bewirkt?

In jeder Gruppe spielen sofort die drei bereits beschriebenen Basisthemen eine große Rolle. Die wichtigste ist, ob eine Gruppe SICHERHEIT bietet und Sie nicht bedroht oder gedemütigt werden. Dies gilt für Ausbildungen, Hobbybereich, Feriengruppen, die Arbeitswelt und so weiter. Wenn Menschen sich nicht sicher fühlen, verfallen sie in alte Überlebensstrategien, von denen manche ein aggressives Verhaltensmuster aufweisen, denen andere zum ›Opfer‹ fallen. Wenn dieses Risiko in der Luft liegt und Sie sich nicht stark genug fühlen, so wagen Sie es mit Recht nicht, sich zu öffnen, und Sie fühlen sich unsicher.

Das zweite Thema ist: Entsteht wirklicher Kontakt, erfährt das Kind GEBORGENHEIT? Das bedeutet, dass alle einander zuhören und füreinander offen sind. Dass es nicht nur um den Inhalt geht, sondern auch um die Beziehungen, die die Einzelnen verbinden, und dass auch ganz normal über diese Beziehungen gesprochen werden kann. Emotionen spielen im Zwischenmenschlichen immer eine Rolle, und wenn nicht über sie gesprochen werden kann, beginnen sie oft ein Eigenleben, ein katastrophales Eigenleben wohlgemerkt, zu entfalten.

Das dritte Thema ist die AUTONOMIE; das bedeutet innerhalb einer Gruppe, dass Sie die Möglichkeit haben, so stark wie möglich Sie selbst sein zu können. Fühlen Sie sich von den anderen akzeptiert? Können Sie ganz normal ›Fehler‹ machen? Ist es in Ordnung, wenn niemand Ihrer Meinung ist? Es muss genügend Spielraum geben, der es Ihnen ermöglicht, in Ihrer eigenen persönlichen Art und Weise zu der Gruppe beizutragen. Und wenn eine Gruppe nicht gut funktioniert, liegt es häufig an einer oder mehreren dieser Grundbedingungen.

Manche Menschen haben derart traumatische Erfahrungen in Gruppen, dass sie sie für immer meiden. Oder sie sorgen dafür, dass sie diejenigen sind, die die Gruppe leiten, wodurch ihre eigene Position von vornherein etwas stabiler ist. Doch wenn Sie als Gleicher unter Gleichen an einer Gruppe teilnehmen, gibt es verschiedene Strategien, die Sie sich – aus Ihrer eigenen Geschichte – angeeignet haben, um sich in einer Gruppe zu behaupten. Ich nenne im Folgenden einige davon:

- unsichtbar bleiben und sich im Hintergrund halten
- keine Emotionen oder Gefühle zeigen
- sehr nett sein, sodass jeder Sie mag
- schnell einen Bund mit starken Figuren eingehen
- sich produzieren und das große Wort führen
- über alles und jedes Diskussionen anzetteln und alles besser wissen

- anderen sehr viele Fragen stellen, ohne selbst etwas preiszugeben
- versuchen, die Führung zu übernehmen
- sich besonders verteidigungsbereit geben, dann hält sich jeder von Ihnen fern
- sich selbst zum ›Opfer‹ machen, sodass jeder Mitleid mit Ihnen hat und Sie schont
- krank, schwach und bedauernswert sein
- Anführer von Gruppen durch Bauchpinseln oder Flirten einwickeln
- extrem gute Leistungen erbringen.

Welche Strategien setzen Sie selbst ein, sobald Sie sich in einer Gruppe aufhalten? Können Sie diese Strategien mit Situationen aus Ihrer Kindheit und Jugend in Zusammenhang bringen: in Ihrer Herkunftsfamilie, in der Schule, in einem Club, beim Militär oder wo auch immer?

Essenz, Charakter und Identität

In dem Maße, wie Sie älter werden, von der Grundschule in die weiterführende Schule gehen und in die Pubertät eintreten, kristallisiert sich Ihre Ich-Identität allmählich aus. Sie entwickeln eine bestimmte Differenzierung der Schichten, wie bei einer Zwiebel, wobei Sie stärker und selbstständiger werden und sich selbst zu verteidigen und zu behaupten lernen. Die Quelle Ihrer Energie, Ihre persönliche Wachstumskraft, war und ist mit der Essenz dessen, wer Sie sind, verbunden – ein empfindliches, verletzliches Wesen, das eine Zeit lang in dieser Welt wachsen und blühen darf. Diese Essenz besitzt enorme Schönheit und Reichtum, sie ist mit allem verbunden, was lebt. Sie ist das Samenkorn, aus dem Ihr Bewusstsein herausgewachsen ist, und was auch geschieht und wie sehr Sie sich auch abzukapseln gelernt haben – sie bleibt Ihr Kern, Ihr Wesen.

Ihre Essenz hat keine Form, keine Farbe, keine spezifischen Eigenschaften. Sie könnten sogar Ihr ganzes Leben lang leben, ohne sich der Tatsache bewusst zu sein, dass Sie sie überhaupt besitzen. Vielleicht spüren Sie dann und wann, dass Ihnen ein gewisser Tiefgang fehlt, doch im Allgemeinen gehen Sie erst dann auf die Suche nach Ihrer Essenz, wenn wirklich etwas schief läuft, wenn Sie krank sind, entlassen werden, Ihr Partner Sie verlässt. Dann machen Sie sich auf die Suche nach dem, der Sie wirklich sind. Doch weil Ihre Essenz unsichtbar ist, können Sie sie nicht wirklich finden. Sie können nur spüren, dass in bestimmten Momenten etwas stimmig ist, etwas sich zu öffnen scheint, das Leben stärker strömt oder transparenter wird. Aber auch das sind nur Worte, die auf eine im Grunde unbeschreibbare Erfahrung des ›Nach-Hause-Kommens‹ verweisen.

Ihre Essenz können Sie als die Quelle Ihres Bewusstseins betrachten. Eine Quelle, die immer da ist, so wie während Ihres Lebens immer Ihr Herzschlag und Ihre Atmung da sind. Sie ist eine Quelle der Energie, des Lebens, die die Verbindung beziehungsweise der Zugang zum Sein ist. Sie kann niemals wirklich verloren gehen, doch sie ist sehr zart und empfindlich. An sich zeitlos und wortlos, ist die Essenz beim Erwachsenen noch genauso offen wie die Essenz eines Neugeborenen. Ihre Essenz ist sich zwar ihrer selbst viel stärker bewusst, doch oft noch genauso hilflos und verletzlich in ihrer Beziehung zur ›harten Welt‹. Sie bedarf eines gewissen Schutzes, um zu überleben und zur Blüte zu kommen. Und Sie werden vom ersten bewussten Moment an auf alle möglichen Weisen versuchen, diesen so verletzlichen Kern gegen Verwundungen zu schützen.

Dieser Schutz wird Ihnen durch Ihre primären Reaktionen zur Verfügung gestellt. Wenn Sie als Baby Hunger haben, bringen Sie das auch lautstark zum Ausdruck. Doch diese primären Reaktionen sind bei jedem Menschen unterschiedlich. Sie sind ein Zusammenspiel von Anlage, physischer Verfassung, vererbten Eigenschaften und einigen kosmischen Einflüssen wie Klima, geografisch-konstitutionellen Einflüssen und Stand der Sterne. Was man gemeinhin als Charakter bezeichnet, ist nichts anderes als die Art und Weise, wie Sie Ihr Bestreben zum Ausdruck bringen, diese Essenz zu schützen und zu verteidigen. Der eine ist zum Beispiel bei dieser Anstrengung etwas stärker nach außen orientiert (extrovertiert bzw. lebhaft), ein anderer mehr nach innen (introvertiert bzw. sehr ruhig). Der eine ist sensibler, ein anderer körperlich kräftiger oder schlauer. Einige dieser Unterschiede sind bereits beim Neugeborenen sichtbar.

Man könnte Ihren Charakter als die persönliche natürliche Gestaltung Ihrer Essenz betrachten. Es ist ein inneres und äußeres Verhalten, das die stärkste Verbindung mit der Quelle Ihres Bewusstseins unterhält. Es ist ein Strom, der von selbst strömt, wie das Wasser aus der Quelle sich seinen Weg zum Meer sucht. Niemand braucht darüber nachzudenken, das Wasser findet den Weg selbst. Während es sich an zahlreichen Hindernissen bricht, bringt der Fluss des Lebens seine eigene Schönheit hervor. Manchmal begegnen wir – meistens in einer so genannten primitiven Umgebung – Menschen, die dies verkörpern. Man kann spüren, dass sie einfach sie selbst sind, verbunden mit der Quelle des Lebens, und einen ganz eigenen Charakter besitzen, ohne irgendeine bestimmte Rolle spielen oder sich selbst beweisen zu müssen.

Aus den Reaktionen Ihrer Umgebung, vor allem Ihrer Eltern, entwickeln Sie eine bestimmte Persönlichkeit. Nicht alle Äußerungen Ihres Charakters werden gutgeheißen. Darum unterdrücken Sie bestimmte Aspekte Ihres Charakters, oder Ihre Essenz zieht sich völlig zurück und Sie entwickeln bestimmte Schalen oder Panzer, um sie zu verteidigen. Diese Schalen nehmen eine körperliche, emotionale und gedankliche Form an. Als Ganzheit bilden sie Ihre Überlebensstrategien.

Wenn Sie das Gefühl haben, dass Sie sich ständig verteidigen müssen, verhärten Sie sich im Bereich der Schultern und Arme, Sie pressen die Kiefer aufeinander und versteifen sich. Wenn Sie sich sehr ängstlich und unsicher fühlen, doch nirgendwohin flüchten können, werden Ihre Beine wackelig, Sie lassen Ihre Schultern hängen, auch Ihre Hände sind schlaff. Wenn Sie immer flüchten mussten, stehen Ihre Beine fortwährend in ›Bereitschaftsstellung‹. Wenn Sie Angst davor hatten, geschlagen zu werden, senken Sie den Kopf, krümmen den Rücken und spannen alle Muskeln an. So verkörpert jeder seine eigene Geschichte durch eine bestimmte

Haltung und durch spezifische Spannungen, die auch als Körperpanzerung bezeichnet werden, weil man sich damit gegen seine Umgebung panzern muss.

Auf emotionaler Ebene wurden Ihnen bestimmte Stimmungen zugestanden, andere dagegen nicht. Manche Emotionen wurden deswegen unterdrückt und wahrscheinlich schoben Sie diejenigen, die zulässig waren, dafür in den Vordergrund. Meistens ist es Wut, die nicht geäußert werden konnte oder durfte und deswegen von einer Schicht aus Kummer oder Machtlosigkeit zugedeckt wird. Aber es kann sogar sein, dass fast alle Emotionen und Gefühle nicht artikuliert werden durften. Dann können Sie sie allesamt mit einer Haltung der scheinbaren Stärke oder Gleichgültigkeit zudecken. Außerdem steuert auch die Gesellschaft noch allerlei Normen bei, wie zum Beispiel: »Mädchen müssen lieb sein; Jungen dürfen nicht weinen«, und so weiter. So entwickelt jeder seine eigene Schichtung von Gefühlen.

Schließlich entwickeln Sie bestimmte innere Botschaften und Denkmuster. Das waren die Botschaften, die Ihre Eltern Ihnen übermittelten, zum Beispiel: »Warum stellst du dich jetzt wieder so dumm an?«. Aber es können auch Botschaften sein, die Sie sich selbst senden, wie etwa: »Es ist besser, wenn ich unsichtbar bleibe.« Außerdem stecken Sie voller Normen und Werte, die Sie mitbekommen und übernommen haben oder denen Sie sich dermaßen widersetzen, dass Sie nur immer das Gegenteil tun möchten. So entwickeln Sie spezifische Überlebensstrategien, die Sie unbemerkt einsetzen. Sie gebrauchen sie nicht bewusst, denn Sie sind einfach so, wie Sie sind und kennen es nicht anders. Sie handeln so, wie Sie eben handeln, und es dauert oft sehr lange, bevor Sie die Strategien, die dahinter stehen, zu durchschauen beginnen.

Die Ganzheit von Essenz, Charakter und Persönlichkeit gibt Ihnen eine gewisse Identität. In erster Linie innerhalb der elterlichen Familie und im weiteren Sinne in allen anderen Situationen. Identität können Sie als eine Art Ich-Gefühl erfahren. Es ist das Gefühl, wer Sie sind und womit Sie sich identifizieren, Ihr starker Vater oder Ihre bedauernswerte Mutter zum Beispiel. Natürlich ändern Sie sich ständig, aber es scheint doch etwas zu geben, das eine ge-

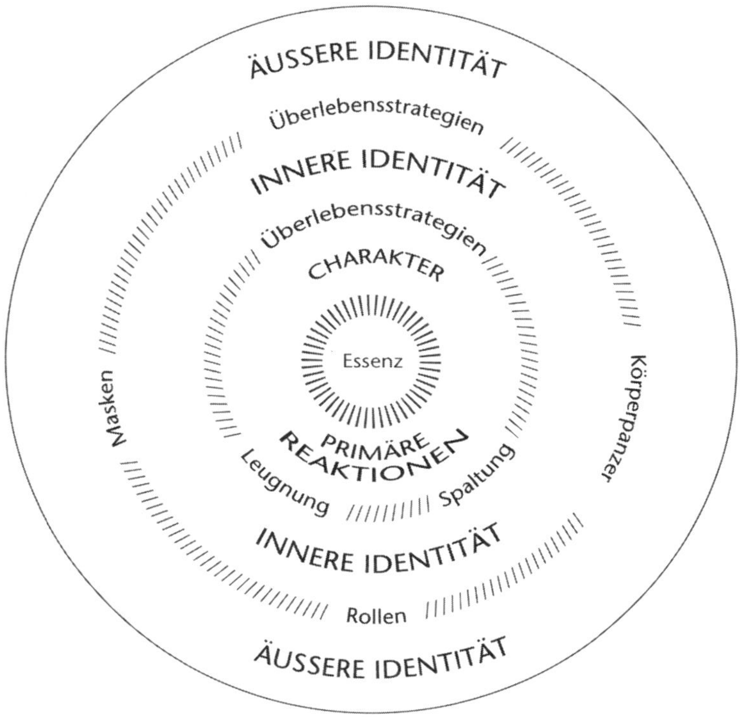

Essenz, Charakter, innere und äußere Identität

wisse Kontinuität zeigt. Darauf können Sie mehr oder weniger vertrauen. Sie verfügen über einen bestimmten Charakter und allerlei Erfahrungen, die Ihnen ein Gefühl der Sicherheit geben. Sie wissen, welche Situationen Sie gut bewältigen und welche für Sie schwierig sind. So wird Ihr Ich-Gefühl allmählich stabiler, es sei denn, dass es von Ihrer Umgebung in übler Weise untergraben wurde oder dass Sie selbst so verletzbar sind, dass es immer labil bleiben wird.

Doch diese Identität ist nicht eindimensional. Zum einen können Sie sich selbst in verschiedenen Situationen sehr unterschiedlich erfahren, wodurch Sie das Gefühl haben, verschiedene Identitäten zu besitzen. Einer der wesentlichsten Unterschiede ist der zwischen der Identität, die Sie nach außen vorzeigen, Ihre äußere Identität, und der, die Sie tatsächlich innerlich erleben. Diese können sich extrem unterscheiden, was dazu führen kann, dass Sie sich im Innern fortwährend gespalten fühlen.

Nach außen hin nehmen Sie zwar eine bestimmte Haltung ein, doch meistens ist das auch tatsächlich eine ›Haltung‹. Sie tun zum Beispiel so, als wären Sie mutig oder äußerst verführerisch und bewegen sich dann auch auf die entsprechende Weise. Ein anderer wird in erster Linie *darauf* reagieren. Wir reagieren alle ziemlich direkt auf das, was ein anderer über seinen Körper ausstrahlt. Aber wenn Sie jemanden besser kennen lernen, bemerken Sie, dass er ganz anders ist, als es zunächst den Anschein hatte. Menschen sind häufig nicht das, was sie scheinen. Und meistens ist die äußere Identität, die jemand vor sich herträgt, der inneren geradezu entgegengesetzt. Der so selbstsicher auftretende Mann beispielsweise ist sehr unsicher und ängstlich, und die verführerische Frau ist eigentlich frigide und distanziert. Aber gerade unsere unsicheren, ängstlichen oder unerwünschten Seiten haben wir zu maskieren gelernt. Das gelingt in Bezug auf andere ganz ordentlich, doch in intimeren Beziehungen fliegt diese Kaschierung irgendwann auf, und dann bewahrheitet sich Ihre größte Angst: Sie können sich nicht länger verstecken.

Das Gefühl der Identität ist stark verbunden mit der Kehlkopfregion. Meistens manifestieren wir uns über das Mittel der Sprache. Unsere Stimme und vor allem der Inhalt dessen, was wir sagen, zeugt von der Art und Weise, wie wir uns selbst darstellen. Mit unserer Stimme geben wir dem, was wir denken und fühlen, Gestalt. Aber auch die primären Emotionen sind mit dem Kehlkopf verbunden. Traurigkeit zum Beispiel äußert sich als Weinen, Wut als Schreien, Freude als Lachen, und Angst schnürt einem bekanntlich die Kehle zu. Aber das bedeutet auch, dass etwas, wenn wir diese Gemütszustände nicht äußern können oder dürfen, auf unseren Kehlkopf zurückschlägt. Wenn Sie sich im Innern traurig fühlen und sich dies nicht anmerken lassen wollen, beginnt Ihre Stimme zu zittern. Wenn Sie sehr wütend sind, wird Ihre Stimme lauter und Sie pressen die Kiefer aufeinander. Wenn Sie nicht froh sein dürfen, beginnen Sie schneller zu atmen. Und wenn Sie keine Angst haben dürfen, bekommen Sie eine hohe und gepresste Stimme oder Sie können überhaupt keinen Laut herausbringen.

Sobald Sie sich selbst nicht treu sind und anderen oder sich selbst etwas vormachen, spüren Sie dies an Ihrem Kehlkopf. Und wenn Sie sehr sensibel sind, können Sie durchaus hören, ob der andere ›flunkert‹ oder nicht das sagt, was wirklich in ihm vorgeht. Eine andere Sache ist allerdings dann die Entscheidung, ob Sie darauf zu reagieren wagen oder ob Sie ›unbewusst‹ ein Abkommen schließen: »Wenn ich deine Lügen glaube und sie nicht auffliegen lasse, glaubst du auch meine.« Und so können Sie Ihr ganzes Leben lang Theater spielen.

Wenn die Spaltung zwischen innerer und äußerer Identität groß ist, zieht dies viel Energie in Ihren Kehlkopfbereich. Sie stellen nur noch unter Schwierigkeiten eine Verbindung mit den tiefer liegenden Gefühlen in Ihrem Herzen, Bauch und Becken her. Außerdem strömt die Energie aus dem Kehlkopfbereich weiter in den Kopf, und dort sind Sie fortwährend damit beschäftigt, Ihre eigenen Lügen gerade zu biegen. Sie denken sich eine Geschichte nach der anderen aus, um die Dualismus in Bezug auf sich selbst (aber auch auf andere) vor sich zu rechtfertigen. So schaffen Sie eine gespaltene Welt, die Sie ständig aufrechterhalten müssen, und davon werden Sie sehr müde.

In Beziehungen kann dies zu einem Netz von Undeutlichkeiten führen. Wenn es niemals gelingt, zum Kern der Gefühle und Probleme vorzudringen, wird alles ein Oberflächenkampf, der niemals entschieden werden kann. Niemals wird etwas bis zum Ende geklärt. Immer wieder verstricken Sie sich in die eigenen Dualismen und die des anderen. Darum ist es in Beziehungen sehr wichtig, solche Verstrickungen erst zu entwirren, indem man beginnt, sich auf sich selbst zu besinnen: »Ich bin ich, und du bist du. Ich bin nicht dazu da, deine Erwartungen zu erfüllen, und du bist nicht da, um meine Erwartungen zu erfüllen.« Dieses trägt dazu bei, den Verstrickungen ein Ende zu machen, und schafft die Möglichkeit, zu betrachten, wer Sie tatsächlich sind, was Ihre wirklichen inneren Gefühle sind und wo diese sich mit denen des anderen reiben.

Schon sehr früh – meistens um das zweite oder dritte Lebensjahr herum – bekommen Sie heraus, dass es oft vorteilhaft ist, sich nach außen anders zu geben, als Sie sich wirklich fühlen. Hier liegt der Kern einer tief greifenden Spaltung, die Sie im Laufe Ihrer Erziehung allmählich verfeinern. Sie entwickeln eine äußere Haltung, mit der Sie sich so gut wie möglich in der Familie und in der Außenwelt aufrechtzuerhalten versuchen. Aber darunter verbirgt sich ein ganz anderer Mensch. Dieses Missverhältnis ist in der Regel historisch entstanden. Ein Beispiel: Ihr Vater war unfreundlich und unnahbar. Dies machte Sie sehr wütend. Doch diese Wut konnten Sie nicht äußern (denn dann wäre ein noch größerer Abstand zu Ihrem Vater entstanden), und deswegen fühlen Sie sich machtlos und unsicher. Doch nach außen hin können Sie diese Machtlosigkeit und Unsicherheit nicht zeigen (denn dann würden Sie ausgelacht), also beginnen Sie sich sehr stark und selbstsicher zu verhalten, denn dieses unechte Verhalten wird auch von Ihrem Vater geschätzt und honoriert (so ist er selbst auch!). Aber wer sind Sie nun eigentlich selbst? (Siehe dazu auf der nachfolgenden Grafik das Segment Nummer 1.)

Eine andere Schichtenfolge entsteht, wenn Sie als Kind sehr stark Aufmerksamkeit, Wärme und Kontakt entbehren mussten. Dieser Mangel macht Sie sehr traurig, und darüber sind Sie eigentlich wütend. Doch wenn Sie wütend wurden, gab es überhaupt keine Wärme vonseiten Ihrer Eltern mehr, also besteht die einzige Art, um wenigstens etwas Aufmerksamkeit zu erhalten, darin, sehr lieb, einfühlsam, einnehmend, verführerisch oder hilfsbereit zu sein (Segment 2). Aufgrund dieser ›Außenseite‹ ziehen Sie dann später einen bestimmten Partner an, aber wenn dieser Ihnen wirklich nahe kommt, fällt die Hülle des Lieb- und Nett-Seins von Ihnen ab und die Wut kommt zum Vorschein. Ihr Partner steht vor einem Rätsel, er kann diesen Zusammenhang auch gar nicht wirklich verstehen, denn er hat wenig mit ihm zu tun.

Wenn die Umgebung unsicher und aggressiv war, sind Sie als Kind sehr ängstlich gewesen (Segment 3), woraus viel Kummer und Einsamkeit entstanden sein können. Und wenn Sie diese Gefühle auch nicht zeigen konnten, kann eine enorme Aggression aus dem aufgestauten Hass gegen einen Elternteil entstehen, der noch dadurch verstärkt wird, dass Aggression die einzige Emotion ist, die überhaupt geäußert wurde. Dann kann sich die Außenseite als sehr aggressiv darstellen, während dahinter eigentlich, tief verborgen und gut versteckt, ein kleiner ängstlicher Junge steckt.

Es kann auch sein, dass eine unsichere Umgebung – wie eine Mutter, die Alkoholikerin ist – außer Angst auch eine enorme Wut hervorruft. Sie sind ständig auf jeden und alles wütend und alles macht Sie nervös. Gleichzeitig ist Ihre Mutter aber so bemitleidenswert, dass Sie nicht wütend werden *können*, oder Sie haben Angst davor, dass sie, wenn Sie wütend werden, ihrem Leben ein Ende setzt. Darum stülpt sich über die Wut eine dicke Schicht der Machtlosigkeit, wobei Sie sich selbst als Opfer zu verhalten beginnen (Segment 4).

Es kann auch sein, dass die Grenzenlosigkeit und Ängste Ihrer Eltern Sie ängstlich gemacht haben. Dadurch fühlen Sie sich innerlich unsicher. Aber um wenigstens eine gewisse Kontrolle über die Situation zu behalten, beginnen Sie äußerlich zu helfen: Sie sorgen für Ihre Eltern, sorgen für Ihren Partner, sorgen für Ihre Arbeit. Dabei ist Ihre Fürsorglichkeit jedoch grenzenlos und wird den anderen übergestülpt (Segment 5).

So ließen sich noch zahllose weitere Beispiele anfügen, wie Emotionen einander zudecken und wie eine Trennung zwischen dem entsteht, wie Sie sich im Inneren fühlen und sich nach außen geben. Wichtig ist jedoch, ob noch eine gewisse Kommunikation zwischen den unterschiedlichen Schichten in Ihnen stattfindet oder ob die Spaltung bereits definitiven Charakter angenommen hat. Manchmal war die Situation in der Kindheit dermaßen bedrohlich, dass sich die verschiedenen Identitäten einfach nicht begegnen *durften.* Das kleine Mädchen beispielsweise musste den Hass, den es seinem Vater gegenüber empfand, so stark von der Sehnsucht nach väterlicher Liebe (wodurch es dem Vater gegenüber sehr lieb blieb) abspalten, dass die beiden Identitäten einander richtiggehend verleugneten, ausschlossen. Die erwachsene liebe und nette Frau leugnet dann die hasserfüllte Furie, die sich dahinter verbirgt, komplett, und ihre Wut

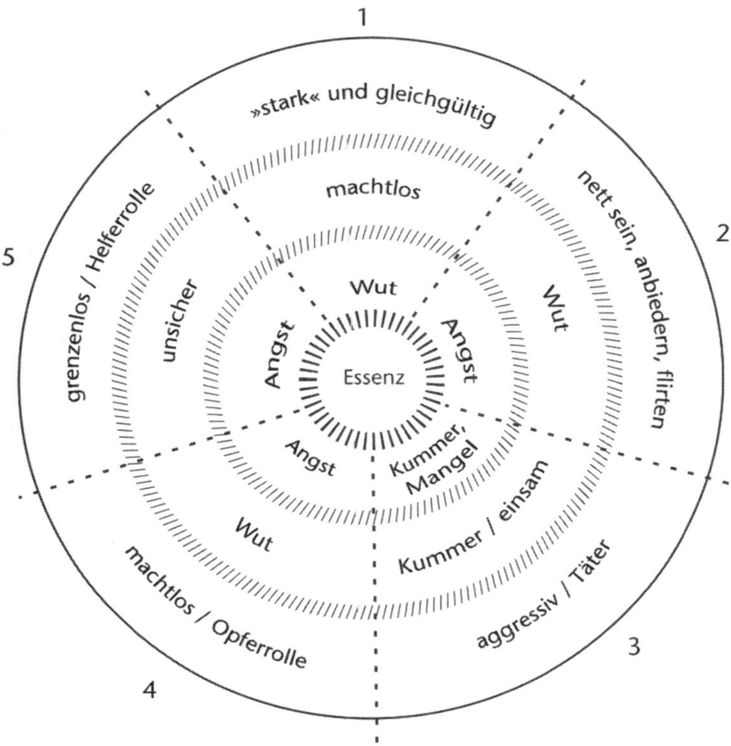

Fünf Beispiele für Spaltung zwischen innerer und äußerer identität

wird sich dann wahrscheinlich indirekt in Vorwürfen oder Giftigkeit äußern. Doch wenn Sie sie darauf ansprechen würden, könnte sie niemals zugeben, dass sie wütend ist. Wenn jene Mauer zwischen den verschiedenen Identitäten noch dicker ist, entsteht eine gespaltene Persönlichkeit. Das heißt, dass die liebe, nette, verführerische Frau die hasserfüllte, destruktive Hexe gar nicht kennt und umgekehrt. Die eine ist nicht ansprechbar in Bezug auf das Verhalten der anderen. Für die Partner solcher Menschen ist dies zum Verzweifeln. Sie sind nie in der Lage, den anderen wirklich zu verstehen, doch Sie hoffen immer weiter, dass die ›nette Identität‹, wenn Sie sich ganz stark anstrengen, sich schließlich als die ›echte‹ erweisen wird.

Die Verbindungen zwischen Ihrer Essenz bzw. Ihrem Charakter und Ihrer inneren Identität sowie die zwischen Ihrer inneren und Ihrer äußeren Identität werden von Ihren Überlebensstrategien geprägt. Sie bestimmen Ihre innere und äußere Wirklichkeit. Dies geschieht einfach, und wir haben bereits in den vorangegangenen Kapiteln betrachtet, wie sich dies genau vollzieht: Sie werden in Ihrer Kindheit gewissermaßen auf eine bestimmte Haltung ›programmiert‹, was den Zweck hat, Ihnen ein möglichst erfolgreiches Überleben zu ermöglichen. Und weil Sie sich in dieser Lebensphase noch nicht klarmachen können, dass es sich hier um ein ›Programm‹ handelt und nicht darum, wer Sie eigentlich sind, können Sie auch nur wenig daran ändern oder wiederherstellen. Sie entdecken erst allmählich, dass es bestimmte Dinge gibt, die ›verkehrt‹ laufen. Das muss aber nicht zwangsweise bedeuten, dass Sie Ihre eigenen Muster wirklich bewusst betrachten wollen. Sie können auch all Ihre Negativität auf andere Menschen oder auf ›die Gesellschaft‹ projizieren. Durch alles, was schief läuft, verhärten Sie schließlich immer mehr. Die unterschiedlichen Persönlichkeiten in Ihnen spalten sich immer stärker auf. Ihr Charakter und Ihre innere und äußere Identität bilden dann schließlich ein einziges, starres Ganzes, das durch Ihre Überlebensstrategien aufrechterhalten wird, die Sie nicht erkennen wollen und die sie einfach als ›die Wahrheit‹ betrachten. Je starrer Sie werden, desto fanatischer glauben Sie an die Rechtmäßigkeit Ihres eigenen Standpunktes und dass es unmöglich ist, dass Sie sich in diesem Punkt jemals ändern. »Lieber Recht haben, als glücklich sein!« Und das prinzipielle und starre Verhalten, das auf diese Weise entsteht, wird schließlich zu einer bestimmten Charakterstruktur, welche, wenn es zu einer weiteren Eskalation kommt, zu einem psychiatrischen Krankheitsbild entarten kann.

Es kann auch vorkommen, dass die innere und äußere Identität zu unterschiedlich oder nicht genügend voneinander getrennt sind. Sie taumeln vom einen Ich-Gefühl zum anderen, wodurch es immer undeutlicher wird, wer Sie eigentlich sind. Wenn dieses weiter eskaliert – häufig, weil Ihre eigene Identität in der Kinderzeit untergraben wurde –, kann dies zu einer Identitätskrise führen. Sie wissen nicht mehr, wer Sie sind, und dies kann große Panik hervorrufen.

Da kann es hilfreich sein, zu ganz grundlegenden Tätigkeiten wie zum Beispiel der Feldarbeit zurückzukehren, um sich eine neue Basis aufzubauen und in die Welt zu stellen.

Es kostet Zeit, zu entdecken, wer Sie selbst sind, doch die meisten Menschen erlangen in einem bestimmten Augenblick durchaus eine tiefere Selbstkenntnis. Meistens geschieht das zwischen dem 30. und 40. Lebensjahr. Sie beginnen einzusehen, dass Sie nicht immerzu der ›Außenwelt‹ die Schuld geben können und dass ein Teil Ihrer Probleme durch jene starren Muster in der eigenen Seele entstehen. Muster, an denen Sie allmählich entdecken, wie stark sie Sie behindern und festlegen. Wenn Sie dies tiefer erforschen, entsteht wieder etwas mehr Raum zwischen Ihrer Essenz, Ihrem Charakter und der inneren und äußeren Identität. Die Mauern werden wieder durchlässiger. Sie beginnen dann auch zu erkennen, wie bestimmte Überlebensstrategien funktionieren. So entsteht allmählich eine größere Klarheit, die erste Grundbedingung jeder echten Veränderung. Doch der ehrliche Blick auf sich selbst erfordert eine gehörige Dosis an Mut!

Nehmen Sie sich ein großes Blatt Papier und zeichnen Sie darauf vier Kreise, wie in der Skizze auf Seite 220. Beginnen Sie beim Ausfüllen mit Stichworten, was Ihre innere Identität ist. Wie fühlen Sie sich heute wirklich? Was geht in Ihnen vor?
Betrachten Sie dann, wie Sie sich nach außen hin verhalten. Wie ist Ihre Haltung, Ihre Maske, wie sind die Rollen, die Sie spielen? Wie stellen Sie sich dar, verwirklichen Sie sich, wie suchen Sie Bestätigung und Aufmerksamkeit? Wie verteidigen Sie sich? Wie stellen Sie es an, sich ›ungreifbar‹ zu machen? Ergänzen Sie diese Aufzeichnungen eine Woche lang aufgrund der Beobachtung von Situationen in der Praxis.
Betrachten Sie dann einmal die beiden mittleren Kreise. Wer sind Sie nun wirklich, wenn Sie einmal von allen Überlebensstrategien absehen? Was ist Ihr wahrer Charakter? Was ist Ihre Essenz? Können Sie eine stärkere Beziehung dazu herstellen?

Männliche und weibliche Identität

Wenn Sie etwa drei bis vier Jahre alt sind, beginnt es Ihnen aufzufallen, dass es Jungen gibt und Mädchen. Das ist sehr spannend und ruft allerlei Fragen hervor. Eltern, Brüder, Schwestern, Onkel, Tanten, Kindergärtnerinnen übermitteln Ihnen in dieser Lebensphase alle möglichen Informationen rund um das Thema Jungen und Mädchen. Ihre Informationen sind jedoch meistens durch die jeweils persönlichen Erfahrungen gefärbt, wodurch diese Informationen hinsichtlich des Mann- bzw. Frau-Seins und der Sexualität von Anfang an stark miteinander vermischt sind. Es ist für Sie persönlich wichtig, diese beiden Themenbereiche wieder auseinander zu rücken.

Durften Sie als Kind wirklich völlig Junge oder Mädchen sein und wurde dies auf eine gesunde Weise unterstützt? Das beginnt schon bei der Geburt. Waren Ihre Eltern froh, dass sie einen Junge bzw. ein Mädchen bekamen oder hätten sie sich über das jeweils andere Geschlecht mehr gefreut? Und wie gingen sie damit um?

Manche Eltern machen aus einem Jungen ein Mädchen. Sie gehen mit ihm um, als wäre er ein Mädchen, oder sein Vater sah sich nicht als Vorbild für ihn und unterstützte ihn nicht in seinem Mann-Sein. Es gibt auch den entgegengesetzten Fall: Sie mussten einem derart übertriebenen Männerideal entsprechen, dass Sie sich aus Protest mehr mit Mädchen identifizierten.

Manche Eltern machen in derselben Weise aus einem Mädchen einen Jungen. Sie verdeutlichen dadurch, dass Sie eigentlich ein Junge hätten sein sollen, sie erziehen Sie entsprechend, und Ihre Mutter übt nur eine geringe Beispielfunktion in Bezug auf das Frau-Sein aus. Oder Sie wurden so penetrant wie eine Mädchenpuppe behandelt, dass Sie sich irgendwann einmal dagegen auflehnten.

Ihr Mann- oder Frau-Sein entwickelt sich auf der Basis der Botschaften und Informationen, die Ihnen übermittelt werden, jedoch auch durch das Beispiel und Vorbild, das Ihre Eltern selbst Ihnen geben. Für Jungen ist der Vater das Vorbild schlechthin für das Mann-Sein, als Mädchen ist es die Mutter für das Frau-Sein. Doch nicht jeder bekommt das Vorbild, von dem er viel lernen kann.

Mein Vater war seiner Veranlagung nach schwul und dadurch meistens unsicher und ängstlich. Wenn meine Mutter aggressiv war, erwiderte er nichts, und wenn sie ihn dann zu schlagen begann, hielt er die Bibel über seinen Kopf, um die Schläge abzuwehren. Er wehrte sich nie verbal und lautstark, sondern zog sich in eine verzweifelte Passivität zurück. Es hat mich Jahrzehnte gekostet, bevor ich es wagte, selbst Nein zu sagen und dann auch tatsächlich dementsprechend zu handeln.

(Mann, 45 Jahre)

Fühlten Sie sich in Ihrem Mädchen-/Jungen-Sein unterstützt? Welches Vorbild bekamen Sie geboten? Wenn Sie ein Mädchen waren: Wie sehr Frau war Ihre Mutter? Und wenn Sie ein Junge waren: Wie sehr war Ihr Vater ein Mann? Was haben Sie in dieser Beziehung an Unterstützung erhalten und an was hat es Ihnen gefehlt?
Wie reagierte der jeweils andere Elternteil? Bei Mädchen: Gab Ihr Vater Ihnen völlig den Raum, ein Mädchen zu sein? Bestätigte er Ihr Frau-Sein in positiver Weise? Wenn nicht: Wie untergrub er Ihr Frau-Sein? Bei Jungen: Durften Sie von Ihrer Mutter aus vollständig ein Junge sein oder hat sie Sie gewissermaßen ›entmannt‹? Bestätigte sie in positiver Weise Ihr Jungen-Verhalten? Wenn nicht: Wie hat sie Ihr Mann-Sein untergraben?

Die Ich-Identität loslassen

Der erste Schritt zur Freiheit dessen, was Sie selbst sind, besteht darin, die eigenen Erstarrungen zu erkennen. Sie können den Schmerz nicht ignorieren, nicht die Überlebensstrategien, nicht die Traumata. Sie werden Ihnen zuerst ins Auge blicken müssen und die Ängste, aus denen sie entstanden sind, aufs Neue angehen. Erst dann können Sie Ihre Überlebensstrategien durchschauen und loslassen, und Sie können allmählich ganz normal Sie selbst sein. Das bedeutet, dass die Energie Ihrer Essenz frei strömen kann und Ihrem eigenen Charakter entsprechend Gestalt bekommt. Daraus entsteht ein Gefühl der inneren Identität, die mit dem übereinstimmt, wie Sie tatsächlich sind. Sie brauchen sich nicht mehr zu beurteilen, schlecht zu machen oder zu verteidigen. Sie erlauben es sich, der zu sein, der Sie sind – und das ist völlig in Ordnung so.

Wenn Sie immer stärker darauf vertrauen, können Sie auch in Bezug auf andere immer mehr Sie selbst sein. Die Trennung zwischen innerer und äußerer Identität wird hinfällig. Sie brauchen sich selbst nicht mehr darzustellen, zu beweisen oder anders zu erscheinen, als Sie sind. Wenn dies wirklich notwendig sein sollte, können Sie es immer noch, doch dann eher wie eine Theaterrolle, die Sie kurzzeitig einnehmen. Sie *müssen* es nicht mehr tun. Ihre Haltung und Ihr Verhalten werden nicht mehr automatisch von starren inneren Forderungen und unflexiblen Mustern bestimmt, und sie werden immer flexibler und transparenter.

Gelingt es Ihnen zunehmend, der Mensch sein zu können, der Sie eigentlich sind, verschwindet ein spezifisches Gefühl von Identität. Das Ich-Gefühl löst sich zunehmend auf. Andere sehen Sie immer noch als eine bestimmte Identität, denn so erfahren sie eben die Welt. Doch Sie selbst sind nicht länger in einem bestimmten Konzept dessen, wer oder was Sie sind, gefangen. Für Sie wird alles ganz flexibel, wandelbar, transparent und frei. Sie werden immer mehr wie klares Wasser, das dahinströmt und seinen Weg findet, ohne sich auf eine bestimmte Art darstellen zu müssen. Dann leben Sie immer mehr aus Ihrer Essenz, aus Ihrem eigentlichen wahren Wesen heraus.

Schema 4

Identität

Das ›entfremdete‹ Kind

Basisthema: Die eigene Identität entwickeln, innerlich und äußerlich.
Basisemotionen: Kein Identitätsgefühl und Angst vor anderen sowie in Gruppen.
Basisproblem: Wenig Ich-Kraft oder Ich-Gefühl, entschlussschwach, unsicher und ängstlich.
Energiezentrum: Kehlkopfbereich, **sekundär:** Füße, Beine, Becken-/Bauch-/Kehlkopfverbindung.
Sinnesorgane: Ohren.

Situation als KIND: Keinen eigenen Bereich innerhalb der Familie aufbauen können, da sie zu wenig oder zu viel Struktur gibt. Wenig Ich-Stärke entwickeln können oder dürfen. Kein Anlass zu pubertieren. Ernste Fälle von Mobbing oder sozialer Isolation in der Schule oder in anderen Gruppen.

Primäre Ängste: Ich bin niemand. Ich weiß nicht, wer ich bin. Gefühl der Entfremdung. Hilfe! Ich werde vernichtet.

Überlebensstrategien: Möglichst farblos werden und nicht auffallen. Machtlos und entschlusslos dem folgen, was Eltern und Lehrer (oder Freunde / Freundinnen) vorgeben. Sich nicht zur Wehr setzen, wenn man gemobbt wird. Als Reaktion: extremes Verhalten, gleichfalls mit der Folge des Ausschlusses und des Mobbings.

Überzeugungen: Niemand findet mich wirklich nett. Ich darf nicht auffallen. Ich falle heraus. Ich bin anders als die anderen.

Probleme des ERWACHSENEN: Wenig Gefühl der Ich-Stärke. Wenig Gefühl für die eigene Identität. Probleme, sich irgendwo anzuschließen. Isolierungsverhalten. Weltfremdheit. Probleme mit dem ›Erden‹ und Konkretisieren. Angst vor Gruppen. Angst davor, sich in Gruppen zu präsentieren. Sozial schwach und phobisch.

Überlebensstrategien: Nicht auffallen, farblos bleiben, keine Meinung kundtun wollen. Isoliert leben. Den eigenen Weg verfolgen. Gruppen meiden oder aber die Führung übernehmen. Anbiederndes Verhalten. Nicht wissen, wer man ist. Identitätskrise.
Gelegentliche Reaktion: prinzipiell rebellierende ›Anti‹-Haltung, übertrieben Betonung der eigenen Besonderheit, dadurch oft entfremdet und einsam.

Überzeugungen: Ich gehöre nicht dazu. Ich bin niemand. Man kann niemandem vertrauen. Ich muss alles allein schaffen.

Probleme in Beziehungen: Unsicherheit sich darzustellen, in Bezug auf Beziehungen, auf die Gefühle der anderen. Schwierigkeiten mit Vertrauen. Schwierigkeiten zu spüren, wo eine Grenze liegt oder wann man Nein sagen muss. Sich anders geben als man ist. Wenn es herauskommt, wer man wirklich ist, die Flucht ergreifen.

Energetische Reaktionen: Kehlkopfbereich blockiert und damit korrespondierende Blockaden im Zwerchfell und Becken. Haut sehr sensibel. Abwechselnd kalt und warm. Immer innerlich unruhig. Unbestimmte Angst, die jederzeit spürbar ist. Energie zieht sich zurück.

Psychosomatische Beschwerden: Kurzatmigkeit, Angespanntheit, Beschwerden bis hin zur völligen Überreiztheit. Schreckreaktion bei unerwarteter Ansprache. Übermüdungsbeschwerden. Schlaffe Beine.

Qualitäten: Seinem eigenen Weg folgen und darin sehr kreativ und erneuernd sein können. Manchmal sehr begabt für die Begleitung von Gruppen. Spirituelle oder wirtschaftliche Führungsqualität. Eigensinnig. Starke empathische Kräfte.

© STIJN RADEMAKER / HOLLANDSE HOOGTE

Fünftes Kapitel

Sexualität

Wenn Sie in die Pubertät eintreten, entstehen in Ihrem Körper allerlei sexuelle Empfindungen, die Ihrem Leben eine andere Dimension geben. Es erwachen Bedürfnisse, Bilder und Fantasien, die meistens Hand in Hand gehen mit einem enormen Interesse am bzw. Sehnsucht nach dem anderen Geschlecht. Keine Berührung ist mehr das, was sie einmal war, Körperkontakt bekommt plötzlich eine sexuelle Bedeutung. In der Pubertät wollen Sie daher auch häufig nicht mehr von Ihren Eltern angefasst werden. Sie entwickeln Schamgefühle (falls sie nicht bereits vor dieser Zeit bestanden), wobei die Scham auch dazu dient, sich den eigenen Körper und die sexuellen Empfindungen als etwas ganz Persönliches ›anzueignen‹. Sie möchten, dass die Badezimmertür abgeschlossen bleibt, Sie wollen nicht mehr mit zum FKK-Strand, Sie finden, dass Ihre Mutter lieber den Mund halten sollte, wenn sie mit Ihnen über Ihre Tage sprechen möchte und so weiter. Und es ist auch Ihr gutes Recht, sich gegen jede ungewünschte Einmischung zu wehren.

Meistens spielt das Thema der Sexualität bereits viel früher eine Rolle. Jungen zeigen bereits sehr früh (oft schon als Babys) in hohem Maße Interesse am eigenen Penis, und Mädchen fragen sich, warum Papa ›so ein Ding‹ hat und sie nicht. Das ist etwas ganz Natürliches. Ob Ihre Eltern darauf auch ganz normal reagierten, ist eine andere Sache. Sexualität war und ist noch immer ein belastetes Thema, und das öffentliche Zurschaustellen von Brüsten und Gesäßen auf Reklametafeln entlang unserer Straßen trägt nicht zur Entschärfung bei. Im Gegenteil. Es ruft ein ganz bestimmtes (meistens männlich geprägtes) Bild der Sexualität hervor, welches als ›normal‹ und ›natürlich‹ dargestellt wird, dies jedoch keineswegs ist.

Die Reaktion auf Ihre ›kindliche‹ Sexualität ist ein guter Gradmesser für die Atmosphäre, die bei Ihnen zu Hause in Bezug auf dieses Thema geherrscht hat. Wurde Ihre Neugier in Bezug auf Ihre Geschlechtsorgane bestraft oder negiert? Wurde sie lächerlich gemacht? Oder wurde sie sogar aufgebauscht, und Ihre Eltern machten allerlei Bemerkungen oder Witze darüber? Wenn alles ›gut‹ verläuft, wird Ihnen der Raum zugestanden, auch in diesem Bereich Sie selbst zu sein, und es wird im Bedarfsfall korrigierend eingegriffen, ohne dass irgendwelche Strafen eine Rolle spielen. Meistens verschwindet dieses Interesse nach einer Weile, um dann in der Pubertät zurückzukehren.

Die sexuellen Empfindungen, die dann entstehen, könnte man als ›erwachsene Sexualität‹ bezeichnen. Es sind prickelnde energetische Gefühle, und Sie entdecken, dass Sie sie selbst stimulieren können. Dabei entdecken Sie, dass eine Explosion entsteht, ein Orgasmus, der sich sehr angenehm und wohlig anfühlt. Das Alter, in dem Sie dies entdecken, kann sehr unterschiedlich sein. Manche Kinder beginnen schon sehr jung zu masturbieren, vor allem wenn ihre Umgebung kahl, einsam oder bedrohlich ist; auf diese Weise können sie doch noch eine gewisse Intimität erleben. Außerdem ist das Masturbieren eine Methode, Spannungen, die man im eigenen Körper spürt, zu entladen.

Im Idealfall fühlen Sie sich frei, diese neue Genuss-Region ohne Schuldgefühle oder Scham zu erkunden, und Sie können darüber mit Ihrem Vater, Ihren Brüdern und Freunden bzw. Ihrer Mutter, Ihren Schwestern und Freundinnen sprechen. Dann entdecken Sie, dass sexuelle Gefühle stark vom anderen Geschlecht ausgelöst werden. Und daraus kann etwas ganz Besonderes entstehen: Wenn Sie jemandem begegnen, mit dem Sie Ihre Liebe teilen können, bei dem Sie sich außerdem auch sicher fühlen, zu dem Sie auch einmal Nein sagen können und der Ihre Identität intakt lässt, kann Intimität sich zu einer sexuellen Beziehung auswachsen. So wachsen Sie in das Erwachsensein hinein, Sie sind schließlich irgendwann in der Lage, selbst eine Familie zu gründen – und damit ist der Zyklus vollendet.

Wenn Ihr Weg in das Erwachsensein mehr oder weniger natürlich verläuft, kommen in der Sexualität unsere ersten drei großen Themen in intensivster Weise zusammen. Die Grundlage ist SICHERHEIT. Um Sexualität wirklich in ihrer vollen Tiefe erleben zu können, müssen sich beide Partner ausreichend sicher fühlen und wissen, dass es ganz und gar ihre individuelle Entscheidung ist, zu welcher keiner von beiden gezwungen oder manipuliert wird bzw. nur den Wünschen und Forderungen des anderen gehorcht. Des Weiteren ist es sehr wichtig, dass beide Partner ihre AUTONOMIE aufrechterhalten können. Das heißt, dass beide in jedem Augenblick Stopp sagen können und der andere dies auch respektiert, sodass der geschlechtliche Umgang für beide so harmonisch wie möglich bleibt und keiner sich zurückgewiesen fühlt, wenn der andere das Liebesspiel unterbricht. Drittens ist es wichtig, dass Sexualität aus INTIMITÄT hervorgeht, statt dafür benutzt zu werden, Intimität zu erhalten oder den anderen an sich zu binden. Dies funktioniert nämlich nicht. Es kann zwar zur Erregung oder sogar zu einem Orgasmus kommen – wenn jedoch echte Intimität fehlt, entstehen in einem bestimmten Moment tiefe Wut, Antipathie oder Leere.

Meistens verläuft die Entwicklung der Sexualität jedoch keineswegs ideal und harmonisch. Weil dieses Thema in sehr vielen Familien ein Problem ist, wird mit ihm nicht auf integere, selbstverständliche Weise umgegangen. Auch der Rest der Welt ist in sexueller Beziehung ziemlich verklemmt. Das Bild der Sexualität, das durch Film, Video, Presse und Reklame vermittelt wird, ist eines, das sich auf ein äußeres ›Idealbild des Genusses‹ und nicht auf das innere Erleben von Intimität und Sexualität bezieht. Dadurch entsteht viel Verwirrung, jedoch auch viel Missbrauch oder Unterdrückung. So können wir die zwei grundlegendsten Probleme im Zusammenhang mit der Sexualität benennen:

1. Unterdrückung: Die Sexualität wurde im Kindesalter unterdrückt. Diese Unterdrückung ist meistens ein Teil des Beschneidens jeglicher freien Form des Genießens. Als Erwachsener unterdrücken Sie dann Ihre eigene Sexualität ebenfalls, Sie unterdrücken die Sexualität des anderen und Sie unterdrücken damit auch Ihre Lebensenergie.

2. Missbrauch: Sie wurden als Kind oder Jugendlicher mehr oder weniger weit gehend sexuell missbraucht. Als Erwachsener missbrauchen Sie selbst Ihre Sexualität dann ebenfalls, um etwas anderes (Intimität, Geld oder Macht) zu erhalten, oder Sie lassen sich weiterhin missbrauchen.

Sexuelle Energie

Der Fötus, entstanden aus der Verschmelzung der sexuellen Energie des Vaters und der Mutter, ist zunächst androgyn, erst in der neunten Woche setzt eine Differenzierung in die weibliche oder männliche Richtung ein. Man kann erkennen, dass die Form der Geschlechtsorgane sich unterschiedlich ausdifferenziert, doch die ursprünglichen Elemente sind dieselben. Ihre sexuelle Energie ist auch noch völlig identisch mit Ihrer Lebensenergie, vorläufig gibt es noch keinen Unterschied zwischen ihnen.

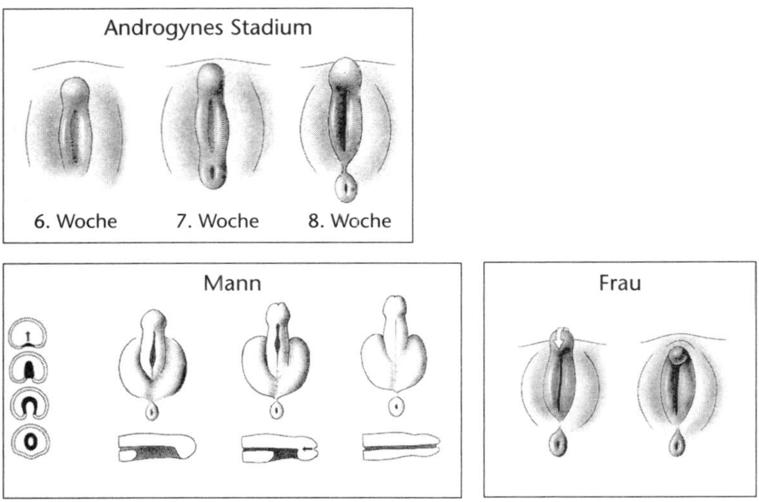

Die Entstehung der Geschlechtsorgane

Die Lebensenergie strömt vom Becken aus durch Ihren ganzen Körper. Doch von der Geburt an bis zur Pubertät durchlaufen Sie eine besondere Entwicklung: Sie beginnen mit dem Thema SICHERHEIT, wobei das wichtigste Energiezentrum im Gebiet von Anus und Beckenboden liegt. Dann folgt das Thema INTIMITÄT, wobei das Herz zum wichtigsten Zentrum Ihrer Energie wird. Danach folgt das Thema AUTONOMIE, wobei sich der Schwerpunkt in Richtung der Bauchregion verschiebt und Sie mit den Emotionen in Beziehung treten, die dort ihren Sitz haben. Dann verschiebt sich das Energiezentrum in Richtung der Kehlkopfregion, während Sie aus Ihrem Ausdrucksbedürfnis heraus auf der Suche nach Ihrer IDENTITÄT sind. Danach kehrt sich dieser Prozess wieder um und orientiert sich nach unten, in der Pubertät liegt die Betonung auf der SEXUALITÄT, und das Zentrum Ihrer Energie befindet sich nun in den Geschlechtsorganen. Es ist, als erhielten Sie eine erneute Chance, mit Ihrer ursprünglichen Lebensenergie in Beziehung zu treten und aus Ihrer eigentlichen Vitalität heraus zu leben – trotz aller Löcher und Blockaden, die im Laufe der Jahre entstanden sind. Sie vollziehen also eine Pendelbewegung durch Ihren Körper, um jetzt wiederum mit Ihrem Beckenbereich in Kontakt zu treten und den Empfindungen der Freude, des Genießens, des wirklich voll und ganz Da-sein-Dürfens in Beziehung zu treten. Und wenn die Sexualität frei strömen kann und darf, entwickeln Sie ein Gefühl der FREIHEIT, ein freies Fließen der Energie, die dann aufs Neue nach oben strömt und sich durch Stimme, Augen, Hände, Gedanken und Erkenntnisse äußern kann.

Sexualität ist also nicht nur der Geschlechtsakt selbst oder der Orgasmus. Eigentlich sind diese nur ein ganz kleiner Teilbereich davon, welcher auch nur relativ wenig Zeit in Beschlag nimmt, während die sexuelle Energie fortwährend und ununterbrochen in uns strömt. Es ist darum wichtig, drei Ebenen der Sexualität zu unterscheiden:

1. Die sexuelle Energie als Lebensenergie, die seit der Empfängnis durch uns strömt und mehr oder weniger stark blockiert sein kann. Diese Energie hängt mit Genießen, Glücklichsein, mit

einem Freiheitsgefühl zusammen und ist körperlich spürbar. Es ist dieselbe kreative Energie, aus der alle Pflanzen und Tiere im ganzen Kosmos entstehen und geboren werden, eine kosmische sexuelle Energie.

2. Die sexuelle Energie, die mit den jeweiligen Geschlechtern, Jungen oder Mädchen, Mann oder Frau, verbunden ist, wobei Polaritäten und wechselseitige sexuelle Anziehungskraft erlebt werden können. Ihr Strömen ist davon abhängig, wie stark wir völlig Mann oder Frau sein können und diese Polaritäten auszuleben wagen.
3. Die sexuelle Energie des Geschlechtsaktes mit einem anderen Menschen und in Verbindung mit Intimität. Dies wird normalerweise unter Sexualität verstanden. Diese Energie ist auf ihre Entladung (Orgasmus) hin gepolt und kann durch Ängste, Erwartungen, Vorstellungen oder Unruhe blockiert werden.

Sexuelle Lebensenergie

Ihre Lebensenergie und Ihre sexuelle Energie verstärken einander. Ihre Quelle liegt im Becken, von wo aus die Energie nach oben strömt. Weil die beiden Ströme jedoch zusammengehen, kann diese Strömung auf alle möglichen Weisen blockiert werden. Fehlende Geborgenheit und Intimität in der Jugend und die Ängste, die daraus entspringen, können Ihre Lebensenergie blockieren und damit auch Ihre sexuelle Energie. Denn Blockaden, die durch Angst entstehen, nämlich jegliche Energieströmung. Und umgekehrt können auch Angsterfahrungen im Umkreis der Sexualität, die sexuelle Probleme verursachen, Ihre vitale Lebensenergie bremsen und Ihre Fähigkeit zu genießen und sich auszudrücken, blockieren.

Das Wichtigste ist jedoch, dass Sie, wenn Sie beispielsweise keinen Partner haben oder in Ihrer Beziehung wenig Sexualität erleben, nicht unbedingt jenen eigenen Strom der sexuellen Energie und des Genießens zu blockieren brauchen. Im Grunde ist diese vitale sexuelle Energie nämlich überhaupt nicht besonders stark auf einen Partner orientiert, geschweige denn von ihm abhängig. Es ist

Ihr eigener Energiestrom. Dafür brauchen Sie niemand anderen. Sie können ein sehr ›sexueller Mensch‹ sein, ohne jemals Geschlechtsverkehr zu haben. Beides ist unabhängig voneinander.

Dieser sexuelle Energiestrom ist an sich auch keineswegs mit einem Orgasmus verbunden, denn er ist fortwährend präsent. Obwohl er sich durchaus orgastisch anfühlt, braucht er nicht zur Entladung zu kommen. Im Gegenteil. Auch wenn es nicht zu einem Orgasmus kommt, kann er, wenn Sie wissen, wie man diese Strömung lebendig halten kann, in seiner ganzen Gewalt strömen, denn diese Energie ist mit Entspannung und Hingabe verbunden und hängt nicht davon ab, dass etwas erreicht oder bestätigt werden muss.

Diese Energie, die in den östlichen Traditionen auch als Tantra-Energie bezeichnet wird (und über die enorme Missverständnisse kursieren), kann durch Meditations- und Atemübungen oder Yoga stimuliert werden. Sie können sie verstärkt zum Strömen bringen, indem Sie innere Blockaden entspannen und auf dem Wege der Atmung in Berührung mit der Energie in Ihrem Becken kommen. Sie vermittelt die Empfindung, als würde das Männliche und das Weibliche in Ihnen miteinander verschmelzen. Und wenn diese Energie durch Sie strömt, fühlt sie sich wie ein durch Sie hindurchgehender, ›kosmischer‹ Orgasmus an, der nicht von der normalen Erotik oder einem Sexualpartner abhängig ist, weil er primär dadurch entsteht, dass Sie sich bis tief in Ihr Becken hinunter entspannen und atmen.

Können Sie etwas von diesem sexuellen Energiestrom spüren, wenn Sie Geschlechtsverkehr haben oder sich selbst befriedigen? Wie strömt er durch Ihren Körper? Wie fühlt es sich an, wenn Sie diese Energie durch zarte Berührung der Geschlechtsorgane und ihr ›Durchatmen‹ stimulieren? Dürfen Sie sich selbst sexuell stimulieren? Fühlt sich das für Sie okay an oder fühlen Sie sich deswegen schuldig? Schämen Sie sich dafür? Oder fühlt es sich wie eine Niederlage an, dass Sie keinen Partner haben, der dies für Sie tut? Können Sie diese ›kosmische‹ sexuelle Energie auch dann in sich strömen fühlen, wenn Sie tief Atem holen, Sport treiben, joggen oder ganz einfach ›sind‹?

Männlich-weibliche sexuelle Energie

Der zweite Strom ist jener sexuelle Energiestrom, der mit dem völligen Mann- oder Frau-sein-Können bzw. mit der Bekenntnis zum eigenen Geschlecht verbunden ist. Dies beginnt schon sehr früh im Leben: Waren Sie froh, ein Junge bzw. Mädchen zu sein? Ermunterte man Sie, darauf stolz zu sein? Als Sie entdeckten, wie das war und was es bedeutete – wurden Sie darin unterstützt? Wie sah das Vorbild aus, das Sie an Ihrem Vater und Ihrer Mutter erlebten? Bekam Ihre Sexualität Daseinsraum?

Die männliche Energie ist im Allgemeinen mehr nach außen hin gepolt, mehr auf das Tun hin, etwa so wie sich der Penis im Raum orientiert. Das Zentrum der sexuellen Energie des Mannes liegt im Inneren in der Prostata und äußerlich in der Spitze des Penis. Das deckt sich mit der nach außen orientierten Energie, mit der der Mann Millionen von Jahren lang jagte, fischte, Häuser baute, auf Pferden ritt, kämpfte, um auf diese Weise für Nahrung und Sicherheit zu sorgen. Darin lag auch ein Teil seiner Befriedigung, seines Genießens, seiner Bestätigung. Denn Sexualität ist für einen Mann häufig mit der Bestätigung seines Mann-Seins verbunden. In den primitiven Kulturen, aus denen wir letztlich herkommen, konnte die sexuelle Energie des Knabe-Seins und des Mann-Seins auf verschiedene Weisen wie z.B. durch jagen, kämpfen, singen oder Teilnahme an Ritualen in das kreative Handeln einfließen. Dadurch war sie weniger von der Sexualität mit einem Partner abhängig.

Die weibliche Energie ist mehr nach innen gepolt, mehr auf das Mutter-Sein, die Sorge für die Kinder und das Lebensumfeld, kurz: auf das Sein hin orientiert. Die weiblichen Geschlechtsorgane liegen auch viel tiefer im Inneren des Körpers als die des Mannes. Das Zentrum der weiblichen sexuellen Energie liegt in der Gebärmutter, während die Orte, die sexuelle Erregung verursachen, in der Scheide liegen, wie zum Beispiel der so genannte G-Punkt, eine sensible Stelle ein paar Zentimeter tief in der Scheide, dicht hinter dem Schambein. Die Klitoris ist bei vielen Frauen der allerempfindlichste und stimulierbare Ort, doch selbst sie liegt sehr beschützt, zwischen die Schamlippen eingebettet. Die sexuelle Energie ist mehr nach innen, auf Schwangerschaft, Gebären, Säugen, Fürsorge und Pflege hin orientiert, worin auch ein Teil der sexuellen Befriedigung gefunden werden kann. Durch Ihre Fähigkeit, Mutter zu werden und auf diese Weise den Fortbestand der Art zu sichern, aber auch durch Ihren Menstruationszyklus, der eine starke Ähnlichkeit mit dem Mondzyklus zeigt, der beim Säen und Ernten eine große Rolle spielt, ist die weibliche Energie viel stärker mit der Erde und mit dem Lauf der natürlichen Zeit verbunden. Wenn Sie als Frau keine Verhütungsmittel verwenden und dennoch nicht schwanger werden wollen, müssen Sie sich ständig Ihrer fruchtbaren und unfruchtbaren Tage bewusst sein. Dieses Bewusstsein ist Millionen Jahre alt und schlummert in einer tiefen Schicht immer noch in jeder Frau.

Nun beginnt jedes Kind seinen Lebensweg innerhalb der Einflusssphäre der Mutter. Die ersten drei Jahre ist sie diejenige, die normalerweise am meisten mit dem Kind umgeht, sie ist bestimmend bei der Schaffung von Sicherheit, Intimität und den ersten Schritten in Richtung Autonomie. Um das dritte Lebensjahr herum orientiert sich ein Junge etwas stärker auf den Vater. Er will sich mit seinem Vater identifizieren und versucht, bei ihm Unterstützung im Prozess der Lösung von seiner Mutter zu finden. Gleichzeitig bleibt der Junge stark auf die Mutter orientiert, denn sie ist die erste Frau in seinem Leben. In der Orientierung auf sie kann er sein Junge-Sein, sein ›starkes‹ Verhalten und seine ersten sexuellen Gefühle im Hinblick darauf, ob sie akzeptiert werden, testen. Das wirkliche Berühren, Festhalten oder Liebkostwerden durch die Mutter ist sehr wichtig, weil der kleine Junge dadurch lernt, was intime Berührung ist. Wenn er dies als Junge nicht lernt, kann er später als erwachsener Mann nur mit großen Schwierigkeiten spüren, ob eine Frau bei einem körperlichen Kontakt wirklich mit intimer Absicht beteiligt ist oder nicht. Sie spüren keinen Unterschied und erkennen nicht, ob eine Frau eine wirkliche intime Beziehung sucht, oder ob sie nur ihre Sexualität einsetzt, um Sie zu erobern.

Um das zwölfte Lebensjahr herum möchten die Jungen dann völlig in die Einflusssphäre der Väter und Männer eintreten. In den meisten primitiven Völkergemeinschaften findet in diesem Alter ein ziemlich eingreifendes Initiationsritual statt, bei dem die Jungen aus dem Frauenhaus, in dem sie bis dahin lebten, geholt werden und in das Männerhaus umziehen, wobei sie sich völlig aus der Einflusssphäre der Mütter und anderer ›bemutternder‹ Frauen herauslösen. Dies ist notwendig, damit sie bald als selbstständige, autonome erwachsene junge Männer eine intime Beziehung mit einer Frau eingehen können, ohne dabei ihre Identität aufzugeben. Wenn Ihre Mutter zu fordernd, zu bestimmend ist, Ihnen zu sehr auf die Pelle rückt und Sie nicht loslässt, während Ihr Vater abwesend ist oder Sie nicht unterstützend in seine Einflusssphäre hineinnehmen will, so wird es schwierig, ein eigenständiges, starkes Mann-Sein zu entwickeln, ja überhaupt zu wissen, wie sich das anfühlt und was das ist.

Auch das Mädchen beginnt bei seiner Mutter. Um das dritte Lebensjahr herum wird es sich jedoch stärker zu seinem Vater hingezogen fühlen. Er ist der erste Mann in seinem Leben, doch auch sein Vater. Wenn also alles normal verläuft, fühlt sich dieser ›erste Mann‹ sehr sicher und schützend an. Die Tochter kann mit ihm zu flirten beginnen, und er akzeptiert ihr Mädchen-Sein und antwortet darauf ausschließlich mit seiner väterlichen Intimität. Auf diese Weise können Töchter auf ungefährliche Weise lernen, wie sie zunächst mit Jungen und später mit Männern umgehen können. Außerdem kann sie mit ihren Händen spüren, wie es ist, einen Mann zu berühren, der ›sicher‹ ist. Indem sie bei diesem sicheren Vater auf dem Schoß sitzt und mit ihm schmust, lernt sie indirekt auch, mit ihren Händen und ihrem Körper zu spüren, was sich unsicher anfühlt. Das ist später für die erwachsene Frau sehr wichtig, weil sie sonst bei Berührungen und beim Austausch von Intimitäten nicht spüren kann, ob ein eventueller zukünftiger Partner ihr ausreichend Sicherheit bieten kann und ihre Grenzen zu respektieren vermag.

Ungefähr ein Jahr vor der ersten Menstruation wird die Tochter sich von ihrem Vater lösen und wieder zurück zur Mutter streben. Zum einen fühlt sich die eigene Mutter, sobald ein Mädchen schwanger werden kann und ihre eigenen sexuellen Sehnsüchte stärker werden, doch sicherer an als ein Mann, zum anderen muss sie von ihrer Mutter nun lernen, was das Frau-Sein beinhaltet und wie sie mit einem erwachsenen Mann und der Sexualität der Erwachsenen umgehen muss. Wenn der Vater die Tochter dann nicht loslässt oder sich ihr gar sexuell nähert und wenn die Mutter sie nicht ›wieder aufnimmt‹, ist es für ein Mädchen ausgesprochen schwierig, ein eigenes Gefühl des Frau-Seins und ein richtiges Gefühl in Bezug auf Sexualität zu entwickeln.

Fühlen Sie sich hundertprozentig als Mann oder Frau? Was bedeutet dies für Sie? Wie verhielt sich Ihr ›Rollenmodell-Vater‹ oder Ihre ›Rollenmodell-Mutter‹? War Ihr Vater ein ›echter‹ Mann, Ihre Mutter eine ›echte‹ Frau? Was haben Sie am Rollenmodell jeweils vermisst? Welche Verwirrung ist dadurch entstanden? Trauen Sie sich jetzt, voll für Ihre Sehnsüchte und Bedürfnisse als Mann oder Frau einzutreten?

Sexualität als Geschlechtstat

Wenn Sie als Mann oder Frau Ihre Sexualität in natürlicher Weise entwickeln und entdecken konnten, so stellt die geschlechtliche Gemeinschaft eine ganz besondere Möglichkeit dar, einander intensiv zu erfahren und zu begegnen. In der Praxis entsteht die Sehnsucht nach Sexualität nicht immer gleichzeitig bei beiden Partnern. Doch wenn sich beide frei fühlen, können Sie diese Sehnsucht, dieses Verlangen mit dem anderen teilen, ohne ihn unter Druck zu setzen und ohne dass Sie für Ihre eigene Bestätigung oder Befriedigung unbedingt den Geschlechtsverkehr brauchen. Für den anderen ist die Situation so sicher, dass er oder sie keinerlei Zwang empfindet; oder er wagt es, wenn er oder sie einen Zwang empfindet, diesen zu benennen und gibt ihm nicht nach. Sie spüren, dass Sie Nein sagen können, ohne dass der andere Sie zurückweist, penetrant auf seinen Wünschen beharrt oder Ihr Nein nicht akzeptiert. Wenn Sie sich beide wirklich frei fühlen, können Sie beide in jedem Moment mit dem Austausch sexueller Handlungen beginnen oder aufhören, ohne dass Sie sich deswegen schuldig zu fühlen brauchen. Und Sie dürfen und können Ihre Wünsche und Sehnsüchte auch frei äußern.

Wenn Sie sich beide frei fühlen, handelt es sich um das *Erleben* und nicht nur darum, zu einem Orgasmus oder einer Ejakulation zu kommen. Das bedeutet, dass Sie herausfinden müssen (und im besten Fall auch darüber sprechen), was Ihr Partner angenehm findet. Wenn der eine Partner in einem bestimmten Moment aufhören, der andere jedoch zur sexuellen Erfüllung kommen möchte, kann er oder sie das selbst ›in die Hand nehmen‹. Und wenn beide zur Erfüllung kommen wollen, müssen sie entdecken, wie sie dies miteinander erreichen.

Die Fixierung auf die sexuelle Erfüllung steht häufig einem wirklichen, tief gehenden und entspannten Erleben der Sexualität im Wege. Es ist viel erfüllender, wenn die Intimität sich allmählich ausbreiten kann und dadurch den sexuellen Energiestrom stimuliert, sodass sich beide verstärken, Sie völlig mit dem anderen verschmelzen können und zugleich doch bei sich selbst bleiben, d.h. bei dem, was sich für Sie ›gut‹ anfühlt. Wenn die Sexualität auf natürliche Weise ›erwachsen‹ wird, verlagert sich das Zentrum der sexuellen Erregung mehr nach innen, beim Mann aus der Eichel des Penis mehr in Richtung des Beckenbodens, speziell der Prostata, bei der Frau von der Klitoris in die Bereiche innerhalb der Vagina. So wird der Geschlechtsverkehr immer mehr zur Befreiung des sexuellen Energiestroms im ganzen Körper, und die Befriedigung durch das intime Zusammensein kann lange Zeit als ein Gefühl des Wohlbehagens im Körper anwesend bleiben.

Doch wie sehr Sie auch miteinander verbunden sind – der eigentliche Geschlechtsverkehr hat für eine Frau im tiefsten Innern (auch wenn sie dies häufig leugnet) eine andere Bedeutung als für einen Mann. Bereits auf der energetischen Ebene gibt es große Unterschiede. Wenn der Mann in die Frau eindringt, tritt er in ihr Energiesystem ein. Das bedeutet, dass sie ihn auch emotional in sich aufnimmt. Der Mann lässt mit seinem Samen auch seine Energie in der Frau zurück. Diese Energie kann sie ernähren und unterstützen, häufig jedoch ist genau dies nicht der Fall. Außerdem erleben viele Frauen bei der Geschlechtsakt keinen Orgasmus, sodass für sie Intimität häufig wichtiger ist als Sex.

Dazu kommt, dass eine Frau jederzeit schwanger werden kann. Dieses Wissen ist Millionen Jahre alt und es verschwindet auch nicht, wenn sie Verhütungsmittel einsetzt. Das bedeutet, dass jeder Mann, mit dem Sie Geschlechtsverkehr haben, der Vater Ihres Kindes werden kann. Wollen Sie das? Können Sie sich diesen Mann als Vater vorstellen? Dieses Gefühl bewirkt, dass es für Sie auf energetischer Ebene sehr wichtig ist, mit wem Sie Geschlechtsverkehr haben. Sie können diesen Zusammenhang zwar leugnen und nur des Lustgewinns wegen Sex mit einem Mann haben, doch danach werden Sie häufig doch bemerken, dass Sie ›leer‹ zurückbleiben, sich miserabel fühlen oder wütend. Sie fühlen sich ›benutzt‹, auch wenn Sie den Partner eventuell im gleichen Maße benutzt haben.

Wenn Sie mit einem Mann Geschlechtsverkehr haben und ihn sich als Geliebten, als Kameraden, als Liebhaber, ja sogar als Vater Ihrer Kinder und Hüter der Familie vorstellen können und wenn Sie fühlen, dass der andere Sie ebenfalls wirklich liebt und sich für Sie entschieden hat, dann können Sie sich völlig entspannen. Sie brauchen einfach nur zu ›sein‹. Sie entspannen sich, genießen, lassen die Energie strömen, geben sich Ihren Sehnsüchten, Ihrem Verlangen hin. Sie können sich dann – wenn keine Ängste oder Blockaden aus der Vergangenheit dem im Wege stehen – dem anderen und sich selbst völlig hingeben.

Für einen Mann ist der Geschlechtsverkehr eher eine Bestätigung seines Mann-Seins. Unter Sex versteht ein Mann meistens, dass er eine Erektion bekommt, in die Frau eindringt und dort eine Ejakulation hat. An sich ist schon dies eher eine ›aggressive‹ Tat, stark mit dem Tun verbunden. Es ist etwas, was Sie tun und was Ihrem Gefühl nach auch gelingen muss. Irgendwo haben Männer immer Angst, dass ihre Erektion verschwindet oder dass sie zu früh ›kommen‹ oder dass alles aus irgendeinem Grunde nicht richtig klappt. Darum haben sie meistens Eile! Sie betreiben den Geschlechtsakt leistungsorientiert und manchmal aggressiv, weil ihre Erektion, wenn sie sich wirklich dabei entspannen würden, verschwinden könnte, was einer Blamage gleichkäme. Vor allem dann, wenn Sie diese Erfahrung bereits einmal gemacht haben, bleibt beim geschlechtlichen Zusammensein immer diese Angst, dass die Erektion verschwindet; und weil Angst, körperlich gesprochen, die Erektion hemmt, herrscht auch eine Angst vor der Angst. Deswegen brauchen Männer häufig pornografische Bilder oder Sexfilme, um ihre Erregung damit zu stimulieren. Andernfalls schlucken sie – meistens heimlich – eine Viagra-Pille, um die Sicherheit zu haben, dass die Erregung bestehen bleibt. Nicht ohne Grund handeln 60 Prozent der Junk-Mails im Internet von Penisvergrößerung und Viagra, die Zahl solcher Mails übertrifft selbst noch die der im Internet angebotenen pornografischen Bilder.

Verschiedene Studien, die bei Männern und Frauen, die in einer (festen) sexuellen Beziehung leben, durchgeführt wurden, ergaben, dass ca. 6% der Männer unter Erektionsproblemen leiden. Dieser Prozentsatz steigt an bis auf 21% in der Altersstufe 50 bis 54 Jahre und 49% in der Altersstufe 70 bis 74 Jahre. Schätzungen zufolge liegt der gesamte Prozentsatz der sexuellen Dysfunktionen bei Männern mindestens bei etwa 18%. Bei Frauen wird der gesamte Prozentsatz bei sexueller Dysfunktion (kein Orgasmus und ähnliche Probleme) auf mindestens 33% geschätzt.* Weil diese Studien jene Männer und Frauen ausschließt, die wegen Erektionsproblemen, Orgasmusschwierigkeiten oder anderen Ängsten im Umkreis der Sexualität überhaupt keine sexuelle Beziehung eingehen bzw. einzugehen wagen, muss diese Zahl in der Praxis noch deutlich höher angesetzt werden.

* Die Studie wurde durchgeführt von Frenken und ist dokumentiert in: Vroege, Nicolai & Van de Wiel: Seksualiteitshulpverleninmg in Nederland (2001).

Außerdem lebt bei Männern oft die Angst, dass ihre Frau, wenn sie sie nicht befriedigen können, sich einem anderen zuwendet. Dies führt in verschiedenen Kulturen dazu, die Frauen zu verstecken, sie unter einem Schleier zu verbergen oder ihr sogar die Klitoris beschneiden zu lassen, sodass sie ja nicht fremdgeht. Dazu kommt eine männliche Angst, in der Frau zu ›verschwinden‹, von ihr verschluckt oder gar aufgefressen zu werden, genau wie Sie von Ihrer

Mutter verschluckt wurden (das Motiv der so genannten ›vagina dentata‹). Außerdem kann die Angst, sich zu binden und Verantwortung für eine Frau und eine Familie zu übernehmen, eine Rolle spielen. In manchen Kulturen haben Männer deshalb eine Haltung des schnellen, kurzen Genießens und dann so rasch wie möglich Verschwindens entwickelt, mit welcher sie voreinander angeben und wo der schnelle Sex den Stellenwert der Jagd eingenommen hat. Doch der übergroße Teil solcher ›männlicher‹ Erfolgsprahlerei und des Machtverhaltens hat eigentlich den Zweck, zu verhindern, dass diese Angst gespürt wird.

Für Männer ist es schwierig, sich während des Geschlechtsverkehrs völlig zu entspannen. An sich ist die sexuelle Spannung der Erektion der Hingabe und Entspannung während der Intimität diametral entgegengesetzt. In dieser Hinsicht ist es für einen Mann viel schwieriger als für eine Frau, Intimität und Sexualität gleichzeitig zu erleben. Wenn Sie sich als Mann wirklich die Zeit für das Liebesspiel nehmen, ist eine Erektion häufig etwas, was kommt und wieder geht und dann aufs Neue wieder eintritt. Wenn Sie diese Zielorientierung auf das ›Poppen‹ und ›Fertigwerden‹ einmal loslassen, kann Sex zu einem Spiel werden, in welchem Tun und Sein sich vermischen und bei dem Sie lernen darauf zu vertrauen, dass Ihre Partnerin nicht weglaufen wird oder Sie auslacht, wenn Ihre Erektion verschwindet. Dann wird Sexualität zu einem Bestandteil der Intimität, und beide werden zu einem Bestandteil der gesamten Beziehung, den Sie gemeinsam erforschen, entwickeln und vertiefen.

Nun ist die sexuelle Entwicklung wie gesagt bei fast niemandem in einer natürlichen und selbstverständlichen Weise verlaufen. Außerdem können die Bedürfnisse sehr unterschiedlich sein. Meistens wollen Männer häufiger Sex als Frauen, und Frauen sehnen sich mehr nach Intimität und danach, über Gefühle zu sprechen. Von all dem abgesehen, ist im Laufe des Lebens auf sexuellem Gebiet meistens einiges schief gegangen, und dies hat einen tief greifenden Einfluss auf die eigene Erfahrung der Sexualität und damit auch auf die sexuelle Beziehung zu Ihrem Partner.

Gehen Sie eine sexuelle Beziehung ein, obwohl Sie eigentlich nur Intimität wollen? Trauen Sie sich, während des Geschlechtsverkehrs jederzeit Stopp zu sagen? Wie oft haben Sie Sex gehabt, obwohl Sie dies eigentlich nicht wollten? Wie oft haben Sie sich danach benutzt gefühlt? Haben Sie Angst vor einer sexuellen Beziehung? Haben Sie Angst davor, dass ›es‹ nicht klappt? Empfinden Sie Widerwillen? Wovor haben Sie Angst, wenn Sie sich weigern, Sex zu haben?

Unterdrückt oder überwältigt?

Wenn Sie in Ihre Kinderzeit zurückblicken: Wie wurde bei Ihnen zu Hause mit Sexualität umgegangen? Wurde darüber gesprochen? Wie wurde darüber gesprochen? Gab es, wenn Sie bestimmte Fragen hatten, jemanden, dem Sie sie stellen konnten? Wie sah die intime Beziehung zwischen Ihren Eltern aus? Hatten Sie eine Vorstellung von deren sexueller Beziehung?

Wenn Sexualität kein ›normales‹ Thema ist, gibt es im Allgemeinen zwei Möglichkeiten. Entweder war Sexualität tabu. Niemand sprach darüber, und sexuelle Gefühle durfte es nicht geben. Meistens war dann auch Genuss tabu und es gab etliche starre Regeln, an die Sie sich halten mussten.

Die andere Möglichkeit ist, dass Sexualität ständig und auch zur Unzeit Gesprächsthema war. Es herrschte eine zu große Offenheit, die Ihnen unangenehm war. Oder man setzte sich gelassen über all ihre intimen Grenzen hinweg, wobei Ihr Widerstand dagegen ins Lächerliche gezogen wurde. Oder man näherte sich Ihnen gegen Ihren Willen sexuell, betastete oder missbrauchte Sie sogar.

Eine dritte Möglichkeit ist, dass beides miteinander Hand in Hand geht. Meistens ist es ein Elternteil, der eher starr ist und für welchen Sexualität eine Bedrohung bedeutet, während der andere Witze darüber macht und sich leicht über Ihre Grenzen hinwegsetzt. Dies ist oft der Fall, wenn der eine Elternteil gern Sex haben will, der andere sich jedoch verweigert. Dann wird der ›bedürftige‹ Elternteil aus Rache immer wieder Anspielungen darauf machen, während der sich wehrende Elternteil versucht, alles Sexuelle zu unterdrücken oder es als etwas Gefährliches oder Schmutziges hinzustellen.

Oder der gesamte sexuelle Bereich wird unterdrückt, doch einer der Eltern macht sich im Geheimen sexueller Handgreiflichkeiten schuldig. Dies kann besonders in streng christlichen oder anderen starren religiösen Milieus vorkommen. Die offizielle Haltung suggeriert, dass Sex ›schmutzig‹ ist, gleichzeitig finden jedoch alle möglichen Formen des Missbrauchs statt.

Nicht immer ist es der Familienzusammenhang, der bestimmend ist. Manchmal ist es der Nachbar, eine zufällige Begegnung, ältere Geschwister, Cousins oder Cousinen, die für Ihre sexuelle Entwicklung bestimmend waren. Benutzen Sie die folgenden Fragen einmal dazu, dem nachzugehen, wie dies bei Ihnen verlaufen ist:

Was ist Ihre erste Erinnerung an Sexualität?
Wie lernten Sie, dass Sexualität existiert?
Was für ein Bild von ihr entstand damals?
Wie haben Sie gelernt, sich zu erregen oder zu befriedigen?
Wer hat Sie aufgeklärt?
Wie war es, als Sie zum ersten Mal menstruierten?
Wie war es, als Sie den ersten Samenerguss hatten?
Wer berührte Sie zum ersten Mal auf sexuelle Weise?
Welche besonderen, intimen oder aufbauenden Erfahrungen haben Sie gemacht? Welche unangenehmen Erinnerungen besitzen Sie aus Ihrer Jugendzeit?
Sind das Erfahrungen der Unterdrückung oder des Missbrauchs?

Unterdrückte Sexualität

Wenn Eltern (oder eine Kultur oder eine Religion) ein Problem mit der Sexualität haben und diesbezügliche Gefühle unterdrücken müssen, ist dies meistens ein Teil eines viel größeren Programms der

Kontrolle, Unterdrückung und Erstarrung. Ein Elternteil (manchmal auch beide) war rigide und verhärtet, autoritär oder besonders sensibel für Autorität. Für alles gab es Regeln. Werte und Normen waren fixiert, an ihnen durfte nicht gerüttelt werden. Der Ausdruck von Freude, Genuss und Lust war verpönt. Wenn Sie sich etwas wilder, freier oder herausfordernder verhielten, wurde dies bestraft.

Manchmal wird eine derartige Haltung durch einen bestimmten Glauben unterstützt. Rigide Eltern finden Bestätigung in starren Glaubensüberzeugungen, die Ihnen für ihre unterdrückende Haltung einen Halt bieten. Dies können eine strenge religiöse Erziehung sein, doch auch anderweitige starre Vorstellungen in Bezug auf Politik, Nahrung, Moral, Fußball und so weiter. Es ist eher die unterdrückende Atmosphäre, die prägend ist, als die eigentliche Sache, um die es geht. Abweichende Meinungen und freizügiges Verhalten werden deshalb nicht toleriert. Sie werden bestraft oder ins Lächerliche gezogen.

Was dabei tatsächlich unterdrückt wird, ist der freie Ausdruck Ihrer Lebensfreude. Die Botschaft in solchen Milieus lautet: »Du darfst nicht genießen«, und dies wird folglich auch nicht getan. Dieselbe starre Disziplin üben sie auch in Bezug auf Sie aus. Sie tun ihr Möglichstes, Sie zu ›zähmen‹. Doch das bedeutet auch, dass Sie nicht lernen, wie Sie mit Ihrem eigenen Genuss umgehen müssen. Und wenn Sie sich dem nicht widersetzen, werden Sie ein braves, gehorsames, anständiges – eben ein ›gezähmtes‹ Kind.

Das unterdrückende Verhalten der Eltern geht natürlich auf deren eigene Ängste vor der Sexualität zurück. Diese Angst spüren Sie als Kind sehr deutlich und Sie entwickeln dadurch selbst allerlei Ängste. Sie bekommen das Gefühl, dass Sex schmutzig und etwas Falsches ist, dass Genießen nicht erlaubt ist oder dass die sexuellen Gefühle, die Sie haben, ›sündig‹ sind und bestraft werden. Als Junge dürfen Sie nicht mit Ihrem Geschlechtsteil spielen. Von Selbstbefriedigung bekommt man Rückenmarkskrebs. Sie müssen immer sehr anständig aussehen. Regeln sind dafür da, um befolgt zu werden. Nur durch Selbstbeherrschung und Disziplin werden Sie ein echter Mann. So oder ähnlich lauteten die Botschaften von ›früher‹.

Bei Mädchen reicht die Unterdrückung oft noch weiter. Weil sie oft unvollständig über Menstruation und Sexualität aufgeklärt wurden, werden unterschwellig Botschaften vermittelt: »Menstruieren ist schmutzig und niemand darf wissen, dass du deine Tage hast. Sex ist schmuddelig und dreckig. Du darfst nicht an dir selbst herumspielen. Es ist besser, keine Brüste zu bekommen, denn sie ziehen nur die Blicke der Jungen an. Jungen sind gefährlich. Männer wollen immer nur das Eine, und wenn du darauf eingehst, wirst du sofort schwanger. Benimm dich anständig. Wenn du mal verheiratet bist, hast du als Frau die Pflicht, es deinem Mann immer recht zu machen.« Und obwohl die Aufklärung in den Schulen heutzutage sehr fortschrittlich ist, wird häufig noch zu wenig über das Erleben der Ängste, die mit dem Sex verbunden sind, gesprochen, und es wird den Schülern auch nicht vermittelt, wie sie Nein sagen können. Außerdem bedeutet der Fortschritt in der Schule noch nicht, dass auch die Eltern heute freier damit umgehen. Und selbst wenn offener darüber gesprochen wird, können dennoch unausgesprochene Botschaften, Ängste und Tabus massiv mit im Spiel sein.

Weil sich sexuelle Energie nun einmal nicht verstecken lässt, sucht sie sich andere Auswege. Unterdrückte Sexualität führt zu einer ständigen Kontrolle über sich selbst und andere, zu zwanghaftem Verhalten und häufig auch zwanghaften Gedanken. Das bedeutet zum Beispiel, dass Sie zwanzig Mal am Tag Ihre Hände waschen müssen, dass jeden Tag Staub gesaugt werden muss oder dass Sie immer perfekt sein müssen. Und damit sind Sie in Ihrem Kopf ständig beschäftigt. Ihre Gedanken versuchen, alles zu kontrollieren. Alles wird bis in die Details geplant, und wenn etwas dazwischenkommt, geraten Sie in Panik. Ihr erstarrter Körper, Ihr zwanghaftes Handeln und die obsessiven Gedanken nehmen Sie dermaßen in Anspruch, dass die wilde, ungezähmte, vitale sexuelle Energie gar keine Chance bekommt, nach oben zu strömen. Sie zähmen Ihre Lebenskraft, sodass Sie sich in Ihrer zwanghaften und kontrollierten Welt sicher fühlen können. Andere Formen zwanghaften Verhaltens und obsessiver Gedanken sind beispielsweise:

- extreme Angst vor Verunreinigung von Kleidungsstücken etc.
- Angst davor, von anderen berührt zu werden
- häufiges und wiederholtes Putzen
- ständiges Kontrollieren derselben Dinge (ist das Licht ausgeschaltet, ist das Gas zugedreht?)
- extreme Unterschiede machen zwischen ›gut‹ und ›schlecht‹
- Angst, Fehler zu machen
- Perfektionismus, sich in Details verlieren (kein Blick für das Wesentliche)
- alles wegrationalisieren, immer Recht haben und bekommen wollen
- zwanghafter Ordnungsdrang, alles muss möglichst symmetrisch an einer bestimmten Stelle liegen
- Rituale zum Bannen von Ängsten
- fortwährende Beschäftigung mit Essen und Ernährungsfragen (gesund, makrobiotisch, viel, wenig …)
- pathologische Spielsucht
- Zwang, sich selbst zu verletzen oder sich Schmerz zuzufügen
- ständige Beschäftigung mit Krankheiten (eingebildete Krankheiten)

Dies hat zur Folge, dass der Partner Ihrem Weltbild und Ihren Normen genau entsprechen muss. Er muss dieselben Ideen haben, sonst wäre dies sehr bedrohlich für Sie. Er muss außerdem auf all Ihre Wünsche eingehen. Wenn Sie Intimität suchen, muss der andere genauso reagieren, wie Sie es brauchen, denn jede Zurückweisung ruft Panik hervor. Das Nachhausekommen, Küssen oder das geschlechtliche Zusammensein muss nach exakt demselben Ritual verlaufen, sonst geraten Sie in Verwirrung. Selten werden Sie diese Panik offen zugeben können. Sie benutzen alle möglichen Argumente, womit Sie ›die Schuld‹ dem anderen zuzuschieben versuchen. Derartige Beziehungen sind dann auch häufig von Machtkämpfen geprägt. Sie kabbeln oder zanken sich über alles Mögliche, und deswegen brauchen Sie nicht zum Kern der Sache vorzudringen. Doch eigentlich haben Sie eine Todesangst vor Sexualität, Sie haben Angst vor einer offenen Beziehung, vor Kontrollverlust, vor dem Leben selbst.

In extremen Fällen führt der Machtkampf zu offener Gewalt. Die Tatsache, dass der andere Ihre Liebe nicht genau in der Weise erwidert, wie Sie es sich wünschen, erzeugt Wut. Eigentlich handelt es sich dabei um eine wahnsinnige Wut auf den unterdrückenden Elternteil, mit der Sie sich in diesem Augenblick kurzschließen. Sie reagieren diese aufgestaute Wut, die sich eigentlich gegen Ihren Vater oder Ihre Mutter richtet, an Ihrem Partner ab, und das Merkwürdige dabei ist, dass sich die Aggression für den Täter deswegen ›richtig‹ und als ›Befreiung‹ anfühlt. Die Ohrfeige, die Sie austeilen, ist die Ohrfeige, die Sie Ihren Eltern nicht geben konnten, und das erleichtert ungemein. Doch außerdem bestrafen Sie sich auch selbst, indem Sie Ihre(n) Geliebten schlagen, und darum fühlen Sie sich wieder genauso schuldig wie früher. Und so sind Sie letztlich Täter, Opfer und ›rächender Gott‹ in einem.

Weil der Drang, alles zu kontrollieren einen unhaltbaren inneren Druck erzeugt, entsteht häufig eine gefährliche Spaltung. Äußerlich unterdrücken Sie jede Form von Lust, doch im Inneren nehmen die Lüste explosive Ausmaße an. Sie haben ständig sexuelle Fantasien (die dann ebenfalls wieder gezähmt oder bestraft werden müssen), häufig mit sadistischem Einschlag. Sexualität und Genuss müssen sofort sanktioniert werden, darum ist Genuss nur zulässig, wenn er mit Schmerz einhergeht. Diese Gespaltenheit führt in einer Beziehung dazu, dass der Mann beispielsweise seine Frau zur Sexualität zwingt und gleichzeitig seiner Frau die Schuld daran zuschiebt. (»Dann hättest du mich eben nicht heiraten dürfen … Lauf eben nicht so verführerisch herum …«) Weil er nur dann Befriedigung finden kann, wenn er dem anderen zugleich Schmerz zufügt, projiziert er die Schuld auf die Partnerin und bestraft sie für die Tatsache, dass sie ihn verführt. Manchmal kann ein Erwachsener, der in seiner Jugend sexuell oder in anderer Weise unterdrückt wurde, ausschließlich dann sexuelle Erregung empfinden, wenn diese mit Gewalt einhergeht. Der Schmerz, der erfahren bzw. zugefügt wird, vermittelt gewissermaßen die Zustimmung, dass sexuelle Lustgefühle aufsteigen und erlebt werden dürfen (Masochismus und Sadismus).

Diese Spaltung kann im Familienzusammenhang dazu führen, dass derselbe Elternteil, der die Sexualität unterdrückt, gleichzeitig zum Täter bei einem sexuellen Missbrauch wird. Der kranke und gestörte HIntergrund ist der, dass Sex nicht erlaubt ist, doch weil der andere Sie ›verführt‹, muss er ›bestraft‹ werden, indem Sie ihn geradezu zum Sex zwingen. Diese Doppelmoral findet sich auch in Sex unterdrückenden Kulturen und Religionen: Sie vergewaltigen ihre eigene Frau, sorgen dafür, dass sie dabei keinen Genuss empfindet und verschleiern sie danach komplett, sodass andere sie nicht sehen können. Eine solche doppeldeutige Haltung kann ein Elternteil auch seinem Kind gegenüber haben. Doch häufiger ist die Konstellation, dass in einer Familie ein Elternteil die unterdrückende Rolle spielt, während der andere das Kind in schwächerem oder stärkerem Maße missbraucht.

Schema 5 A

Sexualität – Unterdrückung

Das unterdrückte Kind

Basisthema: Den eigenen Genuss und die eigene Sexualität frei und ohne Sorgen entdecken und entwickeln.
Basisemotionen: Ängstlich und zwanghaft handeln, obsessive Gedanken, rigide Haltung.
Basisproblem: Ungezwungenes Genießen, Sexualität und Lebensfreude sind tabu.
Energiezentrum: Geschlechtsorgane. **Sekundär:** Schultern, Beine.
Sinnesorgane: Mund, Zunge.

Situation als KIND: Eltern sind sehr starr, unterdrückend, üben Kontrolle aus, sind autoritär oder aber besonders sensibel für Autorität. Alles verläuft nach Regeln. Sexualität, Genuss und Spontaneität werden unterdrückt oder schlecht gemacht. Alles zielt ab auf (Selbst)Beherrschung und Kontrolle.

Primäre Ängste: Wenn ich meine Triebe – sexuelle Gefühle, Emotionen, Genuss – nicht verdränge und verstecke, werde ich bestraft. Sexualität ist etwas Gefährliches. Ich muss mich beherrschen, sonst geht es schief.

Überlebensstrategien: Das Beckengebiet verschließen. Zwanghafte Handlungen. Alles kontrollieren. Alle tierischen und spontanen Impulse werden gezähmt.

Überzeugungen: Mein Körper ist schmutzig, meine Sexualität darf nicht vorhanden sein. Genuss ist gefährlich. Jungen/Mädchen sind tabu. Ich muss mich selbst bezwingen.

Probleme als ERWACHSENER: Angst vor Sexualität. Nicht fähig zu einem (vollständigen) Orgasmus. Starr. Probleme mit dem Genießen. Angst vor einer sexuellen Beziehung und dadurch häufig Angst vor Intimität. Angst vor allem, worüber man keine Kontrolle hat. Angst vor Aggression und Konflikten. Gegner von Sorglosigkeit, Freude, Ausgelassenheit. Äußerst strenges Über-Ich. Keinen Blick für die großen Linien.

Überlebensstrategien:
A. Zwanghafte Handlungen wie Putzen, Kontrollieren und andere Rituale. Perfektionsdrang. Kontrolle ausüben. Alles muss nach Regeln verlaufen. Detailbesessen. Urteilend. Bestrafend. Überheblich. Moralistisch und rationalistisch.
B. Obsessiv. Aggressive und häufig sexuell-sadistische Fantasien. Extreme Schattenseiten. Perversitäten. Extremismus.
Allgemein: Probleme schaffen, um die Bearbeitung tiefer liegender Probleme zu vermeiden.

Überzeugungen: Ich muss mich unter Kontrolle haben, sonst läuft mir alles aus dem Ruder. Ich mache keine Fehler! Sex ist schmutzig und schlecht. Wissen geht über Gefühl. Andere sind zügellos, sündig, schlecht. Regeln muss es geben. Ordnung und Anständigkeit sind das Wichtigste.

Probleme in Beziehungen: Rationale und formale Beziehungen. Viele Diskussionen sowie Auseinandersetzungen um Kleinigkeiten. Latenter Machtkampf. Probleme mit Gleichwertigkeit. Nicht auf Gefühle und Bedürfnisse/Sehnsüchte ansprechbar. Kontrollierend und beherrschend. Probleme, sich intim zu verbinden. Angst vor normaler, freier Sexualität. Sex muss nach starren und manchmal perversen Ritualen stattfinden. Männer häufig rigide und starr, Frauen obsessiv-zwanghaft.

Energieblockaden: Beckengebiet abgeschnürt. Oberflächliche Atmung. Angespanntes Zwerchfell. Körper ist hart und steif. Schultern werden hochgezogen. Extreme Spannungen in Waden und unterem Rückenbereich. Trennung zwischen Becken/Bauch, Herz, Kopf. Alles wird zurückgehalten, unterdrückt. Kein freier Ausdruck, in welcher Hinsicht auch immer.

Psychosomatische Beschwerden: Vaginismus, Erektionsprobleme, vorzeitiger Samenerguss. Kopfweh, Bauchschmerzen, Probleme mit den Organen des Beckens. Chronisch unpässlich. Extreme Muskelspannungen, vor allem in Schultern, Rücken, Gesäß und Beinen. Atembeschwerden.

Qualitäten: Sehr präzise und gründlich. Guter Arbeitnehmer, harter Arbeiter, perfektionistisch und mit einem guten Blick für Details. Hervorragende und korrekte Befolgung der Regeln. Scharfer Verstand, intellektuell brillant. Ordnungsliebend und anständig. Verantwortungsbewusst.

Sexueller Missbrauch

Wenn man unter sexuellem Missbrauch alle Formen von Sexualität und Intimität versteht, für die sich ein Mensch nicht freiwillig entschieden hat, nimmt dieser Bereich enorme Ausmaße an. Als Kind sind Sie sehr sensibel für die Atmosphäre und die Botschaften, die

Ihnen übermittelt werden, auch die ersten Erfahrungen mit unerwünschter Intimität und Sexualität können Ihr gesamtes Leben bestimmen. Sie können Ihnen ein völlig verzeichnetes Bild der Sexualität vermitteln, wodurch Sie später nicht in der Lage sind, Ihre Grenzen zu setzen und Nein zu sagen oder immer wieder den falschen Partner anziehen. Auf diese Weise kann Ihr gesamtes Leben vom sexuell aufdringlichen Verhalten eines Elternteils oder anderen Formen konkreten Missbrauchs bestimmt werden, mit allen Ängsten, die das hervorruft.

Beispiele sexuell aufdringlichen Verhaltens sind unter anderem:

- allgemeine sexuell aufgeladene Atmosphäre, die vor allem in der Art und Weise, wie ein Elternteil (oder andere Erwachsene) Sie betrachtet, spürbar wird.
- sexuell gefärbte Berührungen und unerwünschte Intimitäten
- sexuelle Angebote und Botschaften (»Die Nachbarin hat ziemlich große Titten. Deine Mutter bringt im Bett auch nicht gerade viel zustande ...«)
- anzügliche Scherze, Witze, sonstige Bemerkungen
- Herumliegenlassen von Sexmagazinen etc.
- pornografische Filme anschauen, während Sie ins Zimmer kommen können
- ohne Anklopfen das Bad, die Toilette etc. betreten, wo Sie sich gerade befinden
- Exhibitionismus

All diese sexuell geladenen Handlungen und Anspielungen lassen Ihnen nicht den Freiraum, selbst zu entdecken, was Sexualität ist und was sich für Sie gut bzw. nicht gut anfühlt. Außerdem machen solche Bemerkungen sowie eine sexuell aufgeladene Atmosphäre es schwierig, ehrlich mit Ihrer Mutter oder Ihrem Vater über Sexualität zu reden. Die häufig grobe Art, wie darüber gesprochen wird, untergräbt so das ohnehin prekäre Gleichgewicht zwischen Intimität, Sexualität, Sicherheit, Offenheit, Eigenheit, Abhängigkeit, Unterstützung, Liebe, Sich-Verschließen und Sich-Öffnen. Es vermittelt Ihnen ein bestimmtes Bild Ihres Mann- oder Frau-Seins und dessen, was Sexualität ist und sein müsste. Und dieses Bild kann dadurch sehr verzerrt werden. Außerdem ruft die ständige sexuelle Aufladung sexuelle Gefühle hervor, die eigentlich aus Ihnen selbst noch gar nicht entstehen würden. Dies führt zu einem ständigen sexuellen Drang, der meistens zu obsessiver Selbstbefriedigung führt. Der Drang, sich immer wieder zu befriedigen und zu entladen, ist ein Notventil für die sexuellen Spannungen (und häufig auch andere Spannungen bzw. Gefühle der Einsamkeit und des Mangels an Intimität), die atmosphärisch in der Luft hängen.

Wir waren irgendwo zu Besuch und man hatte mich bereits zu Bett gebracht, doch ich war wieder wach geworden. Und als ich ins Wohnzimmer kam, saßen alle dort und guckten sich ein Sexvideo an. Ein paar Jahre später kam ich einmal ins Schlafzimmer meiner Eltern (ich war damals zwölf Jahre), während sich mein Vater ein Sexblatt anschaute und sich dabei selbst befriedigte. Das war für mich ein enormer Schock. Seit dieser Zeit wusste ich, wo diese Blätter lagen, und benutzte sie, um mich selbst zu befriedigen. Ich kam zu der Auffassung, dass es das war, was mein Vater (und andere Männer) wollen: Wenn du Aufmerksamkeit und Intimität möchtest, musst du offenbar sexuell sehr attraktiv sein. Und dementsprechend begann ich mich später in meinen Beziehungen zu verhalten. Ich richtete mich völlig nach dem Mann und wusste nicht, was ich selbst fühlen sollte. Ich benahm mich genau wie die Mädchen auf dem Sexvideo, denn so musste es offenbar sein; doch ich fühlte eigentlich wenig dabei und kam selbst überhaupt nicht zum Höhepunkt. Ich setzte Sexualität ständig dafür ein, Intimität zu erhalten und dafür zu sorgen, dass meine Partner nicht wegliefen. Und gleichzeitig begann ich diese Männer zu hassen. Ich hasste sie, weil sie meinem Körper verfielen, ich hasste sie, weil sie darauf reinfielen, ich hasste sie, weil ich nicht die Intimität bekam, nach der ich mich sehnte, ich hasste sie, weil sie immer zum Höhepunkt kamen und ich nie. Nach einigen Monaten oder einem Jahr Beziehung habe ich sie deswegen immer wieder hinausgeworfen.

(Frau, 40 Jahre)

Die sexuell gefärbten Botschaften, die Sie als Kind mitbekommen, sind Bestandteil eines viel größeren Pakets von Signalen, Urteilen, Hinweisen, Gefühlen, unterdrückten Emotionen und Ängsten, die Sie sich als Kind zu Eigen machen. Ihr Bewusstsein, das im Kindesalter noch sehr offen ist, wird allmählich auf eine Weise programmiert, die sich später im Einzelnen nicht mehr nachvollziehen lässt, weil Sie einfach so werden, wie Ihre Umgebung Sie programmiert. Das heißt, tief im Innern bleibt Ihre Essenz zwar größtenteils intakt, doch in Ihrer Beziehung zu anderen und zur Welt sind Sie in einer Weise programmiert, die Sie selbst nicht bemerken. Und so sind Sie den Rest Ihres Lebens – wenn Sie sich Ihrer selbst stärker bewusst werden wollen bzw. durch Probleme mehr oder weniger dazu gezwungen werden – damit beschäftigt, diese Programmierung klarer zu erkennen und einzusehen, dass es nicht Ihre Programme sind, nicht Ihre Emotionen, nicht Ihre Ängste, nicht Ihre Abwehrmechanismen. Sie haben sie zwar, doch Sie sind sie nicht. Sie sind wie eine Brille, die Sie aufzusetzen gelernt haben, oder ein Mantel, den Sie sich angezogen haben. Doch jetzt klebt die Brille an Ihren Augen und der Mantel ist an Ihrer Haut festgewachsen, und nun bedeutet es häufig Schwerstarbeit, sie wieder loszuwerden.

Sexuelle Belästigung

Wenn Sie als Mädchen spüren, dass die einzige Art und Weise, Aufmerksamkeit und Liebe von Ihrem Vater zu erhalten, offenbar darin besteht, dass Sie Ihren Körper einsetzen müssen, denn daran zeigt Ihr Vater Interesse, beginnen Sie, sich darauf einzustellen. Offenbar ist Sexualität der einzige Weg, Liebe, Aufmerksamkeit und Intimität zu erhalten, die einzige Weise, dafür zu sorgen, dass der andere nicht wegläuft. Wenn Sie also einem netten Kerl begegnen, werden Sie nicht erst in aller Ruhe ausprobieren, ob diese Beziehung Erfolgschancen hat, sondern Sie werden – viel rascher, als es vom Gefühl her eigentlich in Ordnung wäre – Sex einsetzen, um Intimität und Aufmerksamkeit zu erhalten. Und Sie bemerken, dass dies funktioniert. Männer fliegen auf Sie, sie gehen Ihnen wie

Fliegen auf den Leim. Ihre sexuelle Ausstrahlung und Ihr Äußeres werden also plötzlich sehr wichtig. Sie spüren, dass Sie durch Sexualität Macht über Männer ausüben können. Endlich haben Sie sie im Griff und können mit ihnen das tun, was Sie mit Ihrem Vater nicht tun konnten. Denn wenn ein Mann Sie wirklich nett findet, echt in Sie verliebt ist, können Sie mit ihm machen, was Sie wollen. Endlich halten Sie die Zügel in den Händen! Doch wenn dieser andere Sie wirklich liebt und Sie Ihre Macht spüren, können Sie die Neigung haben, ihn abzuweisen, herunterzumachen, zu demütigen und abzuschieben. Sie finden, dass er ein Schlappschwanz ist. Doch eigentlich rächen Sie sich an Ihrem Vater. Darum wollen Sie sich ausgerechnet an demjenigen rächen, der Sie liebt. Außerdem ist es ein ganz unangenehmes Gefühl, wenn der andere Sie um Ihrer selbst willen liebt, Sie so liebt, wie Sie sind, statt nur wegen Ihres Äußeren. Das kennen Sie nicht, das macht Ihnen Angst. Und so ist die Wahrscheinlichkeit groß, dass Sie – gerade jetzt, da Sie die Liebe erhalten, nach der Sie sich Ihr Leben lang gesehnt haben – den anderen zurückweisen.

Doch später werden Sie Enttäuschung fühlen. Die Männer, auf die Sie fliegen, sind nämlich von der Sorte, die sich nicht gerne binden möchte, die zwar Sex wollen, doch keine Intimität zu geben vermögen. Oder solche, die zwar mit Ihnen ins Bett gehen wollen, doch keine echte Liebe spüren. Dies liegt natürlich an ihnen selbst, doch vor allem liegt es an Ihrer Wahl. Wenn Sie als Mädchen einen Mann sehen und ihn attraktiv finden, erkennen Sie etwas in diesem Mann. Was ist es? Sie erkennen bestimmte Züge von Ihrem Vater in ihm! Auch wenn er zunächst vielleicht einen völlig anderen Eindruck auf Sie macht – es gibt immer bestimmte Gemeinsamkeiten, sowohl innerlich wie äußerlich. Darum fliegen Sie auf ihn! Darum fühlt er sich so vertraut an! Einen Mann, der wirklich völlig anders ist als Ihr Vater, nehmen Sie einfach nicht wahr. Der fühlt sich nämlich nicht vertraut an, sondern er macht Ihnen Angst. Erst wenn Sie die Beziehung mit Ihrem Vater völlig verarbeitet haben – häufig haben Sie eine ganze Reihe von Beziehungen mit demselben Typ Mann gehabt –, können Sie dieses Programm vielleicht loslassen.

So kann es sein, dass der liebe Kerl plötzlich doch etwas sehr Zwingendes hat, und es zeigt sich, dass der stabile Junge ein Alkoholproblem hat, oder der attraktive Macho nicht fähig ist, Intimität auszuhalten, oder der Mann, der sich »voll und ganz« für Sie entschieden hat, geht regelmäßig fremd. Und plötzlich erkennen Sie, wie stark er Ihrem Vater ähnelt. Plötzlich sehen Sie, wie Sie Ihre Sexualität eingesetzt haben, um etwas zu bekommen, was Sie von Ihrem Vater nicht bekamen: Aufmerksamkeit, Wärme und Liebe. Und je nach Charakter versuchen Sie noch mehr, Ihr Bestes zu geben: Sie denken, dass Sie nicht attraktiv genug sind. Sie kaufen sexy Unterwäsche, denken sich die extremsten sexuellen Glanzstücke aus, leihen Pornofilme aus der Videothek, bemühen sich, anspruchsvoll zu kochen, umsorgen Ihren Geliebten und setzen weiter Ihren Körper ein, in der Hoffnung, dass er Sie zu lieben beginnt und nicht mehr fremdgeht, nicht mehr trinkt, Sie nicht mehr schlägt oder Ihnen einfach nur etwas näher kommt. Damit können Sie sich Ihr ganzes Leben lang beschäftigen! Irgendwann muss es Ihnen doch einmal glücken, dass der andere (Ihr Vater) Sie zu lieben beginnt! Und wenn dies nicht gelingt, werden Sie depressiv, beginnen Sie zu trinken. Sie geben auf.

Es kann auch sein, wenn Sie einen anderen Charakter haben, dass Sie wütend werden. Sie beginnen, den anderen zu hassen. Sie machen ihn herunter, kritisieren ihn, demontieren ihn, sitzen ihm auf der Pelle, beginnen selbst zu schlagen, provozieren, fremdzugehen, Sie rächen sich. Sex wird eingesetzt: Wenn er mit Ihnen schlafen will, wollen Sie nicht. Wenn er zu erschöpft ist, wollen Sie, und dann kann er nicht. So rächen Sie sich. Sie rächen sich an allen Männern. Doch eigentlich meinen Sie, dass Sie sich auf diese Weise an Ihrem Vater oder an einem anderen Mann rächen können, der Sie als Kind missbraucht hat. Da aber alle diese Aktionen nicht auf Ihren Vater (oder den Täter) zielen, werden sie Sie niemals befriedigen. Der Drang, sich zu rächen, wird zu einer Sucht, und wenn Ihr Partner schließlich wegläuft, suchen Sie einen neuen, um Ihre Rachegelüste an ihm zu stillen.

Für Jungen liegt es häufig etwas anders. Sexueller Missbrauch und erzwungener Sex widerfährt hauptsächlich Mädchen und nur selten

Jungen (auf jeden Fall kommt es dort viel weniger ans Licht). Wenn es Jungen zustößt, ist meistens ein Mann oder ein älterer Bruder der Täter, selten die Mutter oder eine andere Frau. Der Mann ist also fast immer der ›Täter‹ in jeglicher Form der sexuellen Belästigung. Das bedeutet nicht, dass sexuell beladene Botschaften, die von der Mutter ausgehen, keine Wirkung auf einen Jungen hätten. Die Mutter kann einen Jungen zwar verführen, doch nicht so ohne weiteres zum Sex zwingen.

Dies beruht zum einen auf biologischen Faktoren. Wenn Sie als Mann bedroht werden oder Angst spüren, ist Ihre Erektion einfach verschwunden. Die chemischen Stoffe, die bei Angst produziert werden, hemmen die Erektion, sodass sie Ihnen nicht mehr im Wege ist, wenn Sie kämpfen oder flüchten müssen. Ein Mann ist also schwerer zum Sex zu zwingen. Es ist eben viel mehr die aggressive Haltung, die eine Erektion fördert. Und weil Männer immer davor Angst haben, ihre Erektion zu verlieren, das voreinander jedoch nur selten zuzugeben wagen, entstehen die bekannten ›starken‹ und häufig aggressiven Geschichten. So werden Männer bereits als Junge programmiert: Mädchen sind ›zum Vernaschen‹ da, und es ist sehr wichtig, ob Sie schon einmal eine ›aufgerissen‹ haben. Und wenn Sie als Junge bei solchen Aufschneidereien nicht mitmachen, sind Sie entweder ein Schlappschwanz oder schwul.

Weil Film und Reklame die Frau hauptsächlich als Lustobjekt präsentieren, kommt es bei Jungen tief in der Seele zu einer Spaltung. In der Beziehung zu Ihrer Mutter suchen Sie die Intimität, die Möglichkeit, sich völlig verkriechen zu können, das Spüren der Wärme ihres Körpers, die Rundung ihrer Brüste. Sie würden noch immer am liebsten in sie hineinkriechen und Ihre sexuellen Gefühle einfach erfahren, ohne irgendetwas Weiteres zu müssen. Doch offenbar ist dies nicht erwünscht. Auf der einen Seite weist Ihre Mutter Sie häufig zurück und Sie bekommen das Gefühl, dass Ihre Gefühle der Intimität und/oder Sexualität nicht okay sind. Darum schließen Sie Ihr Verlangen nach Intimität völlig weg, vor allem dann, wenn es von Ihrem Vater oder Freunden lächerlich gemacht wird.

Auf der anderen Seite wird Ihnen die Botschaft vermittelt, dass Sie in der Lage sein müssen, die tollsten Frauen verführen zu können, wenn Sie als echter Mann gelten wollen. So sehen Sie es in den gängigen Sexfilmen, und so verhalten Sie sich also auch selbst, und Sie denken, dass Frauen ›genau dasselbe‹ wollen. Sie bemühen sich, den starken Macho herauszuhängen, und oberflächlich betrachtet scheint dies auch zu funktionieren. Doch gleichzeitig fühlen Sie sich leer, oder es melden sich tief liegende Ängste, wodurch Sie immer stärker sein müssen, um sie zu unterdrücken. Vielleicht bekommen Sie sogar plötzlich keine Erektion mehr, oder Sie rennen zum Hausarzt und schlucken heimlich Viagra, bevor Sie Geschlechtsverkehr haben. Oder Sie steigen irgendwann aus und entscheiden sich für eine entgegengesetzte Strategie: Wenn Sie den starken Mann nicht wirklich in die Tat umsetzen können, werden Sie sich vielleicht dafür entscheiden, wieder der hilflose kleine Junge zu werden, der sich nach seiner Mutter sehnt. Sie werden dann so ein Mann, der bei jeder Frau Muttergefühle hervorruft. Frauen umschwärmen Sie, umsorgen Sie, finden Sie *soft* und lieb – bis es ihnen zum Hals heraushängt! Denn letztlich wollen sie einen gleichwertigen Partner und kein hilfsbedürftiges Kind.

Was geschieht nun, wenn Ihre Mutter ständig mit sexuell gefärbten Bemerkungen, Witzen und Verdächtigungen daherkommt? Jungen erleben das häufig als unangenehm. Sie wollen diese intimen und sexuellen Gefühle zwar in Orientierung auf die Mutter spüren, doch *ohne* dass diese darauf reagiert. Sie möchten über sie fantasieren können, wie sie nackt aussieht, dass sie nackt zu ihr ins Bett kriecht usw., denn auf diese Weise können sie ihre symbiotischen intimen Gefühle durch sexuelle Gefühle anreichern. Aber dies ist nur möglich, wenn die Mutter eben *nicht* darauf eingeht. Wenn sie dies doch tut, geraten Sie in Verwirrung. Sie beginnen zu zögern, denn es fühlt sich einfach nicht okay an. Sie spüren eine sexuelle Erregung, doch es ist Ihre *Mutter* und sie geht darauf ein, also müssen Sie diese Gefühle unterdrücken. Sie ziehen Ihre Sexualität gleichsam zurück. Vielleicht beginnen Sie mehr zu masturbieren, jedenfalls trauen Sie sich nicht mehr, Ihre Sexualität offen zu zeigen. Später finden Sie vielleicht eine Partnerin, die über dieselbe Ambivalenz verfügt, die also verführerisch ist und gleichzeitig unerreichbar bleibt. Bei ihr kann sich dies alles wiederholen.

Für Jungen ist die Suche nach einem Mädchen oder einer Frau durchaus doppelbödig: Sie suchen das Fotomodell aus der Sexillustrierten, doch Sie erkennen auch diejenige, die Ihrer Mutter ähnlich sieht, denn damit sind Sie am stärksten vertraut. Und wenn Sie eine Frau finden, die beiden ähnlich sieht, sind Sie ihr sofort völlig verfallen, und es kann Ihr ganzes Leben lang dauern, bis Sie es geschafft haben, sich wieder von ihr zu lösen.

> Meine Mutter hat mir bis zu meinem 16. Lebensjahr, wenn ich unter der Dusche stand, meinen Rücken gewaschen. Obwohl ich dagegen protestierte – ich hatte Angst, eine Erektion zu bekommen –, half mein Vater mir nicht, ihr diese Angewohnheit auszureden. Sie machte auch immer Anspielungen über Sex. Als ich zwölf war, entdeckte ich einige versteckte Sexmagazine im Zimmer meines Vaters. An manchen Tagen masturbierte ich ein paar Mal über einem Foto einer wolllüstigen nackten Blondine. Als ich zwanzig war, begegnete ich ihrem Ebenbild und war sofort verloren. Sie war genauso schön wie unerreichbar, sie zog mich an und schob mich weg, genau wie es meine Mutter immer gemacht hatte. Sex war ein Bestandteil dieses Machtspiels. Sie konnte mit mir machen, was sie wollte. Niemals fühlte ich mich echt wohl und ungezwungen bei ihr, niemals konnte ich meine sexuellen Gefühle wirklich zeigen, ich traute mich jedoch auch nicht, wegzugehen. Erst nach dreißig Jahren ging sie weg, und nach einigen Wochen fühlte ich mich endlich frei.
>
> *(Mann, 54 Jahre)*

Sexualität als Teil Ihrer Beziehung

Die Widersprüchlichkeit unserer Begierden und Sehnsüchte bewirkt, dass wir uns in einer Beziehung nur selten völlig glücklich fühlen. Als Mann suchen Sie die verführerische, sexy Schönheit, die all Ihre Lüste befriedigt, und gleichzeitig die warme, intime, fürsorgliche, zuverlässige Frau, die Sie bedingungslos unterstützt und liebt und die auch die Mutter Ihrer Kinder werden kann. Nur: All das lässt sich normalerweise nicht in einer einzigen Frau vereint finden!

Als Frau suchen Sie den Macho-Liebhaber, der Sie völlig aus dem Häuschen bringen kann, der findet, dass Sie eine Superfrau sind, *und* den warmen, intimen, zuverlässigen, fürsorglichen, verständnisvollen Ehegatten, dem Sie Ihr Herz völlig öffnen können. Nur: Diese Kombination ist ausgesprochen selten in *einem* Mann zu finden!

Erst wenn diese Verwirrung deutlicher wird und Sie Ihre Suche nach einem Partner/einer Partnerin vom Schmerz aus der Beziehung zu Ihrem Vater oder Ihrer Mutter trennen können, können Sie herausfinden, nach welcher Art von Beziehung Sie sich eigentlich sehnen. Auf diese Weise entstehen fünf Fragenkomplexe, mit denen Sie sich konfrontiert sehen:

1. Suchen Sie wirklich eine dauerhafte Verbindung? Was ist für Sie wesentlich und wichtig in einer Beziehung? Wenn Sie eine solche Beziehung suchen, trauen Sie sich dann, so lange Nein zu sagen, bis Sie genau wissen, dass es ein Ja ist? Wenn Sie eine solche Beziehung nicht suchen (oder nicht einzugehen vermögen), machen Sie dann bitte nicht dem anderen den Vorwurf, dass er/sie eine solche Verbindung nicht eingehen will.
2. Wollen Sie den anderen wirklichen so sehen, wie er/sie ist, oder werfen Sie ihm ständig vor, dass er/sie Ihren (manchmal in sich widersprüchlichen) Idealbildern nicht entspricht? Vergleichen Sie den anderen ständig mit jemand anderem? Akzeptieren Sie den anderen so, wie er/sie ist?
3. Wollen Sie wirklich alles daransetzen, die Sehnsüchte, Rachegefühle oder Ängste in Bezug auf Ihren Vater / Ihre Mutter aus der Beziehung zwischen Ihnen und Ihrem Partner / Ihrer Partnerin herauszuhalten? Das bedeutet, dass Sie sich Ihrer unerfüllten Sehnsüchte und Ihres nicht geäußerten Hasses gegen Ihren Vater oder Ihre Mutter sehr stark bewusst werden müssen. Dasselbe gilt für Ihre Ängste. Sie brauchen sie nicht zu unterdrücken, doch Sie müssen sich klarmachen, dass es Ihre Ängste sind, die möglicherweise von Ihrem Partner herausgekitzelt werden, die sich jedoch gar nicht auf ihn/sie richten.

4. Haben Sie den Mut, in Ihrer Beziehung allmählich zu einer völligen Offenheit in Bezug auf Ihre eigenen Ängste, Unsicherheiten, Gemeinheiten, Schattenseiten, Sehnsüchte, Erwartungen und Enttäuschungen zu gelangen, ohne diese auf Ihren Partner/Ihre Partnerin zu projizieren? Dies kann am meisten Angst machen. Normalerweise sind wir in den seltensten Fällen völlig ehrlich. Wagen Sie es, wirklich ›nackt‹ dazustehen, ohne Panzer und ohne Maske?
5. Wagen Sie es, wirklich offen über Ihre sexuellen Gefühle zu sprechen, trauen Sie sich, sie mit dem anderen zu teilen, trauen Sie sich auch, in jedem Moment Nein zu sagen, wenn Sie sich danach fühlen? Haben Sie den Mut, sich in der Sexualität hinzugeben, Sexualität aus Intimität entstehen zu lassen und dabei völlig offen zu lassen, wie sich dieser Bereich in Ihrer Verbindung mit dem Partner entfaltet?

Sexualität spielt in Beziehungen eine große Rolle, und diese Rolle wird noch größer, wenn sie für einen der Partner nicht befriedigend ist. Es ist sehr wichtig, dass Sie sich trauen, darüber zu sprechen und dafür zu sorgen, dass die Sache immer ansprechbar bleibt. Wenn nämlich Sexualität und Intimität *tabuisiert* werden, wird einer der Partner sich irgendwann umschauen und auf die Suche nach einem anderen gehen. Auch wenn das natürlich keine Lösung ist. Wenn Sie die Konfrontation mit Ihrem eigenen Partner nicht angehen, sondern anderswo Ihre Intimität und Ihren Genuss zu suchen beginnen, umschiffen Sie nämlich Ihre eigene Hälfte des Problems und werden letztlich in der Isolation landen.

Ein geheimer Geliebter oder eine geheime Geliebte scheint eine schöne Vorstellung zu sein, doch sie kann auch Ihre Einsamkeit verstärken. Ihr Partner weiß nichts davon, also müssen Sie alle möglichen Klimmzüge machen, um die Sache geheim zu halten. Und dies isoliert Sie. Die ehrliche, aufrichtige Verbindung, die Sie mit Ihrem Partner hatten, ist zerbrochen, und mit Ihrer / Ihrem Geliebten haben Sie keine vollständige und offen vorzeigbare Verbindung. Das kann dazu führen, dass Sie sich, während Sie eigentlich auf der Suche nach einer hundertprozentigen Verbindung sind, sich nun stattdessen umso stärker isolieren. Und es ist eher selten, dass beide Partner – derjenige, der fremdgeht, und der/die geheime Geliebte – die Situation emotional auf Dauer ertragen können. Denn eigentlich ›missbrauchen‹ oder ›betrügen‹ Sie sowohl Ihren Partner wie auch Ihren Geliebten / Ihre Geliebte – und letzten Endes vor allem sich selbst …

Noch subtilere Komplikationen entstehen in einer Beziehung, wenn die Grenzen in Bezug auf die Intimität mit anderen, Dritten, nie festgelegt worden sind. Haben Sie mit Ihrem Partner jemals deutlich darüber gesprochen, wie weit Ihre Toleranz hinsichtlich intimer Kontakte zu anderen Menschen geht? Auch wenn diese Grenzen sehr großzügig definiert sind, Sie einander etwa die Erlaubnis geben würden, fremdzugehen, bleibt es doch wichtig, dass sie klar definiert sind und von beiden wirklich geteilt werden.

Weil die Grenzen des Themas Intimität/Sexualität gegenseitig häufig nur sehr vage definiert sind, können Sie sich alles Mögliche vorstellen. Ihre Fantasien zu alle möglichen Formen unerwünschter Intimitäten, die Ihr Partner / Ihre Partnerin mit anderen genießen könnte, beginnen als Eifersuchts-Tagträume ein Eigenleben zu führen. Und das kostet wahnsinnig viel Energie und wird zum Anlass für vielerlei Missverständnisse und Auseinandersetzungen. Denn Sie fühlen sich verwundbar. Und das stimmt. Wenn Sie jemanden lieben, ihn küssen, sich ihm öffnen, mit ihm intim sind, Ihre Sexualität teilen, so sind Sie darin einfach sehr verwundbar. Sie fühlen sich also nur dann sicher und ruhig, wenn die Grenzen in diesen Bereichen deutlich sind und beide Ja zu ihnen sagen können. Auch dann noch müssen Sie dem anderen vertrauen können, doch wenigstens sind die Grenzen deutlich. Offenheit ist die Grundbedingung für ein freies Erleben der Sexualität.

Sexueller Missbrauch bei Mädchen

Sexualität spielt in unserem Leben eine große Rolle. Zum Teil kommt dies daher, weil in ihr Sicherheit, Intimität und Autonomie einen extrem hohen Stellenwert haben. Zum Teil auch, weil

Sexualität in unserer Gesellschaft eine ziemlich aufgebauschte Rolle eingenommen hat. Ein anderer Grund ist, dass Sexualität körperlich ein starkes Gefühl des Wohlbehagens vermittelt, das wir häufig vermissen und das sich in uns – als unser persönlicher sexueller Energiestrom – nicht so kräftig entwickelt hat. Darum brauchen wir den anderen (auch als Foto, Film oder Traumbild), um in uns etwas zu verstärken, das wir nicht selbst anzuzapfen gelernt haben.

Die sexuelle Atmosphäre in der elterlichen Familie wird stark von der sexuellen Beziehung, die zwischen den beiden Eltern herrscht, bestimmt. Wenn einer von ihnen sich nach Sexualität sehnt und der andere ihn systematisch abweist, entsteht ein enormes Spannungsfeld. Als Kind sind Sie für so etwas sensibel, und Sie versuchen, diese Spannung zu neutralisieren. Das am häufigsten vorkommende Spannungsfeld sieht so aus, dass der Vater sexuelle Bedürfnisse in Richtung der Mutter hat und die Mutter ihn zurückweist (wir betrachten hier nicht die Gründe, warum sie dies tut). Der sexuelle Drang des Vaters wird dadurch immer stärker und kann sich, weil er sich von seiner Frau abgewiesen fühlt, unter Umständen auf die Tochter richten. Indem er dies tut und seiner Tochter Aufmerksamkeit, Liebe, Wärme und kleine Geschenke gibt, nimmt er zugleich direkt Rache an seiner Frau. Der Vater ›kauft‹ auf diese Weise die Liebe seiner Tochter und setzt gleichzeitig die Mutter zurück. Die Mutter fühlt sich nun ihrerseits abgewiesen, wird eifersüchtig auf ihre Tochter und setzt diese nun ebenfalls zurück. Im Grunde schiebt sie das Kind also geradezu in die Arme ihres Vaters. Und in manchen Fällen kann die Mutter, zum Beispiel aufgrund eines schwierigen Verhältnisses gegenüber ihrer eigenen Sexualität, die Tochter richtiggehend als ›Alternative‹ vor sich schieben. Diese Konstellation – ein sexuell unerfüllter Vater und eine kühle, abweisende Mutter – ist häufig (jedoch nicht immer) der Anstoß für Inzest.

Ich war schon einundzwanzig und musste immer noch meinen Vater auf seinen Geschäftsreisen begleiten, zum Beispiel nach Paris. Meine Mutter übte so viel Druck auf mich aus, dass ich nicht Nein zu sagen wagte. Wir schliefen dann in einem Hotel in einem Doppelbett. Ich lag die ganze Nacht am äußersten Bettrand, so steif wie ein Brett, meine Unterwäsche behielt ich unter meinem Schlafanzug an. Er hat mich niemals angefasst, doch wenn mir heute ein Mann zu nahe kommt, erstarre ich vollständig.

(Frau, 28 Jahre)

Inzest oder erzwungener Geschlechtsverkehr sind mit weit reichenden Konsequenzen verbunden – und es gibt viele Frauen, die unter diesen Konsequenzen zu leiden haben. Erzwungener Sex geht immer mit enormer Angst, Rage, Abscheu, Panik, Schmerz und häufig mit Gefühlen der Schuld und des Selbsthasses Hand in Hand. Und wenn er einem kleinen Mädchen zustößt, sind dessen Angst, Panik, Schmerz und Entsetzen dermaßen groß, dass sie fast nicht zu ertragen sind.

Durch die enorme Angst und die Abscheu ist es möglich, dass Sie sich im betreffenden Moment selbst ›auflösen‹, das heißt, Sie sind einfach nicht mehr da. Sie spalten sich von Ihrem eigenen Körper ab (siehe die Ausführungen über das Dissoziieren bei Angst im ersten Kapitel). Sie sehen alles aus großer Entfernung oder Sie verschwinden in einer enormen Leere. Das ist der Grund, dass bei etwa 60 Prozent der Opfer sexuellen Missbrauchs die konkrete Erinnerung daran erst in einer Therapie hochkommen. Sie waren einfach nicht völlig da, Sie haben es so gut bzw. so schlecht es ging ›vergessen‹. Doch Ihr Körper hat es nicht vergessen. Panik und Angst haben sich tief in ihm verankert, und darunter verbergen sich Abscheu und eine wahnsinnige Wut.

Als Kind spüren Sie, dass Sie dies anderen nicht erzählen können. Sie haben Angst, dass Ihnen nicht geglaubt wird. Ihr Vater (oder der Nachbar oder ein Onkel ...) würde die Sache ohnehin leugnen. Außerdem ist das Verhältnis zu Ihrer Mutter sowieso nicht besonders gut. Also können Sie nirgendwohin, wirklich nirgendwohin.

Sie verstecken diese Erfahrung an einem vermeintlich sicheren Ort und hoffen, dass ›es‹ nicht wieder passieren wird. Daraus resultiert jedoch ein unendliches Einsamkeitsgefühl, Sie können Ihren Schmerz mit niemandem teilen, während Ihr ganzer Körper danach schreit, gehört zu werden, um auf diese Weise dafür zu sorgen, dass der Missbrauch ein Ende findet!

> Als meine Mutter einmal sehr krank war und im Krankenhaus lag, musste ich ein paar Wochen zu meinen Großeltern. Jeden Tag ging meine Großmutter eine gute Stunde lang einkaufen. Es begann damit, dass mein Großvater dann immer mit mir Verstecken spielte. Wenn er mich gefunden hatte, nahm er mich mit hoch in das Schlafzimmer. Dort zog er mich aus und ging jeden Tag ein Stück weiter … Ich stand immer Todesängste aus, wenn meine Großmutter ihren Mantel anzog und die Einkaufstasche nahm. Dann habe ich mich unter dem Tisch verkrochen, während mein Großvater rief: »Wo ist denn jetzt mein liebes Mädchen?« Als mein Vater mich einmal mit ans Krankenbett meiner Mutter nahm, habe ich mich an ihn festgeklammert und habe so lange geschrien, bis er mich wieder nach Hause holte. Aber ich habe die ganze Sache niemals meinen Eltern erzählt.
>
> *(Frau, 46 Jahre)*

Außerdem kann es sein, dass Sie beginnen, sich schuldig zu fühlen. Vor allem, wenn Sie von einem nahen Verwandten oder dem eigenen Vater missbraucht werden, kommt es zu einem enormen inneren Konflikt. Sie wollen einfach nicht, dass Ihr Vater so ist. Sie wollen, dass Ihr Vater der liebende, Sie unterstützende, nette Vater ist und nicht der brutale Kerl, der Sie missbraucht oder vergewaltigt. Also nehmen Sie eine Unterscheidung in ›zwei Väter‹ vor. Sie versuchen, den den Missbrauch begehenden Vater zu entschuldigen: Es muss *Ihre* Schuld sein; Sie müssen irgendetwas verkehrt gemacht haben; Sie mussten offenbar bestraft werden… Sie beginnen, sich und Ihren Körper zu hassen. Und wenn Sie doch nichts wert sind, dann können Sie Ihren Körper auch ganz wegwerfen. Sie sind doch nur als Sexpüppchen attraktiv. So kann sexueller Missbrauch im späteren Leben zu extremem sexuellen Verhalten oder gar zur Prostitution führen. Sie wiederholen eigentlich den Missbrauch, weil Sie nicht anderes kennen – vielleicht sogar in der Hoffnung, dass der nächste Mann zu Ihnen sagen wird: »Ich will keinen Sex, aber ich liebe dich wirklich!« Doch Sie machen die Verwundung im Grunde immer größer und größer.

Zu den Schuldgefühlen kommt die Scham. Die Scham, dass all das passiert ist. Sie schämen sich dafür, Sie schämen sich, es zu erzählen, und häufig erzählen Sie es tatsächlich niemandem. Manchmal trauen Sie sich vielleicht erst dreißig Jahre später, darüber zu sprechen. Und häufig kommen erst dann der Schmerz und der Kummer an die Oberfläche. Der Schmerz darüber, dass Sie Ihre eigene Sexualität nicht selbst entdecken durften und dass diese Ereignisse Ihrem Leben und Ihren Beziehungen als Erwachsener einen so prägenden Stempel aufgedrückt haben. Doch bis Sie in der Lage sind, das Erlebte wirklich aus sich herauszuwerfen – in einer Therapie, gegenüber einer Freundin, gegenüber Geschwistern, ja vielleicht auch gegenüber Ihrem Vater und Ihrer Mutter –, bis dahin müssen Sie das Erlebte tief in sich verbergen. Sie leugnen vor sich selbst, dass es geschehen ist, Sie verdrängen das Ereignis, weil der Schmerz zu stark wäre, als dass Sie ihn aushalten könnten. Die Wunde ist zu tief, sie wird ›weggelacht‹ oder wegrationalisiert. Sie erstarren in einer zwanghaften, rationalen Lebensweise, verbieten sich alle Gefühle. So entsteht eine Schichtung von Gefühlen, die einander zudecken, sich gegenseitig instand halten und manchmal wie ein Würgegriff anfühlen, aus dem kein Entrinnen möglich ist.

10. Leugnen (weglachen, wegrationalisieren, abspalten, vergessen, dissoziieren)
9. Traurigkeit, Schmerz (Ich will nicht, dass dies geschehen ist! Wie kann ich es vergessen?)
8. Scham (Ich schäme mich, dass es passiert ist.)
7. Schuld (Warum ist es passiert? Es wird wohl meine Schuld sein.)
6. Einsamkeit (Ich traue mich nicht, mit jemandem darüber zu sprechen.)
5. Abscheu (Pfui! Schmutzig! Eklig!)
4. Wahnsinnige Wut (Ich will das nicht! Hau ab! Bleib mir vom Leib! Ich ermorde dich!)
3. Panik und Schmerz (Panik durch das, was geschieht; der Schmerz, den es verursacht, die Angst)
2. Schrecken und Nicht-glauben-Wollen (Was passiert hier? Ich dachte, diesem Mann könnte man vertrauen.)
1. Angst – Todesangst (Ihr Körper spürt instinktiv, dass das, was da geschieht, nicht in Ordnung ist, und verkrampft sich.)

Gefühlsschichten bei sexuellem Missbrauch

Nun findet sexueller Missbrauch bei Mädchen häufiger außerhalb als innerhalb der Familie statt. In vielen Fällen ist der Täter jedoch ein Bekannter, wodurch auch hier dieselbe Schichtung von Gefühlen entsteht. Die Scham, darüber zu sprechen, ist meist so groß, dass das Erlebte zu einem Geheimnis wird, das Sie mit sich herumtragen. Es kann außerdem sein, dass Sie dem Täter immer wieder begegnen und so tun, als wäre nichts geschehen, wodurch Sie sich für Ihr eigenes Gefühl tatsächlich mitschuldig machen. Denn Sie verschweigen es ja! So geraten Sie immer mehr in Verwirrung und Gespaltenheit.

Wenn Sie in die Pubertät eintreten oder schon früh selbstständig wohnen, ist der Täter häufig ein Gleichaltriger, der meistens etwas älter als Sie ist. Manchmal denken Sie dann, erzwungener Sex oder Vergewaltigung seien etwas Normales, Sex funktioniere eben so, und Sie trauen sich nicht, etwas dagegen einzuwenden. Und selbst wenn Sie bereits eine feste Beziehung haben, kann erzwungener Sex durchaus ein Element in Ihrer Beziehung sein, gegen das Sie sich nicht zu wehren wagen.

> Als ich meinen 15. Geburtstag feierte und einen Schulfreund mitnahm, um ihm unser Haus zu zeigen, kamen wir auch in das Schlafzimmer meiner Eltern. Da ergriff er mich, warf mich aufs Bett, zog mir die Hose runter und vergewaltigte mich. Es war eklig und schmerzhaft, doch ich hatte solche Angst, dass ich mich nicht traute zu schreien. Dies war meine erste Erfahrung mit Sex. Ich habe dann halt ein Verhältnis mit ihm angefangen. Dadurch kam die Sache, wenigstens für mein Gefühl, wieder in Ordnung.
>
> *(Frau, 36 Jahre)*

Wenn Sie als Mädchen sexuell missbraucht wurden, kann es sein, dass Sie als erwachsene Frau Sexualität als Mittel einsetzen und eine Art prostituierenden Verhaltens entwickeln. Meistens werden Sie Probleme damit haben, eine dauerhafte und intime Beziehung einzugehen. Häufig handelt es sich um heftige Beziehungen, die rasch in Aggression oder plötzliches Verlassen umschlagen. Sie werden eine *Femme fatale*, verführen Männer eigentlich nur, um sie erniedrigen oder vernichten zu können. So versuchen Sie, sich wenigstens nachträglich an Ihrem Vergewaltiger zu rächen. Die ständige Anstrengung, die ekligen Erinnerungen aus der Vergangenheit zu vergessen und den Schmerz der Gegenwart nicht spüren zu müssen, kann Sie allmählich süchtig werden lassen. Dann entsteht eine Elendsspirale, aus der Sie nur sehr schwer wieder herauskommen.

Die andere Möglichkeit ist die, dass Sie jegliche Form von Sexualität zu vermeiden versuchen. Sie gehen einfach keine intime Beziehung mehr ein, Sie werden eine verstockte alte Jungfer. Oder Sie setzen Sex zwar als Methode ein, den anderen zu sich her zu locken, doch sobald er sich in Ihren Netzen verstrickt hat, verschwindet jedes sexuelle Bedürfnis. Sexualität ruft dann plötzlich Abscheu und Aggression hervor, Sie werden frigide und spüren keinerlei Erregung mehr. Oder es kommt zu anderen sexuellen Problemen wie zum Beispiel Vaginismus (eine krampfhafte Zusammenziehung der Muskeln um die Vagina, die es dem Mann unmöglich macht, in Sie einzudringen). Oder Sie geben sich ›höheren Dingen‹ hin bzw. denken sich andere Gründe aus, damit Sie sich mit dem Thema Sexualität nicht mehr auseinander zu setzen brauchen.

Es ist oft sehr schwer, allein und auf eigene Faust einen Verarbeitungsprozess nach sexuellem Missbrauch anzugehen. Meistens ist die Hilfe eines Therapeuten oder einer Therapiegruppe notwendig, damit allmählich alle Gefühle offen gelegt und endlich zum Ausdruck gebracht werden können, sodass Sie sich trauen, den Schmerz und die Verwundung wirklich zu erfahren. Häufig ist die Möglichkeit, den unterdrückten Schmerz körperlich äußern zu können, dann sehr befreiend. Es kann gut sein, dass Sie sich tatsächlich übergeben müssen vor Abscheu, wirklich vor Wut und Rage einmal um sich schlagen und schreien. Dass Sie zumindest in Ihrer Fantasie einmal das tun, was Sie damals nicht tun konnten: den Täter bestrafen, verstümmeln und ihn so leiden lassen, wie er Sie hat leiden lassen. Es kann wichtig sein, der berechtigten Aggression und den berechtigten Rachegefühlen einmal Raum zu geben. Dann kann häufig die ›eingefrorene‹ sexuelle Energie wieder neu zu strömen beginnen, auch wenn Sie sich dann vielleicht dafür entscheiden, niemals wieder eine sexuelle Beziehung einzugehen. Doch es kann Ihnen auf jeden Fall dabei helfen, die Blockaden dahinschmelzen zu lassen und der Energie wieder neuen Raum zu geben. Allmählich kann dann ein neues Gefühl der Sicherheit und Intimität entstehen, die Sicherheit, jetzt in der Lage zu sein, in jedem Moment Nein sagen zu können und auch entsprechend zu handeln – die unabdingbare Basis für eine intime und sexuelle Beziehung.

Studien zeigen, dass 15 bis 23 Prozent aller erwachsenen Frauen irgendwann einmal eine Vergewaltigung erlebt haben! Dies sind nur die Fälle, die gemeldet werden. Sexuelle Belästigung, Missbrauch oder ungewünschte Intimitäten sind dabei nicht mitgezählt. Der totale Prozentsatz von Frauen, die in ihrem Leben mit unerwünschter Intimität und Sexualität in Berührung gekommen sind, dürfte also noch viel höher liegen.

Sexueller Missbrauch bei Jungen

Im Falle des sexuellen Missbrauchs von Jungen ist die Familiensituation häufig so beschaffen, dass der Vater sexuelle Handlungen mit der Mutter ablehnt oder seine sexuelle Befriedigung anderweitig sucht. Vielleicht gelang es ihm einfach nicht, die Mutter zu lieben. Meistens sind solche Väter eher hart und unsensibel oder unbewusst homosexuell. Die Mutter fühlt sich jedenfalls von ihm abgewiesen und sucht die fehlende Intimität und Sexualität bei ihrem Sohn. Der Vater beginnt den Jungen darum als Konkurrenten zu betrachten und distanziert sich von ihm. Er schilt ihn Muttersöhnchen, demütigt ihn oder macht ihn lächerlich, wodurch der Junge umso mehr bei der Mutter Schutz sucht, die ihm diesen auch gerne bietet.

Nur selten wird die Mutter den Sohn missbrauchen, doch sie kann sexuell so dominant werden, dass er später, wenn er erwachsen ist, jede ernstere Beziehung mit einer Frau als Untreue gegenüber seiner Mutter erlebt. Dieses Schuldgefühl kann so groß sein, dass er eine wirklich ›erwachsene‹ Beziehung niemals eingeht. Häufig jedoch sucht ein Junge Unterstützung bei einem anderen Mann, einem Bruder, Freund oder Lehrer, und häufig findet dort dann der Missbrauch statt. Auch diese Art von Missbrauch kann sehr heftig sein, vor allem wenn der Junge zur analen Penetration gezwungen wird. Im Grunde wird ein Junge dann auf dieselbe Art wie ein Mädchen vergewaltigt, mit derselben heftigen Panik, demselben Schmerz und derselben Angst. Und häufig ist es für einen Jungen noch schwieriger, darüber mit jemandem zu reden, weil es ja allgemein als Norm gilt, dass sich ein Junge verteidigen können muss bzw. dass er, wenn er es nicht tut, es selbst so gewollt haben wird.

Meistens liegt die eigentliche Verwundung jedoch nicht auf der körperlichen sondern auf der seelischen Ebene. Wenn Sie als Junge so etwas erlebt haben, kann es sein, dass Sie als erwachsener Mann Probleme damit haben, abzuspüren und zu wissen, wie Sie sich als Mann in einer Partnerbeziehung verhalten sollen. Sie fühlen sich unsicher in der Beziehung und wissen nicht, wo Sie als Mann eine Grenze ziehen müssen. Sie wissen nie, ob das, was Sie fühlen, erleben oder tun, stimmt und richtig ist. So können Sie die Neigung entwickeln, sehr ›mütterliche‹ Partnerinnen zu wählen, von denen Sie sich bemuttern lassen können, oder Sie entscheiden sich dafür, homosexuelle Beziehungen einzugehen, auch wenn dies nicht Ihre erste Wahl auf sexuellem Gebiet wäre.

Wie war das früher bei Ihnen zu Hause? Wie sah die sexuelle Beziehung zwischen Ihren Eltern aus? Wie standen Sie im sexuellen Spannungsfeld zwischen den beiden? Auf welche Art und Weise wurden Sie von einem von ihnen bzw. beiden ›missbraucht‹? Welchen Mangel, der bei Ihren Eltern herrschte, mussten Sie ausgleichen?

Sexualität als Befreiung

Wenn Ihre eigenen sexuellen Gefühle frei strömen dürfen, vermittelt Ihnen dies Vitalität und Lebensfreude. Sexuelle Energie ist an sich sehr spielerisch, genussvoll, leichtfüßig [sic!] und kreativ. Wenn Sie diese Energie von der sexuellen Beziehung mit einem Partner lösen können und sich klar machen, dass es an Ihnen liegt, mögliche Blockaden aufzuheben, so nehmen Sie damit auch Ihre Lebensfreude in die eigene Hand. Sie sind verantwortlich für Ihr unabhängiges Wohl. Es ist schön, wenn ein anderer etwas dazu beitragen kann, doch sobald Sie Ihr Wohl vom anderen abhängig machen, haben Sie Ihre Unabhängigkeit verloren.

Wenn Sie wirklich zu genießen lernen, ist jeder Atemzug ein Genuss. Dann genießen Sie jede Form, jede Farbe, das Licht der Sonne, das Kräuseln der Wasseroberfläche, den Vogelgesang, die hellen weißen Ränder einer Wolke, den Geschmack einer Kirsche oder was auch immer. Dann wird das Leben selbst eine orgastische Erfahrung. Und wenn Sie dies immer mehr ausleben, begegnen Sie vielleicht von selbst jemandem, mit dem Sie es teilen können. Jemandem, mit dem Sie eine Beziehung eingehen können, in der Sie einander und sich selbst entdecken lernen und dabei helfen können, alle Schichten der Absonderung und Isolation Stück für Stück abzulegen, die Ängste zu teilen und einander liebevoll herauszufordern. Und wenn dies nicht der Fall ist, dann eben nicht. Dann bleiben Sie allein, doch dies braucht das Genießenkönnen nicht zu schmälern. Denn Genießen ist eine kosmische Erfahrungsweise, die aus dem Sein selbst hervorgeht und durch nichts ernstlich verhindert werden kann.

Schema 5 B

Sexualität – Missbrauch

Das missbrauchte Kind

Basisthema: Ganz und gar selbst entdecken können, was Genießen und Sexualität für Sie bedeutet.
Basisemotionen: Panik, Antipathie, Rage, Verwirrung, Abscheu.
Basisprobleme: Sexualität als Mittel einsetzen, kein Gefühl für ›gesunde‹ Sexualität, Grenzenlosigkeit (prostituierendes Verhalten) oder Erstarrung (keinerlei Sex).
Energiezentrum: Geschlechtsorgane, **sekundär:** das gesamte Beckengebiet.
Sinnesorgane: Hände, Augen, Haut.

Situation als KIND: Ein Elternteil (oder andere Erwachsene) nähern sich dem Kind viel zu stark sexuell gefärbt. Unfreiwillige Intimität und Sexualität. Sexuell geladene Botschaften, Bemerkungen, Berührung, Interesse, Eindringen in die Privatsphäre. Sexueller Missbrauch und Vergewaltigung (der andere Elternteil ist häufig gefühlskalt, prüde, strafend, unterdrückend oder eifersüchtig).

Primäre Ängste: Panik, Schmerz, Todesangst. »Mit mir stimmt etwas nicht. Ich weiß nicht, was ich tun soll. Es ist meine Schuld. Ich habe gar keinen Halt mehr. Alles ist unsicher.« Einsamkeit und Isolation.

Überlebensstrategien: Erstarren, sich zurückziehen, alles ›weglachen‹, unechtes, übertriebenes, überspanntes Verhalten, alles vergessen, dissoziieren.

Überzeugungen: Mein Wert hängt von meinem Körper ab. Wenn ich Intimität will, muss ich meinen Körper weggeben. Ich bin nichts wert. Ich bin schmutzig. Sexualität ist eklig. Ich darf nicht Nein sagen.

Probleme als ERWACHSENER: Sex wird eingesetzt, um Intimität zu bekommen. Schwierigkeiten mit Abgrenzungen. Sich selbst wertlos und schmutzig finden. Sich allzu leicht hingeben. Emotional oberflächlich. Das Äußere ist sehr wichtig. Sexuell exhibitionistisches Verhalten. Häufige Dramen. Übertriebenes und aufgeregtes Verhalten. Niemals wirklich ›echt‹. Wenig Konzentrationsfähigkeit. Schuldgefühle.

Überlebensstrategien:

A. SEX ÜBERBETONEN: Sexualität und das Äußere ständig einsetzen. Anbiedern und einschmeicheln. Sich selbst völlig wegwerfen. Pornografisches Verhalten. Extreme Offenheit in Bezug auf Sexualität. Das Verhalten des Täters selbst anwenden, um auf diese Weise Macht über den anderen auszuüben. Latenter Hass auf den anderen. Dissoziieren oder abspalten. Rollen spielen.

B. SEX VERBANNEN: Sexualität verweigern. Perfektionismus. Rational. Aggressiv. Männer- bzw. Frauenhass. Prüde. Spiritualität, Religion oder Politik nehmen den Platz der Sexualität ein. ›Weglachen‹, über den Dingen schweben.

Überzeugungen:

A. Ich muss meinen Körper weggeben, damit man mich nett findet. Wenn ich Sex verweigere, läuft der andere weg. Wenn der andere darauf eingeht, verachte ich ihn / sie. Eigentlich bin ich nichts wert. Ich hasse meinen Körper und mich selbst.

B. Sex ist schmutzig, schlecht oder sündig. Ich will niemals mehr irgendetwas mit Sex zu tun haben.

Probleme in Beziehungen:
A. Große Probleme damit, tiefere Beziehungen einzugehen. Beziehungen sind auf sexueller Anziehungskraft basiert, danach wird Sex verweigert und der andere ›erledigt‹. Sex als Einsatz eines Machtmittels. Viele oberflächliche und kurzlebige Beziehungen. Prostituierendes Verhalten. Herausfordernd, zu offen, danach aggressiv. Neigung

zu manisch-depressivem Verhalten. Konkurrenz und Kampf mit Angehörigen desselben Geschlechts.

B. Sex wird als eklig, schmutzig erfahren, verweigert oder vermieden. (Ähnliche Reaktion wie bei der ›unterdrückten Sexualität‹.)

Energetische Reaktionen: Beckenblockaden. Die sexuelle Lebensenergie kann nicht strömen. Wenig Energie oder aber sehr aufgeregt. Gefühle eliminieren. Das Herz abkapseln. Sich spalten. Dissoziieren. Wenig Gefühl für den Körper. Sich den Körper nicht an-eignen. Extreme Panikreaktionen bei plötzlicher Berührung. Oberflächliche Aufregung, tiefer liegende Leere, Gefühllosigkeit oder Kälte.

Psychosomatische Beschwerden: Häufig hohe sexuelle Reizempfänglichkeit, doch nur wenig reifere sexuelle Gefühle. Oberflächlicher bzw. gar kein Orgasmus. Beckenproblematik. Kopfweh, Migräne. Gedächtnisverlust.

Qualitäten: Sensibel. Sehr offen. Keine Hemmungen, über Sexualität zu sprechen. Viel Selbsterkenntnis und Selbstreflexion. Manchmal wirklich sehr frei und ungebunden. Kann in intensiver Weise Kontakt herstellen / aufbauen.

Sechstes Kapitel

Freiheit

Eines schönen Tages schlagen Sie die Tür Ihres Elternhauses hinter sich zu. Sie beginnen ein eigenes Leben und machen sich auf diese Weise frei von der elterlichen Familie. Sie suchen einen eigenen Wohnort, wählen Ihre Freunde und Bekannte aus, suchen sich eine Arbeit, beginnen Ihr eigenes Geld zu verdienen und geben es für die Dinge aus, in die Sie es investieren wollen. Doch wie frei fühlen Sie sich dann? Und: Wie frei sind Sie *wirklich?*

In dem Moment, da Sie auf eigenen Beinen stehen, werden Sie von einer gewissen zielstrebigen Kraft getragen. Sie machen sich von etwas los, doch Sie können, wenn das Verhältnis zu Ihren Eltern gut genug ist, immer noch emotional, vielleicht manchmal auch finanziell, auf sie zurückgreifen. Sie empfinden die beflügelnde Kraft Ihrer Träume, Sehnsüchte, Ziele und Ideale und die Aufregung durch alle neuen Herausforderungen: Erkenntnisse, Ausbildungen, Freunde, Beruf, Beziehungen, Sexualität, Partner, Kinder … Viele junge Menschen können davon eine ganze Reihe von Jahren zehren. Aber früher oder später – meistens um das 35. Jahr herum – findet gewöhnlich eine Kehrtwende statt.

Die erste Stufe der Rakete wird gleichsam abgestoßen und Sie müssen jetzt aus eigener Kraft weiterkommen. Dann beginnen Sie häufig einzusehen, dass doch noch das eine oder andere Thema / Problem in Ihnen schlummert und auf Bearbeitung wartet. Dass Sie in Ihrer Jugend alles Mögliche erlebt haben, sowohl positive, aufbauende Erfahrungen als auch Mangel, Schmerz und Angst erzeugende Situationen. Dass diese unangenehmen Situationen Wunden hinterlassen haben, die noch immer schmerzen, und dass in Ihrem Kopf viele ›innere Botschaften‹ herumspuken, die Sie eher verunsichern als stimulieren. Außerdem können Sie sich die Frage stellen, ob dies eigentlich das Leben ist, das Sie wirklich führen wollten oder ob Sie nicht eigentlich die ›Programme‹ Ihrer Eltern ausführen und ob die Verwundungen aus Ihrer Jugendzeit so bestimmend sind, dass sie Ihnen fortwährend im Wege stehen. Sind Sie wirklich der Mensch, der Sie Ihrem Wesen nach sind? Tun Sie tatsächlich das, wonach Ihr Herz verlangt?

In dem Moment, in dem Sie sich solche Fragen stellen, beginnt eine Suche, die sich über den Rest Ihres Lebens hinziehen kann. Sie gehen auf die Suche nach dem, der Sie wirklich sind, auf die Suche nach Ihrer Seele, Ihrer Essenz, Ihrem wahren Selbst – wie immer Sie es nennen möchten. Das bedeutet auch, dass Sie entdecken müssen, woran Sie sich festklammern und was Sie eigentlich daran hindert, ganz der zu sein, der Sie sein wollen. Sie gehen auf die Suche nach *Befreiung*. Und die Freiheit, die Sie suchen, können Sie in zwei Aspekte gliedern:

1. ***Psychologische Freiheit.*** Das bedeutet, dass Sie daran gehen, zu ergründen, wie die Ängste, Verluste, Schmerzen und Wut aus der Vergangenheit sowie die inneren Botschaften Ihrer Eltern Sie immer noch im Griff haben und wie Sie sich daraus befreien können, sodass Sie ganz normal der sein können, der Sie sind, und aus Ihrer inneren Kraft und Ihren inneren Qualitäten heraus leben.

2. ***Innere Freiheit.*** Sie gehen auf die Suche nach einer Qualität des Bewusstseins, bei welcher jede Emotion, jeder Schmerz, jede Erfahrung oder jeder Gedanke, den Sie heute denken, so transparent wird, dass Sie sich in jedem Moment einer Qualität von Raum, Freiheit und Klarheit bewusst sind, was immer auch im täglichen Leben geschehen mag.

Psychologische Freiheit

In dem Moment, da Sie Ihr Elternhaus verlassen, begeben Sie sich aus der konkreten Einflusssphäre der Eltern heraus. Doch Sie nehmen sich selbst dabei mit. Und obwohl Sie Ihre eigenen angeborenen Qualitäten haben, sind Sie doch so geworden, wie Sie jetzt sind, aufgrund all dessen, was in der Vergangenheit geschehen ist und wie Sie darauf reagiert haben. Ihre Jugend ist dabei viel bestimmender, als Sie es sich auf den ersten Blick eingestehen. Denn die Vergangenheit bestimmt häufig immer noch den Großteil unseres Lebens:

1. Die Art, wie Sie die Welt wahrnehmen

Sie begeben sich nun selbstständig ins Leben hinaus, doch Sie erleben zunächst die Welt so, wie Sie es in Ihrer Jugend gelernt haben. Sie schauen um sich, doch was Sie sehen, wird von dem Blick bestimmt, mit dem Sie zu sehen gelernt haben. Auch wenn Sie sich gegen die Sichtweise Ihrer Eltern absetzen und genau das Entgegengesetzte tun, wird auch das indirekt noch immer von ihnen bestimmt. Dasselbe gilt für die Art und Weise, wie Sie zuhören, berühren, schmecken, Kontakte herstellen ... Manche ganz normale Dinge – Berühren zum Beispiel – haben Sie vielleicht niemals gelernt. Andere Dinge (etwa die Sicherheit, ob Sie jemandem oder etwas vertrauen können oder nicht) sind aufgrund der Erfahrungen aus Ihrer Jugend verzerrt. So sind alle Eindrücke durch eine bestimmte Vorprogrammierung gefärbt.

2. Ihre Gefühlswelt

Dasselbe gilt für Ihre Gefühle. Manche Gefühle waren dem Kind noch erlaubt, andere wurden unterdrückt oder es durfte sie überhaupt nicht geben. Wenn zum Beispiel damals viel Aggression um Sie herum war, ist eine aggressive Grundstimmung für Sie etwas Normales. Das bedeutet, dass Sie es entweder ganz normal finden, aggressiv zu reagieren, oder aber nicht in der Lage sind, der Aggression, die von einem anderen ausgeht, Einhalt zu gebieten. Doch es kann auch so sein, dass zum Beispiel das Äußern jeglicher Gefühle in Ihrer Jugend unmöglich war und dass Sie darum jetzt, als junger Erwachsener, nicht in der Lage sind, Ihre Gefühle zu äußern. Außerdem haben Sie gelernt, bestimmte Gefühle mit anderen zu überdecken (Ihre Wut z.B. durch eine Schicht der Trauer, Ihre Trauer durch Gleichgültigkeit), sodass eine bestimmte Schichtung von Emotionen und Gefühlen entstanden ist, durch welche sich Ihre wahren Gefühle nur sehr schwer wahrnehmen lassen.

3. Traumatische Ereignisse, die tiefe, schmerzhafte Wunden hinterlassen haben

Bestimmte bedrohliche Ereignisse können in Ihnen eine solche Angst hervorgerufen und Sie dermaßen verstört haben, dass diese alte Angst, Panik, Unsicherheit oder dieses Misstrauen noch tief in Ihnen lebendig sind, etwa so wie ein Loch in Ihrem Körper. Die jugendliche Kraft, mit der Sie durchstarten, und Ihre Ideale ermöglichen es Ihnen häufig, diese Löcher vorläufig zu negieren oder zu überdecken. Doch wie gut Sie diese Löcher auch zugekleistert haben, im Verborgenen liegen sie doch ständig auf der Lauer und auch kleine Ereignisse können blitzschnell einen Kurzschluss mit ihnen herstellen.

4. Die Botschaften, die Ihnen mitgegeben wurden

Auch die Botschaften, die Ihnen als Kind mitgegeben wurden, sind seelisch und mental tief in Ihnen verankert. Wenn zum Beispiel die (ausgesprochene oder unausgesprochene) Botschaft lautete, dass Sie nichts wert sind, haben Sie dies inzwischen zu verinnerlichen gelernt und hegen nun ständig selbst das Gefühl, nichts wert zu sein. Sie betrachten sich gewissermaßen wie von oben her und kommentieren ständig alles, was Sie tun: »Wie dumm stellst du dich an! Siehst du, dass du nichts zustande bringst? Du bist einfach hässlich.« Oder aber es muss alles perfekt oder unter Kontrolle sein, sonst geraten Sie in Panik.

5. Ihre Überlebensstrategien

Zudem nehmen Sie Ihre Überlebensstrategien mit, die Sie in Ihrer Jugend entwickeln mussten. Sie waren die einzige Art und Weise, wie Sie Ihren verletzlichen Kern, Ihre Essenz, beschützen konnten. Und sie haben Ihnen auch wirklich genützt! Das Sich-Verhärten, Verschließen, Leugnen, Aufgeben, Sich-Spalten und Sich-selbst-Hassen – all das hat Ihnen ermöglicht, schwierige Situationen zu überstehen. Doch jetzt, da Sie Ihr Elternhaus verlassen haben und diese Strategien im Grunde nicht mehr notwendig sind, wissen Sie absolut nicht, wie Sie auf andere Weise mit den Dingen umgehen sollen. Und in dem Moment, da Sie versuchen, anders im Leben zu stehen oder einfach offener sein wollen, kommen die alten Ängste häufig unerwartet wieder hoch. Dann verfallen Sie sofort wieder in die vertrauten, hartnäckig sich haltenden Überlebensstrategien.

Nehmen Sie vier Blatt Papier. Gehen Sie dann einmal innerlich zurück in die Zeit, als Sie Ihr Elternhaus verließen.

1. Wie haben Sie das Elternhaus verlassen? Wie ging es genau vor sich? Wurde Ihnen dabei geholfen, wurden Sie unterstützt, oder mussten Sie alles allein oder sogar gegen einen Widerstand hinkriegen? Stellen Sie sich dann vor, wie Sie gerade in Ihre ersten eigenen vier Wände gezogen sind, und blicken Sie dann einmal auf Ihre Jugendzeit zurück und fragen Sie sich Folgendes: Was hat mir gefehlt? Welcher Schmerz wurde mir angetan? Schreiben Sie all das auf dem ersten Blatt untereinander.

2. Blicken Sie noch einmal zurück und fragen Sie sich Folgendes: Was habe ich trotzdem an Positivem daraus entwickelt? Welche Qualitäten, Fähigkeiten, Sensibilität und so weiter? Und: Was habe ich an Negativem daraus entwickelt, so wie zum Beispiel Ängste, Sorgen, Empfindlichkeiten? Schreiben Sie dies auf ein anderes Blatt und legen Sie dies neben das erste.

3. Blicken Sie dann von dem Moment, als Sie Ihre ersten eigenen vier Wände bezogen haben, auf die Zukunft: Welche Sehnsüchte und Ideale hatte ich in diesem Moment in Bezug auf die Zukunft? Schreiben Sie auch das auf ein Blatt.

4. Betrachten Sie den Moment, in dem Sie Ihre eigenen vier Wände bezogen: Welche Verwirrungen nahm ich in diesem Moment mit in die Zukunft? (Zum Beispiel Verwirrung darüber, was eine Beziehung ist, Sexualität, Eigenwert und so weiter.)

Derart vorprogrammiert begeben Sie sich als Erwachsener in die Welt. Doch zunächst ist Ihnen das gar nicht klar. Ihre Jugend war einfach Ihre Jugend, so wie sie eben war. Sie kennen es nicht anders. Sie können sie nicht mit etwas anderem vergleichen. Ihre Art und Weise, wie Sie Dinge erfahren, wie Sie fühlen, denken und reagieren, gehört ganz zu Ihnen. Sie *sind* einfach so. Es sind *Ihre* Sichtweise, *Ihre* Muster, *Ihre* Überlebensstrategien. Der erste Schritt wird also der einer Bewusstmachung sein. Sie müssen sich stärker bewusst machen, dass Ihre Lebensweise noch immer sehr stark von Ihrer Vergangenheit bestimmt wird. Im Grunde bestehen Sie, wenn Sie Ihr Elternhaus verlassen, innerlich aus einer Reihe unterschiedlicher Teilpersönlichkeiten oder Teil-Iche, die ganz genau wissen, wie sie es anstellen müssen, um Sie im Griff zu haben.

Sie sind zwar erwachsen, doch in vielen Bereichen sind Sie ein programmierter, *verletzter und gezähmter* Erwachsener. Der Teil in Ihnen, der wirklich frei ist – der *freie Erwachsene* –, der seinen eigenen Sehnsüchten und Zielen folgt, und der mehr oder weniger frei von Ängsten und hindernden Mustern aus der Vergangenheit ist, ist noch ganz klein. Und die Suche nach Ihrer psychologischen Freiheit besteht aus dem ›Heilen‹ dieses gezähmten, beschädigten Teils und der Stärkung und Förderung des freien Teils.

Sie sind zwar erwachsen, doch Sie sind auch noch das Kind. Und auch dieses innere Kind besteht aus zwei Teilen. Das *freie Kind,* das der natürliche Ausdruck Ihrer Essenz ist, ist häufig nur ein kleiner Teil dieses inneren Kindes, der sich weit zurückgezogen hat. Meistens wird dieser Teil vom *beschädigten* Kind ›überschattet‹, das durch Mangel an Sicherheit, Intimität und Autonomie vielerlei Blessuren erlitten hat. Und sobald etwas geschieht, mit dem Sie als Erwachsener nicht fertig werden, schließen Sie sich mit diesem beschädigten Kind kurz; dann übernimmt dieses, mit all seinen Ängsten, Emotionen und Verteidigungsstrategien, das Kommando.

In solchen Momenten bemerken Sie, dass Sie sich verschließen, weglaufen wollen, sich verletzt fühlen, erstarren, extrem wütend, bedürftig und bemitleidenswert oder wahnsinnig eifersüchtig werden. In Ihrem Kopf ist Ihnen klar, dass dies übertriebene und völlig unbegründete Reaktionen sind, doch das nützt nichts. Die Angst des inneren Kindes ist so groß, dass seine Überlebensstrategien sofort die Kontrolle übernehmen. Es gelingt Ihnen einfach nicht mehr, ›erwachsen‹ zu reagieren. Das ängstliche innere Kind ist noch zu stark präsent und heischt ständig nach Aufmerksamkeit.

Der andere Teil in Ihnen sind die *verinnerlichten Eltern.* Zum Teil sind das die positiven, aufbauenden Bestätigungen seitens der Erwachsenen, die Sie unterstützt, ermutigt, gefördert oder bestätigt haben. Wenn Ihre Eltern dazu nicht in der Lage waren, mag es ein Großvater, eine Großmutter oder ein Lehrer in der Schule gewesen sein, der es tat. Doch meistens ist der *aufbauende Elternteil* nur ein ganz kleiner Teil, die verinnerlichten Eltern werden zum übergroßen Teil durch den *kritischen Elternteil* repräsentiert, jenem Elternteil, der Sie heruntergeputzt, vereinnahmt, geschlagen, bedroht, erpresst hat und so weiter. Dieser Elternteil lebt als eine Stimme in Ihrem Kopf, als Über-Ich, als Stimme Gottes. Er kommt in allen Kommentaren zum Vorschein, mit denen Sie Ihr eigenes Verhalten, doch auch das der anderen, begleiten (denn ein negativer Kommentar in Bezug auf andere gründet meistens auf einer negativen Selbstbeurteilung). Dieser verinnerlichte kritische Elternteil lebt als ständiger ›Kommentator‹ in Ihnen. Sie sind selten einfach mit sich allein und erfahren Ihren Körper, Ihre Gefühle, Ihre Empfindungen sowie sich selbst als ein Ganzes. Sie verschmelzen nur in wenigen Momenten mit dem, was Sie erleben, denn es herrscht eine ständige Spaltung, in der Sie sich von Ihren Erfahrungen distanzieren. Sie erfahren etwas und liefern ständig Kommentare dazu, und diese Kommentare sind meistens negative Urteile. Weil die Erfahrung ständig beurteilt wird, ist es schwierig, sie wirklich zu erleben, geschweige denn, zu genießen. Sie haben Probleme, selbst so elementare Dinge wie Laufen, etwas Betrachten, Essen, Arbeiten, Lust oder Liebe zu genießen, denn Sie sind nur selten in völliger innerer Übereinstimmung mit dem, was Sie tun. Sie beschränken sich weitgehend darauf, die Dinge zu kommentieren, die Sie erleben. Daher bleibt meistens nur Frustration zurück, wie angenehm eine Erfahrung auch gewesen sein mag.

Dies kann in der Vergangenheit dazu geführt haben, dass Sie nicht mehr in der Ich-Form mit sich sprechen. Auf diese Weise gehen Sie zu sich selbst immer auf Distanz. Sie sprechen sich immer als ein ›Du‹ an, als gehe es gar nicht um Sie, sondern um eine andere Person, als dürfe das erwachsene Ich nicht da sein und als wäre das ›Ich bin‹ noch immer nicht erlaubt. Versuchen Sie einmal, in der Ich-Form mit sich zu sprechen und sich Ich-Botschaften zu geben: »Ich fühle, ich sehne mich, ich finde, ich mag, ich bin wütend, ich hasse …« Stehen Sie auf diese Weise für Ihr erwachsenes Selbst ein!

Wie fühlt sich Ihr inneres Kind? Was sind die Wunden, die es schmerzen, was macht es ängstlich, versetzt es in Panik, macht es unsicher, verwirrt es? Was sagt der innere Elternteil? Wie ziehen Sie sich selbst den Boden unter den Füßen weg? Wie urteilen Sie ständig über sich selbst? Und: Was findet der Erwachsene unangenehm? Wie gezähmt oder beschädigt ist der Erwachsene? Wie verschließen Sie sich? Was kommt in Ihnen nicht zum Ausdruck? Was zeigen Sie nicht? Was leugnen Sie?

Wenn das verletzte innere Kind Sie immer noch beherrscht, ist das nicht mehr in Ordnung. Es ist gut, dem beschädigten Kind Aufmerksamkeit zuzuwenden, es gewissermaßen auf den Schoß zu nehmen und es zu hätscheln, doch es ist immer noch ein *kleines* Kind. Es ist daher wichtig zu lernen, selbst für dieses Kind zu sorgen und es gleichzeitig einzugrenzen. Es ist wichtig, beispielsweise seinen Schmerz zu spüren, seine Angst, und sich gleichzeitig zu sich zu sagen: »Dies ist die Angst des vierjährigen Kindes, ich stelle ihm einen Moment lang den Raum zur Verfügung, beruhige es, doch ich identifiziere mich nicht in ihm.« Wenn sich dann beispielsweise Ihr Partner davonmacht, Sie Ihre Stelle verlieren oder krank werden, so sterben Sie nicht daran. Das Kind ist in Panik, doch der Erwachsene kann es zur Ruhe bringen und trösten.

Wenn Sie also wieder spüren, dass Sie sich mit dem inneren Kind kurzschließen, geben Sie ihm Ihre Panik dann zurück. Sie sagen zu sich: »Mein inneres Kind hat jetzt Angst. Ich nehme mir einen Moment lang die Zeit, es zu spüren, zu umarmen, zu trösten. Doch dann muss es genug sein, jetzt setze ich dich wieder für eine Weile ab.«

Während es beim inneren Kind wichtig ist, es zu hätscheln und einzugrenzen, besteht die einzige Möglichkeit, mit dem verinnerlichten kritischen Elternteil umzugehen, darin, ihm den Mund zu verbieten oder ihn aus dem Fenster zu werfen. Sie haben überhaupt nichts davon, auch nur eine Sekunde lang auf seine negativen Botschaften zu hören, denn das haben Sie lang genug getan! Beseitigen Sie diesen negativen inneren Elternteil einfach. Kein Kind wird mit einem negativen Selbstbild geboren oder mit Selbsthass, Versagensangst oder anderen negativen Urteilen über sich selbst. Als Kleinkind waren Sie einfach so, wie Sie waren. Alle negativen Urteile, die Sie über sich haben, sind verinnerlichte negative Urteile anderer. Stoppen Sie sie! Geben Sie sie zurück! Wischen Sie sie aus!

Führen Sie einmal eine Woche lang Buch darüber, welche negativen Botschaften Sie über sich selbst bzw. andere formulieren. Schreiben Sie sie auf und ordnen Sie sie untereinander an in der ›Du-bist-‹Form.
Notieren Sie dann, von wem Sie diese Botschaft gehört haben oder wer sie ausgesendet hat (Ihr Vater, Ihre Mutter, ein Lehrer …). Lesen Sie sich dann diese Liste mindestens eine Woche lang dreimal täglich laut vor, bis es Ihnen übel wird von all den negativen Botschaften.
Dann betrachten Sie alle Botschaften, die von einer bestimmten Person stammen, und geben Sie sie dieser Person zurück. Sie können zum Beispiel ein Foto Ihres Vaters aufstellen. Dann betrachten Sie dieses Foto und sagen: »Papa, dass du dich selbst wertlos fandest, ist dein Problem. *Ich* bin nicht wertlos! Hiermit gebe ich dir die Botschaft ›Du bist wertlos‹ zurück.«
»Mama, dass du dich selbst unwichtig fandest, ist dein Problem. Ich finde mich nicht unwichtig! Hiermit gebe ich dir die Botschaft ›Du bist unwichtig‹ zurück.«

Was fehlt Ihnen jetzt? Was brauchen Sie jetzt wirklich noch? Wie können Sie sich die Unterstützung, Liebe, Aufmerksamkeit und Wärme geben, die Sie von diesem Elternteil nicht erhalten haben? Wie könnten Sie einen anderen darum bitten? Sie sind jetzt erwachsen und müssen für sich selbst sorgen. Das tut vielleicht weh, doch es ist sehr wichtig. Wie können Sie das lernen?

Versuchen Sie einmal, stärker mit dem *freien* Kind in Berührung zu kommen, das ebenfalls in Ihnen lebt. Wie sieht dieses sorglose, verspielte Kind aus? Was für Ideen und Einfälle hat es? Wie befreit es sich aus seinem Panzer? Wonach sehnt es sich? Traut es sich, auf jegliche Form von Bestätigung, Bedeutsamkeit, Kontrolle, Besorgtheit zu pfeifen? Können Sie diesem freien Kind in Ihnen einen größeren Raum geben?

Wenn Sie für sich selbst ein ernährender und unterstützender Vater bzw. Mutter sein und dem freien Kind etwas mehr Raum geben können, kann auch der freie Erwachsene etwas freier atmen. Weniger eingeklemmt zwischen dem ängstlichen Kind und dem kritischen Elternteil kann der freie Erwachsene lernen, so zu sein, wie er ist, seine eigenen Entscheidungen zu treffen, auf seine eigene Art und Weise Beziehungen einzugehen und so weiter. Das ist der Prozess der Befreiung, des Gewinnens echter innerer Freiheit.

Das Abzahlen beenden

Sie können als Kind unbewusst die Schuld, die innerhalb einer Familie lebt, auf sich nehmen. Wenn niemand für Sie sorgt und überhaupt nicht füreinander gesorgt wird, kann es dazu kommen, dass Sie für alle zu sorgen beginnen. Wenn Ihre Mutter depressiv war, kann es sein, dass Sie ihr die Depression abnehmen wollen. Wenn Ihr Vater während der NS-Zeit aktiver Nazi war, kann es sein, dass Sie nun Ihr Leben der Rettung diskriminierter oder bedrohter Menschen widmen. So leben Sie ein bestimmtes Familienkarma aus. Sie versuchen etwas auf sich zu nehmen, was eigentlich nicht zu Ihnen gehört, sondern zu jemand anderem. So hoffen Sie, dass Sie das Böse beseitigen können. Dies kann sehr weit gehen. Wenn zum

Beispiel Ihre Großmutter Suizidneigungen zeigte, kann es durchaus sein, dass Sie selbst suizidale Neigungen entwickeln, um damit ihren suizidalen Charakter zu übernehmen, ihn zu bessern, etwas wieder gutzumachen, selbst wenn sie bereits verstorben ist. Solche Dinge entwickeln sich häufig unbewusst.

> Ich war kein wirklich erwünschtes Kind. Weil meine Mutter schwanger war, musste sie meinen Vater heiraten. Später baute sie keine wirkliche Beziehung zu mir auf. Auf dem Schoß sitzen, das gab es bei ihr überhaupt nicht. Meine erste Beziehung hatte ich mit einem Mädchen, das depressiv und suizidal war. Endlich hatte ich jemanden, für den ich sorgen konnte! Später habe ich Medizin studiert und bin schließlich Gynäkologe mit der Spezialisierung auf Problemschwangerschaften geworden. Mein Leben lang habe ich versucht, Müttern beizubringen, wie sie ein liebevolles Band mit ihrem noch ungeborenen Kind aufbauen können. Vor ein paar Jahren bekam ich ein Burnout-Syndrom. Aber immer noch bin ich damit beschäftigt, für alle zu sorgen und es jedem möglichst recht zu machen.
>
> *(Mann, 62 Jahre)*

Es ist daher sehr wichtig, die persönlichen Schuldgefühle und Triebfedern zu betrachten. Manchmal kann es eine Hilfe sein, wenn man etwas, was in der eigenen Familie schief gelaufen ist, wieder in Ordnung bringt. Doch nicht unbegrenzt! Irgendwann müssen Sie sich klarmachen, dass Sie die Angelegenheit ›abbezahlt‹ haben. Wenn Sie auf Ihren Vater wütend sind, ist es vielleicht in Ordnung, dies in den ersten Beziehungen, die Sie mit Männern haben, auszuleben. So etwas passiert einfach. Es wäre besser gewesen, wenn Sie es auf Ihren Vater ausgelebt hätten, doch so ist es nun eben. Dann müssen Sie zu sich selbst sagen: »Jetzt ist es genug. Genügend Männer haben für das Fehlverhalten meines Vaters büßen müssen.«

Dasselbe gilt auch für Ihre eigenen Fehler. Dabei kann es sich um Ereignisse handeln, bei denen Sie selbst Täter waren. Es bedeutet schon sehr viel, wenn Sie in der Lage sind, dies nicht mehr zu negieren oder zu leugnen, sondern sich einzugestehen, dass Sie dem anderen Schmerz zugefügt, ihn verletzt haben, dass Sie vielleicht sogar für das Elend, ja den Tod eines anderen verantwortlich sind. Oder Sie haben vielleicht etwas getan, was der andere nicht weiß, etwa eine außereheliche Affäre. Es könnte nun wichtig sein, jemanden diesbezüglich ins Vertrauen zu ziehen, sodass Sie nicht mehr allein damit herumlaufen müssen. Als nächster Schritt ist es wichtig, zu fühlen, wie Sie diese Angelegenheit ›zu Ende bringen‹ können. Was können Sie tun, damit Sie nicht mehr damit herumlaufen müssen? Was ist notwendig, um dieses negative Ereignis abzuzahlen, sowohl für den anderen als auch für Sie selbst?

Genauso verhält es sich, wenn Sie eigene Kinder haben. Wenn Sie die vorangehenden Kapitel durchgelesen haben, kann es sein, dass Sie sich eigener Schwächen und Verfehlungen bewusst werden. Eine so bewusste Mutter, ein so bewusster Vater waren Sie nicht! Natürlich können Sie nie alles völlig richtig machen. Dies ist auch nicht notwendig, denn Kinder müssen auch ihren eigenen Kampf mit den Eltern ausfechten können. Sonst wird es schwierig für sie, ihre eigene Kraft zu entwickeln, sich von ihren Eltern abzusetzen und zu distanzieren. Aber vielleicht gibt es doch manche Situationen, in denen Sie spüren, dass Sie wirklich versagt haben. Wagen Sie es, mit Ihren Kindern darüber zu sprechen? Haben Sie die Größe, sich zu entschuldigen? Ist dies noch notwendig, um wenigstens hinterher etwas ›gut zu machen‹, vielleicht etwas zusammen zu tun oder die einst fehlende Unterstützung jetzt noch zu mobilisieren?

Wenn Sie auf Ihr Leben zurückblicken: Was nagt immer noch an Ihnen? Was ist noch nicht zu Ende gebracht? Woran halten Sie fest? Was behindert Ihre Freiheit? Und was ist notwendig, um dies – so gut es eben geht – zu einem Ende zu bringen?

Freiheit in Beziehungen

Wenn Sie mit einem Partner zusammenleben, ist die Suche nach der persönlichen Freiheit eng mit Ihrer Beziehung verwoben. Dies, weil Sie zunächst einmal den anderen häufig aufgrund Ihres eigenen Schmerzes, Ihrer eigenen Beschränkungen und Überlebensstrategien ›erkannt‹ haben. Das heißt: Sie ›finden‹ den anderen auf der Grundlage Ihrer eigenen Verwundungen und hindernden Muster und nicht wegen jener Aspekte, die Sie frei machen. In der Praxis gibt es vier (problematische) Faktoren, die bewirken, dass wir uns von einem anderen Menschen angezogen fühlen:

1. Der andere ähnelt in einem oder mehreren wesentlichen Aspekten Ihrem Vater (z.B. in seiner Unerreichbarkeit) oder Ihrer Mutter (z.B. in ihrer Hilflosigkeit). Sie verhalten sich deswegen genauso wie früher zu Hause.
2. Der andere füllt eine Lücke in Ihnen aus (Sie sind zum Beispiel ein sehr rationaler Mensch, der andere eher emotional). Sie beginnen den anderen dafür zu benutzen, dass er Ihre Löcher füllt, sodass der alte Mangel ausgeglichen werden kann.
3. Sie haben eine schmerzhafte Stelle, die mit der des anderen identisch ist (beide waren Sie Einzelkinder, beide vernachlässigt), und Sie ›begegnen‹ und erkennen einander auf der Grundlage dieses Schmerzes. Es ist häufig schwierig, sich dann nicht von diesem Schmerz verschlingen zu lassen.
4. Die jeweiligen Verteidigungsstrategien greifen nahtlos ineinander (Bindungsangst / Verlassensangst), wodurch eine so genannte Jojo-Beziehung entsteht, die Sie unglücklich macht, die jedoch nur sehr schwer aufzubrechen ist.

Meistens werden Sie diese Muster am Anfang der Beziehung nicht erkennen. Doch wenn das Feuer der ersten Verliebtheit und der körperlichen Anziehungskraft etwas abgeebbt ist, kommt die wahre Art beider Partner zum Vorschein. Ein Mensch ist häufig nicht das, was er auf den ersten Blick zu sein scheint. Manchmal geht die Beziehung dann in die Brüche, doch es kann sich auch, vor allem dann, wenn Ihre eigene Verwundung sehr tief ist, eine ungesunde und unbefriedigende Beziehung sehr lange hinziehen, weil Sie fanatisch versuchen, die Sache doch noch zu ›retten‹ oder ›es gut zu machen‹. Sie setzen alles daran, den unerreichbaren Mann (eigentlich Ihren Vater) diesmal endlich zu erreichen, oder Sie sorgen weiterhin für die hilflose und manipulierende Frau (eigentlich Ihre Mutter), in der Hoffnung, dass sie Sie irgendwann wirklich lieben wird. Auf diese Weise wird eine Beziehung schnell zu dem selben Gefängnis, das früher das Elternhaus war.

Um dies klar zu durchschauen, müssen Sie sich erst größere Deutlichkeit in Bezug auf Ihre Vergangenheit und die des Partners verschaffen. Können Sie offen und frei darüber reden? Auch über alle Emotionen, Ängste und Schmerzen? Auch über die Methoden, wie Sie sich selbst hinter allem Möglichen verstecken und den anderen unter Druck setzen? Auch über die Methoden, wie Sie den anderen abweisen oder verunsichern?

Wenn Sie eine Zeit lang zusammen sind, wissen Sie natürlich sehr gut, wo die Schwachstellen des anderen liegen. Sie haben dann zwei Möglichkeiten. Entweder Sie benutzen seine Schwachstellen, um ihn zu manipulieren, zu demütigen und auf diese Weise die Macht in der Hand zu halten, oder es herrscht völlige Offenheit über die eigenen Schwachstellen und Sie unterstützen einander bei deren Verarbeitung und Heilung.

Wenn Sie den anderen aufgrund seiner Schwachstellen demütigen, manipulieren (z.B. indem Sie seine Verlassensangst missbrauchen), so scheint es, als hielten Sie die Macht in Händen, doch eigentlich geraten Sie beide in eine Verstrickung, die erstickend wirkt. Denn der andere wird Ähnliches in Bezug auf Sie entwickeln. Außerdem verstricken Sie sich beide in alte, hindernde Muster und Überlebensstrategien, die sich auf Angst gründen.

Wenn Sie in der Lage sind, einander in den Ängsten und Schmerzen gegenseitig zu unterstützen, können Sie gemeinsam erleben, dass ›der Krieg vorbei ist‹. Allmählich spüren Sie körperlich, dass die alten Angstreaktionen nicht mehr notwendig sind: Sie können zum Beispiel zu Ihrer Eifersucht stehen oder Angst davor haben, dass der andere Sie verlässt. Wenn der andere Sie daraufhin nicht etwa demütigt (indem er etwa Ihre Eifersucht noch schürt oder Sie auslacht, womit er die alte Panik des Kindes in Ihnen nur verstärkt), sondern Sie beruhigt (»Ich liebe dich wirklich und niemand anderen!«) und Sie auch körperlich spüren können, dass die Panik nicht mehr notwendig ist, so wird diese Panik des inneren Kindes allmählich verschwinden. Wenn Sie sich, getragen von Respekt gegenüber dem Schmerz und den Wunden des anderen, in ehrlicher Weise gegenseitig spiegeln, so werden Sie füreinander jeweils der ›ernährende und unterstützende Elternteil‹, doch dies, ohne dass der andere Sie deswegen zugleich bemuttert und auf diese Weise aufs Neue abhängig macht. Dann unterstützen Sie sich gegenseitig in der Entwicklung zum echten Erwachsensein. Sie arbeiten bewusst an der Heilung der Wunden des anderen und Sie unterstützen sich gegenseitig beim Erringen der psychologischen Freiheit.

Dasselbe gilt für Ihre Überlebensstrategien. Wenn Sie es beide wagen, diese Strategien illusionslos zu betrachten, dann können Sie einander in Ihrer Beziehung deutlich machen, dass diese Strategien nicht mehr notwendig sind. Sie brauchen nichts mehr aufzustauen, Sie brauchen sich nicht mehr zu verstecken, Sie können Ihre Emotionen und Gefühle einfach zeigen. Wenn Ihnen dies gelingt, können Sie einander darin unterstützen, die alten Verkrampfungen allmählich loszulassen.

Voraussetzung ist, dass Sie die Konfrontation mit sich selbst einzugehen wagen und auch, dass Sie es wagen, *den anderen* zu konfrontieren. Vieles bleibt unklar, weil Sie aus Angst sich und den anderen ›verschonen‹. Sie trauen sich nicht weiterzufragen, zum Beispiel was der andere in Bezug auf Sie oder andere fühlt. Sie trauen sich nicht zu fragen, was der andere wirklich tut, wie er wirklich handelt. Sie wagen es nicht weiterzufragen in Bezug auf Unehrlichkeiten, die Sie bei ihm vermuten. Sie trauen sich nicht, wirklich Ihre eigenen Gefühle und Zweifel auf den Tisch zu legen. So bleibt alles vage und Sie brauchen sich nicht hundertprozentig für den anderen zu entscheiden, Sie brauchen keine wirkliche Verbindung einzugehen. Denn sich wirklich zu verbinden, erfordert absolute Klarheit und Ehrlichkeit. Doch wenn Sie sich niemals echt für den anderen entscheiden und aus Ihrer Beziehung einen trüben

Sumpf machen, werden Sie selbst darin versinken und Ihre eigene Freiheit verunmöglichen.

Es stimmt, dass Freiheit und Bindung einander diametral entgegengesetzt sind, denn wenn Sie sich wirklich mit jemandem verbinden, opfern Sie auch etwas von sich. Doch gerade indem Sie zum Kern vordringen, zur Essenz Ihrer Verbindung mit dem anderen, erreichen Sie auch Ihre eigene Essenz. Dann sind Sie in der Beziehung wirklich frei. Es ist, als drängen Sie in das Herz des Wirbelsturms ein und landeten in einer unglaublichen Stille und Energie. Dann kann im Herzbereich der vollständigen Verbindung mit dem anderen (und dadurch auch mit sich selbst) die Energie verfügbar werden, die Ihnen völlige Verbindung *und* völlige Freiheit zugleich ermöglicht.

Betrachten Sie unter diesem Blickwinkel einmal Ihre Beziehung. Können Sie erkennen, wie schmerzende ›Löcher‹ und Überlebensstrategien ineinander greifen? Wie gehen Sie beide damit um? Erklären Sie sich gegenseitig den Krieg? Nageln Sie den anderen fest? Nehmen Sie immer noch Rache an Ihrem Vater oder Ihrer Mutter? Können Sie erkennen, wie dies Sie selbst festnagelt? Was könnten Sie sonst tun? Wie könnten Sie den anderen unterstützen? Und wie kann der andere Sie unterstützen? Wagen Sie es, darüber mit dem anderen zu reden? Wagen Sie es, die Konfrontation mit dem anderen einzugehen?

Der Prozess der Befreiung

Der Prozess der Befreiung aus schmerzhaften Verwundungen und negativen Programmierungen der Vergangenheit (egal, ob Sie diesen Weg allein oder mit der Hilfe anderer gehen) besteht aus einer Reihe von Einzelschritten. Es muss nicht sein, dass Sie diesen Prozess genau in der Reihenfolge durchlaufen, wie er im Folgenden beschrieben wird; es werden vielmehr unterschiedliche Stadien geschildert, die Sie gewiss bei sich selbst wiedererkennen können:

1. Bewusstwerdung

Es kann eine ganze Weile dauern, bevor Sie sich der Tatsache bewusst werden, dass die Probleme, mit denen Sie kämpfen, mit Ihnen selbst zusammenhängen und nicht ausschließlich von Ihrem Partner, Ihrem Chef oder »den Umständen« verursacht werden. Dies ist der Beginn einer Bewusstwerdung, der Beginn einer eingehenderen Selbstbeobachtung. Wie verursache ich dies eigentlich? Was geschieht in mir? Was fühle ich eigentlich? Wie kommt es, dass ich mich zurückziehe, schuldig machtlos oder unsicher fühle? Wie kommt es, dass ich mich so rational verhalte, schnell verärgert oder wütend bin? Sie stellen sich viele solcher Fragen, und allmählich wird Ihnen auffallen, dass Sie regelmäßig im Sinne fester Muster und Strategien reagieren, die ihnen im Wege stehen.

2. Sich die eigenen Hindernisse und Ängste aneignen

In dem Maße, wie Sie sich selbst besser verstehen lernen und ehrlich und offen Ihre Gefühle, Emotionen, Blockaden, Ängste und Unsicherheiten zu betrachten wagen, werden diese auch stärker ans Tageslicht kommen. Sie sind zwar in der Vergangenheit entstanden, weil Sie gar nicht anders reagieren konnten als mit Angst und Unsicherheit oder indem Sie sich verschlossen, um zu überleben. Doch sie gehören nun wirklich zu Ihnen. Das bedeutet, dass Sie sie nicht mehr leugnen oder auf Ihre Umgebung projizieren. Und weil Sie sie nicht mehr leugnen und sich nicht mehr zu verteidigen brauchen, werden sie immer durchsichtiger. Erst dann können Sie wirklich zu erkennen beginnen, wer Sie sind.

3. Wagen Sie es, in Ihren Schmerz einzutauchen

In der Vergangenheit sind Sie dem echten Schmerz ausgewichen, indem Sie eine Emotion mit einer anderen zugedeckt haben, eine Rolle zu spielen begannen und sich hinter allen möglichen Strategien verschanzten. Doch erst wenn Sie es wagen, diese Emotionen allmählich abzuwerfen und den Kummer, den Schmerz und die Wut, die sich darunter verbergen, zulassen, treffen Sie auf den eigentlichen, echten Schmerz, den Furcht erregenden Verlust, die Angst, die Verzweiflung, die Rage, die Todesangst. Erst wenn Sie es wagen, bis auf den Boden Ihrer Angst hinabzutauchen, kann diese sich transformieren. Jedes Mal, wenn Sie wirklich *in Ihre Angst hineinzugehen* wagen, werden Sie weniger Angst vor der Angst haben, und auf diese Weise wird die Angst zum Tor zur Freiheit.

4. Vollenden, was unfertig ist

Sie entdecken, dass Sie in Ihrem Leben vieles nicht zu Ende gebracht haben. Es gibt da noch viele Reaktionen und Gefühle, die gar nicht so sehr mit dem Jetzt zusammenhängen, sondern in der Vergangenheit nicht artikuliert werden konnten. Häufig ist es sehr heilsam, diese Gefühle trotzdem noch zuzulassen und zu äußern: Ihre Wut zu äußern, Ihren Kummer zu äußern, Ihre Verzweiflung, ja vielleicht auch Ihre Dankbarkeit oder Liebe. Vielleicht können Sie dies zusammen mit demjenigen tun, auf den es sich bezieht, häufig jedoch auch nicht mehr. Manche Eltern stehen Ihren Emotionen absolut nicht offen gegenüber, und in solchen Fällen kann es besser sein, Ihre Gefühle einem guten Freund, einer Freundin oder einem Therapeuten gegenüber offenzulegen. Bei heftigen Emotionen aus der Vergangenheit, die ihren Ursprung in traumatischen Situationen fanden, kann es besonders hilfreich sein, die Wut wirklich aus sich herauszuschlagen und herauszuschreien. Damit findet das Unfertige endlich ein Ende, und Sie können dies alles etwas leichter loslassen. Indem Sie in den Schmerz hineingehen, wird die Angst vor dem Schmerz geringer, und Sie können auch ein Stück von den Mauern, die Sie um sie herum errichtet haben, wieder einreißen.

5. Heilen der Wunden

Die Offenheit in Bezug auf die eigenen Verwundungen und die Gegenwart und Unterstützung durch andere können alte Schmerzen allmählich heilen. Manchmal dauert es lange, bis ein ernster Mangel an Aufmerksamkeit, Intimität oder Liebe wirklich geheilt ist. Es ist außerdem wichtig, zu entdecken, wie Sie immer besser für sich selbst sorgen können: häufiger auszusprechen, wonach Sie sich wirklich sehnen; häufiger und deutlicher Ihre Grenzen zu ziehen und so weiter. So entdecken Sie neue Reaktionsweisen, die allmählich die alten Überlebensstrategien ersetzen können.

6. Loslassen alter, negativer Botschaften und Überzeugungen
Je mehr Sie die Wirkungen erkennen, die jene alten Botschaften auf Sie haben, desto besser können Sie sie allmählich loslassen. Sie brauchen nicht so zu leben, wie Ihre Eltern dies gerne wollen oder wollten. Auch nicht auf die entgegengesetzte Weise. Sie können entdecken, wer sie selbst sind, was Sie selbst wollen, was für Sie der Sinn des Lebens beinhaltet.

7. Akzeptieren schmerzhafter Verwundungen
Manche Ereignisse lassen gehörige Narben zurück. Viele von ihnen lassen sich heilen, doch vielleicht nicht völlig. Es ist möglich, dass gewisse Gefühle der Angst oder der Unsicherheit übrig bleiben, die sich immer wieder melden. Manchmal bleiben Sie übersensibel für Spannungen, Sie sind rasch stark gerührt oder Sie haben Schwierigkeiten damit, sich zu öffnen. Das ist in Ordnung so. Sie sind deswegen nicht weniger wert. Diese Verwundungen haben Sie auch vieles gelehrt und bestimmte Qualitäten in Ihnen entwickelt. Seien Sie stolz darauf. Seien Sie auch stolz darauf, dass Sie das alles überlebt haben!

Schema 6 A

Psychologische Freiheit

Der ›gezähmte‹ Erwachsene

Basisthema: Sich frei machen von Verwundungen und Mustern aus der Vergangenheit.
Basisemotionen: Unfrei; Gefühl, in einem Käfig zu sitzen, innerlich in der Klemme zu sitzen; Verzweiflung, Machtlosigkeit.
Basisproblem: Sich in der Klemme befinden zwischen dem verletzten ›inneren Kind‹ und dem kritischen ›inneren Elternteil‹.
Energiezentrum: Stirn, **sekundär:** Füße.
Sinnesorgane: Alle Sinnesorgane.

Situation als JUNGER ERWACHSENER: In der Pubertät haben Sie es nicht geschafft, sich stark genug von der elterlichen Familie zu lösen. Sie haben sich zu wenig absetzen können. Alter Schmerz, alte Mangelerlebnisse und Verwundungen sind immer noch eindringlich präsent. Sie folgen immer noch den Stimmen, Anweisungen und Programmen Ihrer Eltern. Ihre Eltern haben Schwierigkeiten damit, Sie loszulassen. Sie mussten als Kind gewissermaßen selbst Vater oder Mutter für Ihre Eltern spielen. Die Eltern sind / waren freundlich und nett, doch auch sehr zwingend und bestimmend. Oder: Ihre Eltern zogen zu wenig Grenzen, gaben zu wenig Richtung vor, unterstützten zu wenig, sodass Sie nicht gelernt haben, wer Sie selbst sind.

Primäre Ängste: Ich schaffe es nicht ohne meine Eltern. Ich habe Angst davor, es selbst zu tun. Ich weiß nicht, wer ich bin. – Panik oder Angstanfälle, die auf Situationen in der Kindheit zurückgehen. Angst vor Selbstständigkeit.

Probleme als ERWACHSENER: Auch als Erwachsener werden Sie immer noch sehr stark von Ängsten, Panikanfällen, extremen Verlusten, extremer Bedürftigkeit bestimmt. Das innere Kind übernimmt immer das Kommando. Sie beurteilen sich selbst ständig mit negativen Kommentaren. Negatives Selbstbild. Probleme, eigene Entscheidungen zu treffen, den eigenen Weg zu finden. Unselbstständigkeit. Sie fühlen sich ›festgefahren‹ in dem erstickenden Gewebe der Vergangenheit. Sie suchen Bestätigung von außen. Häufig noch sehr abhängig (emotional, in Bezug auf Beziehungen, finanziell) von den Eltern. Probleme mit der eigenen Identität, den eigenen Entscheidungen, eigenen Zielen und eigener Sinngebung.

Überlebensstrategien:
A. SICH ABHÄNGIG MACHEN: Sich selbst abhängig machen. Kindliches Verhalten. Emotionale Abhängigkeit. Sich unterordnendes Verhalten. Sich selbst hintansetzen, zurückziehen und isolieren.

B. SICH DARÜBER STELLEN: Die eigenen ›Kinderängste‹ und -emotionen leugnen, indem man Erwachsen-Sein *simuliert.* Das Verhalten anderer als ›kindisch‹ abtun. Selbst sehr rational bleiben. Sich über alle anderen stellen. Die Vergangenheit bagatellisieren.

Überzeugungen: »Ich weiß es nicht. Allein schaffe ich es nicht. Was werden meine Eltern davon denken? Hier komme ich nie allein heraus!« (Die meisten Überzeugungen basieren auf ›alten Botschaften‹ und Überzeugungen der Eltern.)

Probleme in Beziehungen:
A. Probleme, eine wirklich ›erwachsene‹ Beziehung einzugehen. Sie ordnen sich unter, machen sich hilflos und klein. Sie lassen den anderen alle Entscheidungen treffen. Sie verlangen vom anderen, dass er wieder gutmacht, was Sie verpasst haben. Sie projizieren Ängste, Wünsche, Sehnsüchte und Wut in Bezug auf die Eltern auf Ihren Partner. Den anderen stark bemuttern, bevatern oder herabwürdigen. Sie stellen sich immer über andere.

Psychosomatische Beschwerden: Rückenbeschwerden (›wenig Rückgrat‹). Gebeugte Schultern (›alte Lasten‹). Probleme, sich zu erden (Füße). Nicht sehr flexibel. Steifer Körper, häufig Gelenkbeschwerden.

Qualitäten: Anhänglich. Einem anderen Menschen auch viel Vertrauen und Liebe schenken können. Häufig noch kindliche Offenheit.

Innere Freiheit

Es gibt noch einen anderen Weg zur Freiheit, der immer stärker zum Allgemeingut geworden ist und der aus den großen Religionen und spirituellen Lehren der Welt stammt, wie aus dem esoterischen Christentum, dem Buddhismus, dem Sufismus, Zen, Yoga, aus der Advaita-Vedanta-Tradition und gewissen schamanistischen Natur-

Religionen. Der Weg zur Befreiung, Erleuchtung oder zum Absoluten ist zugleich ein Weg der Bewusstwerdung, doch er ist eine etwas andere Route; und die Freiheit, die angestrebt wird, ist eine andere Freiheit. Darüber herrscht häufig Verwirrung.

Beim Streben nach psychologischer Freiheit versuchen Sie, Ihre Verwundungen aus der Vergangenheit zu heilen und alte Überlebensstrategien durch Ihre wesentlichen Sehnsüchte und Ausdrucksformen zu ersetzen. Beide – Schmerz sowie hindernde Muster – sind in Ihrem Energiehaushalt, Ihrem Körper, Ihren Emotionen, Sinnesorganen, Gedanken und Überzeugungen verankert. Wenn Sie sich wirklich ändern, können Sie diese Veränderungen so gestalten, dass Sie in die Zukunft weisen. Die Zukunft wird erweisen, ob sich wirklich etwas ändert. Der Prozess der Bewusstwerdung findet also auf einer normalen Zeitachse statt, die von der Vergangenheit zur Zukunft hin verläuft. Diese Freiheit ist eine *relative* Freiheit, die davon abhängt, was Sie alles durchgemacht haben, wie Ihr Charakter beschaffen ist, wie tief die übriggebliebenen Narben sind, und nicht zuletzt von den Qualitäten, die Sie entwickeln.

Der Weg zur spirituellen oder *inneren* Freiheit steht dazu in einem gewissen Widerspruch. Er befasst sich nicht mit Vergangenheit oder Zukunft, sondern verankert sich in der Gegenwart. Nur das Jetzt ist gegenwärtig, und alles, was im Jetzt geschieht, befindet sich in einem beständigen Strom von Kommen und Gehen. Wie traumatisch, schmerzhaft, angstbehaftet und emotional die Gegenwart auch sein mag, alles kommt und geht vorbei. Während sich also Psychologie und Therapie mit den *Inhalten* der Erfahrung beschäftigen und versuchen, den Schmerz, die Angst, die Beklemmung zu vermindern, ist dies für den Weg zur inneren Freiheit eigentlich kein Thema. Denn wenn alles kommt und geht, warum sollte man sich dann über *Inhalte* den Kopf zerbrechen? Ob Sie nun lachen oder weinen, glücklich oder angstvoll sind – es sind Erscheinungen, die auftreten und wieder verschwinden, wie Wellen im Meer oder Wolken am blauen Himmel.

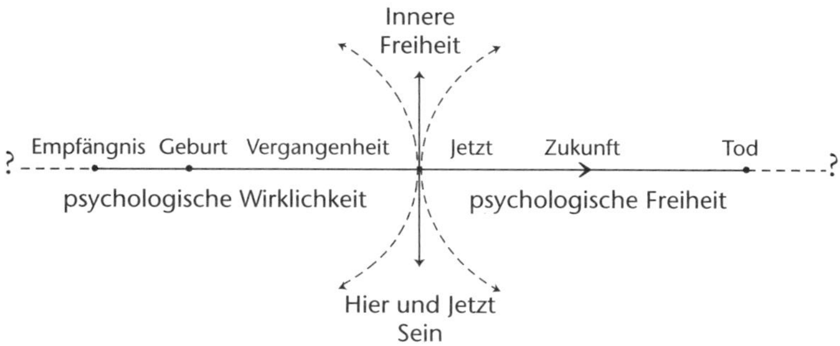

Also ist es besser, sich damit zu beschäftigen, *wie* das Bewusstsein dies alles wahrnimmt. Nur das Bewusstsein ist etwas Bleibendes und der Raum, in dem alles erscheint und wieder verschwindet – der Rest kommt und geht. Und in dem Moment, in dem Sie dieses bleibend erfahren, wird alles, was kommt und geht, transparent. Nichts kann Sie mehr manipulieren. Das gibt Ihnen eine Freiheit, die *absolut* ist, das heißt, die nicht mehr von dem abhängig ist, was sich um Sie herum ereignet.

An sich stimmt dies, doch die große Verwirrung, die sofort eintritt, besteht darin, dass Sie glauben, das so Erreichte festhalten zu können, und dass jene andere, schmerzhafte, hindernde Wirklichkeit damit definitiv verschwunden sei. Dies ist nicht der Fall. Die *absolute* Wahrheit oder Wirklichkeit hebt die *relative* Wirklichkeit keineswegs auf! Sie existiert einfach weiter. Der Schmerz kann zwar für eine Weile in den Hintergrund treten, doch jene relative und schmerzhafte Wirklichkeit meldet sich unwiderruflich irgendwann wieder – dies gilt sogar für erleuchtete Meister, bei denen wir übrigens nie genau wissen können, wie erleuchtet sie tatsächlich sind. Und im selben Moment tritt auch die *Relativität der Wahrheit* hervor. Da ist es zum Beispiel wichtig zu erkennen, wie ich mich selbst abkapsele, verteidige, mich an ›positiven‹ Erfahrungen festklammere, meine Probleme auf andere projiziere, andere missbrauche, manipuliere und so weiter.

Wenn Sie sich dies nicht eingestehen wollen, sondern gegen Ihr besseres Wissen in einer spirituellen Scheinwelt ›hängen bleiben‹, stellen Sie einfach keine Verbindung mehr mit der Wirklichkeit her. Sie leugnen die existierende Wirklichkeit und versuchen sich über sie zu erheben, nur um den Schmerz nicht spüren zu müssen. Sie versuchen, jeglichen Schmerz ›wegzuspiritualisieren‹. Das kann eine ganze Weile lang gut gehen, doch irgendwann holen Ihre eigenen Traumata Sie ein, und dann fallen Sie meist sehr tief …

Es ist, als wohnten Sie in einem Ghetto, zwischen Verbrechern, Prostituierten und Alkoholikern. Doch irgendwo steht ein hoher Wolkenkratzer. Manchmal können Sie einen Moment lang den Aufzug zum Dach benutzen, und dann stehen Sie auf der Terrasse, 24 Stockwerke über dem Boden. Sie spüren die Unendlichkeit des blauen Himmels über sich, und der ganze tägliche Kram, Wahnsinn, die Angst und der Schmerz, sie alle scheinen weit weg zu sein. Nichts berührt Sie noch. Dann können Sie der Illusion verfallen, all dies sei überhaupt nicht mehr da. Und solange Sie dort oben bleiben, können Sie an dieser Sichtweise unter Umständen festhalten. Doch irgendwann bekommen Sie Hunger und Sie müssen Ihre Einkäufe im Supermarkt erledigen. Und dafür müssen Sie eben doch wieder auf den Boden der Tatsachen zurückkehren.

Wenn die Angst und die Verluste, die Sie erlebt haben, groß waren, haben Sie bereits als Kind gelernt, sich darüber zu erheben, indem Sie sich absondern oder in Ihrer persönlichen Fantasiewelt herumwandern. Oder Sie haben gelernt zu dissoziieren, einfach nicht mehr ›da zu sein‹ und in ein Nichts zu entfliehen, wo alles leer ist. An sich können dies stark meditativ gefärbte Erfahrungen gewesen sein, Bewusstseinszustände, mit denen Sie später leicht wieder in Verbindung treten können. Doch es besteht auch die Gefahr, dass Sie auf diese Weise keinen gesunden Boden für sich schaffen. Es ist, als wollten Sie mit einem Flugzeug aus einer sumpfigen Wiese heraus starten. Vielleicht gelingt es Ihnen sogar noch, vom Boden abzuheben, aber was tun Sie, wenn der Treibstoff zu Ende ist?

Es ist wichtig, die beiden beschriebenen Formen von Freiheit voneinander zu unterscheiden. Wenn Ihre Vergangenheit zu viele Verletzungen in Ihnen zurückgelassen hat, ist es wichtig, auch diese zu heilen und nicht zu versuchen, sie wegzuspiritualisieren oder wegzumeditieren. Das hätte wenig Sinn. Sie sind nämlich derartig mit Ihrer Energiestruktur (Körper, Atem, Energie, Gefühle, Gedanken) verwoben, dass Sie sich einfach behaupten. Solange der Kern des Schmerzes nicht berührt, angeeignet und so weit wie möglich geheilt wurde, wird die Vergangenheit weiterhin so stark an Ihnen ziehen, dass eine wirkliche, dauerhafte Verbindung mit der Freiheit des Jetzt fast unmöglich wird.

Alles, was nicht ›zu Ende gebracht‹ ist, zirkuliert in Ihnen immer weiter. Ob das Unbeendete nun etwas aus Ihrer Jugend oder eine Auseinandersetzung ist, die sich gestern zutrug, macht dabei keinen Unterschied. Es ist sehr wichtig, diese Verwundungen zu heilen und die Vergangenheit zu verarbeiten, sie abzurunden. Wenn Sie lernen, wie Sie die Vergangenheit zu einem Ende bringen können, werden Sie auch lernen, dafür zu sorgen, dass im Jetzt keine oder sowenig wie möglich unfertig bleibende Situationen entstehen. Sie lernen, das Jetzt so vollständig anzunehmen und auszufüllen, dass Sie ganz in jedem Moment aufgehen können. Auf diese Weise wird kein Karma (unfertig belassene Energie, Emotionen, Gedanken) geschaffen. Wenn Sie auf diese Art mit der Vergangenheit umgehen, entfaltet die Freiheit des Jetzt sich von selbst.

Befreiung

Das Streben nach absoluter Freiheit ist ein besonderer und subtiler Weg.* Besonders deswegen, weil es keine Vorbedingungen stellt, und alles so sein darf, wie es ist. In dieser Hinsicht ist dieser Pfad quasi die ideale, liebende Mutter. Sie umarmt alles, was da ist, sie zieht nicht das eine an sich und stößt das andere von sich. Sie sind einfach so, wie Sie jetzt sind, und das ist in Ordnung so.

Diesen Weg zu beschreiten, ist schwierig, weil mit sprachlichen Mitteln etwas deutlich gemacht werden soll, was so subtil ist, dass es sich in keiner Weise in Worte kleiden lässt. Der Weg dient lediglich dazu, eine Erkenntnis der Wahrheit (das Wahrnehmen der Wirk-

* Mehr dazu in Robert Hartzema, *Innere Kraftquellen,* und *Das Sein erfahren.*

lichkeit) zu gewinnen, sodass Sie diese im Leben anwenden können. Darum lautet das Wort Jesu: »Ich bin der Weg, die Wahrheit (= der Wahrnehmer, die Wirklichkeit) und das Leben.«

Es ist wichtig, Worte hier lediglich als einen Hinweis auf eine Bewusstseinsqualität zu erleben, die auf keinerlei Weise festgelegt oder festgehalten werden kann, und sich nicht an Worten festzuhalten. Darum vergleicht Buddha das Dharma (Wissen und Erkenntnis) mit einem Floß, das Sie dazu benutzen, einen Fluss zu überqueren und ›das andere Ufer‹ (Bewusstsein) zu erreichen und das Sie danach nicht auf Ihren Schultern weiterzuschleppen brauchen. In diesem Prozess der Befreiung können Sie zwei unterschiedliche Formen von Bewusstwerdung unterscheiden, die einander ergänzen und zugleich eins sind:

1. **Entspannt wahrnehmen.** Erfahren, zulassen, sich alles aneignen, sich so akzeptieren, wie Sie sind; das, was auf Sie zukommt, umarmen, wahrnehmen, fühlen, sich dafür öffnen.
2. **Klare Erkenntnis.** Das ›leere‹ oder ›nackte‹ Bewusstsein, das allem – was auch immer es sei – eine Qualität des Lichtes, der Klarheit und der Wachheit verleiht.

Entspannt wahrnehmen

Die Schritte hin zur inneren Freiheit sind im Grunde nichts anderes als die unterschiedlichen Stadien auf dem Weg zur psychologischen Freiheit. Der erste Schritt besteht darin, dass Sie sich immer stärker Ihrer selbst bewusst werden und zu erfahren beginnen, was sich *wirklich* in Ihnen abspielt; in Ihrem Körper, Ihrer Atmung, Ihren Energieströmen, in Bildern, Geräuschen, Gerüchen, Gefühlen, Emotionen, Gedanken und so weiter. Dies ist nur dann möglich, wenn sich etwas in Ihnen entspannt und öffnet, sodass ein Raum zwischen ›Ihnen‹ und Ihrer Erfahrung entsteht.

Im Alltag verstricken Sie sich oft in dem, was Sie unmittelbar erfahren. Sie identifizieren sich mit einem ›konkreten‹ Gedanken oder einer Emotion. Das heißt, Sie vergessen in solchen Momenten, dass auch diese kommen und gehen und dass das Bewusstsein an sich völlig leer oder klar ist und bleibt. Sie machen sich nicht klar, dass es sich um einen ›Gedanken‹ oder eine ›Emotion‹ handelt, was dazu führt, dass Sie diesen Gedanken genauso konkret wie eine Mauer oder ein Unglück erfahren, das Sie real heimsucht. Es ist, als hätten Sie einen Albtraum und machten sich nicht klar, dass Sie schlafen. Darum wird dieser Bewusstseinszustand auch ›Schlaf‹ genannt: Sie leben zwar, handeln und tun alles Mögliche, doch den größten Teil der Zeit ›sind‹ Sie Ihre Emotionen und Gedanken, und leben dadurch in einer Scheinwirklichkeit, einer Illusion, die nicht wirklich existiert.

Der Inhalt bzw. die Botschaft des Gedankens, die Energiebewegung der Emotionen oder die Verkrampfung in Ihrem Körper nimmt Sie völlig in Beschlag und isoliert Sie. Ihre Aufmerksamkeit geht völlig in diesem Einen auf. Weil Ihre Aufmerksamkeit demjenigen, worauf sie sich richtet, Energie schenkt, nährt Sie Ihre Emotionen und Gedanken, und weil sie dort sind, wo Ihre Aufmerksamkeit ist, werden sie davon angesaugt und kleben daran fest wie eine Fliege an einer Fleisch fressenden Pflanze. Dann gibt es keinen Spielraum mehr, die Ereignisse zu relativieren, zu beobachten, was wirklich geschieht, keinen Raum für Reflexionen oder dafür, eine Verbindung mit dem Bewusstsein selbst herzustellen. Dann werden wir wie die Fliege von dem, was geschieht, gleichsam aufgefressen.

Was also zunächst einmal notwendig ist, ist ein gewisser *Abstand*, und dieser Abstand entsteht, wenn Sie sich etwas stärker entspannen. Als würden Sie ganz simpel einen Moment tief ein- und ausatmen und auf diese Weise Raum in sich schaffen. In diesem Moment lockert sich der Würgegriff eines bestimmten Gedankens. Weil Ihr Bewusstsein sich entspannt, entspannt sich auch die allzu starre Aufmerksamkeit und weitet sich. Sie können besser durchatmen und sich des Ganzen bewusst werden: Ihres Körpers, Ihres Atems, Ihrer Sinne, Gefühle, Gedanken. Und das bedeutet auch, dass Sie beginnen können, wirklich *wahrzunehmen*. Diese Art des Wahrnehmens ist jener Aspekt des Bewusstseins, der bemerkt, was geschieht, der sehen kann, dass alles kommt und geht und dass nichts bleibend oder dauerhaft ist. Und wenn Sie dem Wahrnehmen selbst stärkere Aufmerksamkeit und damit auch Energie zuwenden, entziehen Sie diese Energie dem Spiel der Emotionen und Gedanken, sodass diese etwas weniger genährt werden.

Auf diese Art und Weise entsteht immer mehr Raum. Gedanken werden leichter oder fallen für einen kurzen Moment sogar ganz weg. Gefühle werden transparenter und rufen weniger Ängste hervor, wodurch Ihre Lebensenergie kräftiger zu strömen beginnen kann. Dadurch wiederum entsteht eine stärkere Verbindung zwischen den Energiezentren. Kopf, Herz, Bauch und Beckenbereich können stärker miteinander kommunizieren, wodurch sich ein neues Gefühl der Freiheit und Ungebundenheit bildet.

Wenn jedoch noch viele Ängste, unartikulierte Gefühle, körperliche Blockaden oder ungelöste Probleme aus der Vergangenheit in Ihnen schlummern, bilden diese eine Art Saugwirkung, die Sie immer wieder in die fixierte Aufmerksamkeit (den ›Tunnelblick‹) zurückreißt. Ihr Geist ist ständig in Unruhe und angespannt, weil die alte Alarmstruktur immer noch funktioniert. Dann wird es sehr schwierig, sich zu entspannen, weil die ›alte‹ Spannung ebenfalls noch in Ihrem Körper vorhanden ist. Der alte Schmerz will gespürt werden, nicht bewältigte Ereignisse wollen wieder ans Licht kommen und ihre Geschichte erzählen, alte Spannungen wollen sich zusammenballen. Alles meldet sich, in der Hoffnung, dass Sie ihm jetzt endlich einmal die notwendige Aufmerksamkeit schenken werden. So kann die Vergangenheit (oder das neurotische, in Panik befindliche innere Kind) Sie in Ihrem Streben nach innerer Freiheit hemmen und okkupieren. Die *horizontale* Zeitlinie, die von der Vergangenheit über die Gegenwart in die Zukunft verläuft, beansprucht noch so viel Energie und Aufmerksamkeit, dass Sie sich nicht im Jetzt öffnen können für eine *vertikal* verlaufende, umfassendere Zeit, die sich in die Unendlichkeit hinein öffnet. Und dann wird es häufig notwendig sein, zunächst den hindernden Mustern, Ängsten und verdrängten Emotionen aus der Vergangenheit mehr Aufmerksamkeit zuzuwenden.

Wenn Sie sich entspannen und Ihren Gefühlen und Erfahrungen mehr Raum zur Verfügung stellen, geben Sie *allen* Gefühlen mehr Raum. Wenn Sie die Verhärtungen loslassen, ihr Becken und Ihr

Zwerchfell entspannen, wenn Sie sich nicht mehr so stark von der Außenwelt zurückziehen und abkapseln, wenn Sie eine stärkere Verbindung mit den Gefühlen der Liebe und des Mitempfindens in Ihrem Herzen herstellen, so geben Sie zwangsläufig der Wut, Panik und Eifersucht, die in Ihnen leben, mehr Raum. Das bedeutet, dass all das Unverarbeitete oder Unartikulierte in Ihnen, gleichfalls ans Tageslicht kommt. Dann wechseln sich die Momente der Liebe und Freiheit mit Anfällen von Hass und Panik ab; auch kann es sein, dass sich die alten körperlichen Blockaden viel penetranter zu Wort melden. In solchen Momenten ist es wichtig, auch diese zu akzeptieren: Auch das bin ich. Ich bin auch die Wut, der Hass, die Panik, die Eifersucht, die Angst. – Gerade dann, wenn Sie einen Funken der *inneren* Freiheit gewahren, kann die Notwendigkeit, an Ihrer *psychologischen* Freiheit weiterzuarbeiten, besonders dringlich werden.

Die andere Möglichkeit besteht darin, dass diese neue Wahrnehmung sich mit dem Über-Ich (dem kritischen Elternteil) verhakt. Weil Sie sich selbst jetzt stärker und besser wahrnehmen, besteht das Risiko, dass dieses in neuer Form Wahrgenommene sich selbst gleich beurteilt. Und diese Urteile ähneln, näher betrachtet, stark denen Ihres Vaters oder Ihrer Mutter. Denn wenn das Über-Ich bzw. der innere Elternteil noch viel zu sagen hat und Sie innerlich noch angefüllt sind mit Überzeugungen, Urteilen, negativen Selbstbildern, die nicht von Ihnen kommen, wird der ›Wahrnehmer‹ (wie man diese neue Art der Wahrnehmung auch aktiv nennen kann) einfach überrumpelt.

Darum ist es, wenn man eine meditative, spirituelle oder religiöse Bewusstwerdung anstrebt, wichtig, gleichzeitig an der Ausbildung der psychologischen Freiheit zu arbeiten. Denn wenn Sie das nicht tun, können Sie unter Umständen zwar ganz außergewöhnliche meditative Erfahrungen haben, Sie können Glückseligkeit in einem gedankenlosen Zustand erfahren, mit Gott oder dem Absoluten verschmelzen – aber tief in Ihrem Herzen werden Sie dennoch den alten Ängsten zum Opfer fallen. Oder Sie benutzen jene besonderen Erfahrungen dazu, die Ängste und den Schmerz zu leugnen. Oder Ihr ›höheres Bewusstsein‹ wird mehr und mehr zu einer neuen Form der Selbstbestätigung, zu einer spirituellen Überlebensstrategie. Und dann hilft es Ihnen letztlich nicht weiter.

Es ist darum wichtig, Ihr ›normales Ich‹ stark und gesund zu machen, sodass Sie es wirklich loslassen können, um umfassenderen oder kosmischeren Erfahrungen gegenüber offen zu sein. Wenn das Ich nicht auf ausreichend *Sicherheit* gebaut ist, nicht wirklich mit sich selbst *intim* sein und keine Verbindungen eingehen kann, nicht *Autonomie* und *Identität* erworben hat und seine vitale *sexuelle Energie* nicht befreit hat – was wollen Sie dann loslassen? Da wird Loslassen zu einem Versuch, dem zu entfliehen, der Sie wirklich sind. Loslassen hat nur dann einen Sinn, wenn Sie sich auch wirklich voll und ganz akzeptieren, selbst aneignen und umarmen. Es gibt keinen Weg, der daran vorbeiführt.

Entspannt wahrnehmen können ist die Basis dafür, mit allem, was sich in Ihnen abspielt, in Verbindung treten zu können. Daher ist es ein Element aller Wege, die zur Befreiung führen, einfach dazusitzen und wahrzunehmen (zu meditieren). Meditation bedeutet, dass Sie sich ruhig hinsetzen, entspannt und ganz normal wahrnehmen, was geschieht. Sie erfahren Ihren Körper, Ihren Atem, Sinneseindrücke und die Gedanken, die in Ihnen abrollen. So lernen Sie sich selbst allmählich kennen; und so entsteht im Lauf der Zeit immer mehr Raum und Ruhe in Ihnen. Die nachstehende Übung kann Ihnen dabei helfen.

Sie können diese Übung ›formal‹ durchführen, das heißt als Meditationsübung, für die Sie sich wirklich Zeit nehmen; etwa zwanzig Minuten sind ausreichend. Doch Sie können sie auch sehr rasch ausführen, während Sie zum Beispiel auf eine Straßenbahn warten, im Zug sitzen, vor dem Computer oder überall da, wo Sie eine kurze Pause machen. Vollführen Sie dann drei Atemzüge pro Einheit (im Ganzen also 27 Atemzüge), doch versuchen Sie unbedingt, den ganzen Zyklus fertig zu machen. Wenn Sie diese Übung konsequent einen Monat lang einmal am Tag in der umfassenden Weise durchführen und viermal am Tag in der kurzen Form, werden Sie bemerken, dass sich Ihre Körper- und Selbsterfahrung stark verändern.

Übung: Die Vasen-Atmung

1. Stellen Sie einen Kontakt mit dem Boden her und spüren Sie kurz, wo Sie sitzen (oder stehen). Erfahren Sie Ihren Körper und den Raum, der ihn umgibt. Dann lenken Sie Ihre Aufmerksamkeit auf Ihren Atem. Öffnen Sie den Mund ein wenig, der Unterkiefer ist entspannt, und lassen Sie Ihren Atem durch Nase und Mund frei nach innen und nach außen strömen. Lassen Sie Ihren Atem nach unten strömen, bis in Ihr Becken. Achten Sie zunächst auf den Bereich um Ihr Steißbein, Ihr Gesäß und vor allem die Muskeln um den Anus. Atmen Sie dort hindurch und entspannen Sie. Wenn Sie sich immer stärker entspannen, werden Sie bemerken, dass Ihr Beckenboden sich mit dem Atem mitbewegt.

2. Dann gehen Sie weiter in den Bereich Ihrer Geschlechtsorgane, atmen Sie dort hindurch und versuchen Sie, jegliche Spannung zu lösen. Sie können sich vorstellen, dass Ihr Atem wie eine warme, sanfte Flüssigkeit nach unten strömt und Ihren Körper vom Boden an mit einem Gefühl der Entspannung und der Wärme füllt. Lassen Sie diese Wärme durch Ihre Beine bis in die Fußsohlen strömen.

3. Dann gehen Sie zu Ihrem Bauch. Entspannen Sie Ihre Bauchwand und den untersten Teil Ihres Rückens. Lassen Sie Ihren Bauch ›vollaufen‹ mit Atem und versuchen Sie, alle subtilen Spannungen loszulassen, sodass Ihr Bauch immer stärker seine natürliche Form findet.

4. Dann gehen Sie in den Bereich des Zwerchfells, zum Solarplexus, zur Unterseite Ihres Magens. So wie Ihr Beckenboden eine Art elastische Decke bildet, ist auch Ihr Zwerchfell eine Muskeldecke, wie das Fell einer Trommel, das oft gespannt ist, das aber auch weich und durchlässig werden kann.

5. Dann gehen Sie zu Ihrem Herzen. Dies ist ein sehr großer Bereich. Atmen Sie durch Ihr Herz hindurch und versuchen Sie, Ihr Herz immer weiter werden zu lassen, sodass es all Ihren Gefühlen Raum gibt. Lassen Sie diesen Raum dann weiter strömen durch Ihre Schultern hindurch bis in die Hände.

6. Dann atmen Sie in Richtung Ihrer Kehle, als würden Sie sie von innen öffnen. Lassen Sie dann den Raum in Ihrer Kehle weiterströmen bis zu Ihrem Nacken und zur Unterseite Ihres Hinterkopfes. Bewegen Sie Ihren Kopf ein wenig, sodass die inneren Spannungen sich lösen können.

7. Dann atmen Sie durch Ihren Unterkiefer, Ihre Wangen, Ihre Ohren, Augen bis zur Stirn. Spüren Sie den Bereich zwischen und dicht oberhalb Ihrer Augen und entspannen Sie diese Stelle. Und von dort aus lassen Sie Ihren Atem in Ihren Kopf strömen, in den Bereich unter Ihrer Schädeldecke, als träte Ihr Atem in Kontakt mit dem Raum Ihres Geistes, dem Raum, in dem sich Gedanken bilden und wieder auflösen.

8. Dann orientieren Sie sich mehr auf Ihren Scheitel, und während Sie dort hinatmen, spüren Sie diese Stelle und lassen sie allmählich ein wenig durchlässiger werden. Dies ist die Öffnung der Vase nach oben. Sie spüren den Raum oberhalb von sich, den Kontakt mit dem Himmel, dem Kosmos, der Sonne.

9. Schließlich erfahren Sie Ihren gesamten Körper wie eine Art Vase. Der Boden steht stabil auf der Erde, Ihr Körper ist ganz offen und tritt in Kontakt mit dem kosmischen Raum über Ihnen. Und von da aus erfahren Sie die Welt, die Sie umgibt.

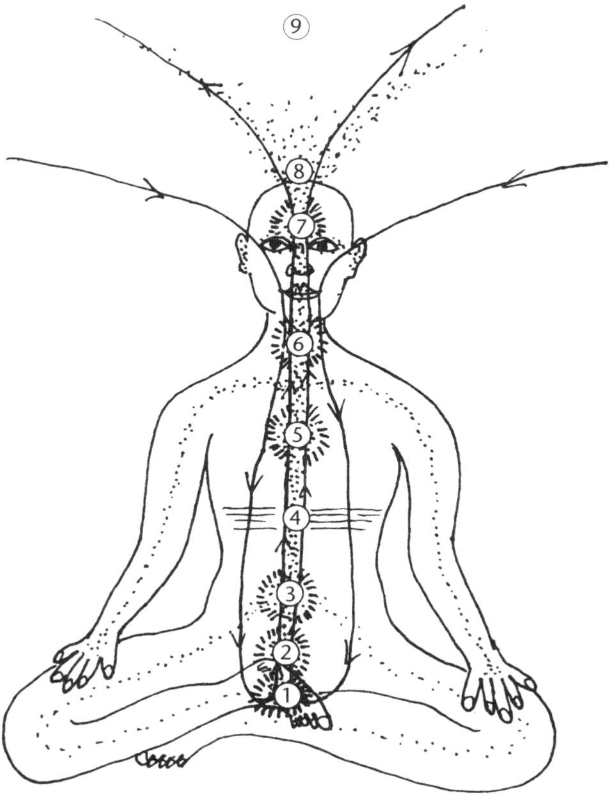

Übung: Die Vasenatmung

1. Vertrauen, Stütze, Sicherheit, Getragensein
2. Verlangen, Intimität, Genuss, Sexualität
3. Kraft, Wille, Emotionen
4. Verbindung zwischen Ihrem eigenen Verlangen und Ihrer eigenen Kraft und diese äußern
5. Gefühle, Freiheit, Beziehung mit anderen
6. Äußern von Gefühlen durch Stimme, Augen, Hände usw.
7. Wachsein, Sehen, Hören, Riechen, Schmecken, Fühlen, Intuition
8. Beziehung zum Raum, Offenheit, das Höhere
9. Das Ganze

Klares Bewusstsein

In dem Maße, wie Sie es schaffen sich zu entspannen, und auch Ihr Bewusstsein sich entspannt und weitet, werden Sie sich immer weniger schnell mit allem, was erscheint und wieder vergeht, identifizieren. Sie können besser wahrnehmen, was sich abspielt. Sie werden weiterhin Erfahrungen machen, die unangenehm sind und die Sie mit Momenten der Glückseligkeit, Klarheit oder gedankenfreien Offenheit vergleichen. Zwangsläufig wird eine bestimmte Erfahrung zur Seite geschoben und eine andere ergriffen. Und so werden Sie aufs Neue zu einem Bestandteil der normalen dualistischen Wirklichkeit, die von Gegensätzen wie gut und schlecht, schön und hässlich, besser und schlechter, erleuchtet und unerleuchtet und so weiter regiert wird. Deshalb müssen die Entspannung und die Wahrnehmung durch eine weitere Bewusstseinsqualität ergänzt werden, die als ›klare Erkenntnis‹ bezeichnet wird.

Wenn es Ihnen gelingt, wahrzunehmen, wie der Wahrnehmer selbst in subtiler Weise *urteilt*, kommen Sie vielleicht dahin, dass Sie *alles* einfach geschehen lassen können. Dann entsteht eine Qualität der klaren Wachheit, die auch den Wahrnehmer selbst wahrzunehmen vermag. Es ist, als würden Sie aufs Neue einen Schritt zurücktreten oder einen noch viel umfassenderen Blickwinkel einnehmen. Erst schufen Sie mehr Raum, wodurch Sie überhaupt erst wahrnehmen konnten. Jetzt verschieben Sie gewissermaßen den Blickwinkel in den Raum des Bewusstseins selbst. Und aus diesem Raum erfahren Sie sowohl, was geschieht, wie auch den Wahrnehmer, welcher wahrnimmt. Und, während Sie alles einfach loslassen und den Wahrnehmer wahrnehmen (und urteilen!) lassen, kann all das ebenfalls betrachtet werden. Sie sehen, dass jede Erfahrung – auch die des Wahrnehmers oder die Erfahrung von Freiheit oder Erleuchtung – lediglich eine ›Erfahrung‹ ist, die kommt und geht. Ihr Geist kann sich auch dem Raum öffnen, in welchem alles erscheint und wieder verschwindet. Ihr Geist kann selbst die Klarheit sein, die alles erhellt, ein Bewusstsein, das keine Gedanken, Reaktionen oder Urteile kennt, ein ›nacktes‹ Bewusstsein.

Das nackte Bewusstsein, diese Klarheit, *ist* einfach. Sie erscheint und verschwindet nicht. Sie lässt jegliche andere Form des Erfahrens intakt, sie steht nicht im Widerspruch zu ihr, hebt nichts auf, will auch nichts verändern. Der Schmerz bleibt der Schmerz, die Wut die Wut, Glückseligkeit bleibt Glückseligkeit. Das dualistische Spiel des Lebens geht ganz normal weiter, doch zugleich ist da diese Klarheit, in der sich dies alles abspielt. Und diese Klarheit ist selbst kein Bestandteil jenes Zerrens und Schiebens; und doch entsteht alles in ihr oder aus ihr.

Dieses Bewusstsein kann nicht beschrieben werden. Es hat keine Form, keine Farbe, keine Eigenschaften. Es ist keine ›Erfahrung‹. Es ist nicht dies und nicht das. Es ist raumlos und zeitlos und es kann nicht erkannt werden. *Es ist.*

Wenn Sie damit in Berührung kommen, werden gerade jene ›besonderen‹ Erfahrungen der Glückseligkeit, Klarheit und Gedankenfreiheit zu Hindernissen, weil es sich dabei doch noch um ›Erfahrungen‹ handelt, an denen Sie sich festklammern. Jede ›Erfahrung‹ – auch die göttlichste – ist immer noch ein Etwas, das benannt, umschrieben oder beurteilt werden kann. Doch jenes nackte Bewusstsein ist nicht beschreibbar oder beurteilbar. Es *ist* einfach.

Am Anfang wird es sich wahrscheinlich um kurze Momente handeln, in denen dieses helle, klare Bewusstsein sich einstellt. Doch allmählich kann diese Klarheit immer durch alles hindurchscheinen. Dann macht es Ihnen überhaupt nichts mehr aus, was geschieht. Emotionen, Gedanken, Schmerz, Verlust, Schönheit, Genuss, Sex, Streit – alles ist gleichsam frische Nahrung für ein nacktes Bewusstsein. Das bedeutet: Alles verstärkt diese Qualität der Klarheit und macht sie noch klarer. Dann gibt es nichts mehr, das Sie bindet, festhält oder behindert. Dann bedeutet innere Freiheit den Durchbruch zu einer wirklichen, echten Befreiung.

Stellen oder setzen Sie sich irgendwohin. Sie sind einfach da, wo Sie gerade sind. Alles ist in Ordnung, so wie es ist, und auch Sie sind okay, so wie Sie sind. Es ist, als ob Sie dies immer mehr umarmen, mehr und mehr sich darin entspannen. Nicht dass Sie gar nichts zu tun brauchen: Sie ent-spannen sich, Sie lassen jegliches Tun los. Sie lassen sich gewissermaßen in die Erfahrungen versinken, so wie diese gerade beschaffen sind. Sie spüren Ihren Körper, Sie spüren Ihre Füße, wie sie auf der Erde stehen, Sie spüren das Strömen Ihres Atmens, erfahren die Bilder, Geräusche, Düfte. Sie sind sich des Raumes um Sie bewusst.

Aus diesem geerdeten Bewusstsein heraus beginnen Sie jetzt Ihr Denken zu entspannen. Sie gewahren nur noch. Sie erfahren, wie Sie einatmen und ausatmen. Es ist, als würde Ihr Atem mit dem Raum Ihres Bewusstseins verschmelzen. Als ob Sie alles nicht mehr von Ihrem ›Selbst‹ aus erführen, sondern aus dem unendlichen Raum Ihres Geistes. Sie sehen, wie jegliche Erfahrung, auch ein Gedanke oder eine Emotion, wie verkrampft oder heftig sie auch sein mögen, darin erscheint und sich wieder auflöst, ohne dass der Raum dadurch zerstört wird. Und allmählich nimmt der Raum eine Qualität der Klarheit an. Alles, was erscheint, erscheint klar, in einem sehr hellen Licht. Das macht Sie wach und geistesgegenwärtig. Entspannt – und doch wach.

Dieses Bewusstsein wird immer weiter, ruhiger, heller, nackter. Und während alles gleich bleibt und Bilder, Gedanken, Emotionen, Schmerz einfach weiterhin kommen und gehen, und während immer noch ein deutliches, waches Ich-Gefühl anwesend ist, löst sich Ihre Klarheit auf in einer Klarheit, die unendlich ist, zeitlos, raumlos, selbstlos. Dafür brauchen Sie gar nichts zu tun. Es geschieht einfach. Und was auch auftauchen mag – es verstärkt nur dieses helle Bewusstsein, das immer ist. Und das *ist* Freiheit.

Schema 6 B

Innere Freiheit

Der freie Erwachsene

Basisthema: Suche nach Essenz und wirklicher Freiheit.
Basisgefühl: Alles, was auf Sie zukommt, transparent werden lassen.
Basisproblem: ›Wegspiritiualisieren‹ Ihrer normalen Probleme.
Energiezentrum: Scheitel, **sekundär:** Durchströmung aller Energiezentren.
Sinnesorgane: Alle Sinne.

Situation als ERWACHSENER: Sie begeben sich auf die Suche nach dem, der Sie sind, und nach dem Sinn des Lebens.

Bestreben: Das Akzeptieren Ihrer Ängste, Verwundungen und Narben, die die Vergangenheit zurückgelassen hat. Wagen, in den Schmerz und die Angst hineinzugehen. Kein Bedürfnis nach Bestätigung von außen. Den Mut haben, sich selbst ins Auge zu blicken, so wie Sie jetzt sind. Niemandem gerecht werden müssen. Ihre eigenen Grenzen zu setzen wagen. Sie geben kreativ Ihrem Leben eine Gestalt. Intensive und offene Beziehungen einzugehen wagen.

Hindernisse auf dem Weg zur Freiheit: Der Glaube, dass Spiritualität, Meditation oder Religion von selbst psychische / psychologische Probleme zu lösen vermögen.

Zudecken von ›Angstlöchern‹ und Verwundungen durch ›spirituelle‹ Erfahrungen. Versuch, Ängste und Probleme ›wegzumeditieren‹.

Den Kontakt mit der Wirklichkeit verlieren. Sich vom täglichen Leben zurückziehen. Sich über andere stellen.

Die eigenen Ängste oder Schattenseiten leugnen, wodurch sie erst recht gefährliche Dimensionen annehmen können.

Gleichgültig werden: »Alles kommt und geht doch ohnehin!« Das Herz ausschalten. Keine Verantwortung für die eigenen Taten übernehmen.

Überzeugungen: Überzeugungen, Meinungen und Urteile werden allmählich transparent.

Energetische Reaktion: Blockaden lösen sich auf. Energie strömt durch den ganzen Körper. Das Genießen wird nicht von dem bestimmt, was Sie erfahren oder erleben. Freude und Schmerz sind beide willkommen. Nichts wird ausgeschlossen! Alle Emotionen sind erlaubt. Offene Verbindung zwischen Beckenbereich, Bauch, Herz, Kehlkopf, Kopf.

Überlebensstrategien: Überlebensstrategien werden durchsichtig. Wenn Sie sie anwenden, wissen Sie, dass Sie sie benutzen. Sie müssen weniger häufig zu Hilfe gerufen werden.

Beziehungen: Beziehungen werden offener. Sie können sowohl Grenzen setzen wie auch Ihre eigenen Bedürfnisse artikulieren und Ihre Emotionen zeigen. Sie stehen dem anderen wirklich offen gegenüber. Alles ist besprechbar, auch die ›kindischsten‹ oder angstbefrachtetsten Erfahrungen. Sie unterstützen den anderen auf seinem / ihrem Weg zur Freiheit.

Qualitäten: Alles wird immer klarer und freier, obwohl Sie völlig in der normalen Wirklichkeit verwurzelt und geerdet bleiben. Das klare Bewusstsein wird immer stärker zu einer Qualität, die alles durchdringt. Sie verkörpern Freiheit.

Nachwort

Obwohl die meisten Erkenntnisse in diesem Buch aus einer fast 25-jährigen Arbeit mit Menschen (in Gruppen wie auch individuell) entstanden sind, habe ich natürlich auch die einschlägige Fachliteratur auf dem Gebiet der Spiritualität, Psychologie und Psychotherapie eingearbeitet. Die wichtigsten Quellen sind in der Bibliografie am Ende dieses Buches aufgeführt. Insbesondere möchte ich jedoch Steven M. Johnson erwähnen, der in seinen Büchern die Theorie der Objektbeziehung mit der Charakteranalyse und den neuesten Entwicklungen in der psychoanalytischen Entwicklungspsychologie verbindet. Weil er die Theorie zugleich an seinen Erfahrungen als Körperpsychotherapeut verbindet, halte ich seine Bücher für wichtig (wiewohl nicht einfach zu lesen) und empfehle sie sehr. In seinem Buch *Character Styles* fasst er seine anderen Werke zusammen, es ist für mich viele Jahre lang *das* akademische Grundlagenwerk gewesen, auf welchem ich meine Arbeit mit Studenten aufbaute. In diesem Buch finden Sie auch hunderte von Literaturangaben, die ich hier bewusst weggelassen habe.

Meine Einteilung in sechs Basisthemen zeigt teilweise deutliche Parallelen mit den Charakterstrukturen, wie sie in erster Linie von Wilhelm Reich entwickelt wurden und von Alexander Lowen weiter ausgearbeitet worden sind. Diese Charakterstrukturen werden häufig in der Körperpsychotherapie zugrunde gelegt. Ich persönlich habe gewisse Probleme mit dem Terminus ›Charakterstruktur‹, weil er ziemlich statisch ist. Ich sehe sie mehr als Tendenzen und Neigungen, die in jedem von uns vorhanden sind, wobei manche aufgrund der Umstände extrem verstärkt oder erstarrt sein können.

Des Weiteren gebrauche ich dankbar die praktischen Erkenntnisse Bert Hellingers und seines Familien-Stellens. Er pariert

Fragen über die Beweisbarkeit seiner Erkenntnisse immer mit der Äußerung, dass man die Dinge ganz einfach vor den eigenen Augen geschehen sehen kann. Damit spricht er mir aus der Seele.

Der Slogan »Ich bin ich und du bist du« – den wir manchmal dankbar in der Beziehungstherapie anwenden – kommt aus dem so genannten *Gestaltgebet* von Fritz Perls, dem Begründer der Gestalttherapie, die den Prozessgedanken stark betont. Diese Prozessorientierung – das Ergründen dessen, wie sich etwas vollzieht und was die dahinterstehenden, häufig hierarchisch gegliederten und zueinander gegensätzlichen Triebkräfte sind – werden Sie in diesem Buch immer wieder finden.

Das Schema über das innere Kind und den inneren Erwachsenen (siehe 6. Kapitel) stammt aus der Transaktionsanalyse. Siehe dazu die Bücher des Begründers, Eric Berne. Die meisten Erkenntnisse, die in diesem Buch verarbeitet wurden, stammen jedoch aus meiner Praxis und aus der tief greifenden Durcharbeitung meiner persönlichen Lebensgeschichte. Letzteres finde ich am wichtigsten, da die eigene Erfahrung die wertvollste und authentischste Erkenntnisquelle ist, die ein Mensch besitzen kann. Wenn Sie vorurteilslos die Konfrontation mit Ihrer persönlichen Lebensgeschichte und Ihren Überlebensstrategien und Blockaden einzugehen wagen, entwickeln Sie eine psychologische Erkenntnis des Menschseins, die Ihr Leben und Ihre Beziehung zu anderen Menschen vollständig verändern kann. Auf diese Erkenntnis können Sie vertrauen. Sie ist authentisch, da sie gewissermaßen in Ihren Knochen, Muskeln, Organen, in Ihrer Atmung, Gefühlen, Ihrem Denken und Ihrer Intuition sitzt – und sie kann zu einer kreativen und freien Lebensweise führen. Diese persönliche, tief greifende Erkenntnis der eigenen Lebensgeschichte ist die wahre Psychologie der Freiheit.

Danksagung

Hiermit möchte ich allen danken, die direkt oder indirekt an der Entstehung dieses Buches mitgearbeitet haben. Viel verdanke ich vor allem den Dutzenden von Klienten und Hunderten von Teilnehmern an meinen Seminaren, die ihr Leben und vor allem ihre manchmal traumatischen und schmerzhaften Wunden in aller Offenheit mit mir zu teilen gewagt haben. Ihre Lebensgeschichten und ihre Erfahrungen bilden die Basis dieses Buches.

Zugleich möchte ich hier einer Reihe von Menschen danken, die das Buch kritisch durchgelesen haben: Norbert Scheepers, Psychiater und Psychotherapeut, der neben seiner eigenen Praxis bei der GGZ Noord Holland Noord tätig ist, Ron van Deth, Mitarbeiter im Europäischen Institut für Bildung in Staverden, verantwortlicher Redakteur der Zeitschrift *Psychopraxis* und Autor verschiedener Bücher, sowie Menno de Lange, Körperpsychotherapeut, Trainer und Supervisor sowie Co-Direktor des Niederländischen Instituts für Biorelease und biodynamische Psychologie. Ihre Anmerkungen und Vorschläge haben mir sehr geholfen. Ganz besonders danke ich meiner Frau und Kollegin Marjan Möller, mit der ich immer alles teilen kann. Sie hat nicht nur das Manuskript in verschiedenen Stadien gelesen und viele Ideen und Erkenntnisse beigesteuert, sondern mich jederzeit bedingungslos unterstützt. Zum Schluss möchte ich dem Leben selbst danken, das mich immer auf kreative Weise dazu herausfordert, mich selbst zu öffnen und meine eigenen Grenzen zu überwinden.

Literatur

Berne, Eric, *Spiele der Erwachsenen*. Reinbek, 2002.
ders., *Die Transaktionsanalyse in der Psychotherapie*. Paderborn 2001.
Hartzema, Robert, *Innere Kraftquellen. Wege zum Ursprung*. Stuttgart [2]2003.
ders., *Das Sein erfahren. Strategien innerer Befreiung*. Stuttgart 2004.
Hellinger, Bert, *Ordnungen der Liebe*. Heidelberg [7]2001.
Johnson, Stephen M., *Charakter-Transformation: Erkennen – Verändern – Heilen*. Oldenburg [2]1993.
Lowen, Alexander, *Bioenergetik als Körpertherapie*. Reinbek 2002.
ders., *Integrative Bewegungs- und Leibtherapie*. Paderborn 1996.
Nissink, Ed, *Mamas Rat und Papas Standpunkt*. Stuttgart 2004.
Perls, Fritz, *Grundlagen der Gestalttherapie*. Stuttgart [11]2002.
Reich, Wilhelm, *Charakteranalyse*. Köln 1989.
Tulku, Tarthang, *Raum, Zeit und Erkenntnis*. Reinbek 1986.
Wilber, Ken, *Psychologie der Befreiung*. Bern 1988.
ders., *Wege zum Selbst*. München 1991.
Zois, Christ, *Glück ist machbar*. München 1998 *(vergr.)*.
ders., *Wenn die Seele schlappmacht*. Hamburg 1994 *(vergr.)*.